삼성을 생각한다

변호사 김용철 씀

사회평론

삼성을 생각한다

2010년 2월 22일 초판 1쇄 발행
2023년 8월 22일 초판 27쇄 발행

글쓴이 김용철
펴낸이 윤철호
펴낸곳 (주)사회평론

단행본 총괄 권현준
편집 석현혜 윤다혜 강민영 이희원
제작 나연희 주광근
마케팅 정하연 김현주 안은지

등록번호 제10-876호(1993년 10월 6일)
전화 326-1182(영업) 326-1543(편집)
주소 서울시 마포구 월드컵북로6길 56 사평빌딩
이메일 editor@sapyoung.com
홈페이지 http://www.sapyoung.com

ISBN 978-89-6435-050-8 03320

ⓒ김용철, 2010

값 22,000원

저자와의 협의하에 인지를 생략합니다.
사전 동의 없는 무단 전재 및 복제를 금합니다.
잘못 만들어진 책은 바꾸어 드립니다.

추천의 글

그가 인생파산을 감수한 이유

　　삼성 이건희 일가와 가신들의 비자금, 로비, 경영권 불법 승계 등 이른바 삼성사태가 세간의 관심에서 멀어진 지 한참 되었지만 '김용철'이라는 이름 석 자는 여전히 기억하고 계실 줄 압니다. 그는 대한민국 서울지검 특수부 수석검사를 거쳐 글로벌 기업 삼성그룹 구조조정본부의 재무, 법무팀장을 지낸 사람이니 누구나 부러워할 '엄친아'의 전형입니다. 천주교정의구현전국사제단(이하 사제단)이 이분을 처음 만난 것은 2007년 10월 중순께의 일이었습니다. 천주교 사제들과 전직 검사 혹은 대기업 변호사의 만남이라니 각자 중시해 온 가치를 생각하면 참으로 뜻밖의 일이었습니다. 신부들도 삼성이라는 기업에 대해서 별로 아는 바가 없었고, 김 변호사 역시 사제단에 대해서 잘 알지 못했습니다. 그 즈음 김 변호사는 만삭의 아내를 위해 근방의 여관을 전전하며, 문을 두드렸지만 번번이 거절당했다는 성경의 어느 사나이처럼, 외롭고 위태로운 신세였습니다. 사제단은 아마 그 남자가 가까스로 찾아낸 마구간이 아니었나 싶습니다. 언감생심 병원까지는 아니더라도 산파를 부를 수 있는 여관이었다면 다행이었을 텐데 갈 곳이 마소들의 처소뿐이었다는 사실 자체가 대한민국 사회의 비정상과 부정부패의 현실을 보여주는 것이었습니다. 그리고 이제 와서 보니 이 사건에 등장했던 여러 배역들이 왜 그토록 비겁하다 못해 비굴하게 처신했는지 그 이유를 알게 해주는 일종의 예고편이었습니다.

사제단의 등장을 못마땅하게 여기는 분들이 있었습니다. 공연히 세상사에 관여하는 모습으로 보였는지 걱정하는 말씀도 적지 않았습니다. 그런데 남들이 뭐라고 하지 않았어도 우리가 먼저 불편하고 슬펐습니다. 원망스럽기도 했습니다. 세상은 어째서 자기들도 어쩌지 못하는 골치 아픈 문제를 교회에 맡기려 하는가! 안개 자욱한 새벽을 틈타 누군가 슬며시 갓난아기를 성당 입구에 맡겨놓고 감쪽같이 사라졌다고 합시다. 누가 나서서 맡아주면 고맙겠지만 그게 아니라면 신부는 어떻게 해야 합니까? 젖먹이를 사제관에 받아들이는 순간부터 곤란하고 불편한 일들, 혹은 이상한 오해까지 더해지겠지만 그렇다고 내쫓을 수야 없는 노릇 아닙니까. 박종철 대학생 고문치사 사건의 진실을 밝히던 일도 그랬습니다. 지금 그 일을 두고 사제단을 나무라는 사람은 아무도 없습니다. 오히려 열린 사회에 부정적인 언론들조차 그때의 일만큼은 민주화에 크게 기여한 사건이라고 인정합니다. 그런데 사제들의 눈에는 삼성문제나 그때의 일이나 똑같아 보입니다. 사건의 발단부터 그랬습니다.

　1987년 겨울이 갔어도 꽃 하나 피지 않던 봄, 감옥에서 누군가 덜덜 떨리는 손으로 진상을 작성하고 이를 기적적으로 세상에 내보냈습니다. 쪽지는 손에서 손으로 은밀히 전해졌습니다. 읽어 본 사람마다 발을 동동 구르며 독재정권의 만행을 국민에게 전해야 할 텐데 누가 그 일을 해줄지 고심하다가 사제단을 찾았습니다. 너무 위험한 일이라 선뜻 나설 사람이 없다니 신부들마저 꽁무니를 뺄 수 없었지만 그렇다고 덥석 받아들일 수도 없었습니다. 신부 역시 연약한 사람들입니다. 우리는 모여서 함께 기도했고, 사제들의 역사적 소명에 대해서도 생각했습니다. 결론을 내리기까지 많은 시간이 걸리진 않았습니다. 하지만 그 짧은 시간에도 우리는 무섭고 괴로웠습니다. 결국 어두컴컴한 세상에 진실의 불씨를 당겼고, 그해 여름 사람들의 마음에는 민주주의를 향한 열망이 뜨겁게 불타올랐습니다.

그로부터 20년이 흘러 삼성그룹 구조조정본부의 한 핵심임원이 세상에 나왔습니다. 김용철 변호사는 세상이 모르는 진실의 전모를 생생하게 담고 있는 쪽지였습니다. 박종철 사건처럼 그는 파놉티콘을 연상케 하는 그룹의 심장부에서 탈출하여 이곳저곳을 헤맸지만 그 어디서도 받아들이지 않았습니다. 검찰은 물론이고 방송사와 주요 일간신문 데스크, 시민단체를 찾아갔지만 대한민국의 신흥독재자인 재벌기업의 범죄사실을 귀담아 들어주는 사람은 아무도 없었습니다. 검사 출신의 기업 변호사가 자신이 손수 꾸민 일과 직간접으로 가담하거나 목격했던 일들을 낱낱이 자백하고 증언하겠다고 했지만 수사와 감찰의 권능을 지닌 국가기관들은 일찌감치 가당찮은 일이라며 손사래를 쳤고 더러는 가족을 생각해서라도 그러지 말라고 다독였습니다.

결국 그는 사제관의 문을 두드렸습니다. 낯선 방문객의 사연을 듣고 우리는 경악하였습니다. 사람이 탐(貪), 진(嗔), 치(痴)의 짐승이라더니 평소 깨끗하고 세련된 이미지를 과시하던 기업이 그런 비참의 실상에 시달리는 딱한 괴물이었습니다. 그것은 회장 일가와 몇몇 가신들의 문제였지만, 삼성그룹은 물론이고 대한민국 전체를 심각하게 망치는 해악이었습니다. 누구라도 알려주어서 다 같이 머리를 맞대고 치유책을 마련해야 할 중병이었습니다. 이번에도 사제들은 번민에 시달렸고 두려움에 떨었습니다. 할 수만 있다면 도망을 치고 싶었습니다. 차마 그럴 수는 없었습니다. 세상이 원망스러웠지만 역사의 소명으로 받아들이기로 맘먹었습니다. 1987년의 크고 작은 일들이 똘똘 뭉쳐서 철옹성 같던 군사독재를 무너뜨렸듯이, 2007년 삼성 비리에 관한 고백과 증언으로 경제 민주화를 위한 여정이 시작되는구나 하는 생각이 언뜻 들었습니다.

그 이후 세상이 뒤집혀지기라도 할 듯 떠들썩했던 처음과 달리 그만 흐지부지 끝나버린 사연은 여러분이 알고 계신 대로입니다. 세상을 바라보는 눈은 사람마다 천양지차입니다. 사람 수만큼 제각각의 하느님이 존재하듯이 삼성 사태를 지켜본 사람들의 입장 또한 다양했습니다. 김용철 변호사에 대한 시선도 가지각색이었습니다. 어떤 사람들은 배신자라고도 하는 모양입니다. 참 해괴한 소리입니다. 대한민국의 실질적인 지배자에게 무릎을 꿇지 않았다고 해서, "나는 부잣집 개가 되기 싫다!"고 소리쳤다고 해서 그런 오명을 붙이는 것은 가당치 않습니다. 저 민망한 소리는 사적 이익을 위해 참을 버리고 강자 편에 찰싹 달라붙는 일을 지적할 때나 쓰는 말입니다. 혹시 그의 처신 가운데 맘에 들지 않는 대목이 있었더라도 심각한 불이익과 어지러운 손가락질을 무릅써 가면서 그가 비명을 지르듯 남긴 메시지에 대해서는 모두가 한 번 생각해야 합니다. 누구나 나이 오십에 이르면 나름대로 이룩한 삶의 기반과 인간관계 위에서 안전하고 편하게 살기를 바랍니다. 그런데 그는 자신의 좋은 것들을 아낌없이 무너뜨렸습니다. 사회운동가도 아니고 더구나 순교 열정을 지닌 신앙인도 아니었던 사람이 인생 파산을 감수했다면 얼마나 절실한 것이기에 그랬을까 하고 생각해보는 것이 마땅할 것입니다.

 시간이 흘렀습니다. 삼성 특검은 이건희 씨가 꼭꼭 숨겨둔 비자금 4조 5천억 원을 찾아내서 그 집안의 재산이라며 돌려주었고, 재판부는 경영권 불법승계를 인정해 주었습니다. "매출 200조 원대의 거대 기업집단의 경영권을 승계하는 데 고작 16억 원의 세금만 물고 만, 자본주의 시장경제가 그나마 구축한 법질서마저 완전히 농락한 이 기상천외의 사술"(이계삼, "평형감각을 되찾기 위하여", 〈녹색평론〉 제107호)을 사법부는 끝까지 합법이라고 했습니다. 우리는 매우 계면쩍은 얼굴로 판결문을 읽던 재판관들의 얼굴을 생생하게 기억합니다. 그리고 이 책에서 자세히 설명하겠지만 그럴 수밖에 없는 그들의 처지에 연민을 느꼈습니다.

　최근 서울중앙지법 형사합의27부(한양석 부장판사)는 용산철거민 아홉 명에게 징역 6년 등의 중형을 선고했습니다. 자신의 명령을 어기고 끝까지 핵심 수사기록 3천 쪽을 감춘 검찰의 편을 들어준 것입니다. 그 이유가 무엇일까요? 용산4구역 재개발사업에서 삼성물산 등 대형건설사들이 벌어들이는 예상수익이 자그마치 1조 4천억 원에 달할 것이라고 합니다. 가해자인 국가권력이 반성은커녕 피해자 국민들을 단죄하는 그 이유가 무엇인지에 대해서도 이 책은 설명하고 있습니다. 며칠 후 이어진 헌법재판소의 판결은 세상을 웃겼습니다. 심의표결권 침해, 대리투표와 일사부재의 위배 등 입법절차의 위법성을 낱낱이 밝혔으면서도 '과정은 위법이나 결과는 합법'이라고 했습니다. 저런 엉뚱함이 도대체 어디서 유래하는지 김 변호사의 증언은 상세하게 풀어줄 것입니다. 결국 그때 해결하지 못한 문제가 남아 계속 이런 불행을 일으키고 있는 것입니다.

　이 책은 일종의 고백록입니다. 특정인들을 향한 원망이나 미움 때문에 만들어진 기록이 아닙니다. 공연히 남의 치부를 공개해서 망신을 주자는 것은 더더욱 아닙니다. 이 책에 등장하는 사람들의 이름이 함부로 더럽혀지지 않기를 바랍니다. 대한민국의 부패상은 우리 모두의 이야기입니다. 읽으시는 분들께서도 남의 이야기가 아니라 자신의 이야기로 읽어 주시면 고맙겠습니다. 독립과 민주주의를 위해 헌신했던 사람들의 간절했던 꿈이 경제의 민주화로 열매 맺는 날을 고대하며 기도합니다.

2009년 11월 12일
천주교정의구현전국사제단
대표 전종훈 신부

저자 서문

지식과 경륜이 글을 쓰기에는 너무 미흡하고 게으른 탓에 미루고 미루다, 온 나라를 1년여 동안 소란스럽게 한 일에 대하여 어떤 형식으로든 정리해야 한다는 지인들의 권고로 의무감을 느껴 어렵게 쓰게 되었다.

그런 까닭에, 이 글은 고백록이나 고발서가 아니며 백서도 아니고 오히려 그들 모두이다.

이건희 씨 일가와 가신들이 국가적, 사회적 기능을 오도하고 있는 문제는 거대한 비자금을 조성하고, 그 중 극히 일부를 국가, 사회의 각 분야에 던져주어 부패시킴으로써 공적 기능을 무력화하고 나머지 비자금 대부분을 자신들의 영속불변의 부당한 권력체계를 유지하고 확대하는 데 사용한다는 것이 핵심이다. 그런데 이런 내용 가운데 대부분이 수사 및 재판 등 공적인 검증절차를 거치며 근거 없는 것으로 결론지어졌다.

소설가 이병주는 과거가 "햇볕에 바래면 역사가 되고, 달빛에 물들면 신화가 된다"라고 말했다. 내가 삼성에서 보고 듣고 겪은 이야기들은 역사도, 신화도 아닌 야사로만 전해지게 됐다.

물론, 이씨 일가가 저지른 일부 조세포탈과 배임에 대해서는 유죄가 확정됐다. 이에 대해 형식적인 처벌이 이루어졌으나, 이 또한 불과 4개월여 만에 대통령 특별사면이 이루어졌다. 다만 묘한 것은 주범은 사면됐는데 종범에 대해서는 그렇지 않았다는 점이다.

이씨 일가에 대한 처벌을 반대하는 이들은 흔히 자신들을 보수 세력이라 부른다. 그러나 세금을 제대로 내지 않고, 병역을 기피하는 보수 세력이 있다는 말을 나는 들어본 적이 없다. 보수는 기존 체제를 지키려 든다는 뜻인데 납세와 병역은 체제 유지를 위한 필수조건이다. 이런 조건을 충족시키지 못하는 자들이 보수를 자처하는 것은 더 많은 이익을 챙기려는 몸부림일 뿐, 진정한 보수와는 아무런 상관이 없다.

2007년 가을 이후 진행된 논란의 와중에서 주요 언론과 상당수 시민들은 의도적으로 또는 분별력이 부족하여 보라는 달은 보지 않고 가리키는 내 손가락만 못생겼다고 탓하였다.

이는 저들이 뿌린 수십 쪽에 이르는 문서와 음해를 통한 공작의 결과이기도 하다. 이 글이 공식적인 마지막 기회일 수도 있으니, 온갖 음해에 대해 모두 해명하거나 반박하라는 권고가 있었으나 역시 적극적인 변명을 하지 않기로 했다. 이미 저지른 과오에 대하여 처벌을 감수하기로 한 사람이 사적인 문제에 대하여 공적으로 변명하는 것이 어색한 탓이다.

많은 이들이 나의 경제적 문제와 가정사에 관심을 갖고 있는데, 공동체에 해악을 끼친 바도 없고 앞으로도 영향 미칠 일이 없는 사람의 사적인 내용을 공개하여 가까운 이들에게 상처를 주는 일이 나는 너무 싫다. 다만 삼성 측이 주장하는 돈의 반이 안 되는 돈을 보수로 받아 사치 생활과 기부, 친족 지원 등으로 대부분 소비한 것은 사실이고, 이는 본문에서 설명하였다. 수입 범위 내의 소비에 대하여 사치라고 표현하는 것이 맞지 않지만, 굳이 사치라는 단어를 쓴 것은 지금 생각하면 더 나은 소비방법이 있었는데 당시에는 깨닫지 못했음을 한탄한다는 뜻이다.

보는 사람의 처지에 따라 살인이 의거가 되고, 대량학살이 위대한 정복이 된다. 나의 문제제기를 배신이라고 여기는 사람이라면, 그는 배신당한 사람의 입장에 선 것이니 내가 어찌할 도리가 없다.

함세웅, 전종훈, 김인국, 김영식, 나승구, 배인호, 김진화, 맹제영, 이영선, 고정배, 안승길 신부 등 천주교정의구현전국사제단, 김영희, 이덕우 변호사, 경제개혁연대 김상조 소장, 민변의 백승헌 회장, 곽노현, 김기원 교수, 본분을 지키려 한 언론인들, 나를 지지해준 학자, 학생, 회사원, 시민들, 친구들과 가족, 모두에게 진 빚을 갚을 방도가 없어 안타깝다.

이 글을 정리하느라 고생한 〈프레시안〉의 성현석 기자에게 고마움을 밝혀둔다.

차 례

추천의 글 · 3
저자 서문 · 8

1부 불의한 양심에도 진실은 있다

01 그리고 사제단이 있었다

배신자와 친구 · 17　감시와 미행, 그리고 도청 · 22　"이학수에게 사과하시오" · 25　"상대가 삼성이라서…" · 29　그리고, 사제단이 있었다 · 31　정석구, 나이 오십에 얻은 진정한 벗 하나 · 34　신정아 사건과 이건희 비리 · 37　"돈, 아니면 와인" · 39　"대통령은 왜 삼성 돈 받은 사람만 좋아하나" · 43　"왜 친한 검사 이름을 공개했나?" · 45　"불의한 양심에도 진실은 있다" · 48　아이들의 눈물 · 50　"삼성에서 100억 원 받았다면서요" · 53　"그러나 사제단이 있다" · 57

02 "특검은 왜 삼성이 아니라 나를 수사하나"

청와대 "정권을 물어뜯지 않을 특검을 원한다" · 59　"또 용철이냐" · 61　'JY문건'과 금산분리 · 64　"이건 조준웅 특검이요" · 69　봐주기 특검의 월권 수사 · 73　특검의 이중잣대 · 75　삼성화재가 빼돌린 미지급 보험금과 렌터카 비용 · 79　도둑에게 장물을 준 특검 · 83　"경제 물신주의, 재벌 비리의 공범" · 85　"삼성은 약속을 지킨 적이 별로 없다" · 86

03 "우리는 늘 지는 싸움만 한다"

같은 혐의에 다른 판결 · 89　민병훈 재판부의 계산 오류, 과연 실수였을까 · 91　편법, 또 편법 · 92　1심 무죄 판결의 이유 · 94　사제단 대표의 무기한 안식년 · 95　영혼을 오염시킨 서기석 재판부 · 97　간판 경영자는 물갈이, 비리 경영자는 승진 · 100　박연차 수사와 이건희 수사 · 103　"신영철 덕분에…" · 108　죄는 있지만 처벌할 수 없다 · 113　"우리는 늘 지는 싸움만 한다" · 115

2부 그들만의 세상

04 삼성과의 첫 만남

"떳떳하게 돈 벌려고 삼성 들어갔는데…" · 119　이건희 '메기론' 외우는 신입임원 교육 · 121　약속 어긴 삼성… 다시 담배를 물다 · 124　"너 기분 더럽겠다. 옛날 같으면 혼내야 할 사람을 상사라고 모시나" · 126　멀쩡한 직원을 구속시킨 정경식 사건 · 128　"족보에 삼성 사장 벼슬을 왜 못 남기나" · 131

05 "여긴 실입니다"
일은 비서실에서, 월급은 계열사에서 · 135　삼성 비서실과 청와대 비서실 · 137　권한은 '실'이, 책임은 계열사가 · 140　삼성 구조본과 참여정부 · 144　정연주를 못마땅해 한 구조본 · 147　사장에게 지시하는 재무팀 과장 · 149　계열사 관리담당과 재무팀 운영담당 · 153　실세 중의 실세, 제일모직 경리과 출신 · 156　"그게 자기 돈인가, 회사 돈이지" · 159　국정원과 삼성의 도청 경쟁 · 160　사내 불륜에 민감한 감사팀 · 163　임원과 직원에 대한 이중잣대 · 165

06 "몇 천만 원 주는 걸 뭘 그리 겁내나"
"압수수색 들어오면, 찌르고 도망가죠" · 169　"대법관은 '삼성 굴비' 안 받을 줄 알았는데…" · 171　"몇 천만 원 주는 걸 뭘 그리 겁내나" · 175　부끄러운 짓도 몇 번 하다보면 · 178　정권교체 1년 만에 호남인맥 장악한 삼성 · 180

07 1999년 삼성 부도 위기
'알판장이 꿈의 직장' · 183　부도 위기 맞은 삼성 · 184　사람 자르는 일과 구속시키는 일 · 186　연예인 윤락 사건과 삼성 구조본 · 188　판사에게 30억 원 건네라는 이학수 · 190　삼성과 중앙일보, 그리고 X파일 · 192

08 거짓말 시나리오
삼성SDS BW 헐값 발행과 이재용 · 197　내가 삼성 비리에 눈뜬 이유 · 199　이재용의 조바심과 'e삼성'의 실패 · 201　에버랜드 사건, 증거 및 증언 조작 · 205　에버랜드 담당 검사 처남의 펀드 손실까지 메워준 삼성 · 209　독특한 수임료 지급방식 요구한 김앤장 · 214　'6대 종손'은 억울했다 · 215

09 "대선자금 수사에 응하시오"
"이학수를 버리고, 김인주는 건진다" · 217　삼성에 찍힌 검사들 · 218　"대선자금 수사에 응하시오…" 돌아온 것은 배신자 취급 · 221　회사를 떠나다 · 222

10 이건희 일가, 그들만의 세상
법 위에 있다고 믿는 그들 · 225　이건희의 생일잔치 · 226　'신분이 다르다'고 믿는 그들의 독특한 생활 · 231　훔친 돈 놓고 다투는 이재용-임세령, 재산 분할금의 출처는? · 236　황태자 이재용과 야심가 이부진 · 238　이건희 "사위는 경영에서 빠져라" · 241　명품, '다른 신분'의 상징 • 243　타워팰리스 설계 철학… "대중과 섞이기 싫다" • 247　1000억 원에 사서 100만 원에 팔아넘긴 해외 명품 업체 • 249　'비자금 다 있는데, 왜 삼성만 문제 삼나' • 252　부동산과 섭외, 이건희의 주요 관심사 • 255　대도 조세형까지 데려오는 인재 욕심 • 258

11 황제 경영의 그림자
'신경영'의 실패, 폐허가 된 원야드 공장 • 261　삼성 자동차 실패… 결정은 이건희, 책임은 지승림, 손해는 국민 • 263　'1등주의 삼성'의 그늘 • 266　이건희 취향 때문에 희생당한 계열사 이익 • 267　판단력을 키울 기회를 잃어버린 경영진, 위기 앞에서 무용지물 • 271　'반도체 기술자' 위에 있는 '비자금 기술자' • 273　지도층에게 배신만 당한 사회 • 275

3부 삼성과 한국이 함께 사는 길

12 대학생 부부
"살아서 굴욕을 당하느니" • 281　고대 문화에 대한 자부심과 부끄러움 • 284　대학생 부부 • 285　수습기자가 된 연수원 시보 • 288　"군사 정권 시절, '군대는 개'라고 해도 멀쩡했다. 그런데 지금은…" • 289

13 10만 원 받은 경찰은 사표, 50만 원 받은 경찰은 구속
"검사는 '빽'에 약하다?" • 293　'가짜 의사들' • 295　"청장님께 인사 했다"는 피의자 • 297　10만 원 받은 경찰은 사표, 50만 원 받은 경찰은 구속 • 300　일본은 100년, 한국은 50년 관행 건설 담합 비리 • 301　"총장님은 왜 그런 친구만 됐습니까" • 303

14 전두환 비자금 수사
전-노 군사반란사건 수사, "우리는 개다. 물라면 물고 놓으라면 놓는다" • 307　김대중과 비슷한 가명으로 관리된 전두환 비자금 • 310　수사중단 지시, "쌍용 김석원입니다" • 311　이탈리아 연수 접고, 삼성으로 • 314

15 "조사하면 고객 된다" 검사들의 영업비밀
"꼴통검사가 그립다" • 317　"유전구속, 무전불구속?" • 319　가짜 자수서, '유전무죄'의 비결 • 321　대법원 양형기준안이 씁쓸했던 이유 • 326　"조사하면 고객 된다" 검사들의 영업비밀 • 328　"필명이 뭐죠?" • 330　"직업이 아니라 '귀족놀음' 취미생활이구나" • 332

16 문제는 비자금이다
'성공한 재벌'은 처벌 못한다? • 337　61억 원으로 시작한 이재용 경영 승계 작업 • 340　'JY 문건'과 구조본 · *343*   '비자금-회계조작-탈세' 한 묶음 비리 · *345*   10조 원 비자금, 삼성의 비리 밑천 · *346*   지하주차장에서 돈 가방 들고 오는 젊은 과장들 · *348*   'SDI 메모랜덤', 강부찬의 협박 · *351*   '샘플비'는 비자금 · *353*   삼성물산 자금담당이 대우받는 이유 · *356*   비자금은 '회장님 돈' · *357*   '타워팰리스가 내 집이었구나' 차명 부동산 · *360*   대담한 차명거래, 눈 감은 금융당국 · *362*   홍라희가 한국 미술 발전에 기여했다고? · *363*   외국 기업이 삼성 장부 안 믿는 이유 · *366*

17 삼성생명과 조준웅 특검

조준웅 특검 덕에 횡재한 이건희 · *369*   '삼성생명 차명주식 전부가 이병철 유산'이라는 거짓말 · *373*   상장 차익 노린 이건희 수법, 이재용이 물려받았다 · *374*

18 죽은 권력, 살아 있는 권력, 죽지 않을 권력

대법원을 보면, 삼성이 보인다 · *377*   판결이 아니라 배당으로 말하는 법원 · *380*   신영철의 잇따른 거짓말 · *383*   "이용훈, 신영철 구하려다 사법부 죽였다" · *386*   '빨갱이' 낙인보다 무서운 '반(反)기업' 낙인 · *388*   밖에서 아무리 떠들어도 흔들리지 않는 주류 질서 · *390*   "진흙 위에서 꽃은 피지만…" · *393*   〈PD수첩〉 마녀사냥, "수사는 의지다" · *397*   노무현 검찰 vs 이명박 검찰 · *399*   내부 고발자는 파면, 비리 검사는 호의호식 · *402*   "검사나 국회의원만도 못한 개?…개에겐 모욕이다" · *404*   용산참사, 다시 떠오르는 인혁당 악몽 · *406*

19 삼성과 한국이 함께 사는 길

마당발 천국, 서민에겐 지옥 · *411*   "인간성 좋다"는 말의 함정, 나쁜 놈들에겐 욕 좀 먹으며 살자 · *414*   삼성 비자금 10조 원, 대학 등록금 10조 원 · *415*   룸살롱이 악의 축이라고 생각한 이유 · *419*   시장질서 왜곡하는 재벌 비판했는데, 왜 '좌빨'인가? · *421*   안보를 위협하는 진짜 '좌빨'은 재벌이다 · *423*   이재용, 경영권 승계 전에 군대부터 다녀왔어야 · *425*   한국에서 복지사회가 불가능해진 이유 · *428*   "삼성이 성장해야 한국 경제도 성장한다"는 오해 · *432*   '글로벌 삼성' 가로막는 장애물이 삼성특검 · *436*   젊은이들이 안정적인 직업만 찾는 이유, 진짜 모르나? · *438*   황우석과 삼성 비리 · *441*   반부패 시민혁명이 필요하다 · *443*   "그래서 이 책을 썼다" · *446*

부록   천주교정의구현전국사제단 기자회견문 · *449*

1부 불의한 양심에도 진실은 있다

01 그리고
사제단이 있었다

배신자와 친구

갓 담근 김치에서 싱싱한 젓갈 냄새가 물씬 풍겼다. 4000원짜리 백반은 늘 푸짐했다. 벌건 양념이 듬뿍 버무려진 맛깔스런 김치, 큼직한 고기 덩어리가 숭숭 들어간 찌개, 윤기가 자르르한 쌀밥…. 나를 알아본 식당 주인은 반찬을 한두 가지씩 더 내놓곤 했다. 그때마다 나는 선물 받는 기분이었다.

2008년 말, 나는 서울 서초동에 있던 변호사 사무실을 닫았다. 대신 다른 곳에 더 작은 규모로 새 사무실을 열었다. 그리고 틈틈이 경기도 부천에 있는 작은 빵집에서 일했다. 밤중까지 빵을 포장하고 거스름돈을 계산하며, 많은 사람들을 만났다. 대부분 천 원짜리 한 장이 아쉬운, 보통 사람들이었다. 이들에게 빵을 팔며, 나는 천 원짜리 한 장을 버는 게 얼마나 힘든 일인지를 배웠다. 이렇게 번 돈으로 빵집 옆에 있는 4000원짜리 밥집에서 흐뭇한 식사를 하곤 했다.

한때 나는 돈 쓰는 게 일이었다. "이삼천만 원 때문에 벌벌 떨지 말라"는 말을 듣던 시절이다. 그 시절, 나는 수백만 원짜리 옷을 사서 한 번 걸치고는 내팽개치기도 했다. 당시엔 4000원짜리 밥집 따위는 쳐다보지도 않았다. 돈을 많이 쓰지 않으면 일을 열심히 안 한다는 이야기를 들었다.

돈을 펑펑 뿌리면서, 나는 늘 사육당하는 기분이었다. 내가 돈을 마구 쓰도록 부추겼던 자들은 내가 회사를 위해 돈을 벌어오기를 바라지 않았다. 좋은 제품을 만들어 내거나, 상품을 많이 팔기를 바라지도 않았다. 조직을 이끄는 역할을 기대한 것도 아니다. 그들은 내게 쥐어준 돈으로 사법부를 길들이기를 원했다. 내 청춘을 고스란히 묻었던 검찰이, 그들이 뿌린 돈으로 썩어가는 것을 보는 일은 괴로웠다. 그들이 내게 맡긴 역할에 충실할수록 괴로움도 깊어갔다. 결국 몸이 못 견뎠다. 하루 종일 코피가 흘렀다. 이비인후과를 찾아가도 방법이 없었다. 때와 장소를 가리지 않고 코피는 터졌다. 그리고 당뇨병, 고혈압, 고지혈증, 전립선염, 지방간으로 인한 간 기능 저하…. 온갖 병이 한꺼번에 나를 덮쳤다. 피비린내가 가시지 않는 입에 약을 한주먹씩 털어 넣을 때마다, 나는 휴지처럼 구겨진 내 삶을 확인했다.

일에 충실할수록 보람도 커지는 게 반듯한 삶이다. 나는 원래 그렇게 살았었다. 그래서 나는, 거스름돈이 틀릴까봐 가슴을 졸이고 점심을 어디서 먹을지 고민하는 평범한 생활을 택하기로 했다. 돌이켜 보면, 내게는 이런 생활이 더 익숙했다. 구겨진 삶을 바로잡기 위한 내 선택은 낯익은 자리로 돌아가는 것에 다름 아니었다. 하지만, 많은 사람들이 이런 선택을 비난했다. 내가 '배신자'라는 게다.

　이 글을 쓰기 직전, 미국에 사는 둘째아들을 만나러 공항에 갔다. 북적이는 사람들 속에서, 둔탁한 목소리가 튀어나왔다. "안 뒈지고 살아 있구나."

　본능적으로 고개를 돌렸을 때, 눈에 들어온 것은 칠순쯤 됐을까 싶은 노인의 굳은 얼굴. 그는 내가 계속 피를 쏟아서 끝내 죽기를 바라는 걸까. 노인의 표정에는 '그렇다'는 대답이 새겨져 있었다. 가끔 이런 일을 겪는다. 서울 압구정동에서는 "어디서 고개를 빳빳이 들고 다니나"라고 툭 내뱉고 지나가는 아주머니를 만나기도 했다. 그들에게 나는 '배신자'다. 그래서 그들은 묻는다. "너도 우리처럼 살았잖아. 그런데 네가 갑자기 왜 우리를 욕먹게 하니?"

　그렇다. 나도 한때 그들과 섞여 살았다. 나는 광주일고, 고려대 법대를 나와 사법시험에 합격했다. 그리고 특수부 검사를 오래 지냈고, 삼성 구조조정본부에서 팀장으로 일했다. 하지만, 이렇게 쌓아온 인간관계가 한순간에 무너졌다. 오랜 일터였던 서울 서초동 검찰청 근처를 지나다보면, 낯익은 얼굴을 자주 만난다. 그러나 이들 대부분은 나를 무시하고 그냥 지나간다. 이쪽에서 아는 척하기도 무안하다. 이 글을 쓰다가 문득, 검찰 후배들에게 전화를 걸었다. 아주 오랜만에 건 전화였다. 휴대전화 번호는 바뀌지 않았을 텐데, 받는 사람은 몇 안 됐다. 나와 통화했다는 사실만으로도 경력에 흠이 된다고 생각한 모양이다. 길에서 우연히 만난 검찰 선배는 "네가 검찰 욕하면 사람도 아니다"라고 했다. '친정'인 검찰에 누가 되지 않도록 행동하라는 경고인 셈이다.

나는 이해할 수 없다. 그들은 나더러 '배신자'라고 비난하지만, 먼저 배신한 것은 삼성과 검찰이었다. 삼성에 입사할 당시, 변호사 일은 하기 싫다는 뜻을 분명히 했었다. 법률 업무가 아니라 경영 업무를 배우고 싶었다. 법원 및 검찰에 대한 로비 업무에 대해서도 단호히 거부했었다. 이에 대해 분명히 약속을 받은 뒤에 나는 삼성에 입사했다. 하지만 삼성은 약속을 깼다. 싫다는 내게 그들은 억지로 로비 업무를 맡겼다. 전두환 전 대통령의 비자금을 찾아낸 검사였던 나를 뽑아서 굳이 비자금 소굴에 배치한 것도 그들이었다.

오랫동안 자부심과 애정을 갖고 일했던 검찰 역시 마찬가지였다. '거악'과 맞서 싸운다는 자부심을 먼저 허물어뜨린 게 검찰이었다. 검찰을 떠난 뒤, 검찰의 어두운 모습을 너무 많이 봤다. '배신감'을 느낀 것은 나였다.

내가 과연 '배신자'인지도 헷갈리기만 한다. 내가 가족을 배신했는가. 2007년 10월 양심고백 이후, 가족들은 오히려 나를 자랑스러워한다.

그렇다면 삼성을 배신했는가. 그렇지 않다. 내 양심고백과 특검 수사 이후, 삼성 계열사 주가는 오히려 올랐다. 삼성 임직원들에게 격려도 많이 받았다. 이건희의 눈치를 보느라 합리적인 의사결정이 어려웠던 게 삼성의 조직문화였다. 임직원들이 땀 흘려 일한 대가가 이건희 일가의 사치와 허영을 위해 낭비돼 온 게 삼성의 역사였다. 경영능력이 검증되지 않은 이재용에게 삼성그룹 전체를 넘겨주기 위해 임직원들이 온갖 불법·탈법 행위를 저질러야 했던 게 삼성의 최근 상황이었다. 나는 이런 현실과 역사를 고발했다. 삼성을 해롭게 하려는 의도는 없었다. 오히려 삼성의 건강한 발전을 가로막는 걸림돌을 치우고자 하는 의도였다. 이건희 일가와 소수 가

신집단이 걸림돌이다. 이들은 기껏해야 100~200명 정도다. 한줌도 안 되는 이들 때문에 25만 삼성 임직원들이 범죄행각의 공범으로 몰리게 됐다. 오히려 멋진 포부를 품고 삼성에 입사한 임직원들이 이건희 일가에게 배신당한 셈이다.

나는 이건희 일가를 배신했는가. 역시 아니다. 그들은 '법률가'라는 이유로 나를 뽑았다. 그래서 나는 법과 진실을 수호하는 법률가 본연의 역할을 했을 뿐이다. 이게 왜 배신인가.

그렇다면 대한민국 정부를 배신했는가. 범법 행위를 저지른 공무원들을 적발하는 일은 정부가 일상적으로 하는 일이다. 오랫동안 공무원이었던 나는 삼성으로부터 부당한 돈을 받은 이들을 고발하여, 정부가 할 일을 도왔다. 이건 배신이 아니다.

검사 시절, 나는 유흥업주에게 10만 원을 받은 경찰을 해직시켰다. 이랬던 내가 수백만 원 뇌물을 받은 검사를 고발하지 않는다면, 그게 '진짜 배신'이다. 나는 차마 배신자가 될 수 없었다.

그럼에도, 여전히 나는 곳곳에서 '배신자'라는 손가락질을 당한다. 물론, 예상 못했던 결과는 아니었다. 양심고백을 앞두고 만난 사회 원로 한 분은 나더러 "황폐한 거리에서 쓸쓸한 최후를 맞게 될 것"이라고 말했다. '50년 인간관계'가 한순간에 날아간 지금, '쓸쓸한 최후'라는 낱말을 자주 곱씹게 된다.

그러나 '쓸쓸한 최후'를 염려했던 분이 빠뜨린 점도 있다. 나는 '배신자' 취급을 당하고서야 오히려 '진정한 친구'를 얻게 됐다. 한겨레 정석구 기자가 대표적이다. 언론이 나를 외면할 때도, 그는 내 곁에 있었다. 천주교정의구현전국사제단 소속 신부들과의 만남도 큰 축복이다. 또 경제개혁연대, 참여연대 등 시민사회단체 활동가들 역시 든든한 우군이다. 영향력이 센 언론재벌, 재벌언론이 진실을 외면하고 호도할 때, 진실의 편에 서고자 했던 젊은 기자들도 큰 힘이 됐다. 이들과의 만남은 '쓸쓸한 최후'를 떠올리며 양심고백을 준비할 당시엔 예상하지 못했던 아름다운 선물이었다.

날아가 버린 '50년 인간관계'를 메워준 좋은 친구들은 이들만이 아니다. 동네 술집에서 우연히 만났을 때 수줍어하며 응원하는 메모지를 적어준 젊은 친구, 담뱃값을 끝까지 안 받겠다던 가게 아줌마, 택시비를 거절하던 기사 양반, 손자가 탄 유모차에 몇 만 원을 넣어준 어느 할머니, 수많은 격려 편지와 이메일, 내 생계를 걱정한 나머지 자신이 소유한 가게를 거저 빌려줄 테니 장사라도 하며 먹고 살라는 편지를 보낸 어느 할머니 등 헤아릴 수도 없는 많은 분들로부터 과분한 대접을 받았다.

'50년 인간관계'가 날아간 뒤 새로 얻은 '진짜 친구'들을 나는 배신할 수 없다. 이분들을 실망시키지 않는 것. 그게 내 남은 삶의 목표다.

감시와 미행, 그리고 도청

2007년 가을, 유서를 쓰는 마음으로 양심고백을 준비했다. 긴장된 나날이 이어졌다. 집에 들어가지 못하고 모텔을 전전하는 날도 많았다. 경기도 양평에 있는 컨테이너 가건물에 머무르고 있을 때, 친구 정석구가 찾아왔다. 우리는 밤늦게까지 이야기를 나눴다. 그 무렵 내가 있는 마을 입구 길에, '통행량 측정'이라는 팻말을 단 소형 승용차가 늘 서 있었다. 양평 시골 마을에서 통행량을 측정할 일이 있을 리 없다. 삼성 측 감시자가 탄 차였다. 이날 이야기를 나누면서 정석구가 컴퓨터 자판을 두드리고 있었는데, 삼성 전략기획실(옛 구조조정본부)에 내가 고발장을 썼다는 보고가 올라갔다고 한다. 다음날 윤순봉 당시 삼성 홍보팀장이 정석구를 만나 이런 이야기를 전했다. 자판 두드리는 장면을 삼성 측 감시자들이 고발장 쓰는 것으로 이해했던 모양이다.

감시와 도청, 미행은 삼성에서 지겹게 겪었던 것들이었다. 삼성 비리를 세상에 알리는 양심고백을 준비하는 기간 내내 신경을 썼던 것도 그것이었다. 삼성에서 임직원이 주고받는 이메일을 검열하고, 금융거래 내역을 조회하고, 전화 통화를 감청하는 것은 기본이었다. 사무실에서 나눈 이야기 역시 도청되고 있었다. 구조본 팀장실에서 퇴근할 때면, 천장에서 감시하고 있던 에스원 당직자가 "안녕히 가십시오"라고 인사했다. 인사를 들을 때마다 오싹했다.

삼성을 떠난 뒤에도, 감시는 이어졌다. 이런 감시에서 벗어나려는 움직임이 결국 삼성 비리를 세상에 알리는 양심고백의 발단이 됐다. 직장을 옮겨도 계속 따라다니는 삼성의 감시를 피하려고, 나는 한겨레신문사에 비상근 기획위원이 됐다. 사회적 영향력이 있는 언론사에 발을 걸치고 있으면, 삼성이 나를 함부로 대하지 못하리라는 생각 때문이었다. 그러나 언론사 기획위원 신분으로 쓴 글이 빌미가 돼 나는 생업을 잃었다. 검찰과 삼성 다음 직장이었던 법무법인에서 쫓겨난 것이다. 그 배경에는 삼성의 압력이 있었다. 삼성의 감시를 피하느라 취한 행동이 낳은 결과를 빌미로 삼성은 나를 직장에서 몰아낸 것이다. 그 이후 나는 양심고백을 준비하게 됐다.

양심고백 이후, 삼성 측은 내가 치밀하게 폭로를 준비했다며 비난했다. '배신'을 염두에 두고, 미리 중요 문서를 빼돌렸다는 것이다. 하지만 그것은 사실과 다르다. 내가 양심고백을 결심한 것은 퇴직 이후였다. 사건의 전말은 이렇다.

2004년 8월 삼성에서 퇴직한 뒤, 나는 법무법인 서정에서 구성원 변호사로 일했다. 서정에서 일을 시작한 지 얼마 되지 않았을 무렵, 삼성에서 일하는 후배가 가끔 내게 전화를 했다. 그때마다 그는 삼성이 나를 감시하고 있다는 투로 이야기했다. 불안해졌다. 마침 그 무렵 조선일보 기자가 내게 전화를 걸었다. 그 직후, 삼성 홍보팀에서 일하는 이종진에게서 연락이 왔다. 그는 내가 조선일보 기자와 만났는지, 어떤 이야기를 나눴는지 등에 대해 물었다.

그리고 얼마 뒤, 노인식 삼성 구조본 인력팀장(현 삼성중공업 사장)이 나를 찾아왔다. 한때 구조본 동료 팀장이었다는 인연을 내세워 그는 내게 만나자고 했다. 메리어트 호텔에서 점심을 함께 했다. 당시 그가 한 말이 나를 격분하게 했다. "삼성을 떠나서, 삼성에 대해 나쁜 이야기를 하면 불행해진다." 이 말을 듣고, 내가 한마디 했다. "옛 동료라는 사람에게 협박이나 하려고 (강북에서 강남으로) 강 건너 왔느냐."

내가 개인 신분이니까, 삼성이 나를 만만하게 본다는 생각이 들었다. 그래서 힘 있는 조직에 들어가야겠다고 마음먹었다. 우선 떠오른 게 언론사였다. 신문사와 방송사 몇 곳에 취업하고 싶다는 뜻을 전했다. 대부분 반응이 없었는데, 한겨레신문사에서 응답이 왔다. 특수부 검사, 삼성 구조본 법무팀장 등을 지낸 경력을 살려 비상근 기획위원으로 일하라는 제안이었다. 나는 바로 수락했고, 2005년 9월 한겨레 기획위원이 됐다. 그러자 이순동 당시 삼성 구조본 홍보팀장에게서 곧장 연락이 왔다. "이제 협력해야 할 사이가 됐으니 앞으로 잘 지내자"라는 연락이었다. 실제로 그 이후부터 삼성이 내게 노골적으로 부담을 주는 일은 없었다.

"이학수에게 사과하시오"

하지만 평온한 시절은 2년을 넘기지 못했다. 2007년 5월 29일 오전 11시쯤, 나를 찾는 사람이 있었다. 내가 불려간 곳에는 서정 대표 변호사들이 있었다. 그들의 용건은 중앙일보 부국장을 통해 삼성이 전달한 말을 내게 전하는 것이었다. 그들과 중앙일보 부국장은 20년 전부터 잘 알고 지내는 사이라고 했다. 삼성 측은 중앙일보 부국장을 통해 2007년 5월 25일자 〈한겨레〉 1면 기사를 문제 삼았다. 에버랜드 CB 헐값 발행을 삼성 구조본이 주도했다는 기사였다. 대단한 내용은 아니었다. 누구나 당연히 알고 있는 사실이었으니까. 그런데 삼성 측은 이 기사에 격분했다고 했다. 그리고 이 기사의 배후에 내가 있다고 지목했다. 에버랜드 CB 헐값 발행 사건에 대한 책임을 뒤집어쓴 허태학, 박노빈 사장에 대한 법원 판결 직전이어서 그랬던 모양이다. 삼성 측이 중앙일보 부국장을 통해 서정 대표 변호사들에게 전했다는 말에 따르면, 삼성은 나에 대한 인사 조치를 요구했다고 했다. 중앙일보 부국장이 전한 삼성 측의 항의 내용은 대략 이랬다.

"가볍게 듣지 말라. 다른 기업들에게도 서정이 반(反)기업적인 변호사가 있는 로펌이라고 알리겠다. 그래서 영업을 못하게 하겠다."

에버랜드 CB 헐값 발행 기사와 같은 날, 〈한겨레〉에 실린 내 칼럼도 문제가 됐다. "범행 처벌은 사법부 몫이지만 현행범 체포는 누구나 가능"이라는 제목의 칼럼이었다. 아들의 복수를 한다며 깡패를 동원해 폭력을 휘두른 한화 김승연 회장을 비판하는 내용이었다. 내용을 여기에 옮겨본다.

얼마 전 지방에 문상하러 갔는데 한밤중에 노래연습장을 경영하는 지인한테서 다급한 목소리의 전화를 받았다.

"어떤 술 취한 남자가 갑자기 들어와 다짜고짜 소방시설을 점검한다더니, 화재비상벨을 누르지 뭐예요. 전기가 끊기고 경보가 울리는 바람에 노래하면서 놀던 손님들이 대피하느라 아수라장이 됐어요. 어떻게 해야죠?"

"공무원증부터 보여달라고 해요."

"횡설수설하면서 안 보여주는데요."

"그럼 업무방해와 공무원 자격 사칭의 현행범인으로 체포해 버려요."

"네? 제가 체포하라고요?"

"먼저 범죄사실과 진술거부권, 변호인 선임권을 알려주고 노끈으로 손목을 묶은 다음 112에 신고하면 돼요."

그런데 신고를 받고 출동한 경찰관은 "소방경찰도 동료인데 어떻게 인수하겠느냐"며 난색을 나타냈단다. 얼마 뒤 도착한 관할 소방서장은 "부임한 지 얼마 안 돼 앞으로 2년간 근무할 텐데 최선을 다하겠으니 부하 직원의 실수를 용서해 달라"고 애원했다고 한다. 문제의 남자는 실제로 소방공무원 신분이었던 모양이나, 정당한 공무집행이 아니니 범죄가 성립되는 것은 마찬가지다. 어쨌든 상관의 애원으로 불문에 부치기로 했다는데, 체포된 현행범인의 인수를 거부한 출동 경찰관도 직무유기의 현행범인으로 체포 대상이 된다.

우리 형사소송법은 현행범인은 누구든지 체포할 수 있다고 규정하고 있다. 수사기관이 아닌 사인에 의한 현행범인 체포는 로마시대 이래 현대 대부분의 문명국가에서 인정되고 있다. 범행 중이거나 실행 직후인 경우 외에도 범인으로 불리며 쫓기는 사람, 피 묻은 흉기를 갖고 있거나 옷에 많은 피가 묻어 있어 범행의 흔적이 뚜렷한 사람, 경찰관이 "누구냐"고 묻는데 도망하려 한 사람 등도 현행범인으로 간주된다.

그렇지만, 현행범인을 체포하려면 어느 정도 필요한 실력행사를 해야 하는데 그 와중에 누군가 다치기라도 하면 시비가 될 것이 분명하다. 또 범행 실행 또는 직후의 목격자이며 체포마저 한 사람이니 당연히 참고인으로 수사기관에 나가 진술해야 하는 번거로움을 피할 길이 없다.

현행범인 체포는 범죄의 명백성과 체포의 긴급성 때문에 영장주의의 예외로서 시민에게 인정된 권리이지 의무사항은 아니니 온 국민이 범인 체포에 나설 필요는 없을 것이다. 또 이는 '체포'의 권리일 뿐이므로 이후 '응징'까지 자임해선 결코 안 될 일이다.

맞고 온 아들의 복수를 한다며 분연히 손수 나서 엉뚱한 사람을 끌고 가 때려 폭력사범으로 처벌받게 된, 처절하고 아름다운 부성애를 그린 드라마가 내내 화제가 되고 있다. 결코 아니리라 믿고 싶지만 혹시라도 국가의 사법체제를 무시하거나 경시할 뜻이었다면 정말 심각한 일이다.

또 그는 화려한 경력을 가진 사내 변호사를 참모로 둬 조언을 받고 나라에서 제일이라는 법률회사의 변호사들을 고용했다고 한다. 그런데 왜 계속 범행을 부인하다가 구속영장 실질심사에 이르러서야 폭력 현장인 산에까지 갔었다고 뒤늦게 잘못을 인정해 회사 코앞에 있는 경찰서 유치장에 구금되는 불행을 초래했는지도 모를 일이다. 그 법률가들이 범행 뒤 죄를 인정하고 잘못을 뉘우치는 일이 중요하게 고려된다는 걸 모른 것은 아닐 것이다. 그러면 혹시 손바닥으로 하늘을 가려 세상 사람들의 눈을 어둡게 할 수 있으리라 믿었던 것은 아닌지. 만일 그렇다면 그들이야말로 달을 보라는데 가리키는 손가락만 바라본 사람들이다.

대표 변호사들은 이 칼럼 때문에 한화 계열사 사장과의 점심 식사 약속이 취소됐다고 했다. 이런 이야기를 한 뒤, 그들은 내게 삼성과 한화 등의 반발이 잠잠해질 때까지 두 달간 휴직하라고 지시했다. 나는 잠시 항의했다. 그러나 십 수년 법조 선배에 대한 예의가 나를 눌렀다.
그 길로 사무실을 나와 경기도 양평에 있는 컨테이너 가건물로 갔다. 미술을 전공한 아내가 작업실로 쓰기 위해 마련했던 곳이다. 그곳에서 고추, 상추 등을 가꾸고 토끼, 병아리 등을 기르며 두 달을 지낼 작정이었다. 하지만 번민은 끊이지 않았고 울화는 식지 않았다. 끝내 잠을 이루지 못해 수면제와 항우울제에 기대는 밤이 잦았다. 그렇게 두 달이 지났다.
2007년 7월 31일 밤 10시쯤 서울 삼성동 그랜드인터콘티넨탈 호텔 로비라운지에서 서정 동료 변호사 둘을 만났다. 이들에게 들은 이야기는 대략 이랬다.
"네가 복귀할 분위기가 아니다. 네가 먼저 삼성 이학수 부회장을 만나 사과하고, 그쪽에서도 근무시켜도 좋다는 연락이 와야 서정에 복귀할 명분이 있다. 삼성전자 최도석 사장도 김용철이 있는 한 서정과 거래할 수 없다고 말했다. 김용철 변호사를 휴직시켰다는 소식을 접한 삼성 측이 '잘했다'라고 했다. 그리고 약속한 두 달이 지났다. 삼성 측에서 우리에게 '김용철을 어떻게 조치할 것이냐'고 물어왔다."

눈앞이 캄캄했다. 사실상 복귀 거부 통보였다. 순간, 폭 꺾어지듯 비굴해졌다. "급여를 반으로 깎아도 좋다. 제발 다시 근무하게 해 달라. 외부에서 협박한다고 동료를 내모는 너희가 과연 동료냐." 애걸과 항의가 섞인 호소였다. 하지만 부질없었다. 그렇게 나는 직장에서 쫓겨났다.

한때 함께 일했던 동료 변호사들을 뒤로 하고 걸어 나오며 생각에 잠겼다. 내 자신이 한없이 비참했다. 돌아보니 나는 가정과 건강을 잃었다. 영혼과 양심마저도 돈과 바꾸어버린 사람이 돼 있었다. 이렇게 타락했지만, 결국 생업마저 잃었다. 더 이상 잃어버릴 게 없었다.

여기까지 생각이 미치자 오히려 마음이 편안해졌다. 물질과 평판에 대한 욕심이 가라앉자, 앞으로 내가 할 일이 또렷하게 보였다. 소박하게 살아가는 이들을 끝없이 타락시키면서 '악의 축'으로 군림하는 재벌의 실체를 고발하는 것. 양심고백을 결심했다.

"상대가 삼성이라서…"

대신, 새로운 번민이 시작됐다. 재벌을 고발하는 게 '배신'이라는 생각은 들지 않았다. 다만 가족들이 걱정이었다. 또 나를 아끼는 이들에게 누가 되지 않을까 불안했다. 단지 나와 가깝다는 이유로 피해를 입는 경우가 생긴다면, 실질적인 배신을 하는 셈이라는 생각이 나를 짓눌렀다.

삼성에서 고위 임원을 지냈던 내가 삼성을 고발할 때 돌아올 온갖 비난도 두려웠다. 한국 사회 분위기에서 패륜적 변절자, 배신자로 낙인 찍히면 정상적인 사회생활이 불가능하다. 여기에 온갖 모략으로 인한 누명까지 뒤집어쓰면, 결과는 끔찍하다.

이때까지도 나는 세속적인 욕심을 버리지 못했다. 그래서 배신자 낙인에 대한 두려움을 떨칠 수 없었다. 고민을 거듭했다. 아무리 생각해도 한없이 타락한 당시 내 모습은 추하기만 했다. 나는 다시 태어나고 싶었다. 그래서 본래의 내 자신으로 돌아가고 싶었다. 이익 때문에 양심을 속이는 일은 더 이상 하기 싫었다.

내 번민의 출발점은 분노와 복수심이었다. 그러나 이런 감정에 매달려 있는 한 번민에서 벗어날 수 없다는 것은 분명했다. 그래서 마음을 다잡았다. '양심고백은 특정인에 대한 처벌을 요구하기 위한 게 아니다. 순박한 사람을 범죄자로 만드는 구조를 바꾸기 위한 것이다.'

목표는 분명해졌는데, 방법이 막막했다. 누가 내 이야기를 들어준다는 말인가. 나야말로 삼성의 힘을 누구보다 잘 알고 있었다. 그들은 권력기구와 언론을 구워삶아서 나오는 힘만 갖고 있는 게 아니다. 국정원과 경쟁하는 수준으로 감시와 도청을 저지르는 게 그들이다.

대검찰청에서 일하는 후배 검사를 찾았다. 그는 조선일보와 공중파 방송사 한 곳 정도가 일주일쯤 삼성 비리를 집중적으로 다뤄준다면, 검찰 수뇌부도 수사를 승인할 수밖에 없을 것이라고 말했다. 조선, 중앙, 동아 등 3대 주요 신문사 가운데 그가 굳이 조선일보를 꼽은 것은 중앙일보와 동아일보가 삼성과 특수 관계를 맺고 있기 때문이다. 중앙일보는 과거 삼성 계열사였다. 1998년 삼성으로부터 계열분리를 했지만, 이를 믿는 사람은 없었다. 실제로도 그랬다. 중앙일보는 여전히 삼성 구조본의 통제 아래에 있었다. 그리고 동아일보는 사주가 삼성 이건희 회장과 사돈 사이다. 그러니까 중앙일보와 동아일보가 삼성 비리를 제대로 다룰 수 없으리라는 것은 명백했다. 후배 검사를 통해 조선일보 법조팀장에게 내 의도와 이야기를 전달했다. 그러나 조선일보에서 연락이 오지 않았다. 취재를 하는 것 같지도 않았다. 기사화되지도 않았다.

이번에는 KBS, MBC 등 방송사에 같은 내용을 제보했다. 하지만 결과는 마찬가지였다. 한겨레에서 일하는 친구 정석구를 통해 한겨레 편집국과 접촉해 상의했다. 한겨레 측은 기사화에 신중한 입장이었다. "한겨레만 단독 보도할 경우, 주류 언론이 외면할 가능성이 있다. 그런데 한겨레 등 소수 진보 매체만으로는 영향력이 너무 약하다. 결국 삼성 비리가 제대로 공론화되지 않을 가능성이 크다"라는 이유였다. 그래서 방송 등 다른 매체와 함께 보도하길 원한다고 했다.

이쯤에서 맥이 탁 풀렸다. 그때, 친구 정석구가 힘이 됐다. 그가 백방으로 뛰어다니며, 내가 알고 있는 내용을 세상에 알릴 방법을 찾았다. 하지만 뾰족한 수가 없었다.

그리고, 사제단이 있었다

정말 방법이 없는 걸까. 다들 누가 먼저 나서주기만을 바랐다. 상대가 삼성이 아니었다면 달랐을 게다. 상대가 정부였다면, 혹은 다른 재벌이었다면 오히려 남보다 먼저 문제를 공론화하려고 경쟁을 벌였을 게다. 그런데 삼성에 대해서는 다들 무서우리만치 조심스러워했다. 서로 공을 떠넘겼다.

정석구가 마지막으로 제안한 게 천주교정의구현전국사제단이었다.

1987년 6월항쟁을 기억하는 사람이라면, 박종철 고문치사 사건을 최초로 세상에 알렸던 사제단을 모를 리 없다. 처음에는 조금 망설여졌다. 사제단이 정치적 민주화가 아닌 재벌 비리 문제에도 관심이 있을까 하는 의문 때문이었다. 잠시 고민하다 결국 사제단을 찾아가기로 했다. 어차피 다른 선택을 할 여지도 없었다.

2007년 10월 16일, 사제단 고문인 함세웅 신부를 처음 만났다. 함 신부는 "1987년 6월항쟁 이후 20년이 지났다"며 말을 시작했다. 6월항쟁을 거치며 '정치적 민주화'가 어느 정도 이루어졌지만, '경제 민주화'는 아직 요원하다고 했다. 그런데 마침 내가 찾아왔다는 게다. 그러면서 그는 "'하느님의 뜻'인가 보다"라고 했다.

지난 20여 년 동안, 사회경제적 양극화가 심해졌다. 재벌을 정점으로 하는 부유층은 특권적인 신분이 돼버렸고, 이런 특권은 대물림되고 있다. 명문대 신입생, 각종 고시 합격자들 가운데 부유층 자제의 비율이 해마다 늘어나고 있는 것이 좋은 예다. 능력이 검증되지 않은 재벌 2, 3세가 세금도 제대로 내지 않고 기업을 물려받는 일은 더욱 적절한 예다. 대신, 재벌과 부유층의 특권을 견제할 수 있는 힘은 미약하기만 하다.

이런 사회에서 진정한 민주주의가 불가능하다는 점은 명백하다. 6월항쟁 이후 20년이 지난 시점에서 함 신부가 '경제 민주화'를 이야기한 것은 그래서였다.

당시 만남은 내 인생에서 결정적인 분기점이 됐다. 함 신부에게 내가 살아온 삶을 낱낱이 고백했다. 그것은 그 자체로 큰 축복이었다. 삼성에서 일하는 동안 저지른 죄를 고백하는 동안, 황홀한 기분이었다. 오랫동안 마음을 짓누르고 있던 짐이 사라진 듯한 느낌이었다. 홀가분한 느낌으로 결심을 굳혔다. '내가 저지른 죄에 대한 처벌을 피하지 않겠다. 검찰에 자진 출석해 조사받고 합당한 벌을 받겠다.'

사제단 신부들을 비롯한 몇 사람과 공개적인 양심고백을 준비했다. 그 무렵 정체불명의 사내가 내 숙소 앞에서 몸을 숨긴 채 기다리곤 했다. 내가 움직이면, 그는 그림자처럼 따라 움직였다. 삼성 측 미행자였다. 철저한 보안 속에서 모든 일을 진행했지만, 삼성의 정보망을 벗어날 수 없었다.

당시 내 움직임에 촉각을 곤두세운 것은 삼성만이 아니었다. 정부 고위 당국자도 나서서 나를 회유하고 협박했다. 그는 말했다. "삼성의 비리를 밝혀내는 것은 불가능한 일이다. 너만 바보 되고 비참한 생활을 하게 될 것이다."

당시 삼성 구조본 홍보팀장이었던 윤순봉은 내 친구 정석구에게 "합당한 보상을 하겠다. 김용철 명의의 차명계좌는 회사가 개설한 게 아니라고 하고 개인을 내세워 세금 내면 그만이다. 언론은 모두 장악되어 있다"라고 했다. 구조본 기획팀에서 상무로 일하던 분도 정석구를 통해 내게 로펌을 하나 차려주겠다는 뜻을 전했다.

법무법인 서정의 전 대표 변호사는 5개월 만에 나를 만나서 "남은 인생을 생각하라. 삼성 측에 이야기해서 합당한 보상을 받게 해 주겠다"고 했다. 조용히 지내던 내게 갑자기 너무 많은 사람들이 만나자는 연락을 했다. 그들은 대부분 내가 살아오면서 직간접적으로 인연을 맺은 이들이었다. 너무 힘들어서 휴대전화를 끄고 지냈다. 삼성 구조본 이학수와 김인주가 아내의 집에 찾아가 한밤중에 한 시간 동안 초인종을 눌러대는 일도 있었다. 이런 일을 겪으며 놀란 아내는 한동안 집에 못 들어가기도 했다.

2007년 10월 16일부터 나는 도피 생활을 시작했다. 삼성의 미행과 감시, 도청을 도저히 피할 길이 없어서였다. 도망 다니는 범죄자를 잡아들이는 검사였던 내가 모텔을 전전하며 도피 생활을 하게 됐으니, 마음이 무거웠다. 도피 생활을 하는 동안 휴대전화는 거의 꺼두었다.

그 사이에 수많은 전화와 문자 메시지가 왔었다. 잠깐 휴대전화를 켜면, 문자 메시지가 수북이 쌓이곤 했다. 그 가운데는 대학 선배이자 직장 상사였던 이학수가 보낸 문자 메시지도 있었다. 이학수가 보낸 문자 메시지를 주변 사람들에게 보여주고 의견을 구했다. 한번 만나보라는 사람도 있었다. 잠시 고민했다. 이제 각자 갈 길이 정해졌는데, 굳이 만날 필요가 없다는 생각이 들었다. 그래서 결국 회신을 하지 않았다.

정석구, 나이 오십에 얻은 진정한 벗 하나

이 과정에서 속상하는 일이 있었다. 당시 한 시사주간지 기자가 나를 돕고 있었다. 이학수가 보낸 문자 메시지를 그가 사진으로 찍었다. 나중을 생각해서 증거로 확보해 둬야 한다는 이유였다. 그런데 이 사진들이 나중에 그가 속한 주간지 기사로 실렸다. 이학수가 보낸 문자 메시지는 지극히 인간적인 내용이었다. 이런 것까지 기사로 공개하는 것은 사람의 도리가 아니라는 생각이 들었다. 게다가 이런 내용은 삼성 비리의 본질과도 별 상관이 없는 것이었다.

기자의 직업적인 욕심 때문에 내가 야비한 사람이 돼버렸다는 생각이 들었다. 그래서 그 기자를 만났을 때 멱살잡이를 할 만큼 화를 낸 적이 있다. 게다가 이학수에게 문자 메시지를 받았을 당시, 그 기자는 나와 기자 신분으로 만나고 있었던 게 아니었다. 철저한 보안 속에서 양심고백을 준비하는 과정을 전부 지키고 도와준 특별한 관계였다. 그래서 나와 높은 신뢰 관계가 유지되고 있었고 전적으로 믿고 있었기 때문에 그 기자에게 휴대폰을 내줬던 것이다. 그런데 나와 아무런 상의 없이 문자 메시지가 기사화된 것이다. 무척 화가 났다.

양심고백을 준비하는 동안, 나는 신경이 극도로 예민해져 있었다. 그 당시 내게 위안이 된 사람은 한겨레의 정석구 기자였다. 그는 내가 법무법인 서정에서 쫓겨나서 5개월 가까이 경기도 양평에 있는 컨테이너 가건물에서 외롭게 칩거하던 시절, 거의 유일하게 나를 찾아와서 위로해주던 친구였다. 그는 고등학교를 나와 같이 다녔지만, 함께 대화해 본 기억이 없다. 사회생활 중에도 별로 교류가 없어서 딱히 친구라고 할 수도 없었는데, 그는 진심으로 나를 걱정해서 수시로 찾아왔다. 바쁜 일정 속에서도 그 친구는 삼겹살이나 감자, 고구마 등 먹을거리를 들고 나를 찾아오곤 했다. 가끔은 부부가 함께 찾아오기도 했다.

한번은 그에게 왜 내게 접근하느냐고 물은 일이 있다. 이런 내가 그는 조금 서운했을 게다. 하지만 그는 '네가 잘 나갈 때는 옆에 사람도 많았지만, 지금은 그렇지 않아 곁에 아무도 없는 것 같으니 나라도 와봐야 하지 않겠느냐'고 했다. 나는 나이 오십이 돼서야 진실로 벗을 하나 얻은 것 같았다.

이후 이 사건에 관하여 그 친구에게 흉금을 터놓고 모든 일을 의논하게 되었다. 시종일관 그는 신의와 약속을 지켰으며, 기자로서의 욕심이나 다른 어떤 이해타산도 없이 오로지 내 생각만 해주었다.

나는 이 사건을 통해 많은 것을 얻고 많은 것을 잃었다. 이미 예상하고 각오했던 바이지만, 내가 살아온 50년 동안 부자연스럽고 어색하게 얽힌 인간관계들을 잃었다. 차라리 깨끗하게 잃은 것이 다행이라고 본다. 그리고 더 소중한 것을 얻었다. 얻은 것은 진정으로 예수의 길을 걷고 있는 신부님들, 평생 함께 갈 친구, 너무나 성실하고 헌신적인 변호사와의 만남이다.

천주교정의구현전국사제단 신부들을 처음 만났을 때를 잊을 수 없다. 연세가 예순이 넘은 분들인데, 눈빛이 너무 맑았다. 아이들처럼 순수했다. 과거 목숨을 걸고 독재정권과 싸웠던 분들이라는 게 믿기지가 않았다.

사제단 원로인 김병상 신부는 나를 호되게 야단쳤다. "지금까지 삼성에서 호의호식하다가 이제 와서 뭘 어쩌자는 것이냐"라고 했다. 다른 원로 신부들에게도 야단을 맞았다. 하지만, 신부들이 나를 야단만 친 것은 아니었다. 너무 큰 진실을 안고 버둥대는 나를 안타까워한 것도 그분들이었다. 개인적인 상처와 부담에 대해서도 그분들은 따뜻하게 위로해줬다. 사제단 신부들의 섬세한 배려 속에서 나는 내 삶을 돌아볼 기회를 얻었다. 내가 저지른 죄를 반성했고, 앞으로 내가 할 일을 찾았다. 그렇게 양심고백을 준비했다.

2007년 10월 29일. 사제단은 이날 오전 서울 제기동 성당에서 기자회견을 열어 내가 고백한 내용을 세상에 알렸다. 이날, 내 명의로 개설된 비자금 계좌가 공개됐다. 삼성은 임원 계좌를 임의로 차용해서 비자금을 보관하거나 자금 세탁을 해 왔다. 명의가 차용된 임원들은 자기 명의로 개설된 계좌에 얼마가 담겨 있는지 어떤 용도로 쓰이는지 전혀 몰랐다. 내 계좌에는 내가 모르는 현금이 50억 원 이상 보관돼 있었다. 한 계좌에 담긴 현금 규모가 그렇다. 다른 계좌에도 차명자산이 담겨 있었는데, 규모와 거래 내역을 제대로 확인할 수 없었다. 삼성에서 퇴직한 지 3년이 지난 내 계좌가 이 정도라면, 현직 임원들은 말할 것도 없다. 내가 추정한 삼성의 국내 비자금 규모는 10조 원이 넘었다. 해외 비자금은 추정조차 불가능했다. 이런 내용이 세상에 처음 알려진 것이다.

사제단의 삼성 비리 관련 첫 회견에 나는 참석하지 않았다. 내가 익명의 군중 앞에 직접 노출됐을 때, 사고가 생길지 모른다고 염려한 사제단 신부들이 나를 서울 제기동 성당 사제관에 숨겼다.

신정아 사건과 이건희 비리

이날 회견에는 고작 50여 명 정도의 기자만 참석했다. 회견 일정이 모든 언론사에 알려져 있었음에도 그랬다. 다음날인 30일자 신문은 대부분 이날 회견을 짧은 단신으로 보도했다. 일간지 중에서는 〈한겨레〉가 자세히 보도했다. 그리고 시사주간지 〈시사IN〉이 내 인터뷰 내용을 자세히 소개했다. 온라인 매체 중에는 〈프레시안〉, 〈오마이뉴스〉 등이 회견 내용을 충실하게 전했다. 영향력이 약한 매체들이 주로 보도한 셈이다.

다수 언론은 오히려 나를 비난했다. 2007년 10월 31일자 〈매일경제신문〉에 실린 "불편한 진실, 불량한 폭로"라는 칼럼이 대표적인 사례다.

문제는 진실이 항상 모두를 위해 필요한 건 아니라는 점이다. 요즘 우리 주변에는 진실게임이 난무하고 있다. 하루가 멀다 하고 꼬리를 무는 폭로와 해명 속에 한국 사회는 온통 난장판이 됐다. …(중략)… 모든 진실은 공개되는 것이 옳다는 착각이다. 신정아 씨 누드사진이 각계 반발을 초래한 것처럼 진실에는 공개할 가치가 있는 것과 그렇지 않은 것이 있다. …(중략)… 진실은 누구 입에서든 나올 수 있다는 오해다. 진실성이 부족한 사람에게서 제대로 된 진실이 밝혀지는 걸 본 기억이 없다. …(중략)… 때론 사회의 흠집처럼 보이더라도 불완전한 인간이 모여 사는 곳엔 '합리적 무시'가 필요하다. 도무지 양보와 인내를 모르는 폭로꾼들이야말로 사회를 위협하는 '한국판 탈레반'이라고 나는 폭로한다.

나와 사제단이 졸지에 '한국판 탈레반' 취급을 당한 셈이다. 삼성 비리에 대해서는 '합리적 무시'가 필요하다는 제안도 곁들여졌다. 삼성 비리를 공개한 게 신정아 씨 누드사진을 공개한 것과 마찬가지라는 논리였다. 삼성 비리를 공개해서 한국 사회가 "온통 난장판이 됐다"고도 했다.

이런 글이 한두 개가 아니었다. 어떤 칼럼은 "재벌의 비자금 조성은 정당방위"라는 억지를 부리기도 했다. 도무지 반박할 가치조차 없는 것들이었다. 나는 묻고 싶었다. 한국 사회를 "온통 난장판"으로 만드는 게 도대체 누구냐고, 검찰과 법원, 행정부와 언론을 돈으로 오염시킨 게 누구냐고 말이다.

2007년 10월 31일자 〈매일경제신문〉 칼럼이 〈문화일보〉의 신정아 씨 누드사진 게재와 사제단의 삼성 비리 공개를 비교했는데, 이와 다른 각도에서 두 사건을 비교한 글이 있다. 〈매일경제신문〉 칼럼과 같은 날 나온 언론개혁시민연대의 성명이다. "삼성의 광고협박에 휘둘리지 말고, 언론은 정론직필에 나서라"라는 제목의 성명에서 이 단체는 "전 국민을 술렁이게 만드는 큰 의혹임에도 '삼성 X파일'에서도 그러했듯이 대부분의 언론은 애써서 '삼성 비자금'을 눈감으려 하고 있다"며 "언론이 불과 몇 주 전까지만 해도 벌떼같이 일어나 기사화하고 언론의 본질 논란까지 벌이며 보도했던 '신정아 관련 사건'과는 너무나 다른 태도를 보이고 있다"고 지적했다.

"이러한 언론의 태도는 '신정아 관련 사건'은 광고가 붙고, '삼성 비자금'은 광고가 떨어지기 때문이라고 이해할 수밖에 없다"는 설명도 뒤따랐다. 삼성 비리에 관한 양심고백 이후 주요 언론이 취한 태도에 대한 명쾌한 설명인 셈이다. 흥미 위주의 기사로 열독률이 높아지면 광고를 많이 유치할 수 있다. 언론이 자극적인 기사를 쏟아내는 이유다.

물론 재벌 비리를 다룬 기사도 독자들의 관심이 높은 편이다. 하지만, 삼성을 비롯한 대형 광고주들은 이런 기사를 싫어한다. 주요 언론이 삼성 비리를 기사화하기를 주저했던 이유다. 독자보다 광고주를 의식했다는 뜻이기도 하다.

언론은 신정아 씨 사건을 보도하면서, 사생활까지 낱낱이 까발렸다. 인권 침해 논란이 뒤따를 정도였다. 언론이 신정아 씨 사건을 파헤치던 노력의 십분의 일만 이건희 비리를 파헤치는 데 썼더라면, 어떤 결과가 나왔을까. 양심고백을 다룬 언론 보도를 접하면서, 가끔 든 생각이었다.

"돈, 아니면 와인"

사제단과 내가 공개한 삼성 비리는 크게 세 범주로 나뉜다. △조직적인 비자금 조성 및 탈세와 이를 감추기 위한 회계조작, △경영권 불법 세습 및 이 과정에서 저지른 법정 증거 조작, △정·관·법조·언론계에 대한 광범위한 불법 로비 등이다.

여론의 관심은 주로 법조계에 대한 불법 로비에 쏠렸다. 이른바 '떡값 검사 명단'이 관심사였다. 다수 국민이 법원 및 검찰에 대해 평소 갖고 있던 불신이 한 원인이었다. "무전유죄, 유전무죄(無錢有罪, 有錢無罪)"라는 통념이 근거를 찾은 셈이다.

언론 역시 불법 로비에 주로 관심을 가졌다. 언론의 이런 태도에는 아쉬운 점이 많다. 불법 로비는 주로 경영권 불법 세습을 정당화하기 위한 것이었다. 또 이런 로비에 소요된 자금은 불법적으로 조성된 비자금에서 나왔다. 따라서 불법 로비는 복잡하게 얽혀 있는 삼성 비리의 중간 고리에 불과했다. 그러나 상당수 언론은 삼성 비리의 본질에 다가가려 하지 않았.

사제단의 첫 회견 이틀 뒤인 2007년 10월 31일, 노회찬 당시 민주노동당 국회의원이 삼성으로부터 로비를 받은 검사 명단을 사제단이 갖고 있다고 말했다. 노 전 의원은 '떡값 검사' 명단 공개의 선배 격이다. 내가 양심고백을 하기 전인 2005년 8월 18일, 그는 옛 안기부(현 국가정보원)의 도청 녹취록인 이른바 'X파일'에서 삼성과 중앙일보로부터 돈을 받았다고 거론된 고위 검사 7명의 실명을 공개했었다. 이 녹취록에는 삼성과 홍석현 중앙일보 회장이 검찰 간부들에게 명절 때마다 이른바 '떡값' 명목으로 돈을 뿌려왔다는 내용이 담겨 있다. 노 전 의원은 통신비밀보호법을 위반했다는 이유로 1심 법원에서 징역 6월에 집행유예 2년과 자격정지 1년을 선고 받았으나 항소심에서 무죄를 선고 받았다.

노 전 의원의 발언에 이어 '이건희 회장 지시사항' 문건까지 언론에 공개되자, 이른바 '떡값 검사 명단'에 대한 관심은 더욱 달아올랐다. 이 문건은 2003년 12월 29일 작성돼 삼성 구조본 팀장들에게 전달된 것이다. 돈을 받지 않는 권력자에게는 와인이나 호텔 할인권을 건네주라거나, 삼성에 비판적인 보도를 하는 언론사에 대해서는 광고를 조정하는 것을 검토하라는 것 따위가 이 문건에 담긴 내용이다. 2007년 11월 1일부터 부분적으로 언론에 공개된 이 문건은 11월 3일 전문이 공개됐다. 이 문건이 보도되자, 삼성 측은 "단순 참고 사항이다", "이행되지 않은 것이 많다"라고 해명했다. 삼성에서 회장 지시사항은 북한에서 김일성이 내린 교시와 비슷한 위상을 갖고 있다. 내가 삼성 구조본에서 일하던 시절, 구조본 팀장만 접속할 수 있는 비밀 파일이 있었다. 여기에는 회장 지시사항에 대한 이행 실적, 예정 사항 등을 기재하도록 돼 있었다. 삼성에서 회장 지시사항은 헌법 이상의 권위가 있었고, 구조본 팀장들은 이행 상황을 수시로 확인해 보고해야만 했다.

그런데 이런 지시사항을 "단순 참고 사항" 취급하는 직원이라면, 삼성에서 살아남을 수 없다. "이행되지 않은 것이 많다"면, 구조본 팀장과 계열사 사장들의 목이 날아갈 만한 일이다. 이걸 해명이라고 한 삼성 직원은 아직 안 잘렸나 모르겠다.

'이건희 회장 지시사항' 문건의 파장은 컸다. 이 문건에서 추미애 민주당 의원의 실명이 '돈 안 받는 사람'으로 거론됐다. 실제로 추 의원은 언론 인터뷰에서 "선거 무렵인데 (삼성에서) 도와주려고 한 적이 있다. 그래서 제가(추 의원이) 그러지 마시라고 심부름 오신 분한테 돌려드리고 그렇게 했던 기억이 난다"고 말했다.

이쯤 되자 주요 언론도 삼성 비리를 계속 덮어둘 수만은 없었다. 취재 경쟁이 달아올랐다. 2007년 11월 5일 사제단의 2차 기자회견이 열린 서울 제기동 성당 강당에는 기자들이 빽빽하게 들어차서 안으로 들어가기조차 힘들었다. 사제단의 첫 기자회견 당시와는 몹시 대조적이었다. 일주일 전 열린 첫 회견에 모인 기자들은 고작 50명 남짓이었다. 일부 진보 성향 매체와 방송을 제외한, 다수 신문은 삼성 비리를 덮어버리려는 의도가 역력했다. 이런 상황이 뒤집어진 것이다.

첫 회견 때와 달리, 사제단의 2차 기자회견에는 나도 참석했다. 이 자리에서 나는 삼성 비리를 직접 증언했다. 그리고 삼성 비리에 공범으로 가담했음을 고백했다.

이 무렵, 둘째아들이 병장으로 만기제대했다. 당시 나는 제기동 성당 사제관에 숨어 지내고 있었는데, 사제단의 승낙을 얻어 오랜만에 외출을 했다. 당시에는 거의 매일 9시 뉴스에 내 얼굴이 나오던 터라 길에서 마주치는 많은 사람들이 바로 얼굴을 알아봤다. 삼성 비리 공개를 둘러싼 사태가 어떻게 진행될지 한 치 앞을 내다볼 수 없는 상황이었다.

그래서 나는 벙거지 모자를 깊이 눌러 쓰고, 목도리를 둘러 입까지 가렸다. 그런데도 눈빛만으로 나를 알아보고 악수를 청하는 사람들이 꽤 있었다. 아들이 먼저 영화표를 끊어 놓아 서울 시내 한 극장에서 영화를 봤다. 영화 제목은 "바르게 살자"였다. 배우 정재영이 강직한 경찰 역을 맡았던 영화로 기억한다. 코미디 영화였지만, 마냥 웃을 수는 없었다. 당시 '바르게 살자'고 마음먹고 있던 내 처지가 스크린에 거울처럼 비치는 듯 했다. 당시 군에서 막 제대한 작은아들이 내게 말했다. "아빠가 정말 아빠다운 일을 하고 있어서 보기가 좋다"라고. 의사인 큰아들도 내 선택에 절대적인 지지를 보냈다. 이로써 나는 양심고백으로 얻을 수 있는 것을 다 얻었다. 두 아들에게 내 선택을 인정받았으니, 그걸로 나는 만족한다.

기자들이 구름처럼 몰려든 11월 5일 2차 회견에서, 사제단은 '떡값'이라는 표현을 바로잡아야 한다고 지적했다. '떡값'이 아니라 '뇌물'이라는 것이다. 사제단은 이날 회견에서 "'뇌물'을 '떡값'이라고 부르면서 죄의식을 갖지 못하는 게 우리의 현실"이라고 밝혔다. 부패에 둔감해진 세태에 대한 따끔한 일침이었다.

"대통령은 왜 삼성 돈 받은 사람만 좋아하나"

다시 일주일이 지났다. 2007년 11월 12일 사제단의 3차 기자회견이 열렸다. 이번에도 서울 제기동 성당에서였다. 이날 사제단은 당시 검찰총장 후보자였던 임채진(2009년 6월 사직), 당시 국가청렴위원장이었던 이종백(현 부산고등검찰청장), 당시 대검찰청 중앙수사부장이었던 이귀남(현 법무부 장관) 등이 삼성으로부터 금품을 받아왔다고 밝혔다. 임채진 검찰총장의 인사청문회를 하루 앞둔 날이었다. 그러나 사제단의 발표는 이들이 요직에 기용되는 것을 막지 못했다. 임채진은 이명박 정부가 들어선 뒤에도 자리를 유지했다.

삼성 돈을 받은 공직자가 주요 공직에 오르는 것은 막아야 한다는 게 사제단의 의도였다. 검찰총장 등 권력기관 수장 후보로 오르내리는 사람이 삼성의 관리 대상이라는 점을 국민들에게 반드시 알려야 한다고 여겼다.

양심고백 뒤, 청와대 관계자가 내게 국세청장 후보자 세 명의 명단을 제시하며 의견을 물은 적이 있다. 나는 삼성이 국세청을 상대로 한 로비에 대해서는 검찰에 대한 것만큼 자세히 알지 못했다. 그런데도 당시 후보자 세 명이 모두 낯익은 이름이었다. 모두 삼성이 관리해 온 국세청 간부들이었다. 그래서 그렇게 이야기했다. 청와대 관계자의 목소리가 어두워졌다. "세 명이 다 '삼성 장학생'이라면 어쩌란 말이냐"라고 말하는 듯했다. 나는 신임 국세청장으로 국세청 바깥에 있는 조세 전문가를 뽑으면 어떻겠느냐고 제안했다. 국세청에 대한 삼성의 관리 수준은 검찰에 대한 것보다 한 단계 위라는 게 공공연한 사실이었다. 실질적인 이해관계가 걸려 있으니 당연한 일이다.

따라서 국세청 내부에서 깨끗한 청장 후보가 나오기를 기대하는 것은 무리라고 봤다. 하지만 청와대 관계자는 "정권 말기라서 '개혁인사'는 못 한다"라고 잘라 말했다. 결국 당시 후보자 가운데 한 명이었던 한상률이 국세청장이 됐다. 그는 인사 청탁 의혹 등으로 2009년 1월 국세청장 자리에서 물러났다.

삼성 돈을 받은 공직자가 중용되는 것은 이명박 정부 들어서 더 심했다. 그래서 이명박 정부 출범 뒤인 2008년 3월 5일, 사제단은 이종찬, 김성호, 황영기 등이 삼성의 관리 대상이라는 사실을 공개했다. 이들은 이명박 정부에서 주요 권력기구 수장 후보로 오르내렸다. 적어도 이들이 이명박 정부에서 계속 고위 공직을 수행하는 것만큼은 막아야 했다.

이종찬은 당시 대통령실 민정수석이었으며, 지금은 변호사다. 김성호는 당시 국가정보원장 내정자였으며, 이듬해 2월까지 국정원장을 지냈다.

황영기 전 우리은행장은 이명박 정부 초대 금융위원장 물망에 올랐으며 KB금융지주 회장을 지냈다.

이들의 이름을 공개한 것은 별 효과를 거두지 못했다. 노무현 정부와 마찬가지로 이명박 정부도 삼성의 관리 대상이라고 지목된 인사들을 기용하는 데 거리낌이 없었다. 심지어 이귀남은 이명박 정부에서 법무부 차관을 거쳐 장관까지 올랐다. 장관 인사청문회에서 이귀남은 부동산 차명 거래가 드러나서 홍역을 치렀다.

"왜 친한 검사 이름을 공개했나?"

사제단이 삼성의 관리 대상이라고 발표한 명단은 임채진, 이종백, 이귀남, 이종찬, 김성호, 황영기 등 6명이다. 이들은 대부분 나와 가까운 이들이었다. 특히 김성호의 경우, 부부끼리도 자주 어울릴 만큼 사이가 좋았다. 그래서 김성호는 심한 배신감을 느꼈다고 한다. 그는 여러 경로를 통해 내게 자신의 뜻을 전했다. 하지만 나로서도 어쩔 수 없었다. 요직(要職)에 있는 자를 공개해야 삼성 비리에 관한 수사가 제대로 이루어질 수 있다고 봤기 때문이다.

이런 나를 가리켜 어떤 이들은 비인간적이라거나, 정서에 문제가 있다고 비난했다. 이렇게 비난하면, 나는 할 말이 없다. 대신, 나는 질문을 던지고 싶다. 그렇다면 나와 친한 검사들의 이름을 빼고 명단을 발표해야 옳았다는 것인가? 그래서 명단에 포함된 검사들이 "김용철과 사이가 나빠서 이름이 거론됐다"며 불평하게 하는 게 옳다는 것인가?

나는 특검에서 조사를 받으면서 삼성이 관리한 검사들의 명단을 추가

진술했다. 역시 검찰과 법무부에서 요직을 맡은 검사들에 한해서였다. 그러나 내 진술은 무시됐다. 이명박 정부는 삼성이 관리한 검사들을 징계하기는커녕 더 높은 자리로 승진시켰다.

내가 특검 조사를 받을 당시인 2008년 3월, 검찰 인사안이 발표됐다. 당시 검찰 요직에 발령이 난 이들 가운데 낯익은 이름이 종종 눈에 띄었다. 내가 삼성 구조본에 근무할 당시 관리 대상 명단에 이름을 포함시켰던 검사들이다. 당시 나는 부하 직원을 통해 그들에 대한 관리 상황을 수시로 보고받았다. 그런데 그들이 새로 출범한 정부에서 검찰 최고 요직에 임명되도록 내버려둘 수는 없었다. 그래서 나는 내가 삼성에 근무할 당시 그들을 관리하도록 지시했다는 사실을 특검 진술 조서에 남기도록 요구했다. 실제로 그들의 이름이 조서에 남았다. 하지만 소용없었다. 그들은 무사히 자리를 지켰고, 이듬해에는 더 높은 자리로 승진했다. 이들 외에도 삼성의 관리 명단에 있던 검사들은 이명박 정부에서 계속 승승장구했다.

이들의 이름을 언론에 공개했다면, 이들이 검찰 수사와 인사를 좌우하는 고위직에 오르는 것을 막을 수 있었을까. 그렇지 않았을 것 같다. 이명박 대통령은 삼성의 관리 대상자라고 언론에 공개된 이귀남을 법무부 차관으로 승진시킨 데 이어 법무부 장관으로 임명했다. 그러나 언론과 정치권은 대부분 그가 삼성 비리 연루자라는 점을 거론하지 않았다.

이처럼 이명박 정부는 삼성 돈을 받은 공직자를 내치지 않았을 뿐 아니라 오히려 중용했다. 통상적인 기준에 따르면 승진 우선순위에서 뒤로 밀렸을 법한 검사들인데, 승진한 경우가 있었다. 묘하게도 이런 경우는 대부분 삼성의 관리 대상자 명단에 포함된 검사였다. '삼성의 관리 대상자 명단'이 이명박 정부에서는 출세 보증수표로 통하는 셈이다.

이런 모습을 보면, 삼성의 관리 대상 명단을 추가로 공개했던 사제단 5차 회견문 내용이 떠오른다.

당시 사제단은 성서의 마태복음 12장 43절로 회견을 시작했다. "악령이 돌아가서 그 집이 비어 있을 뿐만 아니라 말끔히 치워지고 잘 정돈되어 있는 것을 보고 자기보다 더 흉악한 악령 일곱을 데리고 들어가 자리 잡고 산다. 그러면 그 사람의 형편은 처음보다 더 비참하게 된다. 이 악한 세대도 그렇게 될 것이다."

삼성으로부터 부당한 돈을 받은 검사들에게 고위 공직을 마련해 준 정부에 대한 비유로 읽히는 구절이다. 삼성 비자금과 결탁한 악령이 집에 돌아갔을 때, 오히려 집이 말끔하게 정돈돼 있는 것을 봤다. 그래서 악령은 더 흉악한 악령들을 데리고 집에 들어갔다. 집안은 곧 엉망이 됐다. 삼성 장학생들이 곳곳에서 위세를 떨치고 있는 현 정부가 이 집안과 비슷한 꼴이다. 사람을 쓰는 일은 인사권자의 취향이 반영될 수밖에 없다. 대통령은 재벌 돈 받은 사람을 유독 좋아하나 보다. 이런 대통령을 우리 국민이 뽑았다.

이른바 '떡값 리스트'가 화제가 되면서, 나는 "왜 명단 전체를 한꺼번에 공개하지 않고 찔끔찔끔 공개하느냐"라는 질문을 많이 받았다. 비난조를 띤 질문인 경우가 많았다. 당초 내가 사제단에 제출한 명단에는 50여 명의 이름이 있었다. 명단에는 주로 검찰 관계자가 많았고, 정치인 및 관료도 일부 포함돼 있었다. 이 가운데 6명이 언론에 공개됐고, 나머지 중 일부가 특검 및 정부에 통보됐다.

명단 전체를 언론에 공개하지 않은 데는 이유가 있다. 내가 알고 있는 명단은 삼성이 돈을 주며 관리한 공직자들 가운데 일부에 불과하다. 삼성이 워낙 광범위하게 돈을 뿌려왔기 때문이다. 이 가운데 굳이 내가 알고 있는 명단만 공개하는 것은 형평에 맞지 않는다고 봤다. 자칫하면, 명단에 포함돼 있지 않지만 삼성 돈을 받아왔던 자들에게 면죄부를 주는 꼴이 될 수도 있었다. 그래서 당시 정부가 고위 공직자 후보로 검토하고 있는 자들을 주로 공개했다.

적어도 삼성 돈을 받은 게 명백한 자가 고위 공직에 오르는 일만큼은 막아야 했기 때문이다. 하지만 보수 언론은 사제단과 내가 떡값 명단을 갖고 정치적인 언론 플레이를 한다며 비난했다.

이 밖에도 나를 향해 쏟아지는 비난은 다양했다. "삼성에서 호의호식하다가 왜 이제 삼성 비리를 고발하느냐"라거나, "당신도 삼성 비리의 공범"이라는 지적은 이미 감수하기로 한 것이었다. 그래서 당연한 지적이라고 여겼다. '비리의 공범'이라서 치러야 할 대가는 얼마든지 치를 생각이었다.

"불의한 양심에도 진실은 있다"

그러나 어떤 비판은 수긍하기 어려웠다. 변호사가 왜 의뢰인의 비밀을 까발리느냐는 게 그런 경우다. 실제로 대한변호사협회는 나에 대한 징계 방안을 검토했다. '변호사 윤리'를 위반했다는 것이다. 역시 각오했던 상황이다. 양심고백을 준비할 당시, "변호사 자격이 사라지면 '김 변호사 김밥집'을 차릴 테다, 변호사가 아니어도 '김 변호사'라는 상호는 쓸 수 있겠지"라고 자주 이야기했었다.

하지만 각오가 돼 있다는 것과 주장에 동의하는 것은 다른 문제다. 나는 삼성의 비리를 공개한 것이 변호사 윤리에 어긋난다고 보지 않는다.

변호사는 물론 의뢰인을 돕는 게 역할이자 의무다. 그러나 그것은 법의 테두리 안에서 이루어져야 한다. 범죄 행각, 범법 행위를 저지르도록 돕는 것은 오히려 변호사 윤리에 어긋나는 일이다. 또 변호사 업무를 하면서 알게 된 비밀을 반드시 숨겨야 한다는 주장에 대해서도 나는 생각이 다르다. 공공질서와 사회 정의를 근본적으로 해치는 범죄 행위라면, 더 큰 피해가 생기기 전에 공개하는 게 옳다. 변호사가 알게 된 비밀이 공개해야 마땅한 범죄 행위인지를 어떻게 판정하느냐고? 이걸 판단하는 게 법률가의 역할이자 의무다. 괴롭거나 귀찮다는 이유로 이런 판단을 회피한다면, 법률가 자격이 없다.

삼성 비리를 공개한 양심고백을 둘러싼 윤리적 논란에 대해서는 '전국철학앙가주망네트워크(Philosophical Engagement Network, PEN)'라는 곳이 입장을 잘 정리했다. 여러 철학자들이 자발적으로 구성한 모임이다. 변협이 나에 대한 징계 방침을 검토한다고 밝힌 뒤인 2007년 11월 19일, 이 모임은 "돈이 아닌 사람이 주인 되는 세상을 위하여 양심선언을 지지하고 엄정한 특검수사를 촉구한다"라는 제목의 글을 발표했다. 호서대 김교빈 교수, 전남대 김상봉 교수 등 17명의 철학자들이 초고를 작성해 발의했으며, 210명의 철학자들이 검토하여 서명한 글이다.

이 글에서 철학자들은 내 양심고백이 '유의미성', '이익 초연성', '자기 나약성에 대한 자기저항', '항상적 자기시험용의' 등의 조건을 충족하므로 충분한 진정성을 갖고 있다고 판정했다. 요컨대 불의에 함께 가담했던 자라도 양심고백이 진정성을 가질 수 있다는 것이다. 공익적 진실을 알게 해주며, 사적인 이익과 무관한 고백이고, 양심이 타락할 위험에 자신의 의지로 저항하는 모습을 보여주었으며, 공개적인 비판에 자신을 노출했으므로 양심고백의 진정성이 있다는 이야기다.

어려운 낱말이 잔뜩 들어간 글이지만, 새로운 양심고백을 준비하는 이들에게 힘이 될 수 있는 글이라 여겨 이 자리에 소개했다. 진실을 알리는 양심고백은 완전무결한 인격을 가진 이들만 할 수 있는 게 아니다. 비리의 공범이 하는 양심고백이라는 이유로 진정성과 진실성을 무시하는 것은 잘못이다.

아이들의 눈물

양심고백을 준비하는 내내, 살얼음판을 걷는 기분이었다. 그리고 양심고백 이후에는 언론의 집요한 취재 요청 때문에 정신을 차릴 수 없는 날들이 기다리고 있었다. 이처럼 정신없는 상황 속에서도 가끔 행복할 때가 있었다. 두 아들이 내 선택을 지지하고, 자랑스러워할 때였다. 이렇게 얻은 힘으로 나는 힘든 시기를 견뎌냈다. 그러나 도저히 참을 수 없을 만큼 괴로운 순간도 있었다. 나 때문에 가족들이 상처받을 때가 그랬다.

2007년 11월 15일, "삼성 의혹 제기 김 변호사 노래방 '퇴폐영업' 적발"이라는 제목의 기사가 인터넷에 떴다. 허무맹랑한 기사였다. 하지만 일파만파 번지는 파장은 막을 수 없었다. 〈조선일보〉, 〈연합뉴스〉 등 주요 언론이 집중적으로 이 기사를 인용보도하면서, 헛소문은 걷잡을 수 없이 확대됐다. 두 아들은 이 기사를 보고 부둥켜안고 울었다고 했다. 문제의 노래연습장을 운영하는 아내 역시 마찬가지였다. 이 기사는 우리 가족에게 씻을 수 없는 상처를 남겼다.

저간 사정을 설명하면 이렇다. 경기도 부천에 있는 이 노래연습장에 갑자기 경찰이 들이닥쳤다. 그리고는 아르바이트 학생을 잡아갔다. 술을 팔았다는 게 이유였다. 당시 노래연습장을 찾은 손님 중에 술을 찾는 경우가 간혹 있었고, 그 때문에 냉장고에 캔맥주가 세 개쯤 있었다. 미리 술을 비치해 둔 것은 아니었다. 술을 찾는 손님이 있으면, 근처 가게에서 사오는 식이었다. 결국 그 학생과 노래연습장에 벌금이 떨어졌다. 이걸 놓고, '퇴폐영업'이라고 보도한 것이다.

아내가 운영하던 노래연습장을 접대부를 둔 '퇴폐영업장'인 양 몰아붙인 기사를 보며, 나는 언론에 환멸을 느꼈다. 심지어 〈월간조선〉은 내가 술을 못 먹는 것까지 문제 삼았다. 술을 잘 마시지 못하므로 영업을 못하는 무능한 변호사라는 이야기다. 도대체 술 못 먹는 게 왜 잘못이라는 건지 모르겠다. 설령 내가 무능한 변호사라 한들, 그게 왜 중요한 문제인지도 모르겠다. 사태의 본질과는 전혀 무관한 내용일 뿐이다.

대중의 관심 역시 본질과 무관한 문제에 더 쏠렸다. 언론이 엉뚱한 쟁점을 잡으니까 여론이 그렇게 형성되는 것인지, 여론이 엉뚱한 방향으로 쏠리니까 언론이 거기에 영합하는 것인지는 잘 모르겠다. 아마 둘 다일 게다.

이처럼 엉뚱한 논란이 벌어진 사례 중 하나가 '전라도 사람' 논란이다. 나는 양심고백 후 '전라디언'이라는 말을 처음 들었다. 인터넷으로 양심고백에 관한 기사를 읽다보면, 저절로 댓글에도 눈이 간다. 그런데 '전라디언' 운운하는 글이 종종 눈에 띄었다. 고향이 전라도인 사람을 비하하는 표현인 모양이다. 끔찍했다. 이게 고향과 무슨 상관이 있다는 말인가.

어떤 사람은 "김용철이 전라도 사람이라서 배신을 잘 한다"고 했다. 또 어떤 사람은 나 때문에 "전라도 사람이 삼성에서 출세하기 어려워졌다"고 했다. 행여나 이런 일이 있다면, 그것은 삼성의 잘못이다. 그리고 출신지역을 가리지 않고 인재를 폭넓게 등용하지 못해서 생긴 피해 역시 삼성이 입게 된다. 하지만 비난은 삼성이 아닌 내게 돌아왔다.

이런 이야기를 들을 때면 아버지가 원망스러웠다. 할아버지는 일제 때 만주로 건너가 그곳에서 돌아가셨다. 9남매 중 막내였던 아버지는 원래 서울 도봉구 변두리에 자리를 잡으려 했다. 그런데 그게 여의치 않으셨던지 전라도로 내려와 무 농사를 지으셨다. 지금은 육군 기갑학교가 들어선 전라남도 광산군 비아면 쌍암리 미산부락 황토밭이 아버지가 농사짓던 곳이다. 아버지는 왜 서울에 터를 닦지 못하고, 나를 '전라도 사람'으로 만들었을까. 이런 원망이 불끈 솟아오르곤 했다. 정말이지 묻고 싶다. '배신'과 '전라도'가 무슨 관계가 있다는 말인가.

출신 지역으로 사람을 몰아붙이는 일은 이제 그만했으면 좋겠다. '전라도 사람' 운운하는 말 때문에 나와 내 가족이 너무 큰 상처를 입었다. 이런 식의 공격은 누구에게도 이익이 되지 않는 광기의 분출일 뿐이다.

아예 터무니없는 루머가 떠돌기도 했다. 그중 하나가 내가 고등학교 때 결혼했다는 루머다. 물론, 내가 일찍 결혼한 것은 사실이다. 대학 3학년 때 미팅으로 만난 아내와 4학년 초에 약혼했고, 대학 졸업 전에 결혼했다. 그리고 대학원에 다니던 이듬해 첫 애를 낳았다. 아이에 대해서도 루머가 떠돌았다. '실수'로 낳은 아이라는 것이다. 가난한 학생 신분으로 아이를 낳았다는 사실 때문에 생긴 루머인 듯하다. 역시 사실이 아니다. 우리 부부는 아이를 꼭 낳고 싶어 했다. 간절히 원해서 낳은 아이다.

삼성 측이 의도적으로 퍼뜨린 악선전도 있다. 내가 룸살롱 마담과 살림을 차렸다는 루머다. 내가 술을 워낙 못한다는 사실은 삼성 측이 더 잘 알고 있다. 룸살롱을 싫어한다는 사실 역시 그들은 잘 알고 있다. 양심고백 이후, 삼성 측은 내 법인카드 사용 내역을 샅샅이 뒤졌다고 한다. 룸살롱과 관련된 루머가 사실이었다면, 보수 언론이 대대적으로 보도했을 게다. 그러나 이런 루머는 사실이 아니다.

몇몇 언론인이 내게 전한 이야기에 따르면, 삼성 홍보팀에서 이런 터무니없는 루머를 퍼뜨렸다고 한다. 명백히 사실과 다른 내용이므로 기사화되지는 않았지만, 나에 대한 부정적인 인상을 심는 데는 한몫했을 게다. 이런 루머를 퍼뜨렸다고 알려진 삼성 임원은 내 고등학교, 대학교 후배다. 양심고백 이후에도 그는 내게 가끔씩 전화를 해서 "형님" 운운하곤 했다. 내가 삼성비리를 공개하자 '배신자'라는 비난이 잇따랐는데, 삼성 측의 이런 행태를 보면 누가 누구를 배신했다는 것인지 헷갈리기만 한다.

하긴, 어떤 사람들은 내 외모를 놓고도 시비를 했다. 텔레비전에 내 입이 조금 삐뚤어지게 나왔다고 한다. 그러니까 그것 갖고도 말이 많았다. 이쯤 되면, 이성의 영역을 한참 벗어난 영역이다.

"삼성에서 100억 원 받았다면서요"

양심고백 이후, 가장 많이 받았던 질문이 "삼성에서 받은 100억 원은 어떻게 했느냐"라는 것이었다. '삼성에서 누릴 것 다 누려놓고 이제 와서 뒤통수를 치느냐'라는 힐난이 섞인 질문이다. 이런 질문을 받으면, 사실 할 말이 없다. 내가 우리 사회 기득권층으로 살아왔다는 것은 부인할 수 없는 사실이다. 또 삼성에서 다른 직원들에 비해 좋은 대우를 받았던 것도 사실이다. 그러나 이런 사실이 양심고백을 하지 말아야 하는 이유는 될 수 없다.

시간이 꽤 흐른 지금도 나를 다룬 기사에는 "삼성에서 받은 100억 원" 운운하는 댓글이 달린다. 사실 내가 삼성에서 정확히 얼마를 받았는지는 나도 계산해 본 적이 없다. 100억 원이라는 금액은 내 양심고백 직후, 삼성 측이 뿌린 자료에 나온 것이다. 당시 삼성은 A4용지로 15매에 달하는 장문의 반박 자료를 뿌렸는데, 삼성 비리의 본질을 흐리는 지엽적인 내용으로 채워져 있었다. 그 자료에 "그러나 김 변호사는 삼성 재직 7년간 스톡옵션을 포함 100억 원 남짓 받았으며"라는 내용이 나온다. 사람들이 이야기하는 '100억 원'은 여기서 비롯된 것이다.

그렇다면 나는 삼성에서 얼마쯤 받았을까. 기억을 더듬어 보면, 아무리 많이 잡아도 100억 원에는 훨씬 못 미친다. 아마 삼성 측의 주장은 세금이 포함된 금액일 게다. 당시 내 소득세가 40.8%였던 것으로 기억한다. 그렇다면 삼성 측 주장은 내가 세금을 제외하고 60억 원쯤 받았다는 것인데, 이것도 부풀려진 금액이다.

내가 삼성에 갓 입사했던 1997년 여름, 월 급여가 250만 원이었다. '에이 설마' 싶을 게다. 요즘 제법 괜찮다는 직장 대졸 초임에도 못 미치니까 말이다. 하지만 그게 사실이다. 당시엔 삼성 임원 월급이 그다지 높지 않았다. 삼성만이 아니라 대기업들이 대개 그랬다. 대기업 임원이 잘 사는 것처럼 보이는 이유는 월급이 많아서가 아니다. 일정 범위 안에서 회사 돈을 쓸 수 있기 때문이다. 밑에 많은 사람들을 거느리고 있고, 하청업체들에게 영향력을 행사한다는 점도 한 이유다. 나는 입사 당시 월급 외에 연 2회 1950만 원의 보너스를 받기로 돼 있었다. 그런데 첫 보너스도 제대로 받지 못했다. 하필 그때 IMF 외환위기가 터졌기 때문이다. 그나마 다들 보너스를 못 받은 상황에서도 나는 1000만 원을 받았다. 당시 인사팀에서 나를 특별히 배려해 줬다고 했다.

그 이듬해에는 급여가 20% 삭감돼서 200만 원쯤 받았다. 당시에는 임원은 '임시직원'의 줄임말이라는 이야기가 떠돌았다. 워낙 많이 잘려나갔기 때문이다. 당시 삼성 임원 평균 수명이 일 년 남짓이었다.

이 시기를 지난 뒤, 임원 급여가 큰 폭으로 올랐다. 삼성 구조본 차원에서 임직원 급여 체계를 윗사람에게 많이 주고 아랫사람에게 적게 주는 '상후하박(上厚下薄)' 형태로 바꾸기로 했다. 고위 임원은 책임이 큰데, 장기근속이 보장되지 않으니 그에 상응하는 보상이 있어야 한다는 논리였다. 상무 초기에는 월 급여가 800만 원쯤 됐던 것으로 기억한다. 상무 4년 차 시절에는 전무 급여를 받았는데, 월 1200만 원에 별봉을 받았다. 2003년께에는 월급을 2200만 원쯤 받았다. 삼성에서 퇴직하던 달인 2004년 8월에는 월 급여 총액이 3610만 원이었다. 당시 급여는 직위급과 능력급으로 나뉘었는데, 직위급이 500만 원, 능력급이 3110만 원이었다. 당시 세금으로 1170만 8630원을 냈고, 국민연금으로 16만 2000원, 건강보험료로 106만 9340원, 정산건강보험료로 2만 8440원, 개인연금으로 30만 원, 고용보험료로 16만 2450원을 냈다. 이들 금액을 제외한 실수령액은 2266만

9140원이었다.

내가 삼성에서 급여를 많이 받았던 것은 사실이다. 연말에 일 년 연봉의 50%를 보너스로 받은 적도 몇 차례 있었다. PI(Profit Incentive)라는 이름으로 거액을 받을 때도 많았다. 급여가 아닌 소득도 있었다. 삼성전자 스톡옵션인데, 나는 삼성전자 주식 15000주를 갖고 있었고, 주당 19만 원이 조금 넘는 금액에 옵션을 행사했다. 이렇게 번 돈이 삼성에서 받은 돈 가운데서 큰 비율을 차지한다.

그런데 이걸 다 합쳐도 삼성 측이 주장하는 '세후 60억 원'에는 못 미친다. 삼성에서 퇴직하여 서정에서 구성원 변호사로 일하던 시절, 삼성이 서정에 돈을 준 것도 사실이다. 당시 삼성 계열사 네 곳이 서정과 법률 자문 계약을 맺고 있었는데, 이들 계열사 한 곳당 매달 550만 원씩 서정에 지급했다. 이런 관계가 3년간 유지됐다. 그러나 이 돈은 삼성이 내게 준 것이 아니다. 삼성이 서정에 지급한 것이다. 그런데 삼성은 마치 이 돈도 내게 준 것처럼 주장했다. 사실은 그와 다르다.

삼성이 내게 지급한 금액을 부풀린 것도 사실이지만, 내가 삼성에서 근무하며 많은 돈을 번 것 역시 부정할 수 없다. 사용 한도에 제한이 없는 법인카드도 갖고 다녔다. 당시 내가 사치를 한 것 역시 분명한 사실이다. 그 무렵, 나는 아무런 생각 없이 돈을 썼다. 돈이 필요하다는 사람에게는 그냥 돈을 퍼주기도 했다. 이런 과거를 가리켜 손가락질한다면 할 말이 없다. 비난은 달게 받을 생각이다.

다만 하고 싶은 이야기는 돈을 펑펑 쓰던 시절이나 내 명의로 된 재산이 얼마 남지 않은 지금이나 삶의 행복은 큰 차이가 없더라는 것. 당장 밥

한 끼가 궁한 많은 이들에게는 이런 이야기가 한가한 소리로 들릴 게다. 이런 지적 역시 옳다. 그러나 어쩌겠는가. 돈의 많고 적음이 행복과는 큰 관계가 없는 게 사실인데 말이다.

"그러나 사제단이 있다"

삼성 비리에 관한 양심고백 이후, 내게 일어난 변화는 한두 가지가 아니다. 그때까지는 한 번도 만난 적 없던 부류의 사람들이 종종 나를 찾는다는 것도 그 중 하나다. 어떤 사람은 갑자기 전화를 해서 끝없는 넋두리를 늘어놓는다. 온갖 억울한 사연이 쏟아진다. 어떤 사람은 무턱대고 나를 찾아온다. 그냥 나를 만나보고 싶었단다.

나머지 상당수는 기업 비리에 관한 내부 고발자들이다. 이들의 괴로움에 나는 공감한다. 나도 비슷한 갈등을 겪었으니까. 최근 만난 사람은 회사에서 비자금을 만들어 빼돌리는 일을 한다고 했다. 그는 양심의 가책으로 괴로워했다. 진실을 알리고 싶지만, 가족이 눈에 밟혀서 망설여진다고 했다. 회사의 보복이 가족에게 미칠 피해를 걱정하는 것이다. 당연한 일이다. 이런 상황에 놓이면, 누구나 같은 괴로움을 겪게 된다.

이런 이들 앞에서 나는 그저 입을 다물 뿐이다. 정의를 위해 피해를 감수하라고 요구할 권리가 내게는 없다. 그렇다고 양심을 외면하라고 할 수도 없다. 할 말이 없을 수밖에…. 그때마다 떠오르는 게 사제단 신부들이다.

사제단 신부들은 다른 고려 없이 양심과 정의 자체를 위해서만 몸을 던진다. 신앙의 길을 걷는 분들이고, 가족이 없기 때문일 수도 있다. 하지만,

모든 성직자가 이분들과 같지는 않다. 그래서 이분들이 늘 존경스럽다.

열병 같은 진실을 끌어안고 괴로워하는 이들을 만나면, 나는 말한다. "그러나 사제단이 있다"라고. 진실을 세상에 알리고, 비리를 바로잡는 일이 꼭 성공한다고는 할 수 없다. 삼성 비리를 공개한 내 경우처럼 실패로 끝날 가능성이 더 크다. 그러나 나는 양심고백을 후회하지 않는다. 평생 마음을 의지할 곳을 찾았기 때문이다. 바로 사제단 신부들이다.

02 "특검은 왜
　　삼성이 아니라 나를 수사하나"

청와대 "정권을 물어뜯지 않을 특검을 원한다"

사제단의 기자회견은 한 번으로 끝나지 않았다. 회견이 거듭될 때마다 삼성 비리에 관한 새로운 정황이 계속 쏟아졌다. 경제개혁연대 등 시민사회단체들 역시 비리 정황에 대한 전문적인 해석을 쏟아냈다. 그리고 진보 성향 매체와 방송은 이를 바탕으로 다양한 기사를 쏟아냈다.

이쯤 되자, 검찰도 계속 손을 놓고만 있을 수 없었다. 고발이 없어서 수사를 못한다는 핑계마저 사라졌다. 내가 처음으로 기자회견에 나선 다음 날인 2007년 11월 6일, 참여연대와 민주사회를 위한 변호사 모임(민변) 등이 이건희, 이학수, 김인주 등과 우리은행 삼성센터지점과 굿모닝신한증권 도곡동 지점 근무자 등에 대한 고발장을 대검찰청에 제출했기 때문이다. 당초 검찰은 이 사건을 서울중앙지방검찰청 특수2부에 배정했다. 그러나 수사의 공정성에 대한 비판이 높아지자 검찰은 특별수사·감찰본부를 구성하기로 하고, 박한철 검사장을 본부장에 임명했다.

이와 함께 정치권에서도 움직임이 일었다. 2007년 11월 13일 통합민주당 정동영, 민주노동당 권영길, 창조한국당 문국현 등 세 대선 후보가 삼성 비자금 관련 특검 제도 도입에 합의했다. 한나라당은 2002년 대선 자금과 노무현 전 대통령의 당선 축하금을 수사하기 위한 특검 도입을 주장했다.

청와대는 특검 도입에 강하게 반발했다. 한때 거부권 행사도 검토한다는 입장을 취했다. 하지만 노무현 전 대통령은 결국 특검을 수용했다. 당시 노 전 대통령은 당선 축하금 등에 관한 의혹을 강하게 부정했다.

노 전 대통령의 이런 입장 변화가 어떤 계산에서 나온 것인지는 불분명하다. 그러나 결과적으로 보면, 특검 도입으로 노 전 대통령이 손해 본 게 없었다. 조준웅 특별검사는 삼성 비리가 정권으로 튀는 것을 잘 막았다. 노 전 대통령은 검찰이 수사하는 것보다 특검을 도입하는 쪽이 상황을 장악하기에 더 유리하다고 판단한 듯하다.

나는 애초부터 특검 도입에 반대해 왔다. 검찰이 자체 수사하는 쪽이 더 낫다는 입장이었다. 세간에 알려진 것과 달리, 사제단과 나는 특검 도입을 주장한 적이 한 번도 없다. 나는 우리 검찰을 믿는다. 삼성이 뿌린 돈에 오염된 자들은 소수일 뿐이다. 검찰 안에는 깨끗한 검사들이 더 많다. 삼성 비리 수사는 고도의 전문성과 청렴성을 필요로 하는 일이지만, 나는 우리 검찰 안에 이런 수사를 맡을 만한 검사들이 있다고 생각했다. 물론, 검찰 수사에서 한계는 분명하다. 그러나 정치적 고려 속에서 도입된 특검보다는 훨씬 낫다. 이런 생각은 지금도 변함이 없다.

실제로 청와대가 특검을 수용할 무렵, 청와대 관계자가 나를 찾았다. 그는 특별검사로 누가 적당하겠느냐고 내게 물었다. 그러면서 그는 "정권을 물어뜯지 않을 사람"이라는 조건을 내걸었다. 이유는 잘 모르겠지만, 이 관계자는 내가 자신들의 편이라 여기는 듯했다.

기가 막혔다. 특검 수사의 결과가 한눈에 보이는 듯했다. 정권을 건드리지 않고, 삼성 비리를 수사하는 것은 피를 흘리지 않고 살만 베어내겠다는 것과 같다. 삼성을 수사하면, 정권이든 야당이든 다들 상처를 입을 수밖에 없다. 정권을 다치지 않게 하면서 삼성을 수사한다면, 야당 역시 건드릴 수 없다. 그래야 형평에 맞다. 결국, 여야 정치권 모두의 눈치를 봐야 한다는 뜻이다. 이렇게 되면, 삼성 비리를 수사하는 것은 불가능하다. 삼성이 한나라당만 주로 관리했으리라는 생각은 순진한 오해다. 노무현 정부 정책 가운데 상당수는 삼성이 만들어 낸 것이었다. 노 전 대통령이 부산상고 선배인 이학수와 매우 가까운 사이였다는 사실은 이미 잘 알려져 있다.

안기부 'X파일'이 논란이 될 때는 안기부의 후신인 국가정보원에서 국내 정보를 총괄하는 자리에 아예 삼성 임원이 기용됐다. 노무현 전 대통령은 2005년 7월 이언오 삼성경제연구소 전무를 국정원 최고정보책임자(CIO, Chief Intelligence Officer. 차관보급)로 임명했다. 삼성과 노무현 정부의 관계를 극명하게 보여주는 사례였다.

"또 용철이냐"

사제단이 삼성 돈을 받은 검사들의 명단을 발표한 뒤, 노무현 정부가 삼성의 '관리'로부터 자유롭지 않았다는 사실을 뒷받침하는 증거가 새로 드러났다.

나와 이름이 같은 이용철 전(前) 청와대 비서관(현 변호사)이 양심고백을 한 것이다. 노무현 정부에서 청와대 법무비서관으로 일했던 그는 2007년 11월 19일 "2004년 1월, 삼성 측으로부터 책처럼 포장된 현금 500만 원을 택배로 전달받았다"라고 밝혔다. 이 변호사가 이날 발표한 내용이다.

2003년 말 또는 2004년 초 평소 잘 알고 지내던 삼성전자 법무팀 소속 이경훈 변호사로부터 안부전화가 와서 얼마 후 점심식사를 같이 했다. 이경훈 변호사가 명절에 회사에서 자기명의로 선물을 보내도 괜찮겠는지를 물어 한과나 민속주 따위 의례적인 명절선물일 것이라고 생각하고 괜찮다고 대답했다. 선물이 집으로 전달됐는데, 퇴근 후 뜯어보고서야 책으로 위장된 현금다발인 사실을 알게 됐다. 당시 대선자금 수사 중이었고 한나라당의 '차떼기' 행위가 밝혀져 온 나라가 분노하던 와중에 '차떼기' 당사자 가운데 하나인 삼성이, 그것도 청와대에서 반부패제도개혁을 담당하는 비서관에게 버젓이 뇌물을 주려는 행태에 분노가 치밀어 이 사실을 폭로할까 고민했다. 그러나 민감한 시기에도 불구하고 자신 있게 떡값을 돌릴 수 있는 거대조직의 위력 앞에 사건의 일각에 불과한 뇌물꼬리를 밝혀봐야, 중간전달자인 이경훈 변호사만 쳐내버리는 꼬리자르기로 끝날 것이 자명할 것으로 판단됐다. 후일을 대비해 증거로 사진을 찍어두고 전달명의자인 이경훈 변호사에게 되돌려주고 끝내기로 작정했다. 그런데 최근 김용철 변호사의 폭로를 보며 당시의 일이 매우 조직적으로 자행된 일이며 내 경우에 비추어 김 변호사의 폭로 내용이 매우 신빙성이 있는 것이라고 판단돼 적절한 시기에 내 경우의 경위와 증거를 밝힐 것을 고민했다.

그리고 이 전 비서관은 자신에게 돈을 보낸 삼성전자 법무팀 소속 이경훈 변호사의 명함과 현금다발 등을 찍은 사진을 증거로 제시했다.

이 전 비서관이 공개한 사진 속 현금다발은 '서울은행(B①) 분당지점'이라는 도장이 찍힌 띠지로 감겨 있었다. 서울은행 분당지점은 삼성물산 비자금 관리처 역할을 해 왔으며, 2002년 9월 하나은행에 합병됐다. 삼성은 서울은행이 하나은행에 합병되기 전인 2002년 9월 이전에 조성한 비자금을 현금으로 쌓아놓고 있다가 2004년 1월 이 전 비서관에게 제공한 것이다.

이 전 비서관의 양심고백이 낳은 반향은 컸다. 삼성이 얼마나 대담한 방법으로 돈을 뿌리는지가 그대로 드러났기 때문이다. 상대가 누구건 일단 돈다발을 안기고 보는 '현금 박치기'형 뇌물 제공이라는 말이 세간에 떠돌았다. 또, 삼성이 이 전 비서관에게만 돈다발을 보냈을 리 없다는 목소리도 높았다. 노무현 정부에서 고위직을 지낸 다른 인사들에게도 삼성이 비슷한 시도를 했으리라는 것이다.

하지만 당시 노무현 정부는 이에 대해 제대로 된 해명을 하지 않았다. 이용철 전 비서관에 대한 조사도 이루어지지 않았다. 이 전 비서관에게 돈을 전달한 이경훈 변호사에 대한 조사 역시 이루어지지 않았다.

이용철 전 비서관이 양심고백을 하고서 한참이 지난 뒤, 우연히 그와 내가 마주친 적이 있다. 그때 내가 농담으로 "왜 하필 '용철이'들만 계속 나서는 거냐"라고 했다. 삼성 돈을 줬다고 고백한 사람도 '용철'이고, 삼성 돈을 받았다고 고백한 사람도 '용철'이라고 했다. 그러나 이름이 겹친 것보다 더 신기한 일은 돈을 줬다는 사람도 있고 받았다는 사람도 있는데 처벌 받은 사람이 없는 것이다.

한동안 잊고 지냈던 이 일을 다시 떠올린 것은 2009년 5월 노무현 전 대통령이 서거했을 때였다. 노 전 대통령을 죽음으로 몰아간 검찰은 삼성이 노무현 정부 관계자에게 건넨 돈은 수사하지 않았다. 박연차, 강금원 등 소규모 기업인이 건넨 돈만 파헤쳤을 뿐이다.

검찰이 권력형 비리에 대해 제대로 수사할 의지가 있었다면, 삼성이 준 돈을 수사했어야 했다. 이미 드러난 정황도 있었다. 우선 이용철 전 비서관에게 돈을 준 이경훈 변호사부터 소환해서 조사했어도 재벌과 권력의 유착에 대한 단서를 잡을 수 있었을 게다. 하지만 검찰은 그렇게 하지 않았다. 이것만 봐도, 당시 검찰이 진정으로 권력형 비리를 수사할 의지가 없었다는 점이 드러난다. '살아있는 권력', 즉 현직 대통령의 비위를 맞추기 위해 '죽은 권력', 즉 전직 대통령을 조준했던 정치수사였다는 것이다. 이런 점을 보면, 이건희는 '죽지 않을 권력'이 아닌가 하는 생각이 든다. 기존 권력이 죽고, 새로운 권력이 태어나도 계속 성역을 보장 받았으니 말이다.

검찰이 정말로 국민에게 신뢰 받기를 원한다면, 그리고 수사의 진정성을 입증하고 싶다면, '죽은 권력'뿐 아니라 '죽지 않을 권력'에 대해서도 엄정한 태도를 보여야 했다.

'JY문건'과 금산분리

삼성 비리에 대해 양심고백을 한 이후, 가장 돋보이는 활동을 한 시민단체를 꼽으라면 '경제개혁연대'를 들고 싶다. 경제개혁연대는 단지 구호만 외치는 게 아니라, 전문성을 바탕으로 삼성의 불법·탈법 행위를 치밀하게 분석했다.

2007년 11월 20일, 경제개혁연대는 삼성화재가 이재용 재산 증식 과정에서 '금융산업구조개선에관한법률'(금산법)을 위반했다는 사실을 밝혀냈다. 동일계열 금융기관이 비금융계열사 지분을 5%를 초과해 취득할 수 없도록 규정한 금산법 제24조에 걸렸다. 이는 8일 전인 사제단 3차 기자회견 당시 공개된 "JY 유가증권 취득 일자별 현황" 문건을 기초로 분석한 결과다.

금산법 등 금산분리 관련 법령은 삼성의 약한 고리였다. 이재용에게 삼성 경영권을 넘기는 과정에서 중요한 장애물이었던 것이다. 따라서 삼성은 금산분리 완화를 위해 조직적인 로비를 펼쳐왔다. 그리고 이런 로비는 성과를 거뒀다. 이명박 정부는 금산분리 완화 방침을 분명히 했다. 이명박 정부 초대 경제 수장이었던 강만수에 이어 기획재정부 장관에 오른 윤증현은 대표적인 금산분리 완화론자로 꼽힌다.

2005년 삼성 구조본이 작성한 "JY 유가증권 취득 일자별 현황" 문건에는 1994년부터 1999년까지 이재용(JY) 삼성전자 전무의 유가증권 취득 일자별 현황이 담겨 있다. 이 문건은 법적 실체가 없는 삼성 구조본이 이재용의 재산 형성 및 경영권 승계 과정에 적극적으로 개입했다는 사실을 입증하는 증거이기도 하다.

시민단체와 언론이 삼성의 불법·탈법 행위에 대해 다양한 의혹을 제기한 뒤, 검찰이 수사에 나섰다. 삼성 비리 수사를 위해 구성된 검찰 특별

수사·감찰본부(삼성특본)는 2007년 11월 26일 핵심 피의자인 이건희, 이학수, 김인주 등에 대해 출국금지 조치를 취했다. 그리고 다음날인 27일, 내가 특본에 소환됐다.

박한철 검사장이 본부장을 맡은 특본 수사팀은 김수남 차장, 김강욱 부장, 강찬우 부장, 윤석열 부부장, 이원곤 부부장, 윤대진 검사, 이원석 검사 등으로 꾸려졌다. 나름대로 성의를 보인 수사팀인 셈이다. 특본 구성을 위해 전국 검사 중에서 수사능력이 검증된 검사들이 발탁됐다. 특본 사무실은 서울고검에 있었는데, 집기를 새로 장만하느라 전화기, 컴퓨터, 보안문, 책상 등 수억 원의 예산을 들였다고 한다.

내가 특본에 처음 출석하던 날, 검찰청에 진을 치고 있던 기자들을 피하기 위하여 직접 검찰청으로 가지 않고, 오후 1시 55분경 국립중앙도서관 옆 골목에서 특본 수사관들을 만났다. 당시 나는 김영희, 이덕우 변호사와 함께 특본 수사관들이 몰고 온 차에 올라 검찰청 지하주차장으로 갔다. 우리는 보안을 위해 위장된 엘리베이터를 타고 조사실로 올라갔다.

먼저 특본 간부들과 인사한 후 윤석열 검사에게 조사를 받았다. 수사 일선에 있는 검사들과 지휘부 사이에서 상당한 이견이 엿보였다. 일선 수사검사들과 달리, 지휘부에는 수사 의지가 없었다. 특본 발족은 여야 합의로 특검법이 통과될 것이 확실해지자 검찰의 체면 때문에 급조된 꼼수에 불과했던 것이다. 대통령에게 특검에 대한 거부권을 행사할 수 있는 명분을 제공하기 위한 장치이기도 했다.

특본 측은 내가 첫날 조사를 받고 있는 동안 언론에 내 출석 사실을 알려주었다. 그날 나는 정상적인 조사를 마칠 때까지 귀가하지 않겠다고 했다. 이처럼 임의로 무제한 수사에 응하겠다고 했으나, 특본 측은 심야수사나 철야수사를 하지 않는다는 원칙을 들며 내게 귀가를 권유했다. 하지만 나는 자진해서 수사에 협조하겠다는 뜻을 거듭 전했다. 방대한 수사대상에 비추어 볼 때 시간과 인력이 턱없이 부족한데, 어떻게 출퇴근 수사를 할 수 있느냐고 항의했다. 실랑이 끝에 특본 간부들의 권유로 그날 자정쯤에 귀가했다.

그런데 이번에는 어디로 나가는지가 문제가 됐다. 결국 정문보다는 지하주차장이 낫다고 봐서 지하로 내려갔는데, 기자들은 지하주차장 엘리베이터 입구도 지키고 있었다. 나와 변호인단이 엘리베이터에서 내려서는 순간, 기다리고 있던 기자들의 카메라 플래시가 퍽퍽 쏟아졌.

이미 수사 첫날 특본 측이 철저한 수사를 목표로 하지 않고, 일정한 선을 그어두고 수사 대상자들에 대한 소환조사나 필수적인 수사 대상에 대한 압수수색 등 기본적인 조치도 꺼려하는 것을 감지했기에, 나는 매우 불편한 심정으로 검찰청을 나오던 참이었다. 심야까지 이른바 '뻗치기'를 하며 무거운 카메라를 들고 기약 없이 기다려 온 죄 없는 기자들에게 나는 고함을 지르고 말았다. 이후 내 별명은 '버럭 용철'이 되었다.

둘째 날부터는 아예 검찰청사 정문으로 떳떳하게 출석했다. 나는 현관에서 기다리고 있던 기자들에게 전날 밤 있었던 일에 대해 미안하다는 뜻으로 웃는 얼굴로 인사하고 올라갔다. 그러나 조사실 문 앞에 이르러 나는 오른쪽 발로 문을 걷어차며 들어갔다. 그리고는 들고 간 가방을 머리를 맞대고 뭔가를 숙의 중이던 두 검사들에게 집어던지며 고함을 질렀다. "너희가 검사냐! 검사라면 증거수집, 범죄발견이 직무가 아니냐! 왜 피의자들은 조사 않겠다고 하고, 나만 조사하려 드느냐."

두 검사, 그리고 검사 시절 내 부하였던 참여계장, 동행한 이덕우 변호사 모두 나의 돌발행동에 놀라 멍하니 서 있기만 했다. 그러나 이런 행동은 미리 의도했던 것이었다. 실제로 이런 과장된 행동은 특본 소속 검사들이 지휘부를 설득하는 데 쓸모가 있었다. 압수수색 영장 청구를 꺼리던 지휘부에 검사들이 "김용철이 성격이 보통이 아니라서 이 정도는 해야 한다"고 건의하여 삼성증권 본사에 대한 압수수색 영장 청구가 이루어졌다.

그런데 이번에는 법원이 문제였다. 수사의 필요성이 없다는 취지로 법원은 압수수색 영장을 기각하였다. 특본은 영장을 재청구했다. 재무담당 임원실 등 핵심 장소를 제외하느라 영장의 여러 군데를 지워버려야 했다. 법원은 결국 영장을 누더기로 만들어 버렸다.

당시 특본 수사검사들은 1조 원 이상의 비자금만 밝히면, 삼성 비리 핵심 피의자의 신병처리가 불가피하다고 봤다. 이렇게 되면 삼성 측이 검찰 간부들에 대한 뇌물 명단을 거꾸로 들이밀며 협박성 협상을 해 올 것으로 기대했다. 이런 과정을 거쳐 부패 검사들이 자연스럽게 숙정될 수 있으리라는 게 당시 수사검사들이 내심 품고 있던 생각이었다.

그러나 검찰 수뇌부는 수사검사들의 이런 의도를 손바닥처럼 내려다보고 있었다. 자리보전을 위한 기술에 있어서는 수뇌부가 수사검사들보다 몇 수 위였던 것이다. 삼성에 대한 수사가 자신들에게 부메랑이 돼 돌아올 가능성을 예견했던 수뇌부는, 적절히 수사를 통제했다.

심지어 한 검찰 간부는 주말에 출근해 일하는 특본 수사팀에 대해 "눈치 없이 정말 수사하느냐, 누가 주말까지 출근하라고 했느냐"고 힐책하기도 했다. 그러면 수사검사들은 "김용철이 매일 자진 출석하니 어찌할 수 없이 주말에도 나온다"고 '변명' 했다. '특별수사·감찰본부' 라는 무시무시한 이름을 달고 있었으나, 사실은 '허무개그' 였던 것이다.

이런 코미디는 오래 가지 않았다. 당초 특검법 거부를 예고했던 노무현 전 대통령이 입장을 바꿔 특검법을 수용했던 것이다. 특검이 "정권을 물어뜯지" 않으리라는 자신감에서 나온 결정이었다. 당시 노 전 대통령은 특검을 통해 삼성 비리 공개 사태를 통제하려 했던 듯하다. 대통령의 특검법 수용과 동시에 특본은 일손을 놓았다. 연기를 할 필요가 사라졌던 것이다. 수사 인원은 원래 소속해 있던 곳으로 곧장 복귀했다. 검찰의 어설픈 코미디는 이렇게 끝났다.

"이건 조준웅 특검이요"

"정권을 물어뜯지 않을 사람"이라는 조건에 맞춰 꾸려진 특검팀에 제대로 된 수사를 기대하는 것은 애당초 무리였다. 대한변호사협회는 2007년 12월 17일 삼성 비리를 수사하기 위한 특별검사 후보로 정홍원, 고영주, 조준웅 등을 추천했다. 정홍원은 특수부 검사 출신이고, 고영주, 조준웅은 공안검사 출신이다.

변협이 특검 후보자를 추천한 날, 사제단은 기자회견을 열어 "3인의 특검 후보를 받아들일 수 없다"고 밝혔다. 당시 사제단은 "변협이 추천 요건으로 공언한 수사 능력을 감안하더라도 공안검사 이력을 갖춘 후보자들은 더더욱 자격미달"이라고 강조했다. 이런 경고는 메아리 없는 외침으로 끝났다. 결국, 공안검사 출신인 조준웅 변호사가 특검에 임명됐다.

'파사현정(破邪顯正)'의 자세로 진실을 밝혀내는 것은 공안검사에게 낯선 일이다. 공안검사의 관심사는 '공공의 안전', 더 정확히 표현하면 '권력의 안정'이다. 권력의 풍향계를 살피는 정치 감각은 뛰어날지언정 수사 전문성은 부족한 '공안통'은 "정권을 물어뜯지 않을 사람"이라는 조건에는 정확하게 부합한다. 그러나 권력과 이리저리 얽혀 있는 기업 비리를 수사하기에는 적절치 않다.

삼성 비리를 파헤치는 일은 '진실' 그 자체만을 목적으로 삼는 이들만이 제대로 감당할 수 있다. 학연, 지연 등 인맥에 얽매이지 않고, 정치적 고려에서 자유로워야 한다는 뜻이다. 여야 정치권과 법조계, 언론계는 물론, 학계와 문화계 인맥까지 관리하는 삼성의 비리를 파헤칠 수 있는 이들은 그래서 많지 않다. 언론사를 전전했으나, 끝내 실망했던 내가 결국 사제단에 의지할 수밖에 없었던 것은 어쩌면 필연이었다.

2008년 1월 10일, 조준웅 특별검사팀이 간판을 내걸었다. 예상대로 수사는 지지부진했다. 조준웅 특검은 고발인 측과 만나기를 꺼렸다. 제보자를 멀리하는 수사책임자라니, 이해할 수 없는 일이었다. 반면, 조 특검은 피의자의 수괴라 할 수 있는 이학수와는 몇 시간 동안 독대를 했다. 당시 분위기는 화기애애했다고 알려져 있다. 이에 대해 사제단이 강력하게 항의했다. 그 결과, 나와 변호인들이 조 특검을 면담하는 기회를 얻었다.

나는 이날 조 특검에게 "삼성 비리 수사는 범위가 워낙 넓다. 그래서 특검법으로 정해진 수사기간 105일 안에 종결하는 게 불가능하다. 게다가 특검법상 수사할 수 없는 항목도 많다. 그러니까 105일 동안 할 수 있는 데까지만 하고, 기간이 끝나면 수사 내용을 검찰에 넘겨 수사를 이어가도록 해야 한다"고 말했다.

이날 나는 약간 거친 표현도 곁들였다. "오합지졸들을 데리고 어떻게 이 수사를 끝낼 수 있겠느냐"라고 했다. 당시 특검팀은 고검장 급인 조 특검 외에 검사장 급인 특검보 3명, 수사관 70여 명으로 구성돼 있었다. 강찬우 부장검사와 이원곤 부부장검사, 이주형 검사 등이 파견돼 있었고, 검찰청 공무원 29명 국세청 공무원 4명, 경찰청 공무원 4명, 금융감독원 직원 3명이 포함돼 있었다.

'오합지졸'이라는 표현은 조금 과격한 것이었지만, 이 정도 인력으로 방대한 삼성 비리를 수사하는 게 불가능하다는 점은 명백했다. 수사 전문성이 있는 인력을 대거 확충해도, 긴 시간이 필요한 수사였다. 나는 실력 있고 깨끗한 검사 2~30명을 동원해 2년 이상 수사해야 한다고 봤다. 수십조 원 자금 흐름을 추적하려면, 최소한 이 정도 인력과 시간은 들여야 한다는 것이다.

이런 이야기를 들은 조 특검은 "그런 표현은 삼가라"면서 내게 버럭 화를 냈다. 이어 그는 "한 번의 수사로 어떻게 세상이 바뀌겠느냐"라고 했다. 그리고 그는 "삼성특검은 조준웅 특검이다. 내가 내 방식대로 책임지고 끝을 내겠다"라고 말했다. 사실상 삼성 비리 수사를 적당한 선에서 끝내겠다는 말과 다름없었다. 분통이 터졌다. 조 특검의 말대로, 한 번의 수사로 해결할 수 없다면 계속 수사해야 하는 것 아닌가. 왜 자기 마음대로 끝을 내 버리겠다는 건가. 이 일이 있은 뒤, 나는 우리 사회에서 이루어지는 수사 및 재판에 대한 신뢰와 기대를 버렸다.

거듭 이야기하지만, 나와 사제단 및 변호인 가운데 누구도 특검을 원하지 않았다. 한국에서 특별검사가 도입된 사례가 10회쯤 된다. 이 가운데 효율적인 수사가 이루어진 경우를 본 적이 없다. 미국에서도 케네스 스타 특별검사가 빌 클린턴 전 대통령의 위증 수사를 한다며 온갖 스캔들을 파헤쳤지만 수천억 원의 국가 예산을 낭비했을 뿐 대단한 성과를 내지는 못했다. 그래서 미국은 사실상 특검 제도를 폐지했다.

한국에 검사가 1600명쯤 된다. 이 가운데 기본적인 자세에 문제가 있는 사람, 삼성에 자유롭지 못한 사람 등을 제외하고 수사팀을 구성하면 별 문제가 없는 일이었다. 다만 수사팀이 지휘권자로부터 자유롭지 못하다는 문제가 있는데, 어느 정도 독립적인 수사기관을 구성하면 해결되는 문제다. 이런 점에서 볼 때 검찰이 특별수사·감찰본부를 설치한 것은 납득할 만한 일이었다. 요컨대 핵심은 독립성이다. 그리고 특검 도입이 자동적으로 독립성을 보장해 주는 것은 아니다.

공무원 사회에서 통하는 말이 있다. "인사에는 장사가 없다"라는 말이다. 공무원은 일을 잘 한다고 해서 월급을 더 받는 게 아니다. 조직 바깥에서 명성을 얻는 것도 아니다. 공무원에 대한 보상은 오직 인사(人事)를 통해서만 이루어진다. 자존심 강한 공무원일수록 인사에 민감한 것은, 그래서 당연한 일이다. 검사들 역시 마찬가지다. 어느 선배 검사는 암으로 죽어가면서도 다음 보직을 걱정했다. 대학 입시, 사법시험 등 치열한 경쟁 속에서 살아남은 자들이 모인 곳이 검찰이다. 그래서 동기가 자기보다 좋은 보직으로 가는 것을 못 견디는 이들이 많다. 어떤 경우에는 자신의 보직보다 동기들의 보직에 더 신경을 쓴다. 동기에게 뒤쳐질 수 없다는 자존심 때문이다.

아무리 강단 있는 검사라도 인사 문제 앞에서는 약해질 수밖에 없다. 검찰 간부는 해마다 보직 인사를 받는데, 연거푸 두 번만 한직으로 발령이 나면 회생 불가능 상태가 된다.

삼성은 이런 약점을 이용해 공무원 사회를 장악했다. 인사권을 쥔 수뇌부에게 집중적인 로비를 퍼부은 것이다. 이는 거꾸로 말하면 일선 수사검사들은 로비에 물들지 않았다는 뜻이 된다. 따라서 일선 검사들이 독립적으로 수사할 수 있는 환경만 만들어주면 삼성 비리는 드러나게 돼 있었다.

봐주기 특검의 월권 수사

그러나 정치적으로 도입된 특검이 수사권을 쥐면서 모든 게 틀어졌다. 특검 수사 결과는 예상대로였다. 특검은 삼성 비리 대부분에 대해 수사하지 않았다. 그리고 특검이 수사 결과를 내놓자, 검찰은 기다렸다는 듯이 더 이상 삼성 비리를 수사하지 않겠다며 '종결' 선언을 했다.

자존심 강한 검사라면 분통이 터질 일이다. 검찰은 소추권을 독점하고 있다. 따라서 수사 종결 여부는 검찰이 정할 일이다. 그런데 이에 대한 권한이 없는 특검이 내사를 종결했다는 이유로, 검찰이 수사 종결을 선언한 것은 말이 되지 않는다. 검찰의 위신이 땅에 떨어졌다.

특검법상 수사 대상은 이건희 일가의 비자금 조성, 정관계 등에 불법 금품 공여, 서울중앙지검의 4대 방치의혹사건 등에 국한됐다. 4대 방치의혹사건이란 이미 고소·고발이 있었지만 수사가 제대로 이루어지지 않았던 삼성에버랜드와 서울통신기술의 전환사채(CB) 발행, 삼성SDS 신주인수권부사채(BW) 발행, e삼성 회사지분거래 등을 가리킨다.

그런데 특검은 해야 할 수사는 하지 않고, 오히려 수사 권한이 없는 영역에 대해 혐의가 없다며 면죄부를 줬다. 수사 범위로 정해진 부분에 대해서는 책임을 다하지 않은 셈이고, 수사 범위를 벗어난 점은 일종의 월권인 셈이다.

특검은 비자금에 대해 아무런 수사도 하지 않고, 피의자의 주장을 일방적으로 받아들였다. "이건희 측이 상속재산이라고 주장하므로, 비자금이 아니라 상속재산이 맞다"라는 식이다. 심지어 삼성화재 등 계열사를 통해 조성한 비자금을 확인했으면서도, 비자금은 없다고 허위 발표했다. 정·관·법조계에 대한 불법 로비 역시 제대로 수사하지 않았다. 특검은 내가 삼성 돈을 받았다고 지목한 이들을 단 한 명도 조사하지 않았다. 오히려 특검은 내 인격을 비방하기에 급급했다. 그리고 아무런 근거 없이 로비가 없었다는 결론을 내렸다.

4대 방치 의혹사건에 대해서는 8년간 방치한 사건에 대해서도 장기방치가 아니라는 결론을 내렸고, 경영권 불법 승계 문제에 대해서도 일정 부분만을 기소하였다. 그리고 1, 2심 법원은 이마저도 무죄 판결을 내렸다. 기존 판례마저도 무시한 판결이었다.

그러나 특검이 저지른 더 큰 잘못은 따로 있다. 특검 수사 권한 밖에 있는 삼성 비리에 대해 제멋대로 무혐의 발표를 한 것이다. 중앙일보의 위장 분리, 계열사 대형 분식 등 수사 권한이 없는 문제에 대해, 실제로 수사하지도 않으면서 '내사 종결, 무혐의' 발표를 했다. 검찰이 이런 문제에 대해 수사할 여지를 차단하겠다는 것이다.

이쯤 되면, 삼성 특별검사가 아니라 삼성 특별변호사라 할 만하다. 아니 변호사보다 한술 더 뜬다. 권한이 없는 문제에 대해서까지 면죄부를 줬으니까.

특검의 이중잣대

사회적 관심이 집중됐던 이른바 '떡값 검사' 명단에 대해서도 특검은 그저 덮어버리려는 태도로 일관했다. 삼성의 관리 대상자로 언론에 이름이 공개된 이들을 소환조사하지 않았을 뿐 아니라, 추가적인 명단을 알아내려고 하지도 않았다. 정보를 하나라도 더 캐내려는 게 정상적인 조사 과정인데, 특검 조사는 이와 반대였다. 내가 말을 하려고 하면, 오히려 막았다.

여기에는 '검찰만 나쁜 놈이 된다'는 억울한 심정도 한 이유였다. 특검에 나와 있던 한 후배 검사는 내게 "선배님이 검찰 이름을 또 불면 어떻게 하느냐"며 서운해 했다. 삼성 돈을 받은 게 검찰만은 아닌데, 내가 진술한 명단은 주로 검찰이라는 것이다. 이렇게 되면, 검찰에 대한 신뢰만 떨어질 뿐이라는 이야기였다. 이해할 수 있는 생각이었다. 하지만 나도 어쩔 수 없었다. 내가 알고 있는 명단이 대부분 법조계 인사들인 걸 어쩌란 말인가. 정치권, 행정부, 언론 등에 대한 관리는 내 담당이 아니었다. 그러니 내 입에서는 주로 검찰 관계자 이름만 나올 수밖에.

특검팀에서 나를 조사했던 어느 검사는 그동안 공개된 '떡값 검사' 명단을 내가 부정하도록 요구했다. 그는 내게 "그들(삼성 돈을 받았다고 진술한 검사들)은 어디까지 성장할지 모르는 사람들이다. 그러니까 특검 수사를 통해 금품 수수 의혹이 해명돼야 한다"고 말했다. 그러면서 그는 내가 과거 했던 진술들이 잘못된 것이었다고 말해 달라고 요구했다. 진술 번복 요구였다.

나는 이런 요구를 거부했다. "비리 규명이 아니라 해명을 위한 수사라면, 나는 더 이상 수사에 협조할 수 없다. 더 이상의 진술도 할 수 없다"고 말했다. 그리고 이런 내용을 조서에 남겨달라고 요구했다.

그러자 특검은 나를 비난했다. 2008년 4월 17일 발표된 특검 수사 결과 가운데 상당 부분은 나에 관한 비난이었다. 내 진술의 일관성이 없어서 내가 한 말을 신뢰할 수 없었다는 이야기였다. 하지만, 내가 특검팀에서 20차례 가까이 진술하는 동안 특검 수사관들이 '진술의 일관성이 없다'며 나를 추궁한 적은 한 번도 없었다. 수사 발표 다음날, 나는 특검 기자실에 찾아갔다. 당시 기자들 앞에서 나는 "특검은 왜 삼성을 수사하지 않고 나를 수사하느냐"고 말했다. 말을 마치고 나서, 마음이 납덩이처럼 가라앉았다.

특검 수사 결과는 영구 보존 문서다. 결국, '정사(正史)'에는 나에 대한 비난만 남게 됐다. '삼성 비리는 이제 '야사(野史)'에만 기록 되겠구나' 싶었다.

당시 특검은 삼성의 불법 로비에 대해 다양한 자료를 입수했다. 이건희 회장이 로비를 직접 지시한 "회장 지시사항" 문건, 이학수와 김인주, 홍석현 사이에서 정치권 및 검찰 간부들에 대해 금품 지급을 논의하는 대화가 담긴 안기부 X파일 녹취록, 삼성이 인맥관리의 중요성을 강조한다는 것을 지적한 이대원의 저서 『삼성 기업문화 탐구』, 삼성으로부터 로비를 받은 적이 있다고 밝힌 이용철 전 청와대 법무비서관의 진술 및 뇌물 사진, 삼성 직원 한 명이 현금 1억 원이 든 골프 가방을 가지고 왔었다는 추미애 의원의 진술 등이다.

하지만 특검은 이런 증거 자료를 모조리 무시했다. 대신 피의자들 및 삼성 임직원들이 로비 사실을 부인한다는 점, 내 진술에 대해 객관적인 증거가 없다는 점 등을 들어 무혐의 처분했다.

뇌물 수수 범죄에서 '뇌물을 준 사람의 자백'은 직접 증거다. 법조인이라면, 누구나 알고 있는 상식이다. 뇌물을 받으면서 영수증을 끊어주는 경우는 없다. 만에 하나, 영수증을 남겼더라도 수사가 시작되고 한참이 지난 시점까지 보관하고 있을 리는 없다. 폐기하는 게 당연하다. 이런 범죄에서는 자백 이외의 다른 증거가 있을 수 없다.

전군표 전 국세청장 사건과 비교해도, 특검의 입장은 설득력이 없다. 전군표 사건 당시 검찰은 뇌물을 준 사람의 주장 외에 어떤 물증도 없었지만, 전군표를 구속기소했다. 삼성 비리에 대한 특검 수사 결과를 보면, 전군표가 꽤나 억울했을 게다.

특검은 삼성 계열사 사무실 압수수색을 통해서도 조직적 로비체계를 구축한 정황이나 증거자료를 발견하지 못했다고 했다. 하지만 특검의 압수수색은 내 양심고백 이후 두 달 보름이나 지나서 이루어졌다. 그 사이 삼성은 불법 행위에 대한 증거를 철저히 인멸했다. 2009년 국정감사에서도 확인된 사실이다. 비자금 운용의 핵심 통로였던 삼성증권은 2007년 11월과 12월 두 차례에 걸쳐 고객 증권 계좌 신청서 43만 개를 폐기했다. 이 시기는 금융감독원이 검사 착수 여부를 놓고 눈치를 보던 때였다. 당시 금감원은 삼성증권에 대한 검사를 별다른 이유 없이 미루다가 해를 넘겨서야 검사에 착수했다. 결과적으로 삼성증권이 자료를 폐기할 수 있도록 감독당국이 시간을 벌어준 셈이다.

　이런 증거 인멸 사실에 대해서는 특검 역시 잘 알고 있었다. 심지어 삼성화재의 경우, 특검 수사관이 압수수색을 하고 있는 상황에서도 데이터를 삭제했다. 이에 대해 특검이 강력히 항의한 적도 있다. 결국 압수수색에서 불법 로비 관련 증거 자료를 발견하지 못했다는 이유로, 불법 로비가 없었다고 단정한 특검은 스스로 모순에 빠진 셈이다.

　특검은 삼성 임직원들의 진술과 내 진술의 신빙성에 대해 이중잣대를 적용했다. 피의자인 삼성 임직원들의 진술은 무조건 받아들였다. 특검 조사를 받은 삼성 임직원들이 자주 말을 바꾸고, 앞뒤가 맞지 않는 진술을 했지만 이를 추궁하기는커녕 무턱대고 믿고 인정했다. 기본적으로 특검은 삼성의 주장을 일방적으로 수용했다. 심지어 특검이 범죄를 인정한 부분도 삼성이 시인한 범위 내로 국한시켰다.

　반대로, 내 진술에 대해서는 무조건 믿을 수 없다는 태도로 일관했다. 내가 한 다른 진술이 다 사실로 드러난 상황에서도, 불법 로비에 관한 진술은 결코 사실로 인정하지 않았다. 그 이유에 대해서도 납득할 만한 설명을 하지 않았다.

　게다가 특검은 불법 로비 관련 피의자를 소환조차 하지 않았다. 대표적인 사례가 삼성전자 법무팀에서 일하면서 이용철 전 청와대 비서관에게 현금다발을 보냈던 이경훈 변호사다. 뇌물을 준 명백한 물증이 있지만, 특검은 이경훈 변호사를 수사하려 하지 않았다. 이경훈이 미국에 있어서 연락이 불가능하다는 핑계를 댈 뿐이었다. 하지만 연락을 시도했는지조차 의문이다.

특검은 이경훈 변호사가 귀국할 때까지 진상 확인이 불가능하다면서도 미국 측에 범죄인 인도를 요청하지 않았다. 진상을 확인할 의지가 없었던 것이다. 정말 시간이 없어서 이 변호사를 소환조사할 수 없었다면, 나머지 조사를 검찰에 인계하는 게 옳다. 그리고 공소시효를 중단하기 위해 기소중지라도 했어야 했다. 이런 지적에 대해 특검 측은 아무런 답변을 내놓지 않았다.

삼성화재가 빼돌린 미지급 보험금과 렌터카 비용

비리를 입증하는 증거가 있지만, 특검이 무시한 경우는 흔했다. 그중 하나가 삼성화재 미지급 보험금을 비자금으로 빼돌린 일이다. 조준웅 특별검사팀은 2008년 1월 25일 새벽 서울시 중구 삼성화재 본관과 이 회사 전산센터 등을 전격 압수수색했다. 삼성 계열 보험회사에서 10년 가까이 근무한 사람의 제보에 따른 것이다. 당시 내가 제보자를 미리 만났었다. 제보 내용을 특검팀에 전했더니, 수사관들이 반가워했다. "삼성 계열사가 조성한 비자금이 구조본에 간 구체적인 사례를 찾았다"는 게다. 실제로 제보 내용은 정확했다. 삼성화재는 고객에게 지급하기로 했으나 합의 등의 이유로 지급하지 않은 미지급 보험금, 고객이 잘 찾아가지 않은 렌터카 비용 등 소액의 돈을 따로 모아 차명계좌에 빼돌리는 방식으로 비자금을 조성해 왔다. 그리고 이렇게 조성한 비자금은 삼성 구조본에 전달됐다.

당시 제보자는 "삼성화재 비밀금고에는 늘 10억 원 이상의 비자금이 있었다. 구조본은 수시로 5~6억 원씩을 요구했고, 그때마다 직접 돈을 들고 배달했다. 차량 이용 기록이 남는 것을 막기 위해 사람이 직접 운반한 것이다"라고 했었다. 취재 현장에서 산전수전 다 겪은 고참 기자들도 수법의 대담성에 혀를 내둘렀다. 삼성 비리를 오랫동안 추적했던 시민단체 관계자들 사이에서도 믿을 수 없다는 말이 나올 정도였다. 그러나 모든 것은 사실이었다.

특검은 수사를 통해 이런 사실을 확인했다. 10조 원이 넘는 삼성 비자금 규모에 비하면, 빙산의 일각에 불과한 것이었지만 불법 비자금 조성에 관한 명백한 증거를 잡았다는 점에서 의미가 있었다. 회사의 돈을 빼돌려 비자금을 만든 것과는 차원이 다르다. 고객의 돈을 빼돌린, 더 심각한 범죄였다. 특검팀 수사검사들 역시 같은 생각이었다. 그런데 수사결과를 발표하는 자리에서는 엉뚱한 내용이 튀어나왔다.

특검은 삼성화재가 미지급 보험금과 렌터카 비용을 빼돌렸다는 점은 사실로 인정했다. 그런데 유독 제보자가 "삼성화재에서 조성한 비자금을 구조본에 전달하거나 공무원에 대한 접대비 등으로 사용하였다"고 말한 부분만을 잘라내버렸다. 그래서 삼성그룹 차원의 조직적인 비자금 조성과 불법 로비가 아닌 황태선 전(前) 삼성화재 사장 개인의 횡령으로 결론을 내렸다. 다른 제보 내용은 사실로 인정하면서, 비자금을 구조본에 전달하고 불법 로비 비용으로 썼다는 제보 내용만 외면한 이유에 대해서는 아무런 설명을 하지 않았다.

삼성화재가 미지급 보험금과 렌터카 비용을 빼돌렸다는 내용이 보도된 직후, 삼성 측은 "미지급 보험금을 비자금으로 만들려면 수많은 도장과 주민등록증을 위조해야 하고, 감독 당국의 감사를 받고 있어 사실상 불가능한 일"이라고 해명했었다. 하지만 특검 수사 결과, 미지급 보험금과 렌터카 비용을 빼돌린 게 사실로 드러났다. 재판부 역시 이런 사실을 인정해서 황태선 전 삼성화재 사장에게 유죄를 선고했다. 집행유예에 그치긴 했지만 말이다.

보도 직후 삼성 측의 해명대로라면, "사실상 불가능한 일"이 일어난 셈이다. 삼성 측 해명대로라면, 결국 감독 당국의 감사를 피해 수많은 도장과 주민등록증을 위조했다는 이야기도 된다. 삼성 측의 해명이 거짓이었거나, 수많은 도장과 주민등록증을 위조한 것 가운데 하나는 사실이라는 뜻이다. 그러나 삼성 측은 아무런 사과 혹은 추가 해명도 하지 않았다.

보험업체를 감독해야 할 금융 감독 당국 역시 마찬가지였다. 명백한 불법 행위가 드러났지만, 아무런 조치가 없었다. 금융감독원이 2009년 7월 26일 황태선 등 삼성화재 전·현직 임직원에 대해 정직 및 감봉 등의 문책을 요구하고 삼성화재에 대해 '기관주의' 조치를 내린 게 고작이었다. 고객의 돈을 빼돌린 것은 금융기관으로서는 최악의 범죄다. 그런데 금융감독원은 솜방망이 징계로 그쳤다. 상대가 삼성이 아니었더라도, 또는 삼성 비자금에 관한 사안이 아니었더라도 그랬을까. 나는 아니라고 본다.

유죄 판결을 받은 황태선은 현재 삼성 사장단협의회 산하 사회공헌위원을 맡고 있다. 삼성은 범죄자에게 징계를 하기는커녕 '사회공헌위원'을 맡긴 셈이다. 노골적으로 뻔뻔한 태도다. 하긴, 어쩌면 당연한 일인지도 모르겠다. 진짜 범죄자는 황태선이 아니니까. 황태선은 구조본의 지시에 따라 돈을 빼돌린 '종범'일 뿐이다. '주범'이 아무런 처벌을 받지 않았는데, '종범'만 징계를 받는다면 억울한 일 아니겠는가.

그런데 진짜 분통이 터지는 일은 따로 있다. 삼성화재가 빼돌린 돈은 분명히 고객의 몫이다. 그런데 피해자인 고객에게 미지급 보험금을 돌려줬다는 소식은 들리지 않는다. 삼성은 반성을 모르고, 고객은 권리를 잊었다. 그리고 이런 사실을 알려야 할 언론은 책임에 눈감았다. 보험회사의 불법 행위를 감시하고 고객을 보호해야 할 정부 당국에 대해서는 아예 할 말이 없다. 끔찍한 현실이다.

금융은 기본적으로 신뢰에 바탕한 것이다. 은행에 돈을 맡기면 나중에 돌려받을 수 있다는 믿음, 정부가 화폐 가치를 함부로 떨어뜨리지 않으리라는 믿음, 꼬박꼬박 맡긴 보험금이 약속대로 지급되리라는 믿음 등…. 이런 믿음이 허물어지는 순간, 금융 질서 자체가 무너진다. 금융 분야에서 신뢰를 허물어뜨리는 일이 가장 큰 범죄로 꼽히는 것은 그래서다.

그런데 삼성은 이런 기초적인 신뢰를 무너뜨렸다. 고객이 맡긴 돈을 함부로 빼돌린다면, 누가 안심하고 금융기관에 돈을 맡기겠는가. 하지만 금융질서를 단속하는 금융감독원은 삼성화재에 대해 '기관주의'라는 솜방망이 징계를 하는 데 그쳤다.

더 심각한 문제가 있다. 삼성은 솜방망이 징계조차 하지 않았다는 것. 오히려 경제적 이익까지 보장해 줬다. 고객 돈을 빼돌린 임원들에게는 막대한 스톡옵션 혜택이 기다리고 있다.

경제개혁연대에 따르면, 황태선 전 삼성화재 사장은 2000년 5월 30일 삼성화재로부터 4만 주의 스톡옵션을 부여받아 2009년 3월 31일 현재 1만 8166주의 미행사 잔량을 보유하고 있다. 황태선은 고객 돈을 빼돌렸다는 이유로 대법원에서 징역 1년 6월에 집행유예 3년을 선고 받았다. 그러나 삼성화재 측은 황태선에 대한 스톡옵션을 취소하지 않았다. 이 전에 대해 경제개혁연대가 여러 차례 지적을 하고 공문을 보냈지만 아랑곳하지 않았다.

같은 사건에서 관련 전산자료를 삭제했다는 이유로, 징역 10월에 집행유예 2년이 최종 선고된 김승언 전 삼성화재 전무 역시 마찬가지다. 김승언은 2001년 9월 6일 교부받은 삼성화재의 스톡옵션 9000주 가운데 7899주의 미행사분을 보유하고 있다.

황태선과 김승언이 저지른 범죄로 말미암아 삼성화재는 심각한 신뢰 훼손을 겪었다. 신뢰가 생명인 금융기관으로서는 치명적인 피해를 입은 셈이다. 그런데 삼성화재는 황태선과 김승언에 대한 스톡옵션을 그대로 유지하고 있다.

만약 특검의 입장대로 이 사건이 황태선 개인의 횡령 행위라면, 삼성화재가 황태선을 보호해야 할 이유가 없다. 임직원의 사소한 횡령도 용납하지 않는 게 삼성의 전통이다. 그런데 삼성은 황태선을 징계하기는커녕 막대한 이익을 보장해 줬다. 이는 당시 고객 돈을 빼돌린 일이 황태선 개인의 횡령이 아니라는 점을 삼성 스스로 인정한 것에 다름 아니다. 구조본의 지시에 따라 이루어진 범죄라는 점을 스스로 인정한 셈이라는 이야기다.

도둑에게 장물을 준 특검

마치 서로 짜기라도 한 것처럼 웃기는 일이 연이어 터졌다. 특검 수사 결과가 나오고 닷새 뒤인 2008년 4월 22일, 이건희와 삼성그룹은 삼성그룹 경영 쇄신안을 발표했다. 당시 이들은 특검이 불법성이 있다고 인정한 경영권 승계에 대해 확고하게 진행한다는 뜻을 밝혔다. 특검 수사 결과를 대놓고 무시한 셈이다. 법원에서 당연히 무죄 판결이 나오리라고 생각했던 까닭일 수도 있다. 그리고 불법 비자금에 대해서는 특검이 합법적인 상속재산으로 인정해 줬으므로, 세금을 낸 후 실명화하여 유익한 곳에 쓰겠다는 입장을 취했다. 그들이 설령 수조 원대 비자금을 모두 공익을 위하여 기부한다 하여도 그중 38.5%는 세금 환급으로 돌아오게 돼 있다. 삼성 비자금 규모를 특검이 밝혀낸 수준에 국한한다고 하면, 약 4조 5000억 원인데 이 돈을 공익목적으로 기부하면 1조 7325억 원 가량을 돌려받게 된다. 그런데도 삼성은 비자금을 실명화하여 '유익한 곳'에 쓰겠다는 약속을 지킬 기미가 없다. '유익한 곳'이 과연 무엇을 뜻하는지도 알 수 없다.

결국 이번 특검의 최대의 성과는 이건희 일가가 훔친 돈, 즉 장물을 피해자에게 돌려주지 않고 훔친 자에게 갖도록 한 것이다. 조준웅 특검은 삼성생명 차명지분을 모두 이건희의 몫으로 인정해 줬는데, 이는 이건희에게 횡재나 다름없다. 삼성생명 상장에 따른 차익을 고스란히 챙길 수 있다는 점이 한 이유다. 또, 이건희가 명실상부한 삼성생명 최대주주가 됐다는 점도 빠뜨릴 수 없다. 이건희가 최대주주가 되지 못하면, 삼성에버랜드가 최대주주가 되는데, 이 경우에는 금융지주회사법에 따라 삼성생명의 삼성전자 지분 7.21%를 처분해야 한다. 이렇게 되면, 순환출자구조로 돼 있는 삼성 지배구조가 흔들린다. 그러나 조준웅 특검이 차명자산을 모두 이건희에게 돌려준 덕분에 이건희는 지금처럼 편법적인 지배구조를 계속 유지할 수 있게 됐다.

이건희와 삼성그룹이 발표한 경영쇄신안에는, 이건희 회장의 차명재산을 '실명전환 후 좋은 일'에 쓰기로 약속돼 있다. 그런데 2009년 3월까지 삼성 측이 공시한 내용을 다 합쳐도, 이건희 회장의 실명전환 주식가액은 삼성특검이 밝힌 차명재산 총액에서 최소 3000억 원에서 최대 6000억 원 정도 모자란다. 어떤 독자들에게는 이게 낯선 이야기일지 모르겠다. 당연한 이야기다. 거의 모든 언론이 이 사실을 지적하지 않았으니까 말이다. 이 사실을 처음 지적한 것은 경제개혁연대였다. 그리고 이를 보도한 매체는 극소수에 불과했다.

2009년 3월 9일, 경제개혁연대는 이런 사실에 대해 삼성그룹 사장단협의회와 삼성전자 이사회, 삼성SDI 이사회에 공식 질의서를 보냈다. △차명주식의 실명전환 내역, △삼성특검 수사결과 발표 당시 차명주식의 평가액과 실명전환 주식의 평가액 간의 차액 내역, △차명재산의 사회공헌계획의 진행상황 등에 관한 질의서다.

하지만 이런 질의에 대해 삼성 측은 내가 이 글을 쓰는 순간까지 경제개혁연대 측에 아무런 답변을 하지 않았다. 삼성 측의 침묵은 어쩌면 이해가 된다. 자신들의 거짓말을 지적한 목소리에 답변하기란, 사실 민망한 일이다. 정말 이해할 수 없는 것은 언론의 침묵이다. 비리로 온 나라를 떠들썩하게 했던 재벌이 공개적으로 한 약속을 지키지 않는데, 왜 아무도 따져 묻지 않은 것인가.

"경제 물신주의, 재벌 비리의 공범"

2008년 4월 23일 오후 3시 서울 제기동 성당에 나와 사제단, 기자들이 모였다. 그곳은 내게, 그리고 삼성 비리에 분노했던 모든 이들에게 낯익은 장소가 돼 있었다. 그 자리에서 사제단이 삼성 비리에 관한 첫 기자회견을 연 게 약 6개월 전이었다. 그 기간 동안 나와 사제단, 그리고 제기동 성당은 늘 뉴스의 중심에 있었다. 그 동안 특검이 구성됐고, 수사가 진행됐으며, 결과가 나왔다. 특검이 대부분의 비리를 덮어버린 결과물을 내놓은 날인 2008년 4월 17일로부터 엿새 뒤였다. 봐주기 수사에 화답이라도 하듯, 삼성 수뇌부가 쇄신안을 내놓은 날인 2008년 4월 22일로부터는 하루 뒤였다. 과거 기자회견 때와 달리, 이날 성당은 한산했다. 모인 기자들도 많지 않았다. 지난 6개월의 결과물이 이미 나왔다는 판단 때문이었을 게다. 그래도 굳이 기자회견을 연 데는 이유가 있었다.

이날 회견에서 사제단은 이렇게 말했다. "일부 언론의 왜곡과 많은 지식인의 침묵과 냉소는 용기 있는 증언자들을 절망하게 만들었습니다. 오늘날 경제민주주의가 지연되고 있는 배후에는 언론과 지식인의 책임도 결코 작지 않습니다. 또 경제라는 이름의 물신을 위해 모든 가치를 뒤로 미루는 오늘의 국민정서 또한 재벌의 범죄를 방관하거나 관대하게 대함으로써 결과적으로 공범이기도 했다는 점을 인정해야 합니다."

비록 특검이 삼성 비리를 덮어버렸다 해도, 우리 사회가 짚어야 할 대목은 있다는 이야기다. 경제 성장을 위해서라면, 거짓과 비리도 눈감아 줄 수 있다는 세태가 '봐주기 특검'의 공범이었다는 이야기다.

"삼성은 약속을 지킨 적이 별로 없다"

굳이 이날 회견을 잡은 공식적인 이유는 하루 전 발표된 삼성그룹 쇄신안 때문이다. 2008년 4월 22일, 삼성은 이건희가 경영에서 퇴진하고 전략기획실을 해체한다고 발표했다. 오너 경영체제 대신 계열사 자율 경영체제를 도입하겠다는 것.

역시 뻔한 거짓말이었다. 다음날인 23일 회견에서 내가 "삼성은 약속을 지킨 적이 별로 없다"라고 말한 것은 그래서였다. 삼성그룹은 사실상 하나의 회사다. 그리고 철저하게 오너 경영체제에 길들여져 있다. 전략기획실과 같은 오너의 친위조직 없이 경영하는 것은 사실상 불가능에 가깝다. 스스로 불가능한 일이라고 여기는 것을 하겠다고 했으니, 거짓말일밖에. 삼성에서 이런 경우가 많았다. 부정적인 여론이 일면, 일단 대국민 발표를 해서 우선 여론을 잠재우고 보는 것이다. 그리고 대중의 기억에서 지워질 때쯤 되면, 약속을 뒤집는다.

삼성 쇄신안과 함께 이건희가 퇴진 선언을 한 지 1년 5개월이 채 안 된 2009년 9월 7일, 〈조선일보〉에 이런 기사가 실렸다.

> 독일 베를린에서 열리고 있는 세계적 영상가전전시회(IFA)에 참석한 삼성전자 완제품(DMC) 부문장 최지성 사장은 5일(현지시각) 기자 간담회에 이어 본지 기자를 만나 "회사 경영을 정상화해야 한다"며 "다시 오너 경영체제로 돌아가는 문제를 고민할 때가 됐다"고 말했다.
>
> 이건희 전 삼성그룹 회장이 경영쇄신안을 발표하고 경영일선에서 물러난 2008년 4월 이후 삼성 주요 계열사 CEO가 '오너 복귀' 필요성을 공개적으로 언급한 것은 처음이다.

최지성 사장은 이재용의 최측근으로 꼽힌다. 이런 그가 공개적으로 삼성 쇄신안 발표 내용을 뒤집었다. 이건희, 이재용 등의 의중이 반영된 것이라고 볼 수밖에 없다. 그리고 이 기사를 시작으로 삼성이 오너 경영체제로 복귀해야 한다는 보도가 잇따랐다. 권오현 삼성전자 반도체담당 사장 역시 2009년 9월 22일 "삼성그룹뿐 아니라 국가적으로도 이건희 전 삼성그룹 회장의 노하우와 지혜를 이용할 수 있으면 좋겠다"고 말했다. 하지만 삼성이 이런 보도를 반박했다는 이야기는 들리지 않는다. 이건희 복귀를 기정사실화한 것이다. 이건희는 불과 1년 5개월 만에 공개적인 약속을 뒤집어버렸다.

03 "우리는 늘 지는 싸움만 한다"

같은 혐의에 다른 판결

    삼성이 쇄신안을 발표하고 3개월쯤 지난 2008년 7월 16일, 삼성특검 사건 1심 재판을 맡은 서울중앙지방법원 형사합의 23부 민병훈 부장판사(현 변호사)는 삼성 비리 당사자들에게 사실상 면죄부를 주는 판결을 내렸다. 당시 판결에서 특히 눈에 띄는 대목이 에버랜드 전환사채(CB) 헐값 발행 사건에 대한 '무죄' 판단이다. 같은 사건으로 기소된 허태학·박노빈 씨(에버랜드 전직 사장들)에 대해 1, 2심 법원이 유죄를 선고한 것과 정면으로 배치되는 판결이기 때문이다. 1심 법원이 기존 판례를 뒤엎은 셈이다. 똑같은 혐의로 기소됐지만 재벌 총수는 무죄가 되고 월급쟁이 경영자는 유죄가 된 사례가 나온 셈이기도 하다.

    삼성특검 사건보다 앞서 열린 허태학·박노빈 씨 사건에 대한 항소심 재판에서 재판부는 "CB 헐값 발행을 결의한 에버랜드 이사회가 정족수 등 절차상 요건을 갖추지 않아서 '무효'라고 판단했다. 하지만 삼성특검 1심 재판을 맡은 민병훈 판사는 이사회가 절차상 요건을 갖추지 않은 문제에 대해 "중대한 하자가 아니다"라고 결론 내렸다. 게다가 민병훈 판사는 삼성SDS 신주인수권부사채(BW) 헐값 발행 사건에 대해서도 공소시효가 지났다며 면소 판결을 내렸다. 삼성에버랜드 CB 사건과 삼성SDS BW 사건이 모두 면죄부를 받게 되면서, 이건희 일가의 최대 고민거리가 해결됐다. 온갖 불법 행위와 비리를 잉태했던 경영권 승계 문제에서 법률적 걸림돌이 치워진 것이다.

삼성SDS BW 헐값 사건에 대한 민병훈 판사의 입장 역시 기존 판례와 배치되는 대목이 많았다. 예컨대 지난 2004년 국세청과 삼성 사이에서 진행된 삼성SDS BW에 대한 세금 소송에서 법원은 '주당 5만 3000원~5만 4000원'을 "일반적이고 정상적인 거래에 의해 형성된 객관적인 교환가치"라고 판단했다.

그런데 민병훈 재판부는 이런 판례를 무시했다. 민병훈 재판부는 특검 측이 기소 근거로 삼은 장외거래 가격에 대한 입증이 부족하다고 주장했다. 삼성SDS 주당 가격의 정상치를 얼마로 잡느냐에 따라 'BW 헐값 발행에 따른 배임죄'의 공소시효 완성 여부가 판가름 난다. 정상적인 주당 가격이 낮게 책정되면, 삼성 측은 BW 헐값 발행 혐의에서 벗어날 수 있다.

하지만 당시 삼성 측이 주장한 가격을 인정한다고 해도, 여전히 손해가 발생해서 '무죄' 판결은 나올 수 없다. 결국 민병훈 재판부가 책정한 가격이 삼성 측이 주장한 가격보다 더 낮다는 뜻이다. 민병훈 재판부가 책정한 가격은 주당 9192원이었다. 이에 대해 삼성SDS와 같은 IT(정보기술)

기업의 적정 주식 가액은 미래수익가치를 기준으로 평가돼야 한다는 대법원의 판례를 무시한 것이라는 지적이 나왔다. 삼성SDS BW 사건 당시인 1999년은 IT벤처 거품이 한창인 때였다. 당시 상황을 고려하면, 주당 9192원은 터무니없이 낮은 가격이다. 재판부가 무죄 판결을 이끌어내기 위해 BW 가격을 억지로 짜맞췄다는 의심을 피할 수 없다.

민병훈 재판부의 계산 오류, 과연 실수였을까

게다가 이런 가격 산정과정에는 명백한 오류가 있었다. 경제개혁연대는 2009년 7월 발표한 자료에서 이런 오류를 명확하게 밝혀냈다. 민병훈 재판부는 1심 판결문에서 삼성SDS 주식가치 산정을 위해 상속증여세법을 적용하고, 이를 위한 순손익가치(수익가치)의 측정은 '유가증권인수업무규정'에 따른 방법을 사용했다고 밝혔다. 그런데 민병훈 재판부는 기업회계기준상의 주당 순이익(1669원)을 적용하지 않고, 세무상의 주당 순이익(1155원)을 적용했다. 여기에 오류가 숨어 있다. '유가증권인수업무규정' 3조 및 시행규칙 2조에 따르면, 순손익가치의 측정은 기업회계기준에 따라 작성된 재무제표를 기준으로 하도록 규정돼 있다. 민병훈 재판부가 세무상의 주당 순이익을 적용한 것은 잘못이라는 뜻이다. 이런 작은 오류가 낳은 결과는 치명적이었다. 이런 오류를 바로잡으면 삼성SDS의 주당 순손익가치는 재판부가 계산한 1만 2500원보다 훨씬 높은 1만 8072원이 되고, 자산가치와 순손익가치를 단순 평균한 주식의 적정가치도 재판부가 계산한 9740원이 아니라 1만 2526원으로 29% 늘어난다. 또 회사의 손실액도 재판부가 계산한 44억 원이 아니라 104억 원으로 두 배 이상 늘어난다. 이렇게 되면 배임 규모가 50억 원을 넘어서 이건희 등에게 특정경제범죄가중처벌법(특경가법)상 배임 혐의가 적용된다. 그런데 특경가법이 적용되면, 공소시효가 10년이다. 특경가법이 적용되지 않으면, 공소시효가 7년이다.

당시 민병훈 재판부는 계산 오류를 저지른 결과, 배임 규모를 50억 원보다 낮춰 잡아서 이건희 등에게 특경가법이 적용되는 것을 막았다. 그래서 이건희 등에게 면소 판결이 내려질 수 있었다. 특경가법이 적용되지 않으므로, 공소시효(7년)가 이미 지나버렸다는 것이다. 물론, 계산 오류를 바로잡으면 특경가법이 적용되므로 공소시효가 남아 있게 된다. 면소 판결이 나올 수 없으며, 유죄 판결이 나오게 된다는 것이다.

민병훈 재판부가 저지른 계산 오류는 과연 실수였을까, 아니면 고의였을까. 아무도 모른다. 그나마 다행스러운 것은 이런 계산 오류가 뒷날 바로잡혔다는 점이다. 2009년 5월 대법원은 삼성SDS BW 헐값 발행 사건에 대해 유죄 취지로 파기 환송했고, 파기환송심 재판부는 민병훈 재판부의 계산 오류를 바로잡았다. 2009년 8월 14일 오전 10시, 서울 서초동 서울고등법원 417호 대법정에서 열린 파기환송심 선고공판에서 재판부는 이건희에게 유죄를 선고했다. 1심 재판부가 삼성SDS 주식 가치 산정과정에서 오류를 저질렀다는 점을 인정한 것이다.

편법, 또 편법

무죄 판결을 끌어내기 위해 민병훈 재판부가 억지로 짜맞춘 것은 한두 가지가 아니었다. 당시 민병훈 재판부가 유일하게 '유죄'로 인정한 양도소득세 포탈 혐의에 대해서도 논란이 분분했다. 공소시효 등을 이유로 특검은 당초 이 전 회장 등을 기소하면서 1128억여 원의 양도소득세를 포탈한 혐의가 있다고 밝혔다. 하지만 재판부는 465억여 원에 대한 포탈 혐의만 인정했다.

특검이 이미 축소한 혐의를 법원이 다시 대폭 축소한 것이다. 그런데 이렇게 혐의를 축소해도, 법에 따르면 실형을 피하기는 어렵다. 특정경제범죄가중처벌법에 따르면 연간 세금 포탈 규모가 10억 원이 넘으면 무기 또는 5년 이상의 징역형을 받게 된다. 그리고 3년 이상의 징역형을 받게 되면 집행유예가 불가능하다. 10억 원이라는 기준의 수십 배에 해당하는 465억여 원의 세금 포탈 혐의가 인정됐으니, 법에 따라 무기 또는 5년 이상의 징역형을 선고하는 게 옳다. 그러나 민병훈 재판부는 "이 사건의 불법의 정도가 징역형의 실형을 선고할 정도로 중하다고 볼 수 없는 사안"이라며 작량감경을 통해 징역 3년에 집행유예 5년을 선고했다. 작량감경이란 범죄의 정상(情狀)에 참작할 만한 사유가 있을 때에 법관의 재량으로 행해지는 형의 감경을 뜻한다. 민병훈 재판부가 임의로 형을 줄였다는 이야기다.

민병훈 재판부가 삼성 비리 주범들을 봐주기 위해 억지논리를 짜낸 사례는 이 밖에도 많다. 이학수 전 삼성 부회장은 당시 판결에서 지난 2003년과 2004년의 조세포탈에 대해 징역 2년 6월과 벌금 140억 원, 2005년과 2006년, 2007년의 조세포탈에 대해서는 징역 2년 6월과 벌금 600억 원을 각각 선고받았다. 왜 이렇게 복잡하게 선고한 것일까. 이유는 간단하다. "징역 3년 이하"라는 기준에 억지로 꿰맞추기 위해 범죄 시기를 구분해 선고한 것이다. 3년 이하 징역에 대해서는 '집행유예'가 가능하다는 점을 이용한 편법이다. 결국 이건희, 이학수, 김인주 등 비리 주범들은 아무도 실형을 선고받지 않았다. 매사에 정정당당해야 할 법관이 경제범죄자들을 위해 옹색한 논리를 짜내는 모습이 영 안타까웠다. 민병훈 판사는 삼성 비리 1심 재판 이듬해인 2009년 초 법원을 떠나 변호사가 됐다.

1심 무죄 판결의 이유

앞서 지적했듯, 민병훈이 진행한 삼성특검 1심 재판 과정은 오류 투성이였다. 그러나 나는 1심 판결에 대한 첫 번째 책임은 조준웅 특검에게 있다고 본다. 특검의 공소장 자체가 부실했고, 이는 판사가 면죄부를 줄 수 있는 빌미가 됐기 때문이다. 실제로 당시 판결문에는 "(에버랜드 CB 헐값 발행 사건에서) 배임죄가 성립하려면, CB 발행으로 인해 에버랜드에 손해가 발생했다는 사실이 입증돼야 한다. 그런데 이런 사실에 대한 입증 책임은 검사 측(조준웅 특별검사팀)에 있다. 하지만 특검의 공소사실에는 관련 증거가 없다"는 대목이 나온다. 특검이 봐주기 수사를 했다는 게 드러나는 대목이다.

두 번째 책임은 민병훈에게 사건을 배당한 서울중앙지방법원 수뇌부에게 있다. 2006년 11월 5일, 서울중앙지법 영장전담 부장판사였던 민병훈은 법원 기자실을 찾아와 "삼성에버랜드 CB 헐값 발행 사건에서 배임죄가 성립하지 않는다"고 이야기했다. 기자들 앞에서 공공연하게 이런 이야기를 할 정도였으니, 에버랜드 사건에 대한 민병훈의 생각은 법관들 사이에서 잘 알려져 있었다고 보는 게 옳다.

법원 수뇌부가 "삼성은 무죄"라는 생각을 가진 판사를 골라 삼성특검

사건을 배당했다는 지적이 나올 수밖에 없다. 이런 지적에 힘을 싣는 정황은 많다. 삼성특검 사건 1심 재판이 열린 서울중앙지법에서 경제사건은 보통 형사합의 24부 또는 25부에 배당된다. 그런데 엉뚱하게도 삼성 사건은 민병훈이 맡고 있는 형사합의 23부에 배당됐다. 사건을 배당한 허만 당시 서울중앙지법 형사수석부장판사(현 서울고법 부장판사)는 "원래는 형사합의 24부 또는 25부에 배당해야 했지만, 당시 두 재판부에 사건이 너무 많아 23부에 배당했을 뿐"이라는 입장을 언론에 전했다.

"오이밭에서는 신발끈을 고쳐 묶지 말고, 오얏나무 아래에서는 갓끈을 고쳐 매지 말라"는 말이 괜히 있는 게 아니다. 민감한 사안에서는 의심받을 행동을 하지 않는 게 도리다. 그런데 당시 삼성특검 사건을 굳이 민병훈에게 배당한 허만 판사는 노골적으로 의심스러운 짓을 했다.

특정 성향 판사에게 사건을 배당해서 법원 수뇌부가 원하는 판결을 끌어내는 관행은 삼성 사건에서만 문제가 된 게 아니다. 민병훈에게 삼성 사건을 배당했던 허만 판사는 촛불 집회 관련 사건에서도 비슷한 지적을 받았다. 촛불 집회 참가자들에게 높은 처벌이 가해지도록 유도하기 위해 특정 판사에게 촛불 집회 관련 사건을 몰아줬다는 것이다. 삼성특검 사건과 촛불 집회 관련 사건 재판이 진행될 당시, 서울중앙지방법원장은 신영철이었다. 얼마 뒤, 그는 대법관이 됐다.

사제단 대표의 무기한 안식년

그런데 삼성이 특검과 법원으로부터 얻은 것은 단순한 면죄부가 아니었다. 그동안 차명으로 숨겨뒀던 수조 원대 자금을 공식적인 재산으로 인정받게 됐다. 또 불법으로 얼룩진 경영권 승계 문제도 깨끗해졌다. 나와 사제단이 양심고백을 준비할 당시 기대했던 것과는 정반대의 상황이 벌어진 것이다.

이런 상황에서 절망감을 느낀 것은 나만이 아니었다. 삼성 1심 재판 직후인 2008년 7월 17일 삼성 문제를 다뤄왔던 시민단체 관계자들이 한자리에 모였다. 마침 이날은 헌법 제정을 기념하는 제헌절이었다. 당시 모였던 이들은 "이 땅에 법치주의는 죽었다"라고 선언했다. "특검의 부실수사와 재판부의 역사인식 결여가 빚어낸 법치주의의 사망 선언"이라는 제목의 선언문에서 이들은 당시 느꼈던 참담한 심경을 그대로 드러냈다. 당시 선언문 가운데 일부를 옮겨본다.

…(전략)… 대한민국은 민주공화국이 아닌 삼성공화국이며, 대한민국의 주권은 1%의 부자들로부터 나오고, 법은 오직 만 명에게만 평등하다는 말이 나올 정도로 사법시스템에 대한 국민적 불신이 극에 달하였다.

이로써 외환위기 이후 지난 10년간의 지배구조 개선 및 시장질서 확립 노력이 일거에 물거품이 되었고, 중세 봉건영주제에 비견되는 치외법권 지대로 삼성공화국이 공식화되었으며, 한국의 사법부가 더 이상 사법정의를 추구하는 조직이 아니라는 사실이 공표되었다. 이는 삼성특검의 부실수사와 재판부의 역사인식 결여가 공동으로 빚어낸 참극이라고 할 수밖에 없다.

…(중략)… 그 결과 영국 〈이코노미스트〉가 지난 4월 삼성특검 수사결과 발표

이후 '삼성의 재앙'이라는 제하의 기사에서 경고했던 바대로, 이제 우리는 "언젠가는 이들(재벌 총수들)에게 전혀 통제되지 않는 군림을 허용함으로써 야기된 경제적 손해를 고민하게 될 것"이다.

달리 말하면, 삼성비자금 관련 재판은 단지 과거의 불법행위에 대한 단죄에 그치는 것이 아니다. 그것은 또한 바람직한 기업지배구조와 경제 질서를 모색하는 또 다른 10년의 여정을 시작하는 출발점이기도 하다. 그런데 '유전무죄, 무전유죄'라는 법치주의의 이중잣대가 엄존함을 확인한 이 순간, 우리가 향후 10년간 치러야 할 고통이 결코 과거 10년의 그것에 비해 작지 않을 것임을 직감하게 된다. …(후략)…

'법치주의 사망 선언' 이후 한 달 남짓 지난 2008년 8월 21일, 천주교 서울대교구가 눈에 띄는 발령을 냈다. 사제단 대표인 전종훈 신부가 무기한 안식년에 들어가게 된 것이다. 당시 교구청은 전 신부에게 해외교포 사목을 위해 미국 로스앤젤레스로 나가라고 종용했다. 하지만 전 신부는 이를 거절하고 무기한 안식년을 택했다. 이로써 전 신부는 서울 노원구 수락산 성당 주임에서 물러나게 됐다. 본당 주임 신부의 임기는 5년인데, 1년 반 만에 인사 발령이 난 것은 아주 이례적인 일이다.

영혼을 오염시킨 서기석 재판부

삼성특검 사건 재판에서 주로 관심이 쏠린 것은 민병훈 부장판사가 진행한 1심 재판과 대법원 전원합의체 판결이었다. 그 사이에 끼어 있는 2심 재판은 상대적으로 주목을 덜 받았다. 하지만 삼성특검 사건 재판 가운데 최악의 판결이 나온 재판을 꼽으라면, 나는 서기석 재판부가 진행한 2심 재판을 꼽겠다. 이는 나만의 생각이 아니다. 2007년 양심고백 이후 함께 했던 이들이 한목소리로 하는 이야기다.

2심 선고공판이 열린 것은 2008년 10월 10일. 삼성 비리에 대한 관심이 많이 식었을 때였다. 그래서인지 서기석 재판부는 아주 과감한 판결을 내놓았다. 에버랜드 CB 헐값 발행 사건은 물론이고, 삼성SDS BW 헐값 발행 사건까지 무죄라는 판결이다. 그리고 특검이 기소한 삼성 임원들에 대해서도 대부분 형을 줄여주거나, 면소 판결을 무죄 판결로 바꿔줬다. 사회적 관심이 식은 틈을 타서 그냥 선심을 펑펑 쓴 판결이었다. 이 판결 내용 가운데 삼성SDS BW 헐값 발행 사건까지 무죄라는 대목은 대법원에서 뒤집어졌다. 2009년 5월 29일, 대법원은 삼성SDS BW 헐값 발행 사건에 대해 유죄 취지로 파기환송했다. 그리고 파기환송심 재판을 진행한 서울고등법원 형사4부(김창석 부장판사)는 같은 해 8월 14일 열린 선고 공판에서 이 사건에 대해 유죄를 확정했다. 이건희가 227억 원 배임죄를 저질렀다는 점을 분명히 한 것이다.

이 재판 결과를 놓고, 사제단 김인국 신부는 "전 국민의 영혼을 오염시킬 것"이라고 말했다. 판결문의 논리적, 법리적 오류만이 문제가 아니라는 이야기다. 사건 발생일로부터 12년 만에 열린 이 재판은 사법부가 형벌을 통한 정의 실현을 도모할 수 있는 천재일우의 기회였다. 그런데 이런 기회가 한순간에 날아갔다는 탄식이다. 이 재판 때문에 세금 없이 기업 경영권을 넘기는 일, 이른바 무세승계(無稅承繼)가 합법화 됐다.

당시 재판부는 에버랜드, SDS 이사회가 열리지 않았다는 점, 이사회 통보조차 이뤄지지 않았다는 점, 관련 서류와 증언이 모두 조작됐다는 진술 등을 모두 무시했다. 대신 재판부는 오로지 '주주 배정은 무죄'라는 형식논리에 따라서만 판결을 내렸다. 형사재판은 '실체적 진실'을 발견해야 한다는 대원칙이 무시된 사례다.

이 재판 결과를 놓고, 안타까웠던 대목은 또 있다. 에버랜드CB 헐값 발행 사건, SDS BW 헐값 발행 사건 등이 얼마나 중요한 함의를 가진 것인지를 모르는 법률가는 없다. 그런데 법률가가 만 명이 넘고 법학 박사가 3천 명이 넘는 한국에서 이 사건에 대해 깊이 연구하여 분석한 글은 찾기 힘들었다. 그 많은 법학자, 변호사들은 도대체 무엇을 하고 있다는 말인가. 정상적인 학문사회라면, CB, BW 등을 헐값에 넘기는 방식으로 회사 재산을 넘겨준 일에 대해 치열한 토론이 이뤄져야 옳다. 따라서 이 재판 결과는, 재벌 문제에 대해서는 그저 입을 다물고만 있는 학계의 모습을 적나라하게 보여준 계기였다. 삼성 특검 사건 2심 선고공판이 열릴 무렵은 삼성 비리에 대한 사회적 관심이 식었을 때였다. 언론이 이 재판 결과를 크게 다루지 않았던 한 이유다. 그러나 대중의 낮은 관심이 학자들의 침묵까지 정당화시킬 수는 없는 노릇이다. 관심을 가진 이들의 수는 적지만, 의미 있는 일에 대해 연구하고 발언하는 게 학자와 전문가의 역할이다. 이런 역할을 포기한 학자와 전문가들이 혜택만 누리려는 모습을 볼 때면 가슴이 답답해진다.

간판 경영자는 물갈이, 비리 경영자는 승진

비리가 언론에 공개돼도 법의 처벌을 받지 않는다는 자신감이 쌓이면서, 삼성은 더 뻔뻔해졌다. 가식적으로나마 불법과 비리를 숨기려는 노력조차 하지 않는다. 이처럼 오만해진 태도가 극명하게 드러난 사례가 2009년 1월 16일 이루어진 삼성 사장단 인사다. 이는 고객 돈을 빼돌렸다는 이유로 형사처벌 받은 삼성화재 전직 경영진에게 오히려 막대한 스톡옵션을 보장해 준 것과 같은 맥락에서 해석할 수 있다.

삼성은 이날 창사 이래 최대 규모 사장단 물갈이를 했다. 60대 이상 고령 경영자를 뒤로 물리고, 50대 신진을 경영일선에 배치한다는 명목으로 이루어진 인사였으나, 실상 이재용에게 경영권을 넘기기 위한 기초 작업에 불과했다. 삼성 사장단의 면면을 잘 아는 이라면 이번 인사를 보며 느꼈을 게다. 윤종용, 이기태 등 조금 억세다 싶은 사람은 다 물러났다. 대신 이건희 일가에 고분고분한 사람들이 대거 발탁됐다.

또, 사상 최대 규모 물갈이 속에서도 삼성 비리에 연루된 이들은 자리를 지키거나 오히려 승진했다. 삼성특검 수사 과정에서 광범위한 차명계좌 거래 사실이 확인돼 경영일선에서 퇴진했던 배호원 전 삼성증권 사장이 당시 인사에서 삼성정밀화학 사장으로 복귀했다. 배호원은 이건희를 위해 비자금을 조성하고 관리하는 일을 오래 했었다. 김인주의 선임자인 셈이다. 배호원의 경영 복귀는 삼성을 먹여 살린 휴대폰 기술자, 반도체 기술자들이 잘려나갈 때도 '비자금 기술자'는 끄떡없다는 것을 보여주는 사례다.

경영권 불법승계 혐의에 연루돼 기소된 유석렬 삼성카드 사장은 삼성

토탈 사장이 됐다. 삼성의 정보수집과 로비업무를 총괄했던 장충기 전 전략기획실 부사장은 사장으로 승진해서 삼성 브랜드 관리위원장을 맡게 됐다. 2심 재판부의 서기석 판사를 관리한 황백 제일모직 부사장이 사장으로 승진한 것도 이 때다.

이쯤 되면, 뻔뻔해도 너무 뻔뻔하다고밖에는 할 말이 없다. 삼성 비리 연루자로 언론에 이름이 오르내렸던 이들이라면, 대외적인 이미지 관리 차원에서라도 물러나게 하는 게 자연스럽다.

그러나 삼성의 선택은 반대였다. 윤종용, 황창규 등 삼성을 대표하는 간판급 경영자들이 쫓겨났지만, 비리 연루자로 언론에 보도된 이들은 살아남았다. 심지어 구조본의 지시에 따라 고객 돈을 비자금으로 빼돌렸던 황태선 전 삼성화재 사장에게는 막대한 스톡옵션이 보장됐다.

이게 뜻하는 바는 분명하다. 차명계좌에 담긴 돈의 비밀을 아는 사람은 어떤 경우에도 회사에서 쫓겨나지 않는다는 점을 삼성 조직 안에 알리는 신호다. 그리고 이건희 일가를 위한 일을 하다 입은 상처는 더 높은 자리와 돈으로 보상한다는 신호이기도 하다. 회사의 위상을 높이는 일보다 이건희 일가를 보호하는 일을 더 중요하게 여긴다는 신호이기도 하다.

입사한 이래 줄곧 이런 신호를 접하며 자란 탓인지 삼성 사장들의 행태는 가관이었다. 삼성 사장단 회의에 참석한 사장들은 회의 시작 몇 시간 전부터 물을 마시지 않는다. 소변이 마려울까봐서다. 이건희가 화장실에 가지 않기 때문에, 자신들도 화장실에 갈 수 없다는 것이다. 사장단 회의에서 삼성 비리에 관한 검찰 수사가 안건으로 올라오면, 사장들이 일제히 충성맹세를 한다. 자신들이 회장을 대신해서 감옥에 가겠다는 것이다. 이쯤 되면, 범죄 영화의 한 장면으로도 손색이 없다. 푸른 꿈을 품고 삼성에 입사한 신입사원이 이런 풍경을 봤다면, 어떤 생각을 하게 될까. 자부심에 상처가 날 게 뻔하다. 그래서 이런 사실을 전하는 게 조심스럽다. 그렇다고 계속 덮어둘 수도 없는 노릇이다.

삼성 사장단 인사안을 보며 안타까웠던 점은 또 있다. 이건희 일가를 대신해서 죄를 뒤집어쓴 이에게 좋은 자리로 보상하는 듯하지만, 용도 폐기되면 싹 돌아서는 특징이 그대로 드러났기 때문이다.

2009년 초 사장단 인사에서 허태학이 삼성석유화학 사장 자리에서 물러났다. 허태학은 박노빈과 함께 삼성에버랜드 CB 헐값 발행 사건에 연루돼 유죄 판결을 받았다. 삼성에버랜드 CB 발행 당시, 허태학은 이 사건에 대해 몰랐다. 그러나 그는 죄를 뒤집어썼다. 여기에 대한 보상인지, 허태학은 이번 인사안이 나오기 전까지 사장직을 계속 유지했다. 호텔신라와 중앙개발(현 삼성에버랜드)에서 주로 근무해서 석유화학산업에 대해 아는 게 없는 그가 삼성석유화학 사장을 맡았던 것도 이례적이다.

그런데 이건희가 피고인으로 기소된 삼성특검사건 재판에서 1, 2심 법원은 삼성에버랜드 CB 헐값 발행 사건에 대해 무죄를 선고했다. 결국 허태학·박노빈에 대한 유죄 판결 역시 대법원에서 뒤집어질 가능성이 커졌다. 이렇게 되면, 죄를 뒤집어 쓴 허태학에 대해 삼성이 보상해야 할 이유도 사라진다. 결국 2009년 초 사장단 인사에서 허태학은 사장 자리를 잃었다. 그리고 예상대로 대법원은 2009년 5월 29일 이건희를 포함, 허태학·박노빈에게도 무죄를 선고했다. 마침 이날은 자살로 생을 마친 노무현 전 대통령의 영결식 날이기도 했다.

박연차 수사와 이건희 수사

2009년 5월 23일. 온 나라가 충격과 슬픔에 빠졌다. 노무현 전 대통령이 이날 아침 고향인 봉하마을 부엉이 바위에서 스스로 몸을 던졌다. 그의 죽음은 반인권적인 정치 수사의 결과였다. 죄가 확정되기 전에는 피의사실을 함부로 공개하면 안 된다는 것은 고등학생도 아는 상식이다. 그런데 노 전 대통령의 측근이 연루된 박연차 게이트 사건 수사에서는 이런 상식이 철저히 외면당했다. 마치 스포츠 중계하듯 검찰은 시시콜콜한 내용까지 다 언론에 흘렸다. 노 전 대통령이 느꼈을 모욕감을 짐작하고도 남는다.

당시 검찰이 보여준 모습은 많은 이들을 분노하게 했다. 꼭 노 전 대통령의 서거 때문만은 아니다. 살아 있는 권력 앞에서는 한없이 비굴하면서, 죽은 권력에 대해서는 지나치게 가혹한 모습을 온 국민이 생생하게 확인했기 때문이다. 모든 수사가 이른바 박연차 게이트에서처럼 이루어졌다면, 다소 불합리한 점이 있어도 그토록 억울하지는 않았을 게다. 하지만 비슷한 종류의 비리인데, 피의자가 누구인지에 따라 수사 태도가 너무 달랐다.

박연차 수사와 극명한 대조를 이룬 게 삼성 비리에 대한 수사다. 사실 박연차 게이트와 삼성 비리는 본질상 크게 다르지 않다. 차이가 있다면 비리의 규모다. 삼성 비리 쪽이 압도적으로 규모가 크다. 세상에 알려진 삼성 비리는 크게 세 가지 범주로 나뉜다. 정·관·법조계 등에 대한 불법 로비, 비자금 조성 및 탈세, 경영권 불법 승계 등이다. 이 가운데 앞의 두 가지는 박연차 전(前) 태광실업 회장이 저지른 비리와 같은 종류다.

그런데 박연차는 1심에서 실형을 선고 받았다. 반면, 이건희 전 삼성 회장은 실형을 피했다. 누가 봐도 고개를 갸우뚱할 수밖에 없다.

박연차에게 징역 3년 6월에 벌금 300억 원을 선고한 1심 법원은 판결문에서 "세금을 포탈하고 해외에서 거액의 비자금을 만들어 뇌물이나 정치자금으로 제공해 공직사회의 기강을 흔든 만큼 죄질이 가볍지 않다"고 밝혔다. 이런 내용은 이건희에게도 그대로 적용된다. 그런데 이건희는 실형을 피했고, 박연차는 실형을 선고 받았다. 같은 죄라도 더 큰 규모로 저지르면, 처벌을 피할 수 있다는 선례가 만들어진 셈이다.

박연차는 정·관·법조계에 폭넓게 돈을 뿌렸다. 삼성도 그랬다. 돈을 뿌린 범위는 더 넓었고, 규모도 더 컸다. 차이가 있다면, 박연차는 불법 로비를 자신이 직접 챙겼고, 삼성은 구조본을 통해 처리했다는 점이다. 삼성이 더 조직적으로 비리를 저지른 셈이다.

하지만 박연차 수사와 삼성 수사는 하늘과 땅처럼 달랐다. 박연차 게이트 수사에서 검찰은 철저하게 박연차의 진술에만 의존했다. 반면, 삼성 비리 수사에서 특검은 내 진술을 외면했다. 오히려 특검은 내 진술을 믿을 수 없다며 나를 비난하기도 했다. 하지만 박연차 게이트 수사에서 검찰은 박연차의 진술이 얼마나 믿을 만한 것인지에 대해 아예 따지지 않았다.

수사 과정을 살펴보면, 차이는 더 선명해진다. 나와 사제단은 공개적인 기자회견을 통해 삼성에서 돈을 받은 이들을 공개했다. 그러나 이들 가운데 특검에 소환돼 조사를 받은 자는 아무도 없었다. 그러나 박연차 게이트에서는 박연차가 돈을 줬다고 지목하기만 하면 검찰에 불려가 조사를 받았다. 삼성 비리 수사와 박연차 수사 사이에는 고작 1년 남짓의 터울만 있었을 뿐인데, 달라도 너무 달랐다.

비자금 문제도 마찬가지다. 삼성 비리를 수사한 특검은 해외 비자금은 수사할 수 없다고 했다. 현실적으로 불가능하다는 게다. 그러나 박연차 게이트 수사에서 검찰은 박연차가 관리한 해외 비자금을 잘만 찾아냈다. 2009년 3월 대검찰청 중앙수사부 발표에 따르면, 정대근 전 농협중앙회 회장은 250만 달러의 해외 비자금을 차명으로 관리해 왔다. 박연차 전 태광실업 회장이 건넨 돈이다. 박 전 회장이 홍콩 APC계좌에서 차명으로 관리한 비자금 역시 검찰은 파헤쳤다.

반면, 삼성이 해외 법인을 통해 조성한 비자금은 증거가 있어도 수사하지 않았다. 삼성SDI(옛 삼성전관)가 삼성물산 해외법인과 거래하면서 만든 비자금이 대표적인 사례다. 'SDI 메모랜덤'이라는 증거가 있었지만, 특검은 외면했다. 이 서류가 1994년 작성된 것이어서 너무 오래됐다는 게 이유였다. 그러나 이 서류에 있는 내용은 기본 계약이다. 이후에도 계속 같은 방식으로 비자금을 만들어왔을 가능성이 있다. 하지만, 특검은 이런 가능성을 무시했다.

특검이 삼성의 해외비자금에 대해서만 눈을 감은 것은 아니다. 국내 비자금 역시 증거가 나와도 무시했다. 대표적인 게 삼성화재가 고객 돈을 빼돌려 만든 비자금이다. 구체적인 제보가 있었지만, 특검은 황태선 전 삼성화재 사장 개인의 횡령으로 취급했다. 비자금이 구조본에 전달됐다는 제보는 무시해 버렸다.

이런 기억이 생생한데, 박연차 비자금은 잘만 찾아냈다. 만약 박연차 수사하듯 이건희를 수사했다면 어떤 결과가 나왔을까. 이런 생각을 하면 답답하기만 하다.

그 밖에도 박연차 사건은 곱씹어볼 대목이 많다. 권력층에 발이 넓은 마당발에게 한없이 약한 한국 사회의 모습을 생생하게 보여줬다는 점도 그중 하나다. 박연차는 전형적인 인맥 중독자였다. 무슨 문제가 생기면, 우선 인맥부터 찾고 본다는 뜻이다. 그리고 이런 방식이 지금까지는 잘 통했다. 원칙적으로 불가능한 일도 인맥을 통하면 해결되는, 후진적인 문화가 사라지지 않았기 때문이다. 이런 사회에서는 너도나도 인맥 쌓기 경쟁에만 골몰하게 된다. 차분히 실력을 쌓고 원칙에 따라 문제를 풀어가려 하면, '세상 물정 모르는 사람' 또는 '융통성 없는 사람' 취급 받기 일쑤다.

그러나 지나친 융통성이 비리로 이어지는 것 역시 순식간이다. 박연차와 같은 부류를 늘 경계해야 하는 것은 그래서다. 그런데 박연차와 함께 주목해야 할 사람이 그와 가까웠던 천신일 세중나모여행사 회장이다. 이들을 보면, 한국 사회 인맥지도가 보인다. 그리고 인맥으로 엮인 기득권 구조에서 이익을 누리는 이들이 누구인지도 드러난다.

우선 천신일. 그는 고(故) 이병철 회장 때부터 삼성과 인연을 맺었다. 천신일의 부친과 고 이병철 회장이 평소에 알던 사이였으며, 이병철이 사망하기 전 자녀들에게 "내가 죽고 나면 천신일을 잘 부탁한다"고 유언했다는 말도 있다. 그래서인지 천신일은 삼성의 해외 출장 업무를 독점적으로 대행하는 등 이건희에게 큰 도움을 받았다. 삼성이 해외 출장 업무를 자체적으로 처리하지 않고 굳이 외부 여행사에 맡기는 것부터 이미 정상적인 거래는 아니다. 세중나모 본사 역시 삼성생명 빌딩 19층에 있다.

그리고 천신일은 이명박 대통령과도 기까운 사이다. 고려대 교우회장

자격으로 대통령 선거를 도왔을 뿐 아니라 고려대 61학번 동기로 오래 전부터 친한 사이였다. 이 대통령은 취임 첫해인 2008년 여름휴가도 천신일과 함께 보냈다. 그해 7월 26일부터 4박 5일 동안 휴가를 함께 보내기 직전에는, 박연차와 관련된 '세무조사 대책회의'가 열렸었다. 당시 회의에는 천신일, 이종찬 전 청와대 민정수석, 김정복 전 중부지방국세청장 등이 참석했다. 천신일은 공직과 아무런 관계가 없는데, 회의에 참석한 것이다. 그런데 이 회의 참가자 가운데 한 명인 김정복은 박연차와 사돈 사이다.

얼핏 별 관계없어 보이는 이건희, 천신일, 이명박, 박연차가 의외로 쉽게 연결된다는 점을 확인할 수 있다. 여기서 다시 짚어볼 대목이, 박연차-천신일과 이건희의 관계다. 천신일이 이건희와 가깝다는 이야기는 앞에서도 했다. 그런데 박연차 역시 이건희와 연결된다. 대한레슬링협회가 매개고리다. 이건희는 1982년 3월부터 1997년 2월까지 21~24대 대한레슬링협회 회장을 지냈다. 그리고 이건희는 명예회장으로 물러났다. 천신일이 이건희의 자리를 물려받았다. 천신일은 1997년 3월부터 2000년 2월까지 25대 회장을 지냈다. 이어 그는 2002년 8월 27일부터 28~29대 회장을 맡고 있다.

그런데 이건희가 대한레슬링협회 명예회장을 맡고, 천신일이 회장직을 물려받은 1997년 3월, 박연차는 이 단체 부회장이 됐다. 이건희 명예회장-천신일 회장-박연차 부회장이라는 구도가 짜여진 것이다. 천신일은 물론이고 박연차와 이건희 사이의 거리도 의외로 멀지 않다는 이야기다. 실제로 둘 사이의 관계가 가깝다는 보도도 나왔다.

한낱 여행사 사장에 불과한 천신일이 대단한 영향력을 발휘할 수 있었던 이유 역시 이런 인맥그물 때문이다. 그는 이 나라 최고 경제권력인 이건희와 최고 정치권력인 이명박 대통령을 잇는 고리에 해당하는 사람이다.

박연차가 거물 대접을 받은 것도 비슷한 이유다. 그는 내세울 게 거의 없는 자였지만, 막대한 돈을 뿌린 끝에 주류 인맥에 끈을 댈 수 있었다. 힘 있는 자들 사이에서 발이 넓은 마당발은 그 자체로 권력이 되는 곳이 우리 사회다. 그러나 천신일, 박연차가 보여준 모습은 이런 특징이 극히 일부만 드러난 사례다. 유력 정치인과 재벌, 언론사주 등 한국을 움직이는 자들은 혼맥(婚脈)으로 촘촘하게 엮여 있다. 한 다리만 건너면 모두 사돈 사이라는 뜻이다. 이렇게 만들어진 주류 질서는 자신들의 기득권을 위협하는 이들을 용납하지 않는다. 이런 인맥그물로부터 배척당한 이들은 대부분 비참한 최후를 맞았다.

"신영철 덕분에…"

노무현 전 대통령의 영결식이 치러진 2009년 5월 29일은 이건희에게도 잊을 수 없는 날이 됐다. 대법원은 이날 에버랜드 CB 사건에 대해 최종 무죄 판결을 내렸다. 누구나 예상했던 결과였다. 이보다 한 달 전, KBS는 "삼성에버랜드 CB 헐값 발행 사건에 대해 대법원 전원합의체가 무죄 취지로 결론 내렸다"고 보도했다. 아직 선고되지 않은 판결 내용을 미리 보도한 것이다. 이런 보도는 언론 윤리에 어긋나는 것이지만, 내용만 놓고 보면 정확했다.

누구나 예상했던 판결, 방송이 이미 내용을 공개한 판결을 내놓으며 대법관들은 어떤 기분이었을까. 그들의 마음속까지 들여다볼 방법은 없다.

그러나 어떤 안도감은 느꼈으리라고 보는 이들이 많다. 판결 날짜 때문이다. 이날 판결이 마침 노 전 대통령의 영결식과 날짜가 겹치면서, 여론의 관심을 비켜가게 됐다는 것.

상식대로라면, 대법관들이 영결식 장례위원이므로 선고를 연기하는 게 자연스럽다. 실제로 일부 언론은 대법원 관계자의 말을 빌어 선고 연기 가능성을 시사하기도 했다. "삼성에버랜드 사건 선고 공판이 노무현 전 대통령의 영결식과 시간이 겹치게 되면 대법관들이 모두 영결식에 참석할 수 없게 된다"라는 이유였다. 실제로 이날 열릴 예정이던 전국법원장 회의도 같은 이유로 연기됐다.

그러나 대법원은 노무현 전 대통령의 영결식 당일 선고를 고집했다. 온 나라를 뒤덮었던 노 전 대통령 애도 열기에 이날 선고가 낳을 반발이 묻혀 버리길 기대했던 걸까. 만약 그렇다면, 몹시 비굴한 일이다. '반칙과 특권이 없는 세상'을 꿈꿨던 노 전 대통령 앞에서도 몹시 부끄러운 노릇이다.

이날 대법원 판결로 이재용이 삼성 경영권을 물려받는 과정에서 불거진 법적 걸림돌이 제거됐다. 삼성그룹 상장 계열사 시가 총액은 200조 원 이상(2009년 9월 16일 기준)이다. 미국 제너럴일렉트릭의 시가총액에 맞먹는 규모다. 그런데 이재용이 삼성그룹 지배 구조의 정점에 있는 에버랜드를 물려받으면서 낸 세금은 고작 16억 원 정도다. 내가 삼성에서 근무하는 동안 낸 세금보다도 적다. 누가 봐도 정상이 아니다.

그런데 이런 과정이 모두 합법적인 게 됐다. 적어도 이날 대법원 판결대로라면 그렇다. 대법원은 이날 에버랜드 전직 사장들인 허태학·박노빈에게 유죄를 선고한 원심을 파기하고 사건을 서울고등법원에 환송한다고 결정했다. 이건희 역시 에버랜드 CB 헐값 발행에 대해 무죄 선고를 받았다. 에버랜드는 '이재용 → 삼성에버랜드 → 삼성생명 → 삼성전자 → 삼성카드 → 삼성에버랜드'로 이어지는 순환출자구조의 핵심 고리다. 에버랜드 CB 헐값 발행 사건에 대한 최종 무죄 판결을 놓고, 이재용이 삼성그룹 전체를 승계하게 됐다는 해석이 나오는 것은 그래서다. 이재용은 아버지에게 받은 61억 원을 밑천으로 에버랜드를 장악했다. 당시 이재용이 낸 증여세가 16억 원이었는데, 이를 제외하면 45억 원으로 에버랜드를 장악한 셈이다.

에버랜드 CB 헐값 발행 사건에 대해 내려진 1·2심 유죄 판결을 무죄로 뒤집은 이날 대법원 전원합의체 판결에는 이용훈 대법원장과 안대희 대법관을 제외한 나머지 대법관 11명이 참가했다. 이용훈 대법원장과 안대희 대법관은 삼성에버랜드 CB 헐값 발행 사건에서 각각 삼성 측 변호인과 검사를 맡았다는 이유로 이날 판결에서 빠졌다.

전원합의체 판결에 참가한 대법관 11명 가운데 무죄 선고에 찬성한 대법관은 6명이었다. '6 대 5'로 무죄와 유죄가 엇갈린 셈이다. 대법원 전원합의체 판결에서 한 표 차이로 결과가 달라진 것은 매우 이례적인 일이다. 나도 전혀 예상하지 못했다. 무죄와 유죄가 각각 '9 대 2' 정도로 나오지 않을까 했었다. 하지만, 내 예상이 틀렸다. 단 한 표 차이였다.

신영철, 양승태, 김지형, 박일환, 차한성, 양창수 대법관이 무죄 판결에 찬성 의견을 냈으며, 김영란, 박시환, 이홍훈, 김능환, 전수안 대법관이 반대 의견을 냈다. 당시 신영철 대법관은 촛불 집회 사건 재판에 압력을 넣었다는 이유로 강한 퇴진 요구에 부딪힌 상태였다. 판사들이 공개적으로 신 대법관의 퇴진을 요구할 정도였다. 하지만 신영철은 수모를 감수하면서까지 자리를 지켰는데 결과적으로 이건희에게 다행스런 일이 됐다. 만약 당시 신영철이 없었다면 에버랜드 CB 헐값 발행 사건에 대한 무죄 판결은 불가능했을 테니 말이다. 그렇게 되면, 이재용의 삼성 경영권 승계에도 차질이 생긴다. 이재용은 신영철에게 감사 인사라도 해야 할 판국이다.

이날 대법원 판결은 상식적으로 납득하기 힘든 대목이 많았다. 성격이 같은 두 사건에 대해 전혀 다른 판결이 나왔다는 점도 그중 하나다. 삼성에버랜드 CB 헐값 발행 사건과 삼성SDS BW 헐값 발행 사건은 본질에 있어서 다를 게 없다. 회사 경영진이 이재용에게 회사 재산을 헐값에 넘긴 사건이라는 점에서 두 사건은 마찬가지라는 이야기다. 사건의 목적도 닮은꼴이다. 모두 이재용이 삼성 경영권을 장악하는 과정에서 생긴 일이다. 다만 절차상의 차이가 있었다. 삼성에버랜드의 경우, 기존 주주를 심부름꾼으로 활용했다. 주주들에게 배정된 CB를 실권하여 이재용에게 넘긴 것이다. 반면, 삼성SDS의 경우는 중간단계가 생략됐다. 주주라는 심부름꾼 없이 경영진이 바로 이재용에게 회사 재산을 넘겼다.

그런데 삼성에버랜드 CB 헐값 발행 사건은 무죄 판결이 나왔고, 삼성SDS BW 헐값 발행 사건은 유죄 취지로 파기환송됐다. 판결에 일관성이 없다는 지적을 피하기 어렵다.

사실 한 묶음으로 처리됐어야 할 이 두 사건에 대해 대법원이 서로 엇갈리는 판결을 내린 근거는 '주주배정방식은 무죄, 제3자배정방식은 유죄'라는 논리였다. 주주라는 심부름꾼을 거쳐서 이재용에게 넘겼는지, 심부름꾼을 거치지 않고 넘겼는지에 따라 무죄와 유죄가 갈린 셈이다.

에버랜드 CB 발행 당시 이사회조차 열리지 않았다는 점을 고려하면,

삼성에버랜드 CB 발행 당시 '주주배정방식'을 취한 것, 요컨대 심부름꾼을 거친 방식을 택한 것은 형식에 불과했다는 점이 분명해진다. 삼성에버랜드 사건에 대한 무죄 판결이 단 한 표 차이로 아슬아슬하게 나온 것도 그래서다.

게다가 에버랜드 CB를 이재용에게 넘기는 작업은 삼성 구조본(비서실)의 지휘에 따라 일사불란하게 이루어졌다. CB를 배정받아 일제히 실권한 주주들의 행동이 자발적으로 이루어진 게 아니었다는 이야기다. 에버랜드 CB 사건을 무죄라고 판단한 대법관들은 당시 삼성그룹이 사실상 하나의 회사처럼 운영됐다는 점을 간과했다.

결과적으로 대법원은 순환출자구조로 돼 있는 삼성 지배 구조에서 핵심 고리 역할을 하는 삼성에버랜드에 대해서는 법적 걸림돌을 치워주되, 삼성SDS 등 다른 사건에서는 기존 판례를 따른 셈이 됐다. 기존 판례대로라면, 주식을 일부러 헐값에 발행한 행위는 유죄를 피할 수 없다. 맥소프트뱅크 사건에 대한 대법원 판례가 대표적이다. 이 회사 경영자는 CB를 헐값에 발행해 임직원들에게 배당한 뒤 되파는 수법으로 수십억 원을 챙겼다. 그리고 대법원은 지난 2001년 이 사건에 대해 배임죄를 인정했다. 이런 판례는 허태학·박노빈이 기소된 삼성에버랜드 사건 1·2심 재판에서 유죄가 선고된 근거가 됐다. 삼성 지배 구조의 핵심인 에버랜드를 이런 기존 판례가 적용되지 않는 예외로 만들기 위해 대법원이 고안한 논리가 '주주배정방식은 무죄, 제3자배정방식은 유죄'라는 것이었던 셈이다.

죄는 있지만 처벌할 수 없다

어쨌거나 당시 판결로 삼성SDS BW 헐값 발행 사건이 유죄라는 점은 분명해졌다. 당시 이건희는 탈세로 징역 3년에 집행유예 5년, 벌금 1100억 원이 확정된 상태였다. 그런데 2심에서 무죄 판결이 내려졌던 삼성SDS BW 사건이 대법원에서 유죄로 파기환송됐으니, 이건희에게 적용된 형량은 늘어나야 마땅했다. 문제는 징역 3년에서 형량이 더 늘어나면, 집행유예가 불가능하다는 점. 이건희에게 실형이 선고된다는 뜻이다.

파기환송심을 진행한 서울고등법원에 눈길이 쏠린 게 당연하다. 2009년 8월 14일에 열린 파기환송심 선고공판에서 서울고법 김창석 부장판사는 이건희가 삼성SDS BW 헐값 발행 사건에서 227억 원 배임죄를 저질렀다고 판결했다. 당시 적용된 특정경제범죄가중처벌법(특경가법)에 따르면, 50억 원 이상 배임에 대해서는 무기 또는 5년 이상 징역을 선고하도록 돼 있다. 그런데 형량은 전혀 추가되지 않았다. 배임죄에 대해서는 처벌이 이루어지지 않은 셈이다. 당시 김창석 재판부는 이건희가 저지른 배임죄에 대해 사회적 비난 가능성이 낮다고 판시했다. 이건희에게 실형이 선고되는 것을 막기 위해 억지논리를 만들었다고 볼 수밖에 없다. 피고인이 이건희가 아니었더라도, 이런 판결이 나왔을까 싶다.

당시 김창석 재판부는 이건희가 저지른 배임죄에 대한 처벌을 포기한 이유 가운데 하나로, 이건희가 배임금액을 도로 갚아줬다는 점을 들었다. 이건희가 삼성특검 사건 1심 재판을 앞둔 2008년 7월 11일 민병훈 재판부에 제출한 양형참고자료를 근거로 삼은 것이다.

이건희 측 변호인이 법원에 선처를 구하기 위해 제출한 자료다. 이 자료에는 이건희가 삼성에버랜드, 삼성SDS에 각각 969억 9423만 5000원과 1539억 2307만 6922원을 지급하고 양도소득세포탈세액 약 1830억 원을 이미 납부했으며 증여세액 약 4800억 원을 납부할 예정이라고 돼 있다. 이들 금액은 조준웅 특검이 공소장에서 이건희의 배임 행위로 삼성에버랜드, 삼성SDS가 각각 입은 손해액으로 산정한 것과 정확히 일치한다.

그런데 문제는 이건희는 삼성에버랜드, 삼성SDS에 각각 돈을 줬다고 하는데, 이들 회사 회계 자료에는 돈을 받았다는 기록이 없다는 것. 가능성은 두 가지다. 이건희가 법원에 허위 진술을 했을 가능성이 하나, 삼성에버랜드와 삼성SDS가 회계조작을 했을 가능성이 다른 하나다. 일단, 삼성 측은 이건희가 허위진술을 하지는 않았다고 했다. 실제로 돈을 줬다는 게다.

삼성 측 주장대로 삼성에버랜드와 삼성SDS는 돈을 받아놓고도 장부에 기록하지 않았다면, 간단한 문제가 아니다. 우선 세금을 탈루했다는 문제가 있다. 회사 입장에서 소득이 발생했는데, 그게 회계에 반영돼 있지 않으니 정부는 세금을 물릴 수가 없다. 이들 두 회사가 이건희에게 받은 돈을 회계처리하지 않아서 발생한 세금 탈루액은 얼마쯤 될까. 경제개혁연대는 총 690억여 원이라고 추산했다. 경제개혁연대는 2009년 9월 이런 사실을 국세청에 제보했다.

회계 규칙을 위반했다는 점도 문제다. 회계 규칙에 따르면, 이렇게 받은 돈은 재무제표에 '영업외 수익'이나 특별 이익의 '자산수증이익' 항목으로 처리해야 한다.

또 이건희가 내놓았다는 돈의 출처 역시 궁금한 대목이다. 회사에 입힌 손해액을 물어줬으니 선처해 달라는 이건희의 주장이 성립하려면, 이건희가 삼성에버랜드와 삼성SDS에 줬다는 돈은 이건희 개인 돈에서 나온 것이어야 한다. 만약 삼성 계열사의 돈을 빼돌린 것이라면, 이건희의 주장은 성립할 수 없다. 그런데 이건희와 삼성은 이런 의문에 대해서도 명쾌한 해명을 내놓지 않았다.

"우리는 늘 지는 싸움만 한다"

이건희에게 227억 원 배임죄를 새로 확정했으면서도 형량은 추가할 수 없다는 파기환송심을 끝으로 삼성 비리를 둘러싼 주요 법정 공방은 일단락됐다. 사제단이 서울 제기동 성당에서 삼성 비리에 관한 첫 기자회견을 연 게 2007년 10월 29일이니까, 만 22개월이 걸린 셈이다.

결과적으로 이건희 일가는 삼성 경영권 승계를 둘러싼 법적 논란에서 풀려났으며, 주요 비리에 대해 면죄부를 받았다. 차명으로 관리하던 자산을 실명화하는 성과까지 거뒀으니, 얻은 게 많은 셈이다.

그리고 삼성으로부터 주기적으로 돈을 받았던 공직자들은 아무도 조사받지 않았다. 그들 가운데 일부는 이명박 정부에서도 출세를 거듭했다. 이귀남 법무부 장관이 대표적이다.

반면, 사제단 대표인 전종훈 신부는 천주교서울대교구로부터 무기한 안식년 발령을 받았다. 삼성 비리에 대해 1심 법원이 면죄부 판결을 내린 직후였다. 사제단 고문인 함세웅 신부 역시 보좌 신부나 수녀가 없는 작은 성당으로 발령이 났다. 원로 신부에 대한 조치로는 사례를 찾기 힘든 일이었다.

그리고 나는 조준웅 특검으로부터 공개적인 망신을 당했다. 내 진술이 일관성이 없어서 신뢰할 수 없었다는 게다. 이로써 내 양심고백은 정사(正史)가 아닌 야사(野史)에만 남게 됐다.

이런 결과를 보면 삼성 비리와의 싸움에서 사제단 신부들이 졌다고 생각할 만하다. 하지만 사제단 신부들의 생각은 다르다. 이분들에게는 무엇이 옳은 일인지만이 중요한 문제다. 이기고 지고는 이분들에게 별 의미가 없다. "강한 것이 옳은 것을 이긴다"라는 속세의 상식은 이분들에게 통하지 않는다. 이분들은 종종 "우리는 늘 지는 싸움만 한다"고 말한다. 승리하는 불의보다 패배하는 정의를 택하는 게 이분들이다. 세상이 진실을 외면해도, 하느님은 진실을 알아주리라는 믿음이 사제단 신부들을 '늘 지는 싸움'에 내몬다.

2부 그들만의 세상

04 삼성과의 첫 만남

"떳떳하게 돈 벌려고 삼성 들어갔는데…"

2009년 1월 16일 발표된 삼성 사장단 인사안은 삼성 조직의 본 모습을 적나라하게 보여줬다. 비리에 가담해서 기소되거나, 유죄 판결을 받은 이들에게 큰 보상이 돌아갔다. 반면, 삼성을 지금처럼 키우는 데 기여한 이들은 밀려났다. 결국 인사에서 가장 중요한 기준은 이건희 일가에 대한 충성심이었다.

이보다 12년 전 삼성에 입사하던 당시, 나는 이런 사실을 몰랐던가. 나는 몰랐다. 내가 기대한 삼성의 모습은 이런 게 아니었다. 낡은 관행을 아직 벗어나지 못한 법조계와 달리, '글로벌스탠더드'가 잘 적용되는 조직일 것이라고 생각했었다. 회사법에 따라 합리적으로 운용되는 조직에서 경영 업무를 배우고 싶다는 게 내 바람이었다. 이런 생각이 얼마나 순진한 것인지를 깨닫는 데는 시간이 오래 걸리지 않았다.

내가 검찰을 떠나 삼성에 입사하기로 마음먹었을 때가 부장 진급 시점이었다. 부장이 된 동료 검사들이 들으면 언짢겠지만, 당시 내가 느끼기에는 부장검사라는 자리가 썩을 부(腐), 내장 장(腸) 같았다. 후배 검사들이 수사를 제대로 하도록 독려하는 자리가 아니라 윗사람의 뜻을 받들어 후배들의 수사를 막는 자리처럼 여겨졌다는 이야기다. 물론 옛날 검찰 이야기다. 요즘 검찰 실정은 다르다고 들었다.

나는 계속 수사검사로 남고 싶었다. 아무리 생각해도 부장검사는 내키지 않았다. 결기 있는 후배 검사들을 쥐락펴락하는 부장이 되려면 스폰서를 끼고 있어야 했다. 가끔 근사한 곳에서 술을 사야 부장다운 부장이라는 소리를 들었다. 스폰서가 될 만한 친구가 없는 나는 부장 진급을 포기했다. 그리고 사표를 냈다. 마침 아들이 대학에 갈 때가 됐었다. 스폰서에게 손을 벌리느니 내 손으로 떳떳하게 돈을 벌어 가족을 호강시키고 싶었다. 하지만, 변호사가 되고 싶지는 않았다.

초임검사 시절, 변호사 비리를 수사한 적이 있다. 당시 기억이 끔찍했다. 그 지역 판사·검사·변호사가 같은 학교 동문이었다. 이런 이유로 그들은 평소에도 술자리에서 자주 어울렸다. 그래서 어떤 일이 생겼는가. 검사는 시시한 혐의로 사람을 잡아들인다. 그리고 검사와 친한 변호사가 사건을 맡도록 한다. 변호사는 두둑한 수임료를 챙긴다. 검사, 변호사와 친한 판사는 피의자를 풀어준다. 덕분에 한몫 챙긴 변호사는 술자리에서 판사·검사에게 크게 한턱 대접한다. 그리고 얼마 뒤 검사는 다시 사람을 잡아들이고, 악순환은 반복된다. 이 사건을 수사하며, 법조 삼륜이 공모한 공갈극을 보는 듯했다.

이런 식으로 돈을 벌기는 싫었다. 그래서 기업에 들어가서 법조인 역할이 아닌 다른 일을 하려고 했다. 합리적 경영기법을 갖춘 일류 기업에서, 깨끗하게 돈을 벌 수 있는 길이 있으리라고 본 것이다.

이건희 '메기론' 외우는 신입임원 교육

내가 삼성에 입사했을 때는 외환위기 직전인 1997년 8월이었다. 처음 3개월 동안 나는 입문교육, 이른바 'OJT(On-the-Job Training, 직장 내 교육훈련)'를 받았다. 1주일 내내 이건희 회장의 육성 어록을 청취하고, 신경영 이념 및 삼성용어를 익히는 게 교육의 시작이었다. '삼성용어'란, 예를 들어 '메기론' 같은 것이다. "미꾸라지를 운반할 때 메기 한 마리를 넣어두면 잡아먹히지 않기 위하여 미꾸라지들이 긴장하므로, 폐사율이 낮아진다"는 게 이건희가 이야기한 '메기론'이다. 회사에도 메기와 같은 존재가 있어야 한다는 이야기다. 즉 순혈주의를 타파하고 우수한 외부 인사를 영입하여 삼성 공채 출신들에게 경쟁과 긴장을 유도한다는 것이다.

이런 용어들은 이건희 회장 어록의 형태로 삼성 조직 안에 전파된다. 삼성그룹 내에서 '이건희 회장 어록'은 헌법으로 간주된다.

삼성에서만 쓰는 특이한 표현은 이 밖에도 많았다. '관계사(關係社)'라는 말도 그중 하나다. 사전에도 없는 표현이다. 계열사(系列社)와 엇비슷한 뜻인데, 공정거래법에 따르면 계열사라는 표현을 쓰는 게 맞다. 그런데 삼성은 계속 관계사라는 표현을 썼다. 삼성이 지분을 갖고 있는 회사를 아우르는 표현으로 적합하다고 본 모양이다. 물론, 삼성이 차명으로 지분을 갖고 있는 위장 계열사들 역시 관계사로 불러야 마땅하겠지만, 삼성은 그렇게 하지 않았다. 위장 계열사들은 따로 관리했고, 담당 부서 역시 따로 있었다.

OJT 기간 동안 삼성그룹의 기계·화학·전자·금융 등 관계사의 지방 현장을 견학하고, 도쿄, 싱가포르, 프랑크푸르트, 런던, 뉴욕 등 5대 본사를 방문하였으며, 멕시코의 티후아나, 말레이시아의 셀렘방 등 복합단지를 방문했다. 나는 이 석 달 동안 비행기의 비즈니스 석을 타고, 특급호텔에만 묵는 등 화려한 생활을 즐겼다.

OJT를 받으면서 기억에 남는 장면으로 삼성전자 수원공장의 가전부문 조립라인을 꼽고 싶다. 여성 생산직, 남성 생산직이 컨베이어 벨트에 예속돼 두 시간에 10분씩 휴식하면서 꼼짝 없이 일하는 모습을 봤는데 혹시 배탈이 나더라도 화장실에 갈 수 없는 정도였다. 또 복도는 전등이 희미하여 앞을 식별하기 어려울 정도로 어두웠다. 화장실에는 손 닦는 수건이 없어서 자기가 갖고 있는 손수건으로 닦도록 돼 있었다. 텔레비전 화면에 비친 깨끗한 공장 풍경과 너무 거리가 멀었다. 일류 기업이라는 삼성 직원들이 이런 환경에서 일하는구나 싶었다.

북한에서 외부인이 구경하는 평양 거리는 깨끗하게 관리되고 있지만, 실제로 주민들이 생활하는 곳의 환경은 엉망이라는 이야기가 떠올랐다. 외부에는 '지상천국'이라고 홍보하지만, 실상은 그렇지 않은 북한과 무엇이 다른가 싶기도 했다.

직원들이 기계 부품처럼 묶여 일하는 모습에 마음이 너무 아파서 오랫동안 머리에서 지워지지 않았다.

같은 직장에서 본사 직원이나 관리직은 쾌적한 공간에서 대접도 받고 권세도 부리는데, 생산 현장에서는 해마다 생산성 향상 30% 구호 아래 경비를 줄이기 위하여 마른 수건을 쥐어짜듯 내핍을 강요당하고 있었다. 더욱이 그렇게 고생해서 만든 텔레비전이 미국으로 적자 수출되고 있었다. 중국에서는 3000억 원 대금을 받지 못하기도 했다. 이런 사실을 나중에 알고 가슴이 더 아팠다.

임원 OJT를 받기 직전, 나는 다른 임원들과 달리 혼자 뉴욕과 워싱턴에 열흘간 머물면서 특별한 대접을 받았다. 그 때 나이 마흔에 처음으로 국제선을, 그것도 일등석으로 타 보았다. 현직 검사가 기업으로 옮겨 간 경우가 처음이라 언론의 관심이 쏟아질 수 있었다. 그래서 삼성은 잠시 냉각기를 갖도록 하기 위해 해외여행을 제안했던 것이다. 여행 경비 일체를 회사 측이 제공하겠다고 했지만, 나는 비행기 삯과 숙박비만 제공받고, 식사는 햄버거 등으로 때웠다. 귀국하니까 회사 측에서 식비, 교통비 등 카드 영수증 지출 증빙을 달라고 하였다. 난 실비 정산에 필요한 아무런 영수증도 챙겨 오지 않았었다. 당시까지는 공무원들에게 비용 정산 개념이 없었던 것이다. 반면, 삼성은 나를 출장 다녀온 것으로 처리했던 것이다.

뉴욕에서는 소호의 첼시 호텔에 머물며 구겐하임 등 미술관을 관람하였다. 미술을 전공한 아내에게 처음으로 남편 노릇을 한 셈이다. 이 무렵 뮤지컬 '팬텀 오브 오페라(오페라의 유령)' 공연을 현지에서 관람하고, 프라이빗 골프장(회원제 골프장)에서 미숙한 골프를 즐기기도 했다. 당시 삼성전자 뉴저지 법인의 최주현 이사보가 나를 접대하느라 고생했던 게 기억난다. 그는 나중에 삼성 전략기획실 전략지원팀 경영진단담당 부사장을 지냈고 삼성에버랜드 사장이 됐다. 삼성에버랜드는 사실상 삼성그룹의 지주회사다. 최주현은 이재용의 최측근으로 분류된다.

약속 어긴 삼성… 다시 담배를 물다

OJT가 끝날 무렵, 이우희 삼성 구조본 인사팀장이 나에게 노사담당을 맡으라고 하였다. 나는 변호사를 안 하고 인사팀에서 근무한다는 조건을 걸고 입사했다. 그런데 갑자기 노사담당을 맡으라는 것이었다. '노사담당'이란 무노조 경영을 위해 회유협박을 하는 것이 주된 업무일 텐데, 검사 시절에도 공안업무를 피했던 내가 회사에까지 와서 그런 업무를 맡을 수는 없다고 대답했다. 그랬더니 이우희 인사팀장이 "우리는 변호사를 뽑았다"면서 "변호사로서 법무실에서 근무하는 것이 회사 적응에 더 빠를 것"이라고 했다. 변호사 일을 시키지 않겠다는 약속을 삼성이 깬 것이다.

검찰에서 퇴직한 뒤, 나는 변호사 등록조차 하지 않았다. 어떤 사람들은 이해하지 못하겠지만, 나는 진심으로 법조계를 떠나고 싶었다. 특히 변호사를 하고 싶은 마음은 추호도 없었다. 삼성에 입사할 때 나는 법조계를 떠나는 줄 알았다. 삼성이 그렇게 약속했었으니까. 그런데 입사하자마자 삼성은 말을 바꿨다. 나더러 "변호사를 뽑았다"라고 했다. 회사에서 받은 첫 인사명령이 입사조건을 깨는 것이었던 셈이다.

이 말은 들은 그 자리에서 1년 넘게 끊었던 담배를 입에 물었다. 마음이 담뱃재처럼 허옇게 타들어갔다. 검찰은 이미 퇴직했고, 회사원이 됐는데 변호사를 하라고 하는 것은 내게 '배신' 그 이상으로 받아들여졌다. 변호사 할 바에는 차라리 검찰에 남아서 부장검사를 하는 편이 나았다. 당시 신임총장은 내게 중수부 연구관 보직을 약속까지 한 터였다.

하지만 나는 기본적으로 조직에 순응하는 사람이었다. 평생 그렇게 살아왔다. 담배가 타들어가는 것을 보며, 나는 법무실로 가라는 인사명령에 따르겠다고 했다.

법무실에서 처음 받은 지시는 삼성중공업 유령 노조에 관한 것이었다. 이 사건을 놓고 소송이 벌어졌는데, 패색이 짙었다. 그러자 회사 측은 나더러 상대방 변호사를 매수, 회유하라고 지시했다. 나는 지시를 거부했다. 회사 생활이 처음부터 순탄하지 않았던 셈이다.

그때부터 나는 검찰 선·후배나 동기들에게 뇌물성 현금을 전달하라는 지시를 종종 받았다. 나는 이런 지시를 때로 이행했고, 때로 거부했다. 돈을 받은 검사들 가운데 일부는 돈을 되돌려줬다.

삼성은 소송이 벌어질 때면 사내 문서를 폐기하고 문서를 조작하곤 했다. 그리고 그때마다 내게 의견을 물었다. 자괴감이 몰려왔다. 변호사로서 범죄를 직접 수행해서는 안 되지만, 조언 정도는 할 수 있는 것 아니겠느냐며 스스로 변명했다. 돌이켜 보면, 잘못된 생각이었다. 그때 당장 그만뒀어야 했다.

속은 기분으로 법무실 근무를 하고 있었는데, 마침 큰 일이 터졌다. 1997년 말 삼성중공업 중장비 부분을 볼보에, 지게차 사업을 클라크에 매각하는 건이었다. 한국에서 성공적인 M&A 사례로 꼽히는 건이다. 한 달간 거의 매일 밤을 새다시피 하면서 1조 원대의 매각 협상을 무난히 마무리했다. 이렇게 정신없이 지내다보니, 실망감도 꽤 누그러졌다. 검사 시절에는 석 달에 한 번 퇴근한 적도 있다. 퇴근을 잘 하지 않고, 사무실에서 밤을 새는 일이 몸에 배어 있는 까닭에 법무실에서 늦게까지 일하는 게 오히려 즐거웠다. 늘 하던 대로였기 때문이었다. 속았다는 느낌이 조금씩 바래져가는 채로 삼성에서의 첫해를 넘겼다.

"너 기분 더럽겠다. 옛날 같으면 혼내야 할 사람을 상사라고 모시니"

이학수와 김인주를 빼놓고 삼성을 이해할 수는 없다. 그들은 이건희 일가의 최측근 가신인 동시에, 삼성을 움직이는 최고 수뇌부였다. 나 역시 삼성에서 일하는 내내 그들과 함께 지냈다.

나는 1997년 8월 삼성 본관 27층 회의실에서 그들과 처음 인사했다. 이학수는 당시 회장 비서실장으로 내 상사였고, 김인주는 비서실 재무팀 이사였다. 당시 그들은 예의가 반듯한 인상이었다. 입사 초기 이학수가 내게 "너 기분 더럽겠다. 옛날 같으면 앞에 앉혀 놓고 혼내야 할 사람을 상사라고 모셔야 하니"라고 농담 비슷하게 말한 게 기억에 남는다. 김인주는 내게 "회사에서 가장 필요한 권력기관이 검찰과 국세청인데, 그중 하나인 검찰의 사정에 네가 정통하니 이를 활용하면 회사 생활에 많은 도움이 될 것"이라고 말했었다. 당시 그는 내게 '대 검찰 로비스트'로 활동하라는 취지로 얘기한 것이었는데, 그때 나는 그 말을 제대로 알아듣지 못했었다.

이학수와 김인주가 삼성의 실세인 이유는, 그들이 이건희로 통하는 '언로(言路)'를 장악하고 있기 때문이다. 감사팀 보고서조차 이학수와 김인주의 눈치를 보면서 만들어졌다. 이건희를 수시로 만나 삼성 안팎의 문제를 상의하는 사람은 이학수와 김인주뿐이었다.

그래서 종종 쫓겨나는 자리가 삼성 일본 본사 사장이다. 얼핏 이해하기는 쉽지 않다. '일본과 이학수, 김인주가 무슨 관계지' 싶다. 이유가 있다. 이건희는 일본에 자주 간다. 아버지 이병철 때부터 내려온 전통이다. 일본에서 이건희를 만난 일본 본사 사장은 이학수, 김인주 등을 견제하는 말을 할 수 있다. 이건희가 자신들을 떠나 있는 동안, 이런 이야기를 들었다는 것을 이학수, 김인주는 곧 알게 된다. 결국, 이학수와 김인주를 참소한 일본 본사 사장은 목이 날아간다. 일본 본사 사장만이 아니다. 이학수·김인주 모르게 이건희를 만난 사람, 이학수·김인주에게 불리한 이야기를 이건희에게 전한 사람은 다 마찬가지 신세가 된다. 이런 이야기를 듣고 있으면, 과거 왕조의 궁중 비사를 듣는 기분이다. 하지만, 그게 현실이다.

이학수가 한때 점쟁이를 찾아간 이야기를 한 게 기억난다. 점쟁이가 "당신은 한 사람에게 운명이 달려 있다"고 했다고 한다. 이건희를 떠받드는 역할이 '운명'이라는 뜻이다. 이학수는 이런 이야기를 자랑처럼 하곤 했다. 자신이 '일인지하 만인지상'의 위치라는 것을 은연중 과시하는 말이다.

실제로 그랬다. 이학수는 단순한 월급쟁이가 아니었다. 2005년 언론에 보도된 '안기부 X파일'은 1997년 대선을 앞두고 안기부 도청팀인 미림팀에서 녹음한 것이다. 이 내용을 들어보면, 이학수의 힘과 위치를 실감할 수 있다. 당시 한 음식점에서 이학수와 홍석현 중앙일보 회장이 만났다. 이학수는 건강상의 이유로 날생선을 기피하므로, 회를 살짝 익혀서 먹는다. 그날도 그랬을 게다. 이야기를 나누는 내내, 홍석현은 이학수가 자기보다 힘의 우위에 있다는 점을 선선히 인정하고 있다. 홍석현은 이건희의 매제이며 보광그룹 소유주지만, 이학수를 함부로 대하지 못한다는 것이다.

권력은 최고 권력자와의 거리에 반비례한다. 최고 권력자인 이건희와의 거리는 이학수가 제일 가깝다. '일인지하 만인지상'의 위치에 서는 게 당연하다.

김인주는 이건희의 인감도장을 맡아 관리했다. 그래서 자부심이 대단했다. 물론, 충성심도 대단했다. "회장님은 훌륭하신 분"이라는 말을 입에 달고 다녔다. 김인주는 마산고, 서울대 산업공학과, KAIST 산업공학과 대학원을 나와서 제일모직 경리과에서 일했다. 역시 제일모직 경리과 출신인 이학수의 천거로, 김인주는 이건희의 재산을 관리하게 됐다.

구조본에 배치된 후, 초고속 승진을 거듭해서 40대 나이에 사장이 됐으니 김인주의 자존심이 하늘을 찌른 것은 당연했다. 구조본에서 근무할 당시, 나는 다른 팀장들의 방에 수시로 드나들었다. 다른 팀장들도 내 방을 찾아와 법률문제를 상의했다. 그런데 김인주만 예외였다. 그는 다른 팀장의 방에 찾아가는 일이 없었다. 반드시 다른 팀장이 그의 방을 찾아가야 했다. 묘한 자존심이었다.

멀쩡한 직원을 구속시킨 정경식 사건

법무실로 발령이 난 지 얼마 되지 않아서 겪은 일 가운데 기억에 남는 게 있다. 오랫동안 이건희 회장 비서실장을 맡았던 이창렬이 보좌역으로 물러난 직후였다. 이창렬은 최고 권력을 누리는 핵심 보직에서 밀려나 사실상 은퇴한 것과 마찬가지였다. 그런데 이창렬이 갑자기 나를 불렀다. 나더러 정경식이라는 사람을 감옥에 집어넣으라고 했다. 이학수가 이창렬을 거쳐 전달한 지시였다.

사연은 이랬다. 이건희의 이발사의 남편이 면장갑을 삼성전자에 납품하고 있었다. 그런데 이건희가 이발사를 도와주라는 말을 한 적이 있다.

그래서 삼성전자 구매담당 과장이던 정경식이 면장갑 값을 후하게 쳐줬다. 물론, 임원들의 결재를 받아서 처리한 일이다.

그런데 갑자기 정경식이 윗사람과 사이가 나빠졌다. 그래서 정경식이 이건희에게 이학수를 비방하는 내용의 편지를 썼다. 이걸 알고 이학수가 정경식을 잡아넣으라고 한 것이다.

내용을 살펴보니, 지시대로 정경식을 구속시키려면 무고 혐의를 적용해야 했다. 하지만, 억지로 죄를 물어서 그를 처벌하는 것은 지나친 일이라고 봤다. 그래서 나는 이런 일은 할 수 없다며 버텼다.

결국 정경식은 구속됐다. 삼성 구조본(옛 회장실)에서 20년 동안 노사담당을 맡다가 삼성전자 수원 공장장을 맡았던 이상배 부사장이 저지른 일이었다. 수원 공장장은 이 지역 관청에 대한 로비 담당이기도 했다. 이상배는 밥값, 술값 등 교제비로만 연간 8억 원을 쓰기도 했는데, 이 때문에 삼성전자 경리부서에서 애를 먹었다. 이런 이상배가 정경식을 고소했다. 품의 결재도 없이 마음대로 면장갑 값을 올려줘서 횡령했다는 혐의를 적용한 것이다. 명백한 허위사실이었다. 정경식의 상사들이 분명히 결재를 했는데, 그런 사실이 없다고 허위 진술을 한 것이다.

당시 사건을 맡았던 검사가 삼성 임원들의 허위 진술에 속아서 정경식을 구속시켰다. 그 검사는 뒷날 삼성 법무실에 임원으로 취직했다. 그런데 여기서 반전이 생겼다. 법원이 정경식에게 무죄를 선고한 것이다. 죄가 없으니 당연한 일이었다. 재판 이후, 이번에는 정경식이 회사 상사들을 상대로 무고로 고소했다. 정경식의 고소에 대해 수원지검은 무혐의 판정을 했다. 하지만 서울고검에서는 무고가 인정된다는 취지로 재기수사

명령을 내렸다. 부하 직원에게 누명을 씌웠던 상사들이 거꾸로 코너에 몰린 것이다.

나는 그제야 재기수사 명령이 난 걸 알게 됐다. 당시 김인주는 "법무팀이 일을 하는 것이냐, 안 하는 것이냐"라면서 크게 화를 냈다. 그러면서 그는 이 사건을 어떻게 해결해야 하느냐고 내게 물었다. 나는 정경식에게 돈을 주고서라도 합의로 끝내야 한다고 말했다. 검찰이 무고 혐의로 조사하다보면, 이상배까지 구속될 수 있다고 이야기했다. 내부 결재 품의서 등 정경식의 진술을 뒷받침하는 증거 자료가 많기 때문이다. 이를 모두 부정하거나 숨기고 조작하는 것은 불가능했다. 결국 삼성은 정경식에게 돈을 주고 합의해야 했다.

회사 측이 법무팀 임원인 내게 기대한 것은 불법행위를 합법적인 것으로 가장하는 일이었다. 정경식 사건은 이런 사례 가운데 하나일 뿐이다. 범죄자를 옹호하는 변호사 노릇조차 싫었던 내게 이런 일은 도무지 적성에 맞지 않았다. 우울한 나날이 이어졌다.

당시 이학수가 해 준 이야기에 따르면, 내가 입사할 당시 그는 내가 변호사 자격이 있지만 인사팀에서 근무하고 싶어 한다고 이건희 회장에게 보고했고, 이 회장은 "참 특별한 사람이구만"이라고 말했다. 내가 변호사 일을 안 하려고 한다는 것은 회사에 널리 알려진 사실이었다. 이창렬 비서팀장은 자기들이 보기엔 변호사 자격이 대단한 것인데, 왜 그걸 굳이 안 써먹으려 하는지 의아한 표정으로 물어본 적도 있다.

삼성 측은 내가 회사 돈으로 법조계에 있는 선후배, 친구들을 수시로 접대하기를 기대하면서 나를 뽑았다. 이렇게 돈을 뿌려뒀다가, 꼭 필요할 때 로비를 하라는 것이다. 하지만, 나는 접대에 전혀 소질이 없었다. 골프도 못 치고, 술도 싫어했다. 접대에 어울리는 유들유들한 성격도 아니었다. 이런 나를 접대 및 로비 담당으로 뽑았으니, 삼성 수뇌부도 꽤나 난감했을 게다.

그렇다고 나를 내보낼 수도 없었다. 현직 검사가 삼성으로 옮긴 첫 사례였기 때문이다. 내가 삼성에 적응하지 못하고 금방 나간다면, 삼성으로서도 부담이었다. 판·검사를 추가적으로 영입하려는 계획에 차질이 생길 수 있었다.

"족보에 삼성 사장 벼슬은 왜 못 남기나"

내가 삼성에 들어간 게 잘못된 결정이라는 생각이 든 것은 입사 직후였다. 그래서 늘 어딘지 불편한 기분으로 지내곤 했다. 이런 내 모습을 삼성 수뇌부는 이해하지 못했다. 그들이 삼성 경영진이라는 직위에 대해 가진 자부심이 워낙 대단했기 때문이다. 실제로 삼성 주요 계열사 사장과 구조본 팀장들 중에는 자신들이 실제로 국가를 운영하고 있다고 믿는 이들이 많았다. 김인주가 특히 그랬다. 그는 "시시한 벼슬도 다 족보에 남기는데, '삼성 사장'이라는 벼슬은 왜 족보에 못 남기느냐"라는 말을 자주 했다.

그렇다면 사실상 국가를 운영한다는 생각을 갖고 있는 삼성 수뇌부는, 국가의 이익에 대해 얼마나 관심이 있었을까. 내가 보기엔 거의 관심이 없었다. 국가 운영자라는 자기규정과 국익에 대한 무관심이 양립한다는 게 이상한 일이지만, 사실 그랬다.

이학수, 김인주 등은 오직 이건희의 사적 이익과 안전만이 관심사였다. 그들의 언어로 표현하면 "회장님과 그룹을 보위하는 일"이다. 사실상 비자금을 관리하고, 불법 행위를 세탁하는 일에 다름 아니다. 회사의 이익과 회장의 이익이 부딪힐 때는, 늘 회장의 이익을 우선했다. 이건희의 사익을 위해 일하는 자들이 족보에 삼성 사장이라는 '벼슬'을 기록하기를 바랐으니, 웃기는 노릇이다.

대한민국의 이익과 삼성의 이익, 그리고 이건희의 이익은 모두 제각각이라는 점을 외면하는 자들은 삼성 바깥에도 많았다. 그들에겐 삼성 임원 자리가 정부에서 공익을 위해 일하는 '벼슬'로 비치는 모양이었다. 삼성이 공무원 로비 전용으로 쓰는 안양 베네스트 골프장에서 나와 골프를 쳤던 어느 검사는 나를 가리켜 "전관(轉官)했다"는 표현을 썼다. 법원에서 검찰, 혹은 검찰에서 법원으로 옮길 때 썼던 표현이 '전관(轉官)'이다. 공직 사회 안에서 소속만 바뀔 때 쓰는 표현이다.

그 검사에겐, 삼성 법무팀이 공직(公職)으로 보였나보다. 그는 농담처럼 한 말이었지만, 사실 진담이었다. 삼성이 온갖 로비와 여론 조작을 통해 사실상 정부를 운영하다시피 한 것도 사실이니까. 그런데 삼성 법무팀을 공직으로 여긴다면, 법원이나 검찰 혹은 다른 정부 기관에서 일하던 공무원이 삼성 등 재벌로 옮기는 것도 별로 이상한 일이 아닌 셈이다. 공무원이 삼성을 위해 일하는 것 역시 자연스러운 일이 된다. 어차피 공직 수행이긴 마찬가지니까 말이다. 은연중에 이런 생각을 품고 있는 공무원들이 꽤 있으리라고 본다.

이 글을 쓰는 동안에도 이처럼 '전관(轉官)'한 사례가 눈에 띄었다. 노무현 정부 시절, 한미 FTA를 추진했던 김현종 통상교섭본부장이 2009년

3월 삼성전자 법무팀 사장으로 영입된 것이다. 그가 삼성 사장으로 옮기는 과정에서 "퇴직 전 3년 이내에 맡았던 업무와 관련된 사기업에 2년간 취업을 금지"한 공직자윤리법에 저촉된다는 지적이 일부 언론을 통해 나왔지만, 삼성도 정부도 개의치 않았다. 미국 변호사인 김현종은 첫 사장단 회의에서 "기업 이익을 지키는 게 나라의 이익을 지키는 일이라고 생각한다"고 말했다. 그러니까, 통상교섭본부장 시절 대기업에게만 유리한 정책을 밀어붙일 수 있었을 게다. 이런 생각대로라면, 대기업 경영자가 되는 것과 정부 고위 관료가 되는 것 사이에 차이가 없다.

그런데 기업의 이익과 나라의 이익이 같다는 말이 정말 맞는 것일까. 그렇지 않다. 삼성을 포함한 주요 대기업들은 세계 곳곳에서 공장을 운용하고, 나라 밖에서 협력업체를 구한다. 이런 기업이 내는 이익은 국내 일자리 증가, 국내 중소기업 매출로 연결되지 않는다. 이런 판단은 좌파들이나 하는 것일까. 역시 아니다. 조선일보조차 이런 입장이다. 이 신문 송희영 논설실장은 2009년 10월 24일자 칼럼에서 이렇게 썼다. "기업의 이익이 국가의 이익과 일치하던 시대는 갔다. 글로벌 회사일수록 기업 이익과 국익 사이의 간격은 도리어 멀어지고 있다. 이 때문에 대기업을 키울수록 국익이 커진다고 믿으며 온갖 혜택을 제공하는 전략이 반드시 옳은 길은 아니다." 그리고 그는 "군사정권 시절의 친기업적 발명품들을 재검토해야 한다"라고 덧붙였다. 정부가 대기업을 무조건 옹호해서는 안 된다는 판단은 진보나 보수 등 이념과 관계없는, 그저 상식일 뿐이다.

05 "여긴 실입니다"

일은 비서실에서, 월급은 계열사에서

어느 날 보니 김인주와 최광해 등은 '이사'인데, 나는 '이사 대우'였다. 그래서 나는 김인주에게 "내가 '검사 대우'였냐, '가짜 검사'였냐"고 하면서, "어찌하여 나는 '이사 대우'이고 너희들은 '이사'냐"라고 따졌다. 삼성의 임원체계는 경영임원, 전문임원(변호사 등 자격증을 가진 임원), 연구임원(엔지니어, 연구직 임원)으로 나뉜다. 그런데 이 가운데 경영임원에 대한 대우가 훨씬 좋았다. 퇴직금, 급여뿐 아니라 다른 면에서도 그랬다. 심지어 전문임원이나 연구임원에 대해서는 사실상 임원도 아니라고 여기는 경향까지 있었다. 그런데 내 직함인 '이사 대우'란 전문임원이나 연구임원에 붙이는 명칭이었던 것이다.

결국 나는 '이사 대우'가 아닌 '이사'가 되었는데, 삼성그룹이 영입한 판·검사 출신 가운데 경영임원으로 분류된 사람은 내가 유일했다.

법조인 출신으로는 이례적으로 경영임원이 될 수 있었던 이유는, 이학수와 김인주에게서 신임을 받았기 때문이다. 이들의 신임은 곧 조직에 대한 충성심을 확인시켜주는 보증과 같다. 내가 법무팀장이 되었을 때 외부인이 들어와서 팀장을 하니까 다들 반대했는데 이학수 실장이 "내가 불안해서 법무팀장으로 옆에 둬야겠다"고 하니 아무도 말을 하지 못했다. 이처럼 이학수가 나를 보증하자, 이재용도 내게 가족 문제를 상의하곤 했다.

경영임원이 됐을 무렵, 나는 월급봉투를 두 개씩 받기 시작했다. 봉투를 열어 보면 봉투 한 개가 더 들어 있었다. 그걸 '별봉'이라고 했다. 내가 '이사'이지만 '상무' 급여를 받은 것인데, '이사' 급여를 주고, '상무' 급여와의 차액을 별개의 봉투로 더 준 것이었다. 입사 당시에는 월급 250만원, 연 2회 보너스 1950만 원을 받았다. 세금을 포함한 연봉으로는 1억 원쯤 됐다. 당시 삼성에서는 임원 연봉은 세후 금액만 통보됐다. 반면, 직원은 세전 금액이 통보됐다. 임원의 세전 연봉은 굳이 알려고 하지 않은 한 당사자에게 알려주지 않았다.

당시 나는 소속사가 삼성화재로 돼 있었다. 비서실 법무팀에서 일하는 나에 대한 급여 및 경비 일체는 삼성화재에서 부담하는 구조였다. 비서실이나 구조본의 임직원들은 모두 이런 식으로 계열사에서 급여나 경비를 부담하는 것으로 처리했다. 비서실이나 구조본은 법인이 아니므로 수익이 없어서 경비를 지급할 수가 없었다. 회사도 아니고, 아무 것도 아니기 때문이다.

나는 소속사로 돼 있었던 삼성화재나 삼성전자를 위한 일을 한 기억이 없다. 그래서 나는 그때나 지금이나 비서실이나 구조본은 존재 자체로서 배임이 된다고 생각한다. 나는 당시 대주주 경영자문단 형식으로 필수 인원만 두고 그 급여나 경비는 회장 개인이 부담하도록 해야 한다고 주장했다. 내가 한 말은 그들이 보기에는 소가 웃을 소리였다.

삼성 비서실과 청와대 비서실

삼성을 이해하려면 '실'을 알아야 한다. 이학수, 김인주 등 삼성그룹의 실세 노릇을 했던 자들 역시 모두 '실'에서 근무했다. 회장 비서실을 줄여서 '실'이라고 불렀는데, 비서실이 구조조정본부, 전략기획실 등으로 이름을 바꾼 뒤에도 '실'이라는 이름은 계속 쓰였다. '실'이라는 이름에 대한 애착이 얼마나 강했던지 구조조정본부 시절에도 따로 회장실이라는 명칭을 만들고 이학수 부회장은 회장실장과 구조조정본부장을 겸직하여 '실장'으로 부르도록 했다.

'실' 임직원들의 자부심은 대단했다. 그들은 삼성 회장 비서실이 대통령 비서실을 능가한다고 믿었다. 그들은 청와대 비서실이 삼성 비서실을 흉내 내어 만들어졌다고 생각한다. 실제로 삼성 내부 문서양식은 정부의 보고문서와 거의 같았다. 내가 공무원을 하다가 삼성에 가서도 쉽게 적응할 수 있었던 이유였다.

비서실, 또는 구조본 직원이 계열사에 전화하여 "여긴 '실'입니다"라고 말하면 상대방이 긴장하는 게 느껴진다. 계열사에서는 무리한 지시에 따라 업무를 처리할 때 책임을 면하려고 '실 지시에 의거'라는 표현을 쓰는데 이것이 공정위 등의 조사에서 자주 문제가 됐다. 그래서 나중에는 비서실 관여의 흔적을 일절 남기지 않도록 했다. 삼성 내부 감사에서는 이런 표현을 한 것이 없는지가 적발 대상이 된다.

구조조정본부 시절의 조직체계는 다음과 같다.

　　인사팀-임원인사담당, 교육담당, 노사담당
　　재무팀(경영지원담당)-전자운영파트, 금융운영파트, 비전자비금융파트, 관재파트
　　감사팀(경영진단담당)-전자관계사 감사파트, 비전자관계사 감사파트
　　기획홍보팀-기획팀: 대외협력파트, 정보담당
　　　　　　　홍보팀: 홍보
　　법무팀-지금은 그룹 법무실로 바뀜

구조본 인사팀에서는 노사담당이 가장 인원수가 많았다. 가장 힘이 센 곳은 재무팀이었는데, 그중에서도 관재파트가 최고 실세였다. 삼성의 모든 임원은 의무적으로 정보보고를 해야 했다. 누구와 만나 무슨 이야기를 했는지를 서류에 적어 보고해야만 했다. 그것은 정보 업무의 기본이면서, 임원 업무의 기본이었다. 정보보고 내용은 기획팀이 취합했다. 내가 회사 밖에서 나눈 이야기, 검사들이 나에 대해 한 이야기 등을 실 팀장회의에서 듣는 일도 있었다. 이런 이야기들이 기획팀으로 전달되고 다시 팀장회의로 올라온 것이다. 언론사 사장이 기자가 취재한 내용을 보고받자마자 기획팀으로 알려주는 일도 있었다. 삼성 관련 첩보를 접한 검찰 고위 간부가 "형님, 큰일 났습니다"하고 곧바로 전화해서 내용을 알려주는 경우도 있었다.

구조본 인사팀 노사담당은 노동조합 설립을 막는 게 일이었다. 삼성은 이병철 선대회장 시절부터 '무노조 경영'을 내세웠던 탓에 노조 설립을 막기 위한 노하우가 다양했다. 물론, 모두 불법적인 행태였다. 그래서 법무팀에 와서 상의할 일도 없었다. 합법으로 포장하는 것조차 불가능한 범죄 행각이었으니까.

이를테면, 삼성 공장 관할 관청 공무원을 매수해서 노조 설립 신고서를 아예 수리 자체가 되지 않도록 했다. 매수된 공무원은 신고서가 들어오면, 신고서 수리를 일단 미루고 바로 삼성에 알려줬다. 그러면 삼성은 재빨리 유령노조 설립 신고를 했다. 이런 작업은 구조본뿐 아니라 계열사 차원에서도 이루어졌다. 계열사마다 노조 담당이 있었고, 이들은 노동자들을 면밀하게 감시했다. 노동조합 설립 기미가 보이면, 관련 주동자를 사실상 납치해서 회유, 협박했다. 이런 식으로 한 명씩 각개격파하면, 결국 노조 설립 시도는 불발로 끝나곤 했다.

정부 역시 삼성의 이런 행태에 힘을 보탰다. 복수노조 허용을 계속 유예한 게 대표적인 예다. 주요 재벌 가운데 복수노조 허용에 강력히 반대하는 곳은 삼성뿐이다.

구조본 인사팀장을 오래 지냈던 노인식이 한 이야기에 따르면, 삼성은 삼성SDI 노동자들을 상대로 휴대폰 위치추적을 하기도 했다. 물론, 노동조합 설립을 막기 위해서였다. 이런 이야기를 듣고, 노인식에게 다시 물었다. "정말로 위치추적을 했느냐"고. 그랬더니 노인식이 어색하게 웃으면서 시인했다. 그러나 죄책감을 느끼는 기색은 아니었다. 이런 불법적인 행태를 저지른 게 그들에게는 자랑거리였다. 불법을 무릅쓰고 회장을 위해 충성했다는 게다.

삼성 구조본 인사팀에는 경찰대 출신이 있었다. 그래서인지 삼성은 경찰을 잘 활용했다. 예컨대 누군가에 대해 휴대폰 위치 추적을 해야 한다면, 구조본 인사팀과 연줄이 닿는 경찰에게 미리 청탁해 둔다. 경찰서장 명의로 통신회사에 공문을 보내면, 휴대폰 개설 명의자를 알아낼 수 있다는 점을 이용하기 위해서다. 그 경찰은 청탁받은 조사에 관한 서류를 다른 정상적인 수사에 관한 서류 사이에 끼워서 경찰서장에게 결재를 받는다. 이렇게 경찰서장 도장이 찍힌 공문이 나오면, 이를 휴대폰 위치 추적에 이용하는 것이다.

이처럼 노조 설립을 막기 위해 온갖 불법행위를 저지르면서 삼성이 치른 비용도 만만치 않다. 노동조합 때문에 생기는 비용보다, 노동조합 설립을 막기 위해 치르는 비용이 더 크다는 말이 나올 정도였다.

권한은 '실'이, 책임은 계열사가

비서실이 구조조정본부로 바뀐 뒤, 공식적인 회의체로 구조조정위원회, 수요회, 팀장회의가 있었다. 비공식적으로는 임원회의, 차석회의가 있었다. 임원회의, 차석회의는 각 팀 간의 원활한 업무협조를 위한 정보교류를 위한 것으로 매주 1회 열린다. 임원회의는 각 팀의 팀장이 아닌 선임 임원이, 차석회의에는 간부 중 선임자가 참석하는데 실세인 재무, 인사, 기획팀은 참석하지 않거나 참석하여도 발언을 잘 하지 않는다.

이런 회의에서는 주로 홍보팀에서 주요 신문 보도 내용을 알려주는 일이 고작이다. 나는 입사 초기 '실' 임원회의에 참석하여 "당신들, 공무원 오염 좀 그만 시켜라"고 말했다가 자기들이 오염시킨 게 아니라 이미 오염된 공무원들이 많다는 거센 반론이 쏟아졌던 기억이 난다.

공식적인 회의체인 구조조정위원회는 비서실 시절에는 운영위원회라고 불렸는데, 월 1회 열렸다. 형식적으로는 그룹의 최고의사결정기구이지만 사실상 유명무실했다. 차나 마시고 헤어지는 정도였다. 계열사의 선임 사장들로 구성된 이 위원회는 최고 연장자이며 선임자인 윤종용 삼성전자 부회장이 의장을 맡고, 이학수 실장과 구조본 팀장이 배석하는 모양새였지만 사실상 팀장회의의 주요 결정내용을 통보 받고 끝나는 정도였다. 한 번은 당시 의장이었던 윤종용 부회장이 회의 직전 화장실에 가자 이학수 실장이 "누군 소변 안 마렵나"라며 비아냥거린 적도 있다. 의장은 윤종용이지만, 실제로는 자신이 더 높다는 점을 과시하는 말이었다.

수요회는 사장단 회의인데, 60여 명의 그룹 사장들과 구조본의 팀장들이 삼성본관 28층 대회의실에서 매주 수요일 아침 8시에 교양 강연과 공지 사항을 듣고 헤어지는 모임이다.

초청강사로는 황장엽, 어윤대 당시 고려대학교 총장, 탈북한 김정일의 간호사, 주한 중국대사 등이 기억난다. 별로 특별한 것을 논의하는 자리도 아닌데 고가의 첨단시설이 설치돼 있고 강사의 강연 내용만이 아니라 청중인 사장단의 반응까지 녹화되고 있어 졸리더라도 참아야 했다. 간혹 이학수 실장이 사장들에게 현안에 대한 의견을 묻는 경우가 있었다. 하지만 "직장생활 3년이면 침묵이 상책"이라는 것을 이미 열 번 넘게 깨달은 사람들이라 그저 과묵할 뿐이었다. 진대제 사장이 미리 준비한 듯한 발언을 가끔 했는데 역시나 그는 회사를 일찍 떠났다. 그는 노무현 정부에서 정보통

신부 장관을 지냈고, 경기도지사 후보로 출마했다.

삼성에서 계열사 사장은 사실상 '얼굴마담'이다. 삼성그룹은 60여 개 계열사가 있고 각각 다른 법인체지만 '실'이 운영하는 사실상 하나의 회사라고 볼 수 있다. 주요 결정은 모두 '실'(비서실, 구조본, 전략기획실 등으로 이름만 바뀌었다)에서 이루어졌다. 예컨대 구조본에서 "중국에서는 외상거래를 중단하고, 현금거래를 하라"고 지시하면 모든 계열사가 그 지시를 지켜야 했다. 한국이 월드컵 준결승전에 진출했을 때의 일도 좋은 예다. 당시 삼성그룹 전체가 경기 중계방송 시청을 위해 오후 휴무를 했는데, 그 결정 역시 '실', 그러니까 구조본 팀장회의에서 이루어졌다. 한나절 휴무 여부조차 계열사가 자율적으로 정할 수 없는 구조였다.

언젠가 삼성 석유화학 계열사 사장이 나를 찾은 적이 있다. 어음을 청구할지, 말지를 묻기 위해서였다. 어이가 없었다. "사업 하는 사람이 돈을 못 받았으면, 당연히 청구해야지. 무슨 소리냐"라고 했다. 알고 보니 새한그룹에서 받은 어음이었던 것이다. 새한은 이건희 일가와 친족 재벌인데, 당시 경영이 어려웠다. 나를 찾아온 사장은 이건희 가족의 눈치를 보느라 어음 청구를 망설였던 것이다. 삼성 계열사 사장들은 거의 매사에 이런 식이었다. 10~20억 원 단위의 사원복지기금을 내는 것도 구조본 눈치를 봤다. 에스원 사장이 '실'의 승인 없이 사원복지기금에 20억 원을 기부하면 징계를 받는 식이다. 2003년 사장단 회의에서 이건희는 "당신들을 키우느라 1인당 최소한 3000억 원씩 들었다"라는 말을 했는데, 분위기가 얼어붙었다. "사장들이 평균 3000억 원의 손실을 봤다"는 말로 들렸기 때문이다. 그러나 사장들로서는 억울한 이야기다. 실제로 삼성 사장단은 100억 원대의 투자도 스스로 결정하지 못한다. 모든 투자 결정은 비서실에서 한다. 사장들에게 투자손실의 책임을 물을 수 있는 구조가 아닌 것이다.

계열사 사장을 임명할 때, 해당 사업에 대한 전문성은 그다지 고려하지 않는 경우가 많았던 것도 그래서였다. 호텔신라 사장을 마친 뒤, 바로 석유화학 사장에 임명되는 경우도 있었다. 호텔에서 평생 일했던 자가 석유화학 산업에 대해 얼마나 알겠는가. 사장은 구조본의 지시사항을 전달하는 심부름꾼에 불과했기에 가능한 일이었다.

인사(人事) 역시 구조본에서 결정했다. 삼성 전 계열사 임원의 인사 및 급여 결정은 구조본에서 이루어졌다. 계열사의 재량권은 전혀 없었다. 임원 인사를 위해 구조본은 전 계열사의 부장 직급(M2)을 관리했다. 임원에 대해서는 인사 파일이 따로 있었다. 인사철이 되면 각 계열사 사장의 최고 현안이 자기 회사 임원 정원(T/O)을 최대한 확보하는 것이었다.

그래서 계열사 사장단은 사실상 그룹의 통제 권한을 가진 구조본 임원들을 수시로 접대하곤 했다. 핵심 계열사인 삼성전자의 부회장인 윤종용이라고 해서 예외는 아니었다. 그 역시 구조본 팀장에게 수백만 원짜리 양복을 돌리면서 환심을 사려 하곤 했다. 윤종용이 삼성전자의 대표이사였던 시절, 그보다 훨씬 옛날인 사업부장 시절의 실적 부진을 이유로 감봉이라는 징계를 받은 일이 있다. 이학수 실장이 주도한 징계였다. 삼성을 대표하는 삼성전자의 간판 경영자 역시 '실' 앞에서는 무력하다는 점을 보여주는 사례다.

투자와 인사(人事)는 경영에 관한 가장 중요한 결정들이다. 이런 결정이 모두 '실'에서 이루어졌고, '실'은 이건희의 말을 집행하는 기관이었으므로 모든 경영 실패의 책임은 '실'과 이건희에게 돌아가는 게 옳다. 하지만, 삼성에서 이런 주장은 상상조차 할 수 없었다.

이건희가 한때 "실에는 권력을, 관계사에는 돈을 주라"는 지시를 한 일이 있다. '실'의 임직원은 돈 대신 권한과 미래의 고위직으로 보상받으라는 말이다. 그러나 실제로는, '실'의 임직원들이 권력과 돈 모두를 향유했다.

에버랜드 사건은 '실'의 임직원이 누리는 권력을 잘 보여주는 사례다. '실'이 실행한 일이지만, 계열사 전·현직 사장이 기소됐다. 권한은 누리되, 책임은 떠넘기는 최고의 권력을 누리는 집단이 '실'이다.

형사 문제 등 책임을 져야 할 문제가 있을 때는 '실'의 임직원 보호가 계열사의 사장 보호보다 우선시됐다. '실'은 회장의 분신이므로 그렇다고 한다. 마찬가지 논리로 각 계열사의 경영지원실장 등 관리담당(실제 손익 및 비자금담당)이 다음 순위 보호 대상이다. 이들은 미래의 사장단 후보 순위에서 '실'의 임직원 다음 자리에 있다.

'실'의 경비사용은 그룹을 위한 것으로 여겨져서 신성불가침이었다. '실' 고위 임원이 비자금으로 연예인과 윤락행위를 하는 일까지 있었지만, 막지 못했던 것도 그래서였다. "관계사에는 돈을 주라"는 이건희의 지시와 달리, '실' 임직원 급여 수준은 늘 그룹 내 최고 수준이었다. '실' 임직원의 급여와 상여금 역시 '실'이 결정하는 구조였기 때문이다.

삼성 구조본과 참여정부

삼성에서 나는 늘 이방인이었다. 구조본 팀장들과 아무리 자주 어울려도 그들과 나 사이의 간극은 좁아지지 않았다. '회장을 향한 강력한 충성에 대한 강력한 보상'이라는 체계에 길들여져 있는 그들, 비리를 함께 모의했다는 공범자 의식으로 똘똘 뭉친 그들이었다. 이방인으로 끼어든 나는 그저 겉돌기만 할 뿐이었다.

그들은 내가 왜 구조본을 떠났는지 끝내 이해할 수 없었을지 모른다. 그러나 이방인인 내게는 그들이 쓰는 말 하나하나가 거북했다. 예컨대 구조본 팀장들은 "회장님과 그룹을 보위하기 위해"라는 표현을 자주 썼다. '보위하다'라니, 내게는 영 어색한 표현이었다. 꼭 북한에서 쓰는 말 같았다. 하지만, 그들은 이런 표현을 서슴지 않고 썼다.

구조본 공식 문서에서 '이건희', '회장' 등의 표현을 직접 쓰는 경우는 없었다. 이런 표현을 직접 쓰는 것은 불경스러운 일이었다. 이건희라는 말이 들어가야 할 자리에는 대문자 'A'가 쓰였다. 이건희의 부인인 홍라희가 들어가야 할 자리에는 A자 옆에 작은 점을 찍은 'A″'가 들어갔다. 이건희 일가에 대해서는 늘 이런 식이었다. 이건희의 아들인 이재용은 'JY', 큰 딸인 이부진은 'BJ', 작은 딸인 이서현은 'SH'라고 적곤 했다. 봉건제 시절, 중국에서는 공문서에 황제의 이름과 같은 글자를 함부로 쓸 수 없었다고 한다. 그런데 이런 관행이 21세기 민주사회에서 버젓이 남아 있는 것이다.

구조본 팀장회의에서 결정을 내릴 때 적용하는 기준은 오직 하나였다. 이건희의 이익이 그것이다. 삼성의 이익과 이건희의 이익이 충돌할 때면, 늘 이건희의 이익이 우선이었다. 구조본 팀장들이 기업 경영자가 아니라 이건희의 가신(家臣)이라는 평가를 받는 것도 그래서다.

그런데 이건희의 가신들이 모인 회의에서 국가적인 문제가 논의됐다면? 황당한 일이다. 이건희의 이익을 기준으로 내려진 결정이 국민 다수에게 도움이 될 리가 없기 때문이다. 안타깝게도 이런 일이 흔했다. 정부와 삼성 사이의 거리는 늘 가까웠고, 구조본 팀장회의는 이건희의 이익을 위해 정부를 요리했다.

아주 시시콜콜한 정부 방침까지 구조본 팀장회의에 올라오곤 했다. 대표적인 게 '참여정부'라는 명칭이다. 노무현 전 대통령 취임 전 열린 팀장회의에서 노무현 정부의 명칭에 관한 안건이 올라왔다. 당시 회의에서 '참여정부'가 좋겠다고 의논이 모아졌는데, 실제로 노무현 정부의 공식명칭이 됐다. 노무현 정부와 삼성 사이의 관계를 잘 보여주는 사례다.

노 전 대통령은 삼성에 진 빚이 너무 컸다. 정권 초기 안희정 등 측근들이 구속되는 것을 보며 노 전 대통령과 삼성의 연결고리가 끊어질 수도 있지 않을까 하는 생각을 한 적이 있다. 그러나 순진한 오해였다. 노 전 대통령은 임기를 마칠 때까지 삼성의 손아귀에서 벗어나지 못했다. 그래서인지 이건희는 대통령을 우습게 여기곤 했다. 정부의 경제특구계획에 대해 이건희가 사장단 회의에서 "대통령쯤 되는 사람이 쩨쩨하게 너무 통이 작다"며 멸시하는 말을 한 게 기억난다. "기업은 2류, 행정은 3류, 정치는 4류"라는 이건희의 북경 발언이 문제가 된 적이 있는데, 나는 그게 실언이 아니고 소신이라고 본다.

대통령 선거 시기가 되면, 삼성 구조본은 분주해졌다. 매일 매시마다 나온 여론조사 결과를 보고받아 구조본 팀장회의에서 논의했다. 팀장들은 각 후보의 우열을 면밀히 주시하며 신경을 곤두세웠다. 당시 분위기가 너무 극성스러워서 의아했는데, 그때는 이유를 몰랐다. 나중에 대선자금에 대한 수사가 시작되고서야 이유를 알게 됐다. 선거자금 지원을 효율적으로 하기 위해 그랬던 것이다. 가능성 있는 후보에게 자금을 집중하기 위한 것이었다.

2002년 대선 당시, 구조본 팀장회의 참석자들은 대부분 이회창을 지지하는 분위기였다. 이회창 후보의 지지율이 올라가면 반가워했고 그렇지 않으면 노골적으로 낙담했다.

그런데 예외가 있었다. 나와 이학수 실장이다. 하지만 나는 속내를 드러내지 않았고, 이학수는 솔직하게 이유를 말했다. 이학수는 부산상고 후배인 노무현과 인간적으로도 아주 친했다. 노무현은 대통령이 되기 전부터 이학수를 '학수 선배'라고 부르며 잘 따랐다고 한다.

그래서인지 이학수는 노무현 후보의 당선이 삼성에도 나쁘지 않을 것이라고 말했다. 실제로도 그랬다. 노무현 정부 정책 가운데 삼성에 불리한 것은 거의 없었다. 대신, 삼성경제연구소에서 제안한 정책을 노무현 정부가 채택한 사례는 아주 흔했다. 심지어 삼성경제연구소는 아예 정부부처별 목표와 과제를 정해 주기도 했다.

정연주를 못마땅해 한 구조본

정권이 어떻게 바뀌든 상관없도록 대응하는 일은 구조본 팀장회의에서 늘 중요한 안건이었다. 이 회의에서 대정부 관계만 논의된 것은 아니다. 구조본은 언론계 동향에도 촉각을 곤두세웠다.

노무현 정부 시절, 정연주 씨가 KBS 사장이 됐을 때도 구조본은 민감한 반응을 보였다. 정연주에 대한 정보를 수집하느라 분주했다. 대체로 못마땅한 기색이 역력했다. 당시 "MBC는 노조가 강해서 문제고, KBS는 사장이 문제"라는 말이 종종 나왔다. 이해할 수 없는 일이었다. KBS 사장이 누구인지가, MBC 노조 성향이 어떤지가 기업 경영과 무슨 관계라는 말인가.

그러나 가장 중요한 안건은 역시 이건희, 이재용 부자에 관한 것이었다. 한때 LCD 사업의 전망이 좋다는 보고가 올라왔었다. 그러자 이재용이 LCD 사업을 자신의 경영실적으로 삼고 싶어 했다. 그래서 구조본 팀장회의에서 이재용을 S-LCD(삼성과 소니의 합작회사) 이사로 등재하기로 결정했다. 이런 안건이 올라오면, 팀장들은 일제히 입을 다물었다. 그저 '로열패밀리'가 하고 싶은 대로 내버려두곤 했다.

삼성이 한겨레에 막대한 광고를 제공했지만, 한겨레가 삼성에 비판적인 기사를 계속 싣는다는 이유로 광고 중단을 검토한 적이 있다. 이건희의 뜻이었다. 그런데 이순동 당시 홍보팀장이 한겨레와 대화 통로를 끊지 않으려면 계속 광고를 줘야 한다고 주장해서 가까스로 넘어간 일이 있다. 이 정도가 팀장회의에서 '로열패밀리'의 의중을 거스른 결정이 내려진 거의 유일한 사례다.

구조본 팀장회의에서는 구조본 산하 각 팀이 정보나 현안을 보고한다. 각 계열사에서 보고한 내용을 직무담당별로 취합한 내용이다.

예를 들어 계열사 사업장에서 인사에 관한 사고가 일어났다면 구조본 인사팀이 이를 팀장회의에 보고한다. 회계부정 사고가 일어났다면 감사팀이 보고하고, 해외소송 문제라면 법무팀이 보고한다. 보고가 끝나고, 논의해야 할 현안이 있으면 논의를 한다.

구조본 팀장회의와 회장을 연결하는 역할은 이학수 실장이 맡았다. 그는 2~3일에 한번, 혹은 매일 이건희 집에 가서 이건희에게 현안과 정보를 보고하고 지시사항을 전달 받았다. 이렇게 지시 받은 사항은 다시 팀장회의 안건이 됐다.

이건희는 종종 시시콜콜한 사항을 지시했다. 이건희의 누이가 경영하는 웨스틴조선호텔의 입구에서 근무하는 여직원이 서비스 정신이 뛰어나니, 스카우트하라는 지시가 내려온 적도 있었다. 당시 그 직원을 압구정동에 아파트를 한 채 사주고 데려온 것으로 알고 있다. 그 여직원은 호텔신라 여직원들을 상대로 특별한 서비스 교육을 했다.

황당한 지시도 있었다. 삼성 냉장고의 월간 판매실적이 LG에 뒤진 적이 있었는데, 당시 이건희는 반도체와 휴대폰에서 남은 이익을 한 2조 원쯤 에어컨이나 냉장고 등 냉공조 사업부에 돌려서 우리나라 전 가정에 삼성 에어컨과 냉장고를 공짜로 줘서 LG가 망하도록 하라는 지시를 내리기도 했다. 이런 지시는 실현되지 않았다. 하지만 이런 종류의 지시가 이행됐다 해도, 회계상으로는 검증할 길이 없다. 반도체와 휴대폰에서 이익이 얼마나 빠져나왔으며, 어디로 어떻게 흘러 들어갔는지는 회계 조작을 통해 감춰진다.

사장에게 지시하는 재무팀 과장

삼성 구조본을 알려면 재무팀의 위상을 이해해야 한다. 구조본(실)을 움직이는 게 재무팀이기 때문이다.

재무팀의 운영담당은 임원급이며, 부장·차장·과장 급 직원이 보조 역할을 맡는다. 그런데 재무팀 과장도 계열사 사장에게 지시를 한다. "여기는 '실'입니다." 이러면 끝이다. 과장이 사장에게 지시하는 게 이상하지 않은 곳이 구조본 재무팀이다.

그룹 안에서 이루어지는 천억 원 이상 규모의 투자는 모두 구조본 재무팀의 승인을 받아야 했다. 수주산업의 수주 승인, 임원 고과, 평가, 각 계열사 사장 평가 등도 사실상 재무팀이 좌우했다. 재무팀은 매일 이루어지는 경영운영을 통해 각 계열사의 사소한 일도 모두 조사할 수 있다. 그리고 언제든지 사장, 임원에 대해 조사보고서를 낸다.

재무팀이 작성한 보고서 끝에 의견란이 있는데, 모든 임원에 대한 평가를 반드시 쓰도록 돼 있다. "임원 누구누구는 즉시 조치함이 상당하다, 사장은 연말에 재평가함이 상당하다"라는 식으로 쓴다. 여기서 조치나 재평가란 해고를 뜻한다. 구조본 재무팀은 그룹 계열사 사장이나 임원에 대해 목을 쥐고 있는 자리인 것이다.

예컨대 그룹 내 어느 화학 계열사 사장이 명절에도 출근해서 안전점검을 할 정도로 열심히 일한다고 하자. 그런데 재무팀이 그를 못마땅하게 여긴다고 하자. 이런 경우, 재무팀에서 "'계장급 사장'이며, 리더십이 부족하다"라고 적어 보고하면 그만이다. 꼼꼼하게 실무를 챙긴다는 점을 거꾸로 비난의 근거로 삼는 것이다. 반대로, 사장이 굵직한 일만 챙기고 실무는 아랫사람에게 위임한다면? 역시 트집 잡을 방법은 많다. "귀에 걸면 귀걸이, 코에 걸면 코걸이" 식의 자의적인 평가가 이루어져온 셈이다.

내가 재무팀에서 일하던 시절, 궁금한 게 있어서 소환하면 누구든지 바로 왔다. 이렇게 불려온 사람들은 사장에 대한 고자질을 밥 먹듯 했다. '어차피 사장은 회장이 파견한 사람일 뿐'이라고 여기므로 사장에 대한 충성심이 있을 리 없다. 충성을 바칠 대상은 오직 회장뿐인 것이다.

나는 구조본 재무팀에 간 뒤 처음에는 기계 관계사 운영담당을 했고, 2000년에는 기계, 모직, 화학 관계사 담당을 맡았다. 2001년에는 해외사업도 업무에 추가됐다. 당시, 300개 해외현지법인의 모든 운영상황이 일주일 단위로 내 개인용 컴퓨터에 다 나타났다. 매월 초에는 1주일 이내의 해외현지법인의 손익이 그대로 떴다.

당시 황당한 일이 많았다. 삼성전기 포르투갈 법인에서 경리과장이 천억 원을 횡령한 사건이 있었다. 내부 보고 문서를 포르투갈어로 작성했는데, 법인장이 뜻도 모른 채 결재했다고 한다. 횡령한 돈은 선물투자로 날렸다고 했다.

삼성전자 베네수엘라 법인에서 과장 한 명이 현지 업자에게 독점적 판매권을 주겠다는 메일을 보낸 적이 있다. 정식 계약은 아니었다. 과장이 별 생각 없이 보낸 메일이었다. 당시 과장은 이런 메일을 보낸 게 얼마나 엄청난 일인지 잘 몰랐다. 독점 판매권을 함부로 넘길 수는 없는 일이었다. 과장의 말을 믿고, 독점 판매권을 얻은 줄 알았던 현지 업자는 삼성 측이 말을 바꿨다며 소송을 걸었다.

그래서 재판이 시작됐는데, 재판 전개가 황당했다. 판사가 수시로 바뀌었다. 그리고 판사를 매수하는 게 당연시됐다. "이번에는 우리 편 판사입니다.", "상대편 판사로 바뀌었습니다." 등과 같은 보고가 계속 올라왔다. '우리 편 판사'는 삼성에 매수된 판사, '상대편 판사'는 현지 업자에게 매수된 판사를 뜻한다. 1심 재판에서 삼성은 결국 졌고, 우리 돈으로 1000억 원을 물어주라는 판결이 나왔다.

해외법인 지도 방문을 나가면, 현지 임원들이 구조본 재무팀 임원에게 잘 보이려고 난리가 났었다. 석유화학 관계사 중에는 BP(British Petroleum) 등 해외법인과 50% 지분 구조인 회사가 많은데, 나는 회장을 대리하여 주주총회에 갔다. 그 자리에서 세계 어느 지역을 누가 맡을지, 매출 목표는 얼마로 잡을지 등에 대해 회의를 했다.

구조본 재무팀에는 그룹 안팎의 모든 정보가 모였다. 노무팀의 노사관리, 감사팀의 감사업무 등 그야말로 고유한 업무 외에는 회사의 본질인 영리 추구와 관계 있는 모든 정보가 재무팀으로 모였다.

재무팀은 여느 기업에서처럼 돈만 세는 역할에 머무르지 않았다. 이를테면, 재무팀은 실적 위주로 인사를 해야 한다는 명목으로 임원 인사권을 인사팀에서 빼앗아 왔다. 그 일로 인사팀에서 불만이 많았다. 형식적으로는 인사팀에서 인사업무를 맡지만 실질적으로는 재무팀에서 결정하게 된 것이다.

삼성의 인사 기준은 3년간 평균 A를 받아야 승진할 수 있도록 돼 있다. 재무팀에서 실적에 따른 평가를 C로 주었는데 인사팀에서 그걸 바꿀 수는 없었다. 만일 그렇게 하면, '인사 부정'으로 처리됐다. 인사팀에서 평가점수를 올리려면 재무팀에 사정을 해야 했다. 그래서 김인주는 인사팀장을 가리켜 '대서방'이라고 했다. 이학수는 구조본 기획팀에 대해 "최근 10년간 기획한 것이 전부 부실이었다. 앞으로는 그림만 그려라"라고 했다. 그래서 재무팀의 시대가 됐다. '재무통'이 그룹의 모든 업무를 장악했다.

내가 삼성그룹 내부 사정을 알게 된 것도 재무팀에서 4년 동안 일했기 때문이다. 법무팀장으로 옮겼을 때, 삼성 수뇌부가 그룹 안팎에서 일어난 사건, 사고에 대해 전부 나와 의논하려 한 것도 그래서였다. 나는 이학수 실장 방을 김인주 사장 다음으로 가장 많이 드나들었다. 내 양심선언 이후, 삼성 측 역시 내가 법무팀에서 보낸 시간보다 재무팀에서 보낸 시간에 대해 더 걱정했을 게다.

'관리의 삼성'이라는 말이 있다. 전통적으로 삼성은 관리부서의 힘이 셌다. 관리부서 중에서도 특히 재무부서가 강했다. 물론, 어느 회사나 돈을 다루는 사람들은 힘이 세다. 하지만, 삼성에서 재무부서가 힘이 센 배경에는 다른 이유가 있었다. 비자금을 만들고, 관리하는 게 재무부서이기 때문이다. 그래서 계열사를 총지휘하는 구조본 재무팀 소속 임원들이 갖는 특권의식도 대단했다. 그룹의 비밀을 쥐고 있다는 생각 때문인지, 배타적인 분위기도 있었다.

구조본 재무팀에서 일하던 시절, 나는 상무에서 전무로 승진했다. 전무 발령을 알리는 패 한가운데에는 20돈짜리 순금이 박혀 있었다. 상무 발령을 알리는 패에는 10돈짜리 순금이 박혀 있다. 이런 패를 받은 임원들은 순금이 박힌 패를 고이 간직한다고 한다. 나는 순금만 따로 떼어내서 팔아버렸다. 막강한 권한을 휘두르는 재무팀에서 일한다는 기분에 조금 으쓱했던 것도 사실이지만, 비자금 범죄와 연루돼 있다는 생각에 늘 마음이 찜찜했다.

계열사 관리담당과 재무팀 운영담당

계열사에서 실제로 비자금을 만들고, 운영하는 사람이 관리담당이다. 비자금은 차명으로 관리되기 때문에 관리담당이 아니면, 내역을 알 수 없다. 계열사마다 관리담당이 한 명씩 배치돼 있는데, 경영기획이나 관리, 경리, 재무 책임자 가운데 한 명이 맡는 게 보통이다. 계열사에 있는 관리담당은 구조본과 직접 통하는 사이다. 이들은 구조본을 대신해서 계열사를 감시하며, 구조본의 입장을 전달하는 역할을 맡는다.

관리담당은 구조본이 정한 엄격한 기준에 따라 회사의 손익을 파악하는 사람이기도 하다. 구조본이 정한 기준은 '관리 기준'이라 불리는데, 일반적으로 손익을 파악하는 기준보다 훨씬 엄격한 기준이다. 일반적인 기준에 비춰보면 이익이지만, 관리 기준으로는 손해인 경우가 종종 있었다. 임원에 대한 평가는 '관리 기준'에 따라 이루어졌다. 그런데 '관리 기준'은 자의적으로 정할 수 있는 여지가 꽤 있었다. 어느 계열사가 갖고 있는 채권에 대해 구조본 재무팀이 "향후 부실 가능성이 높다. 대손 처리 비율을 대폭 높여야 한다"고 하면, 흑자 계열사라도 순식간에 관리 기준상 적자 판정을 받게 된다. 물론, 채권의 향후 부실 가능성은 판정하기 나름이다. 계열사 사장들의 목숨이 구조본에 달려 있다고 하는 것은 그래서다.

같은 회사 부하인 관리담당 역시 계열사 사장이 함부로 대할 수 없는 존재다. 계열사 경영 실적을 평가해 구조본에 보고하는 사람이기 때문이다. 사실상 관리담당이 계열사 사장보다 위에 있는 경우도 많다. 삼성그룹 각 계열사의 관리담당이 누군지는 외부에 잘 드러나 있지 않다. 구조본 재무팀에는 각 계열사의 관리담당을 명시한 표가 있었다. 수사기관의 조사 등으로 위험한 시기가 되면 이 표는 폐기됐다.

구조본 재무팀에는 각 계열사를 담당하는 사람, 즉 운영담당이 있다. 운영담당이 누군지도 외부에는 알려져 있지 않다. 계열사 관리담당과 구조본 재무팀 운영담당은 고가의 상품이 걸린 골프모임을 자주 열었다. 이들은 삼성에서 언젠가 사장이 될 사람들로 여겨졌고, 그래서 자기들끼리 친목을 다지려 했다.

삼성전자의 경우, 최도석이 오랫동안 관리담당을 맡았다. 삼성그룹을 대표하는 계열사의 관리담당이었던 까닭에 그는 막강한 권력을 누렸다. 그에 대해서는 잊기 힘든 기억이 많다. 그 중 하나가 ERP(전사적 자원관리) 소프트웨어인 SAP-R3 도입을 둘러싼 논란이다. 독일에 본사를 둔 소프트웨어 업체인 SAP이 개발한 SAP-R3 프로그램의 권위는 대단하다. 이 프로그램의 사용 여부가 회계 투명성에 대한 보증으로 여겨질 정도다.

삼성전자에서 이 프로그램을 도입하자는 의견이 나오자, 관리담당인 최도석이 강력히 반대했다. 이 프로그램은 물류와 회계가 전부 연결돼 있어서 회사 내부 사정을 투명하게 들여다볼 수 있게 해 준다. 그렇다면, 계열사 경영 실태를 감시해야 하는 관리담당으로서는 환영할 만한 일이다. 그런데 최도석은 왜 반대했을까. 이유는 공개되지 않았다.

결론부터 말하면, 삼성전자는 SAP-R3를 도입했다. 다만 조건이 있었다. 구조본 재무팀에 있는 최광해가 주도해서 SAP-R3를 뜯어고친 뒤에야 도입하기로 한 것이다. 당시 최광해가 SAP-R3를 고치기 위한 TF팀을 꾸렸다. 40여 명의 전문가가 참여한 팀인데, 구성원에 대해서는 알려지지 않았다. 그저 대단한 실력자들이라고만 알려져 있었다. 최광해가 TF팀장에게 자주 밥을 사며 격려했고, 결국 이 팀은 SAP-R3를 고치는 데 성공했다. 2년에 걸친 수정 작업을 끝내고나서, 최광해는 "프로그램의 엔진까지 손대야 했다"고 말했다. 이렇게 수정된 SAP-R3는 다른 계열사에도 전파됐다. 한때 최광해는 구조본 재무팀에서 삼성 전 계열사 운영담당을 총괄하는 자리에 있었으나, 김인주의 견제로 역할이 축소됐다.

실세 중의 실세, 제일모직 경리과 출신

삼성그룹에서 회사의 진짜 속사정은 계열사 관리담당과 구조본 재무팀 운영담당이 아니면 알 수 없었다. 이들은 비자금을 다루는 일을 했다. 반면, 비자금 업무에서 배제된 사장이나 임원들은 이학수와 면담조차 하기 어려웠다. 구조본, 이른바 '실' 임원 역시 마찬가지다. 관리-운영담당만이 이학수와 만날 수 있었다. 내가 이학수와 농담을 주고받는 사이가 될 수 있었던 것도, 내가 재무팀에서 운영담당으로 일했기 때문이다. 그렇지 않았다면, 이학수와 자주 만나기는 어려웠을 게다. 구조본 재무팀의 위상이 처음부터 이렇게 높았던 것은 아니다. 이렇게 된 데는 이유가 있었다.

구조본 재무팀은 IMF 관리체제하에서 철저한 구조조정을 주도하여 그룹 임직원 20만 명 가운데 6만 명을 정리했다. 인건비만으로 1조 원을 절감하여 위기 탈출에 기여했다.

이 점에 대해 이건희가 무척 높이 평가했다. 훗날 이건희는 이학수에게 "IMF 시절에는 다들 눈빛이 긴장돼 있어서 걱정이 없었는데, 이제 긴장이 풀린 듯하여 자칫하면 그룹이 망하는 데 6개월도 안 걸릴 것 같다"고 한탄한 일이 있다.

또 삼성자동차 사업이 실패했을 때, 이건희에 대하여 사회적인 책임론이 거론되지 않도록 비서실이 철저히 막아낸 것으로도 이학수에 대한 신임이 더 두터워졌다. 국민의 정부 시절, 부실화된 기아자동차, 대우전자 등을 삼성이 떠안도록 압박을 받았을 때 이를 버텨낸 데 대해서도 이학수는 높은 평가를 받았다.

이런 일들로 인해 구조본 재무팀은 그룹 내 최고의 위상을 갖게 됐다. 그 결과, 재무팀 임직원은 모두 삼성그룹 내에서 최고의 인사 고과인 A를 받게 됐다. 당연히 최고의 연봉을 받게 됐다. 이는 재무팀장을 맡고 있던 김인주의 '용인술(用人術)'이기도 했다. 김인주 밑에 있기만 해도, 최고의 인사 고과를 받는다는 것을 보여준 셈이다. 이러니 김인주 밑으로 들어가려는 이들이 줄을 설 수밖에.

재무팀 여직원들은 스튜디어스를 지망하던 여성들 중에서 뽑아 왔다. 스튜디어스를 양성하는 학과 졸업자를 급여가 많은 편인 삼성생명이나 삼성증권에서 뽑아서 재무팀으로 보내곤 했다.

삼성의 실세그룹이 구조본이고 구조본의 실세그룹이 재무팀이라면, 재무팀의 실세그룹은 관재파트였다. 삼성의 지배구조에 관한 결정은 주로 관재파트에서 맡았다. 그리고 관재파트의 실세그룹은 제일모직 경리과 출신이다.

이학수와 김인주는 모두 제일모직 경리과에서 잔뼈가 굵었다. 지금은 삼성전자가 삼성그룹의 간판기업이지만, 옛날에는 제일모직이 간판기업이었다. 제일모직의 성공을 발판으로 삼성그룹이 도약할 수 있었다. 그래서인지 제일모직 출신의 자부심이 대단했다. 이런 자부심을 보여주는 일화가 있다. 한때 제일모직이라는 이름을 바꾸려는 시도가 있었다. '모직'이라는 표현이 좀 낡은 느낌을 준다는 게다. 그래서 나온 대안이 '파스캠'이었다. 패션(Fashion)과 화학(Chemistry)에서 각각 앞부분을 따서 만든 표현이다. 하지만, 못 바꿨다. 제일모직이라는 이름에 향수를 갖고 있는 이학수와 김인주의 반대 때문이었다.

이학수가 회장 비서실장이 된 게 1996년이다. 1995년까지는 삼성화재 사장이었고, 그 전에는 비서실 차장이었다. 그는 삼성화재 사장 시절에도 관재 업무를 겸했다고 한다. 회장 비서실 관재파트에서 오랫동안 실무를 담당한 것은 배호원이었는데, 그는 중간에 계열사로 옮겼다. 그는 현재 삼성정밀화학 사장을 맡고 있다.

김인주는 1994년부터 비서실 재무팀 관재담당으로 일했다. 구미에서 제일모직 경리과장으로 있던 김인주를 이학수가 서울로 끌어올렸다. 이학수의 가장 큰 역할은 이재용에게 그룹을 넘겨주는 작업이었는데, 이를 위해 숫자에 뛰어난 김인주가 필요했다. 그래서 이학수가 김인주를 이건희에게 천거했다. 구조본 재무팀 관재담당을 맡은 뒤, 김인주는 7년 연속 매해 승진했다. 결국 그는 40대 나이에 사장이 됐다. 관재담당을 맡지 않았다면, 그는 삼성 계열사의 평범한 임원이 돼 있을 게다.

삼성의 지배구조는 잘 알려져 있듯 '이재용 → 삼성에버랜드 → 삼성생명→삼성전자 → 삼성카드 → 삼성에버랜드'로 연결되는 순환출자구조로 돼 있다. 이건희 일가가 적은 지분으로 계열사 전체를 장악하기 위해 도입한 편법이다.

당초 기획했던 모양은 이와 약간 달랐다. 삼성생명을 통해 그룹을 지배하려던 게 초기 구상이었다. 그러나 금산분리 등 규제로 인해 삼성에버랜드가 지주회사 역할을 하게 됐다.

이런 지배구조를 만드는 과정에서 계열사 지분을 사고파는 작업을 주로 김인주가 맡았다. 물론, 결정은 회장 일가와 협의해서 했다.

　이건희에게 임원들에 대한 스톡옵션 부여 결재서류를 들고 갈 때, 이학수와 김인주에 대한 스톡옵션 부여 부분은 빈 칸으로 돼 있다. 스톡옵션은 특별한 보너스인데, 이건희가 결정하는 것이다. 이건희의 아들을 위해 일하는 이학수와 김인주에게 늘 최고의 보너스가 지급됐음은 물론이다.

"그게 자기 돈인가, 회사 돈이지"

　삼성은 외부 권력기관을 향한 로비도 대단했지만, 내부에서 이루어지는 로비 역시 대단했다. 주로 계열사 사장들이 구조본을 향해 벌이는 로비다. 명절이면, 계열사에서 보낸 한우와 굴비가 집안에 가득했다. 계열사 사장들이 나와 골프를 치기 위해서는 1년 전에 예약을 해야 했다. 골프 약속이 워낙 빽빽하게 잡혀 있기 때문이다. 올해 삼일절에 골프를 치고 나서 '내년 개천절에 봅시다' 하는 식이었다. 그나마 삼성전자, 삼성물산 등 주요 계열사 사장이나 돼야 나와 골프를 칠 수 있었다. 당시 거의 모든 공휴일에 골프를 쳤다. 골프를 거른 공휴일이 아주 드물게 있을 정도였다. 당시 한 해 동안 골프장에 나간 횟수가 150회쯤 됐다.

　언젠가 내가 계열사 사장들과 골프를 치고 집으로 돌아와 보니 주머니에 2000만 원 상당의 상품권이 들어 있었던 적이 있다. 언젠가는 골프장에서 내가 담배를 꺼내니까 계열사 사장이 바로 다가와 불을 붙여줬다. 조폭 두목이 된 느낌이었다. 당시 그 사장은 60대였고, 나는 40대였다. 이런 문화가 영 거북했지만, 구조본 팀장들은 대체로 즐기는 분위기였다.

　법무팀은 계열사에 미치는 영향력이 크지 않다. 그런데 내가 좋은 대접을 받은 것은, 한마디로 '묻어간 것'이었다. 계열사 사장들의 로비가 집중된 곳은 재무팀과 인사팀이었다. 이들이 실권을 갖고 있기 때문이다. 재무팀 실세인 김인주와 함께 골프를 치러 나가면 내 주머니도 두둑해졌다. 김인주에게 돈을 건네면서 내게도 주는 것이다. 김인주는 돈 받는 것을 즐겼다. 돈을 받으면서 "그게 자기 돈인가, 회사 돈이지" 하는 식이었다. 실제로도 그랬다. 자기 월급을 헐어 구조본에 접대를 하는 계열사 임원은 없었다. 그룹 내부 로비에 사용된 돈은 결국 회사 법인에서 나온 경우가 대부분이었다. 거래선 교제비용, 임직원 복리후생 비용 등을 전용해 만든 돈이었다. 이렇게 생긴 돈이 워낙 많아서, 구조본 임원 중에는 월급은 한푼도 쓰지 않고 고스란히 저축하는 경우도 있었다. 돈 대신 상품권을 주기도 했다. 이 경우에도 세심한 고려가 뒤따랐다. 구조본 임원의 집에서 가까운 곳에 있는 백화점 상품권을 주는 식이다. 예컨대 서울 강남에 사는 임원이라면, 압구정동에 본점이 있는 현대백화점 상품권을 줬다. 현대백화점은 삼성 계열사가 아닌데, 삼성 내부 로비에 현대백화점 상품권이 쓰였다는 게 좀 이상하게 비칠지 모르겠다. 그러나 상품권을 받는 구조본 임원이나 그걸 주는 계열사 사장이나 모두 개의치 않았다.

이렇게 얻은 막대한 수입을 나는 어떻게 썼을까. 사치로 몽땅 날렸다. 지금 생각해 보면, 그저 쓴웃음이 나오는 기억이다. 그때 조금만 아끼고 저축했더라면 하는 후회가 들 때도 가끔 있다.

국정원과 삼성의 도청 경쟁

'실'이 방대한 삼성 계열사 조직을 장악하는 배경에는 감사팀이 있다.

감사팀은 삼성의 전 계열사를 대상으로 연중 감사를 하는데 보통 한 회사에 두 달쯤 걸린다. 감사팀에는 금융계열, 전자관계사, 비전자관계사 등으로 구분된 감사지원팀이라는 하부조직이 있고, 다시 각 계열사 내에 감사팀이 있다. 이런 하부조직을 동원하여 동시에 여러 회사에 대해 감사를 진행한다.

삼성 구조본 감사팀의 감사기법은 수사정보기관을 능가한다. 이를테면 감사 대상자가 지방 어느 호텔에서 신용카드로 숙박대금을 결제하면 동시에 그의 위치와 결제내역을 알 수 있다. 그래서 삼성 임직원 중에는 삼성카드를 가능한 한 쓰지 않는 사람이 많다. 실제로 구조본 감사팀은 삼성 임직원의 금융기관 거래내역, 휴대전화 통화내역 등을 임의로 열람했다. 이 과정에서 본인의 동의를 구한 경우도 있지만, 비정상적인 방법도 흔히 썼다. 이런 식으로 감사를 받고, 비위가 드러나지 않는 경우는 거의 없었다.

삼성에서 감시와 도청은 일상 업무였다. 삼성 임직원들이 주고받는 이메일은 모두 감시를 받는다. 공식적으로는 일정 용량 이상의 메일만 확인한다지만, 이를 믿는 직원은 없었다. 삼성에 갓 입사했을 때, 임원 'OJT(On-the-Job Training, 직장 내 교육훈련)'를 받으면서 구미 전산센터를 방문한 적이 있다. 거대한 철문이 설치돼 있고, 철저하게 통제되는 곳이었다. 이곳에 있는 대형 서버에 삼성 임직원들이 주고받는 모든 이메일의 사본이 저장돼 있고, 수시로 검열된다고 들었다. 구조본 근무 당시, 팀원들이 밖으로 보내는 메일은 모두 팀장이 실시간으로 내용을 검열할 수 있도록 돼 있었다. 감사팀이 아니더라도 이메일 검열은 수시로 이루어졌다.

본관 건물에서 임직원이 출퇴근 할 때는 보안검색을 거쳐야 했다. 여성의 핸드백도 예외가 아니었다. 검색대에는 엑스레이 촬영기가 설치돼 있었다. 2003년께 삼성을 상대로 한 고소고발 사건이 많아지면서, 임직원에 대한 감시도 강화됐다.

그뿐 아니다. 삼성 임직원들은 누구나 전화 통화가 도청될 수 있다고 생각한다. 삼성 구조본 법무팀장이 된 2003년 초, 내 방과 회의실 천장이 뜯겨나갔다. 당시 회사에서는 도청 감지 장치를 설치한다고 했다. 프린터 2개 크기의 기계 두 대가 천장에 설치됐는데 나는 당연히 그게 도청장치라고 생각했다. 실내에 설치된 도청 감지 장치가 그렇게 클 것 같지는 않았기 때문이다.

삼성에서 도청에 얽힌 일화는 많다. 삼성이 관계사에 도청기를 설치하고, 그 회사가 그걸 잡아내는지를 검사한 적이 있다. 관계사의 보안 능력을 파악하는 절차다. 이런 일을 하다가 국가정보원으로부터 항의를 받았다. 국정원에서 운용하는 도청기에 자꾸 이상 전파가 잡힌다는 것이다. 국정원과 삼성이 경쟁적으로 도청하는 것이었다.

일상적으로 도청을 하는 조직이기 때문에, 도청을 막는 기술도 발달했다. 구조본에서 근무할 당시, 내 방 유리창에는 난반사 필름이 부착돼 있었다. 멀리 떨어진 곳에서 레이저 광선으로 유리창 진동을 감지하는 도청 기술이 있다. 이걸 막기 위해 부착된 필름이다.

구조본 사무실이 있는 삼성 본관 26, 27층부터 회장 집무실이 있는 28층까지는 바늘 떨어지는 소리도 녹음돼 기록으로 남겨졌다. 천장에는 카메라가 설치돼 있고, 에스원 당직자가 그걸로 늘 감시했다.

사내 불륜에 민감한 감사팀

감사팀은 정기감사 때마다 회사 내부에 불륜이 있는지에 대해 반드시 조사한다. 그리고 사장 및 임원들에 대한 소문과 평가 등도 주요 조사 대상이다. 사원들에게 상사에 대한 평가를 묻거나, 소문 조사를 하면 불공정한 인사고과를 한 사례들이 제보되는 경우가 많다. 또 이런 사건을 살펴보면 회사 차원에서 문제가 될 만한 일들이 숨어 있기 마련이다. 통화내역을 살펴 특정인과 유독 자주 통화를 하는지, 한밤중에 통화를 하는지 등을 살피기도 한다.

예를 들어 제일모직의 부장과 그 부하인 여성 과장은 토요 휴무제가 실시된 후 1년이 지나도록, 집에서는 매주 출근한 것으로 알고 있었다. 사내 불륜 사례였다. 직장 상사와 부하 직원의 불륜은 인사 비리 등으로 이어지는 경우가 많았다. 그래서 감사팀이 면밀하게 조사하곤 했다.

한 고위 임원이 회사 본관 1층 안내 데스크에 있는 여직원을 좋아한 적이 있다. 그가 여직원에게 보낸 메일에는 낯 뜨거운 내용이 잔뜩 담겨 있었다. 그 임원이 보낸 메일 가운데 문제가 있는 부분을 출력하니까, 100장이 넘었다. 노인식이 그걸 들고 와서 내게 보여줬다. 찬찬히 읽어보니, 그 여직원에게 보낸 것만 있는 게 아니었다. 당시 유행하던 아이러브스쿨 홈페이지를 통해 만난 초등학교 동창 유부녀와 주고받은 연애편지도 있었다.

실제로 그 임원은 일을 시키려고 보면, 자리에 없는 경우가 많았다. 안내 데스크에 있는 여직원은 다른 곳으로 발령 냈다. 그리고 그 임원은 계속 진급에서 누락시켰다. 그는 자신이 왜 진급을 못하는지를 모르는 듯했다. 결국 그는 회사를 떠났다.

불륜 등으로 문제가 된 경우가 있으면, 회사 측은 당사자들에게서 조용히 사표를 받아냈다. 만일 이 과정에서 시끄러워질 수 있다고 보면, 연봉과 승진연한을 조정했다. 본인이 스스로 포기하고 나가도록 하기 위해서다. 앞서의 고위 임원처럼 계속 진급을 누락시키는 경우도 있었다. 그 임원은 끝내 자신이 진급하지 못하는 이유를 모르는 듯했지만, 이런 상태로 오래 지내면 대개는 이유를 알아차렸다.

금전 관련 비위도 면밀하게 감시했다. 건설 계열사 사장의 부인 계좌에 설명하지 못하는 거액의 돈이 입금된 사례가 있었다. 확인한 결과 협력업체(하청업체)로부터 받은 돈이었다. 그는 비위를 시인하면서도 명예로운 퇴진을 요구하여 연말에 조용히 퇴사하였다. 그는 다른 회사에서 삼성으로 옮겨온 사람인데, 예전에 근무하던 회사에서는 별 문제가 되지 않았던 관행이라고 했다.

이런 경우에는 경영고문, 상담역 등 삼성이 임직원 퇴직 후 보장해 주는 프로그램이 적용되지 않는다.

감사팀이 계열사 사장에게 가족 통장까지 일체 제출하도록 하면 따를 수밖에 없다. 감사팀 과장의 명령이라도 회장의 명령으로 간주된다. 나아가 협력업체(하청업체) 사장을 불러서 협력회사 경영자 및 가족들의 통장까지 보자고 하는데, 만일 응하지 않을 경우 협력업체는 즉시 거래 중단으로 파산을 각오해야 한다. 이처럼 강요된 동의를 받아내 결국 거래내역을 확인한다. 그런데 계열사 사장에게 금품을 수수한 기록이 나올 경우, 결국 그 협력업체는 거래가 중단된다.

임원과 직원에 대한 이중잣대

실적에 따른 보상을 인사 원칙으로 삼다 보니 진급 시기를 놓친 해외 법인장들이 환투기로 수익을 올리려는 무모한 시도를 하다가 손실을 본 사례도 있었다. 또, 구조본 승인 없이 자사주에 투자하여 대형손실을 야기하여 징계해직된 고위 임원들도 있었다.

구조본 감사팀의 감사결과 보고서는 구조조정본부장도 고칠 수 없는 것으로 돼 있다. 곧바로 회장에게 보고되는 것으로 돼 있다. 하지만, 사실상 본부장이 구조본 임직원들에 대한 인사권 등 전권을 쥐고 있으므로 감사팀 역시 눈치를 안 볼 수가 없다. 그래서 감사 결과는 구조조정본부장과 조율을 거쳐 회장에게 보고된다.

구조본 감사팀에서 어떤 임원을 내보내야겠다고 마음먹으면 얼마든지 내보낼 수 있다. 감사팀은 지난 5년 동안 그 임원과 함께 일한 상사, 동료, 부하에게 팩스를 보내서 그 임원에 대해 알고 있는 모든 비위를 써내라고 지시한다.

그 팩스를 받은 사람들은 회사에서 이미 그 임원을 내보내기로 결정했다는 것을 알게 된다. 결국 팩스를 받은 사람들은 그 임원이 자주 가는 카페나 술집, 친하게 지내는 여종업원 등 알고 있는 모든 사실을 써낸다. 이 결과를 받아보면 문제되는 일이 발각되기 마련이다. 팩스를 보낸 지 30분 내로 비위 사실이 수집되어 상황이 끝난다.

제거 대상이 되는 사람은 지연이나 학연을 내세워 조직을 만드는 등 세력을 형성하는 사람, 회장의 권위에 도전할 가능성이 엿보이는 사람, 회사 돈을 횡령하거나 하청업체로부터 금품을 수수하는 등 비위를 저지르는 사람, 무능력한 사람 등이다.

공무원의 징계시효는 3년이다. 하지만, 회사에는 과오에 대한 징계시효가 아예 없다. 연봉제를 실시한 결과, 삼성계열사 모 부장이 신입사원보다 급여를 적게 받게 됐다. 그는 회사의 정리 대상 명단에 들어 있지만 20여 년 동안 근무 태만이 없어 해고사유를 찾을 수 없었다. 대대적인 감사 결과, 7년 전 취소된 3만 원짜리 신용카드 전표를 경비로 처리한 사실을 밝혀내고 징계해직하였다. 나는 너무 가혹한 일이 아닌가 하고 의견을 내었지만 회사에서 이미 정리 대상으로 오래 전부터 지목해 온 터라 어찌할 수 없었다.

이처럼 삼성은 직원에게 무한한 도덕성을 강요한다. 하지만 위로 올라가면, 다른 기준이 적용된다. 3만 원짜리 신용카드 전표가 문제가 돼 해직된 직원의 눈에, 10조 원대 회사 돈을 빼돌린 이건희 일가가 어떻게 비칠지 궁금하다.

국가정보원을 능가하는 감사기법을 동원하는 삼성에서도, 감사에서 자유로운 부문이 있다. 반도체, 휴대전화 등 사실상 삼성을 먹여 살리는 사업 부문에 대해서는 감사를 면제하곤 했다.

반도체 부문에 대해서는 10년 동안 감사를 하지 않았었다. 그 결과, 반도체 공장장이었던 전무가 대형 사고를 쳤다. 그는 협력업체에서 십 수억 원을 받아 챙겼다. 또, 부장급 사원의 부인과 카사블랑카 등에서 밀회를 즐기기도 했다. 구조본 감사팀에서 그에 대한 조사를 진행했는데, 난관에 부딪혔다. 감사팀에서는 나더러 조사해 달라고 했지만 나는 거절하였다. 회사까지 와서 신문하기는 싫었다.

그 무렵 어느 후배 검사에게서 청탁 전화가 왔다. 감사팀의 조사 대상인 전무를 좀 봐달라는 이야기였다. 해당 전무가 평소 그 후배와 자주 골프를 치며 어울렸던 결과였다. 나는 그 후배에게 "회사 일에 관여하지 말라"고 했다. 그랬더니 그 후배가 "옛날에나 당신이 선배였지. 현직 검사인 내게 손 떼라니"라며 발끈했다.

회사 인사와 관련해 검사들이 청탁을 하는 경우가 간혹 있었다. 삼성전기 구매부장이 납품비리를 저지른 일이 있었다. 알고 보니, 그는 나와 잘 아는 선배 검사의 처남이었다. 어느 날, 그 선배 검사에게서 연락이 왔다. 그는 처남을 삼성 일본 본사 구매부서로 보내달라고 했다. 황당했다. 삼성에서 일본 본사 구매부서는 매우 중요한 자리다. 워낙 거래량이 크기 때문이다. 이런 자리에 비리를 저지른 자를 앉힌다는 것은 상상도 할 수 없었다. 그래서 결국 거절했다.

그들만의 세상 167

06 "몇 천만 원
   주는 걸 뭘 그리 겁내나"

"압수수색 들어오면, 찌르고 도망가죠"

내가 입사한 직후인 1997년 말, IMF 외환위기가 터졌다. 이어 김대중 정부가 들어섰다. '50년 만의 정권교체'였다. 말 그대로 격동기였고, 삼성을 비롯한 재벌 수뇌부는 긴장하는 기색이 역력했다.

당시 재벌들은 대부분 재벌 소유주가 연대보증을 하고 있었다. 경제위기가 확산되자, 비서실 재무팀 이사였던 김인주가 가장 먼저 한 일이 이건희의 연대보증을 해소한 일이었다. 당시 이건희가 보증한 금액이 4조 원쯤 됐다. 위험이 현실화되겠다 싶으니까, 우선 이건희부터 보호한 것이다. 김인주, 그리고 '실'이 삼성에서 맡았던 역할을 잘 보여주는 사례다.

김인주는 관재부서를 맡고 있었으므로, 삼성 안팎의 모든 입출금 내역을 파악할 수 있는 위치에 있었다. 회사 금고를 열 때마다 그의 결재를 받아야 했다는 뜻이다. 그래서인지 그는 "가진 게 돈밖에 없다"거나 "돈을 밟고 다닌다"는 말을 종종 했다. 회사 돈을 지출할 때, 그가 적용한 원칙은 "회장과 회장 부인을 위해서는 '무제한' 집행한다"는 것이었다. 임원들이 각종 로비에 사용하는 돈 역시 대부분 관재부서에서 받아야 했다. 이런 돈을 공식적인 접대비로 처리하기에는 규모가 크다. 불법 로비 자금, 즉 뇌물을 주고받으면서 영수증을 남길 일도 없다. 받는 사람을 위해서도 출처를 캐기 어려운 돈을 쓰는 게 좋다. 결국 '비자금'을 이용해야 한다는 이야기다. 따라서 김인주는 시시콜콜한 로비 내역까지 다 파악할 수 있었다.

김인주가 직접 로비를 하는 경우도 있었다. 일상적으로 법을 어겨야 하는 업무 성격상, 그는 평소 검사들과 인맥을 만들어두고 싶어 했다. 검찰이 비자금 조성 및 탈세 등 경제범죄 수사를 어떻게 하는지를 알아야 했기 때문이기도 했다.

김인주와 마찬가지로 비자금 업무를 맡았던 박재중 역시 마찬가지였다. 그 역시 검찰의 경제범죄 수사 방식을 늘 궁금해 했다. 언젠가 박재중이 내게 검찰의 자금 추적을 피하는 법에 대해 물었다.

사실, 불필요한 질문이었다. 굳이 가르쳐주지 않아도 그들이 이미 잘하고 있는 짓이었기 때문이다. 당시 나는 "차명으로 관리하는 것 말고 달리 무슨 방법이 있겠느냐"고 대답했다. 이런 이야기를 하며 내가 "검찰이 삼성 본관을 압수수색할 가능성도 염두에 둬야 한다"고 했다.

그랬더니 그가 피식 웃었다. "삼성 본관에 압수수색이 들어올 가능성은 전혀 없다"고 했다. 그러면서 하는 말. "만약 들어오면, (칼로) 찌르고 도망가죠. 뭐." 순간, 말문이 막혔다. 그들은 범죄에 대한 개념이 없는 자들이었다. 김인주도 마찬가지였다. 문제가 생기면, 증거를 인멸할 궁리부터 했다. 조금이라도 관련이 있는 자료는 모두 태워 없앴다. 날마다 종이 태우는 게 일이었던 적도 있다. 삼성증권에서는 영업 관련 중요 자료까지 폐기해서, 업무에 심한 차질이 빚어지기도 했다.

박재중은 2005년 7월 위암으로 사망했다. 삼성 임직원들은 비자금 문제로 조사를 받을 때마다 모두 박재중에게 책임을 돌렸다. 2005년 안기부 X파일 사건 때도, 2007년 삼성특검에서도 조사를 받은 삼성 임원들은 자신들이 명의를 빌려준 계좌를 박재중이 관리했다고 말할 뿐이었다. 어차피 죽은 사람이니까, 다른 말을 할 수 없다는 점을 이용해 미리 말을 맞춰둔 것이다.

삼성 임원들의 이런 행태는 박재중이 죽기 전 투병생활을 할 때부터 시작됐다. 2003년 대선자금 수사, 에버랜드 CB 헐값 발행 수사 당시에도, 검찰 조사를 받은 삼성 임원들은 비자금에 관한 모든 업무를 박재중이 처리했으며 자신들은 아는 바가 없다고 진술했다. 하지만, 검찰은 박재중을 수사할 수 없었다. 당시 박재중은 병원에서 투병생활을 하고 있었는데, 병원을 방문해 조사하려던 검사를 삼성 측이 매번 막아 세웠다. 박재중은 절대 안정을 취해야 하는 환자이므로, 주치의 소견서가 없으면 만날 수 없다는 게다. 결국 박재중은 조사를 받지 않은 채 죽었다. 이건희 일가의 비리에 대한 책임을 무덤까지 짊어지고 간 것이다.

"대법관은 '삼성 굴비' 안 받을 줄 알았는데…"

내가 법무실에 발령나고 얼마 지나지 않아, 법무실이 회장 비서실 산하 법무팀으로 개편됐다. 그런데 1998년에는 법무팀에 일거리가 없었다. 하루하루가 무료하기만 했다. 사육당하는 느낌을 받은 것은 이때부터였다. 회사는 언젠가 한 번 잡아먹기 위해 내게 밥을 주고 있는 듯했다. 나더러 돈을 마음대로 쓰라고 하면서, 돈을 안 쓰면 일을 안 한 것이라고 했다. 검사들에게 돈을 뿌리고, 술과 여자를 접대하고 원하는 대로 해 주면서 마구 쓰라는 얘기였다. 한마디로 나보고 망가지라는 얘기였다. 그런데 웃기는 것은, 그러면서도 회사 측은 나더러 몸 상하지 않도록 조심하라는 당부를 꼭 곁들였다. 술과 여자에 찌든 생활이 몸을 상하게 한다는 것은 그들도 잘 알고 있었던 것이다. 나는 법인카드를 가지고 친구들에게 밥 사고 골프 치고 휴가 때 숙박비를 대주는 등 인심을 쓰고 다녔다. 골프도 한 팀이 아니라 한꺼번에 여러 팀을 초대하여 내가 일체의 경비를 법인카드로 결제하곤 했다.

에버랜드 무료이용권이나 의류상품권을 현직 검사들에게 주기도 했다. 삼성에는 로비를 위해 특별히 제작된 상품권이 있다. '의류시착권'이라고 부르는데, 액면금이 겉에 표시돼 있지 않다. '의류시착권'의 액면금은 암호화돼 있으며, 20만 원, 30만 원, 50만 원, 80만 원, 100만 원, 150만 원 등 여러 종류가 있었다.

대법관에게 150만 원짜리 굴비 선물세트를 보낸 일도 있다. 당시 이학수는 내가 직접 전달하라고 했다. 그게 예의라는 게다. 그러나 나는 운전기사를 대신 보냈다. 속으로는 '대법관이 설마 삼성이 보낸 굴비를 받겠느냐'라고 생각했었다. 나중에 기사에게 들으니, 굴비 잘 먹겠다고 감사 인사를 하면서 받았다고 한다. 물론, 굴비를 받은 대법관은 그게 대가성 있는 뇌물이라고 생각하지 않았을 가능성이 크다. 대법관에게 고작 150만 원짜리 뇌물을 보낼 리는 없으니 말이다. 그저 사교 활동의 일부라고 여기고 넘겼을 게다. 하지만, 이처럼 무딘 태도가 큰 비리로 이어진다. 작은 향응과 선물에 길들여지면, 결국 뇌물도 받게 돼 있다.

당시 내 주요 업무 가운데 하나가 골프 접대였다. 이런 이야기를 하면, 어떤 이들은 부러워한다. 실컷 놀면서 월급까지 두둑이 받으니 얼마나 좋으냐는 것이다. 그런데 그렇지가 않았다. 나는 골프를 잘 못 칠 뿐더러 싫어했다. 선천적인 심장 이상 때문에 나는 어린 시절에도 공놀이를 해 본 기억이 없다. 그래서 공으로 하는 운동에 전혀 흥미가 없었다. 골프 역시 예외가 아니었다. 그런데 삼성에서는 내부 교제도 주로 골프로 이루어졌고, 외부 인사와의 교제도 골프가 중심이었다. 공놀이가 질색인 내게는 고역이었다.

게다가 나는 접대에 도무지 소질이 없었다. 원래 내성적인 성격인데다가, 억지로 비위를 맞추는 일은 영 젬병이었다. "우리가 남이냐"라면서 끈적끈적하게 뭉치는 분위기, 잘 모르는 사람과 억지로 친한 척하는 일도 내 성격과는 거리가 멀었다. 마음에 없는 말로 남에게 아부하는 일은 상상으로도 하기 싫었다. 회사가 내게 기대한 로비 역할에는 완전히 실격이다. 그나마 도움이 된 게 아내였다. 내가 검찰에서만 지내는 동안, 아내는 아이들을 키우고 생계를 꾸리기 위해 온갖 일을 했었다. 그래서인지, 아내가 나보다 사회성이 좋았다. 부부 동반 모임이 잦았는데, 그때마다 아내가 딱딱한 분위기를 부드럽게 했다. 내가 못한 역할을 아내가 대신해 준 셈이다. 아내는 지방을 전전하던 검사 시절에 나를 뒷바라지하느라 고생하더니, 삼성 시절에는 사회성이 부족한 나를 대신하느라 고생했다. 그 과정에서 아내가 치러야 했던 희생은 컸다. 나와 아내가 늘 바빴던 탓에 아이들은 부모와 보낸 시간이 짧았다. 아이들 역시 큰 희생을 치른 셈이다.

삼성 임원들이 고위층에게 골프 접대를 할 때면, 삼성에버랜드가 운영하는 안양 베네스트 골프장을 주로 이용했다. 시설 면에서 으뜸으로 꼽히는 이곳에서는 잔디가 상할까봐 전동카트를 쓰지 않았다. 그래서 캐디들이 고생스러워 했다.

안양 베네스트 골프장의 내방객 명단은 특이했다. 여느 골프장은 함께 골프를 치는 팀 단위로 내방객 명단을 기록한다. 그런데 안양 베네스트 골프장은 누가 누구와 골프를 치는지 알 수 없도록 명단이 작성됐다. 그리고 삼성 측은 이 명단을 매일 폐기한다고 했다. 2007년 국회에서 임채진 검찰총장에 대한 인사청문회가 열렸을 때, 노회찬 당시 민주노동당 의원은 임 총장이 부산고 1년 후배인 장충기 삼성 전략기획실 부사장(현 삼성 브랜드관리위원장, 사장급) 등 삼성 고위 임원들과 안양 베네스트 골프장에서 자주 골프를 쳤다는 제보 내용을 소개했다. 당시 임 총장이 이런 의혹을 자신만만하게 부인할 수 있었던 이유 역시 내방객이 누군지 알 수 없도록 돼 있는 이 골프장의 특징 때문이다.

현직 판·검사들과 삼성 임원들은 안양 베네스트 골프장에서 수시로 어울렸다. 사제단이 삼성 돈을 받은 검사들을 공개한 뒤, 정상명 전 검찰총장이 대검찰청 검사들과 청계산 산행을 한 적이 있다고 한다. 삼성 돈을 받은 검사 명단에 포함돼 있던 이귀남(현 법무부 장관)도 당시 산행에 동행했다고 한다. 이귀남이 풀이 죽은 표정을 짓고 있자, 정상명은 "여기 있는 사람 중에 삼성에서 자유로운 사람이 누가 있겠느냐"며 이귀남을 위로 했다고 한다. 현직 검사장에게 들은 이야기다. 특검에서 조사받을 당시, 수사검사도 이런 내용을 내게 확인해 줬다. "위로하려고 한 말일 뿐"이라는 설명이 뒤따랐지만, 사실도 이와 크게 다르지 않다.

안양 베네스트 골프장에서 함께 골프를 친 판사 중에 서기석이 기억에 남는다. 2002년께 몇몇 검사들과 서기석 판사가 나와 함께 골프를 쳤다. 훗날 서기석은 내 양심고백을 계기로 열린 삼성 비리 사건 2심 재판을 맡아서, 삼성에 면죄부를 줬다. 서기석과 자주 어울렸던 황백은 사장이 됐다. 그때는 이런 미래를 상상도 못했다. 지금 돌아보면, 쓴웃음이 나오는 기억이다.

"몇 천만 원 주는 걸 뭘 그리 겁내냐"

삼성 법무실 시절, 김인주가 내게 이런 말을 자주 했다. "몇 천만 원 주는 걸 무얼 그리 겁내느냐"라고. "이삼천만 원 때문에 벌벌 떨지 말라"고도 했다.

실제로 그들은 공직자에게 뇌물을 뿌리는 일에 대해 죄책감이 없었다. 오히려 자랑스러워했다. 이건희, 이학수 등 조직 수뇌부가 자신을 신임하는 증거라는 것이다. 현실적인 이유도 있었다. 이런 비밀스런 업무를 담당했던 자들은 능력이 없어도 계속 중용됐다. 잘못을 저질러도 어지간해서는 잘리지 않았다. 비리 공범을 함부로 자를 수는 없는 노릇이니까. 2009년 1월 발표된 삼성 고위직 인사에서도 확인된 사실이다. 이런 사실이 알려질수록, 삼성 임직원들은 실적을 쌓기보다 로비에 열을 올리게 된다. 이에 따라 제품을 개발하고 매출을 올리는 실적은 없으면서 로비에만 능한 임원들이 지나치게 늘어나면, 결국 삼성으로서도 손해다. 물론, 사회 전체로 보면 더 큰 손해다.

삼성이 관리한 대상은 다양했다. 법조계는 일부일 뿐이다. 정치인과 정부 관료는 물론, 언론계와 학계까지 폭넓게 관리했다.

국세청 고위직 출신 어느 분에게 삼성이 검사들에게 뿌리는 돈이 생각보다 적어서 깜짝 놀랐다는 말을 들은 적이 있다. 그는 "국세청 직원에게 가는 돈은 '0'이 하나 더 붙는다"라고 했다. 2007년 양심고백 당시 이른바 '떡값 검사' 명단 전체를 공개하지 않았던 것도 이런 사정과 맞물려 있다.

국세청 등 경제부처에 대한 불법 로비 규모가 검찰에 대한 것보다 압도적으로 컸다. 하지만, 나는 국세청 등에 대한 로비 내역은 자세히 모른다. 이런 상황에서 '떡값 검사' 명단만 공개하면, 검찰만 비난 받고 다른 국가기관은 단지 명단에서 빠졌다는 이유만으로 면죄부를 받을 수 있다고 봤다. 이런 상황을 원치 않았다.

로비 업무는 권력기관이나 언론을 상대하는 임원들만 하는 게 아니었다. 김인주, 최광해 등 재무팀 임원들도 로비 업무를 했다. 서울대 경제학과를 나온 최광해는 경제부처에 자기 친구 및 선후배들이 많다는 점을 늘 자랑스러워했다. 그래서 경제부처 관료에 대한 로비를 자원했다. 대신, 그는 검찰 쪽에는 인맥이 별로 없었다. 그 때문에 나더러 검사들을 소개해 달라는 부탁을 자주 했다. 그는 로비 요령도 뛰어났다. 골프 시합을 하면서 일부러 돈을 잃어주는 것도 한 방법이었다. 뇌물을 줄 때, 상대가 예상하고 있는 금액보다 조금 더 얹어줘서 상대를 놀라게 하는 방법을 쓰기도 했다. "상대가 살짝 부담스러워 할 만큼"을 봉투에 넣는 게 요령이었다.

그러나 정부기관에 있는 동문들에게 돈을 뿌리는 일이 늘 즐거웠을 리는 없다. 이런 일에 이골이 난 최광해 역시 "직장이라는 게 인간성 망친다"는 말을 가끔 했다. 꼭 필요한 사람만 만나는 식으로 인간관계가 짜인다는 뜻이다. 친한 사람과 멀어지는 경우도 많고, 속으로는 싫은 사람과 억지로 친한 척해야 하는 경우도 많다는 것. 그는 내 앞에서 "목구멍이 포도청이라 어쩔 수 없다"는 말을 하기도 했다. 사실 웃기는 소리다. 최광해 정도의 위치에 있는 사람이 "목구멍이 포도청이라 어쩔 수 없다"면, 정말 먹고살기 힘든 사람은 어쩌란 말인가.

반면, 김인주는 재무에는 밝지만, 숫기 있는 성격은 아니었다. 로비에 어울리는 성격이 아니라는 뜻이다. 하지만 검찰 조사가 시작되니 검사들과 사귀는 일에 매달릴 수밖에 없었다. 그가 나더러 검사들과 골프 모임을 주선하라고 한 적이 있다. 그래서 골프를 무척이나 좋아하던 후배 검사와 약속을 잡았다. 그 후배는 김영삼 대통령 시절, "모든 검사는 골프를 치지 말라"는 공문이 내려왔을 때도 골프를 쳤다. 당시 실내 골프까지 금지됐었지만 아랑곳하지 않았다.

그런데 골프장 이층으로 올라가는 계단에서 김인주가 주머니에서 두툼한 봉투를 꺼내더니, 그 후배 검사에게 건네는 것을 봤다. 그 후배는 아무 말 없이 받아서 자기 주머니에 넣었다. 나는 그 후배가 그렇게 쉽게 돈을 받을 줄은 미처 몰랐다. 김인주에게 다가가 얼마를 줬냐고 물었더니, "삼백쯤"이라고 대답했다. 훗날 그 후배 검사는 검찰 고위직에 올랐고 언론의 주목을 받았다.

삼성이 검찰, 언론 등에 일상적으로 뿌리는 돈의 규모는 다양했다. 어떤 이들은 검사에게 고작 몇 백만 원만 찔러주느냐며 놀랐다. 하긴, 나도 놀랐다. 고작 몇 백만 원 때문에 양심을 파는 검사들을 보면서 말이다. 기자들에게 뿌리는 돈의 규모는 검사들보다 더 적었다. 이처럼 일상적이고 광범위하게 로비한 내역에 대해 가장 정확히 알고 있는 사람이 김인주다. 로비 자금을 재무팀 관재부서에서 받아오려면, 김인주의 결재를 받아야 하기 때문이다. 삼성은 김인주를 끝까지 보호할 수밖에 없다.

부끄러운 짓도 몇 번 하다보면

삼성에서 고위직으로 올라갈수록 다루는 뇌물 규모도 커졌다. 그리고 상대하는 권력자의 지위도 높아졌다. 장관이나 주요 정치인은 사장급이나 돼야 상대할 수 있었다. 그래서 높은 권력자에게 돈을 뿌리는 일은 구조본 임원들 사이에서 선망과 질시의 대상이었다. 분위기가 이렇다보니, 고위 권력층과의 친분을 과장하는 자들도 많았다. 자신에게도 권력자에게 돈을 주는 일을 맡겨달라는 것이다. 경영이나 기술에 대한 식견이 아니라 권력자와의 인연을 과시하는 분위기가 나는 한심스러웠지만, 어쩔 수 없었다. 나도 그들 가운데 있었으니까.

공직자에게 돈을 한번 주면, 계속 줘야 한다. 공직자가 아무리 작은 돈이라도 받기 시작하면, 그는 늪에 빠진 것이다. 돈을 주다가 안 주면, 받는 쪽에서 불쾌해 한다. 처음부터 안 준 것만 못한 결과가 된다. 많이 주다가 적게 줘도 마찬가지다.

삼성에서 일하면서 몸으로 깨달은 사실이 있다. 부끄러운 짓도 몇 번 하다보면 아무렇지 않아진다는 것. 부정한 돈을 받는 쪽이나 주는 쪽이나 마찬가지다. 재벌이 돈을 주는 게 자신이 권력을 누리고 있는 증거라고 여기는 자들이 있다. 그들은 돈을 받으면서, 자신의 권력을 확인한다. 자신이 받을 만한 위치에 있으니까 준다고 생각하는 것이다. 이런 자들도 처음 돈을 받을 때는 망설였을 게다. 부끄러운 마음도 들었을 게다. 하지만, 두 번째 돈을 받을 때부터는 이런 마음이 들지 않는다. 주는 쪽 역시 권력을 돈으로 샀다는 느낌에 뿌듯해 한다. 처음 돈을 건넬 때 느꼈던 가슴 떨림은 금세 잊혀진다.

공직자들이 삼성 수뇌부로부터 거리낌 없이 돈을 받았던 배경에는 "삼성 돈은 안전하다"라는 인식이 있었다. 받아도 탈이 없다는 게다. '관리의 삼성'이라는 말에서 엿보이는 치밀한 이미지가 뇌물을 받는 자들을 안심시켰다.

다른 이유도 있다. 설령 뇌물을 받고 부정을 저지르다 공직에서 쫓겨나도, 삼성에서 일자리를 만들어준다는 것이다.

뇌물을 받아서 징계를 받은 적이 있는 전직 공정거래위원회 고위 간부를 삼성전자 감사로 뽑은 적이 있다. 당시 나는 이해를 못했다. 그래서 나는 상장회사 감사 자리에 왜 부정한 사람을 쓰느냐고 물었다. 감사야말로 청렴한 사람이 맡아야 하는 것 아닌가, 찾아보면 깨끗한 사람도 많을 텐데 왜 굳이 독직(瀆職)한 사람을 쓰나' 하는 소박한 생각이었다. 내게 돌아온 대답은 "법률적인 하자가 있는지에 대해서만 검토하라"는 것이었다. 뇌물 받다 잘린 공직자에 대한 보상 성격이라는 사실을 나는 몰랐던 것이다.

삼성에서 이런 경우가 많았다. 국세청에서 뇌물 받다 잘린 사람들을 일부러 세무대리인으로 쓰곤 했다. 국세청 측이 이런 사람들을 세무대리인으로 쓰도록 요구하기도 했다. 이러니까 공직자가 뇌물을 받으면서도 불안해 할 이유가 없었다.

정권교체 1년 만에 호남인맥 장악한 삼성

내가 삼성 법무실에 배치 받은 직후, 김대중 정부가 출범했다. 삼성이 그동안 관리해 온 공직자는 주로 TK(대구, 경북 출신) 계열이었다. 정권교체로 호남 인맥이 부상하자, 삼성 수뇌부는 당황스러워했다.

그래서 광주일고 출신인 내게 거는 기대가 컸다. 내 고교 동문들을 그들에게 소개하도록 종용했다. 한번만 소개해 주면, 나머지는 구조본 임원들이 알아서 했다. 첫 번째 만나는 자리에는 내가 끼어 있지만, 다음 만남부터는 내가 있을 필요가 없었다. 저절로 모임이 이어졌다.

당시 이학수는 아침 모임만 하루 두 번씩 가졌다. 이렇게 일 년이 지나니, 호남 출신 주요 인사들이 대부분 삼성과 인연을 맺게 됐다. 정권이 바뀌어도, 재벌이 주요 인맥을 장악하는 데는 일 년이면 충분했다.

삼성에버랜드가 운영하는 안양 베네스트 골프장에서 낯선 전라도 사투리가 들리기 시작한 것도 그 무렵이었다. '안양 골프장에서 전라도 사투리 들을 일이 없었는데, 세상이 바뀌긴 바뀌었구나' 싶었다. 권노갑 등 당시 정권 실세들이 골프장을 자주 찾았다. 나와 안면이 있는 사람들도 꽤 있었다. 그들은 나와 골프장에서 마주치면, "나를 여기서 봤다는 말을 하지 말라"고 했다. 머지않아 이렇게 말했던 이들 상당수가 감옥에 갔다.

그 무렵 법무팀에 출근해서 가장 먼저 하는 일이 안양 베네스트 골프장 예약하는 것이었다. 검찰에 있는 지인들이 시도 때도 없이 전화해서 안양 골프장 부킹을 부탁했다. 심지어 얼굴도 모르는 후배 검사가 이런 부탁을 하기도 했다. 당시 특수부 말단 검사였던 자가 걸핏하면 골프장 부킹을 부탁해서 결국 거절한 적도 있다. 검찰 후배들과 술자리도 잦았다. 후배들이므로 나는 당연히 후배로 대했는데, 어떤 검사들은 나의 이런 태도를 몹시 불쾌하게 여겼다. "옛날에나 당신이 선배였지. 현직 검사에게 감히" 하는 반응이다.

삼성의료원 병실 예약을 부탁하는 경우도 있었다. 이런 부탁은 대부분 들어줬다. 그러나 철저하게 공익 목적으로 운영돼야 할 병원을 로비 목적에 이용한 것은 잘못이다. 돌아보면 부끄러운 일이다.

삼성에서 겪은 로비 문화를 떠올리면, 망국적인 입시경쟁이 사라지지 않는 이유를 알 수 있다. 졸업생이 권력기관으로 많이 진출하는 학교에 자식을 입학시키려는 욕망이 이유다. 그래서 자기 자식이 권력자들과 학연(學緣)으로 묶이기를 기대한 것이다. 그리고 이런 인맥으로 자식들이 불공정한 혜택을 누리길 원하는 게다. 이런 욕망이 있는 한, 입시경쟁이 사라질 리 없다. 그런데 입시경쟁은 거품을 물고 성토하면서, 불법 로비에는 관대한 이들을 종종 본다. 도무지 이해할 수 없는 노릇이다.

07 1999년
삼성 부도 위기

'알판장이 꿈의 직장'

법무팀에서 일하는 내내 나는 늘 우울했다. 나의 이런 태도가 회사 입장에서는 못마땅했겠지만, 억울한 것은 나였다. 법조계를 떠나게 해 주겠다는 약속을 깬 것은 삼성이었으니까. 이학수와 김인주 역시 회사가 약속을 어기고 나를 법무실로 보낸 것에 대해 내가 불만을 갖고 있다는 것을 잘 알고 있었다. 또 내가 당시 회사 생활에 의욕을 잃었다는 것 역시 잘 알고 있었다.

그래서 그들은 내게 비서실 재무팀에서 근무할 것을 제의했다. 그때가 1998년 말이었다. 나는 1999년 초부터 4년 동안 재무팀에서 근무하게 됐다. 이건 대단한 영전이었다. 삼성에서는 구조본 재무팀원을 가리켜 '알판장이 꿈의 직장'이라고 했다. 알판장이, 그러니까 주판으로 돈을 세는 사람이 하기에 가장 규모가 큰 일이라는 이야기였다. 매출이 항상 국가예산

규모였다. 내가 재무팀에 가보니 "그룹 시재(현금예금) 6.8, 천억 미만 버림"이라고 돼 있었는데 단위가 조라고 했다. 6조 8000억 원 이상이 현금으로 예금돼 있다는 뜻이다.

종합운동장에 사람이 꽉 차면 5만 명쯤 된다고 한다. 이들에게 1억 원씩 나눠주면 5조 원이 나간다. 삼성이 당시 공식적으로 보유하고 있는 현금이면, 종합운동장을 가득 메운 사람들에게 1억 원씩 나눠주고도 돈이 남는다는 이야기다. 물론, 여기에는 비자금은 포함돼 있지 않다. 회계에 반영돼 있지 않게끔 조성된 비자금을 관리하는 것은 관재파트의 몫이었다.

내가 재무팀으로 간 뒤 재무팀에서 환영식을 했다. 강남의 호화로운 룸살롱에서 전원이 내게 충성맹세를 했다. 재무팀 임원들이 갔는데 십여 명이었다. 당시 삼성에서 임원과 직원은 같이 술을 먹지 않았다. 나중에 'e삼성'에서 주요 역할을 맡았던 신응환 이사가 나에게 "형님 잘 모시겠습니다"라며 충성맹세를 했다. 당시 내가 신응환보다 직급이 더 높았던 게 아니다. 그런데 신응환이 보기에는 내가 이학수, 김인주 등이 신임하는 사람으로 보였나 보다. 그래서 나를 떠받든 것이다. 내가 잘 나가니까 이학수와 내가 친척인지에 대해 관심을 갖는 사람이 많았다.

부도 위기 맞은 삼성

재무팀에서 맡은 일은 기계 관계사, 즉 삼성중공업과 삼성항공의 운영담당이었다. 기계 관계사로 삼성상용차가 더 있었지만 당시 파산절차 중이었다. 운영담당이 하는 주요 업무는 회사의 인사, 재무 관리 등 경영 전반에 관한 상시적인 실태를 파악하여 회장에게 보고하는 것이었다. 보고

뿐만이 아니라 담당한 회사를 통제하는 것도 업무였다.

　예를 들면 나는 삼성중공업의 경영지원실장, 건설부문장 등을 징계 해직시킨 적이 있다. 이들은 전무와 부사장급 임원들이다. 이들의 해직을 사장이 내켜하지 않았지만, 해직시켰다. 비서실 재무팀 운영담당은 사실상 회장을 대신하여 계열사를 통제하는 위치에 있었다. 이런 통제는 계열사 관리담당을 통해 이루어진다. 관리담당은 계열사에서 경영지원실장 등 직함을 갖고 있는데, 이들은 회장이 직접 파견한 사람이라고 자신을 규정했다. 그리고 관리담당은 자신이 속한 계열사의 이익보다 회장과 그룹 전체의 이익을 우선해야 한다는 생각을 갖고 있었다. 비서실이 이런 생각을 이들에게 주입하고 강요했다. 회장-비서실(구조본)-계열사 관리담당으로 이어지는 감시망 속에서 계열사 사장은 옴짝달싹하지 못하는 구조였다. 그래서 계열사 사장이 부하직원인 관리담당의 눈치를 보는 일도 흔했다.

　내가 재무팀에 발령받은 첫해인 1999년은 삼성의 역사에서 중요한 페이지로 남을 해였다. 당시 삼성그룹은 사실상 부도를 맞은 상황이라는 게 확인돼 대대적인 구조조정을 하게 됐다. 자본이 반 이상 잠식된 상태라는 것을 감추기 위해 조직적으로 회계를 조작했다. 워낙 심하게 회계를 분식한 탓에, 두고두고 부담이 됐다. 한번 분식회계를 하면, 계속 분식처리를 해야 한다.

　이보다 앞선 1997년 IMF 외환위기 때는 전 임직원 급여를 20% 삭감하고, 보너스를 전부 반납했었다. 당시 비서실 임원회의에서 나는 웃으면서 "안 망할 회사에서 망할 회사로 잘못 온 것 같다"고 했다. 보너스 반납은 창사 이래 처음 있는 일이었다. 오일쇼크 때는 사채업자에게 본관로비에서 돈을 빌렸는데 그때도 보너스는 줬다고 했다. 환율이 800원 전후에서 1700원대 이상으로 올랐고, 조달금리가 리보＋삼성전자 스프레드 0.5였다. 런던은행의 기본 금리에서 회사의 신용도에 따라 차이가 나는 금리인 스프레드 금리 6%에서 30%대로 올라갔다.

보너스는 1998년에도 나오지 않았다. 1999년부터는 실적이 없어도 어느 정도 보너스가 나오던 방식을 바꿔서 실적이 없으면 보너스를 받지 못하도록 했다. 보너스를 실적이 높은 곳으로 몰아주는 방식이 된 것이다. 그 결과, 실적을 평가하는 위치에 있는 구조본 임원들이 가장 높은 보너스를 받게 됐다. 전형적인 상후하박(上厚下薄) 구조였다. 이런 구조는 이재용이 경영에 참가하면서 조금 바뀌었다. 이재용은 임원들이 챙기는 스톡옵션을 몹시 아까워했다. 임원들의 높은 보수에 대해서도 못마땅하게 생각했다. 하지만, 구조본 임원들이 가장 높은 급여를 받는 구조 자체는 바뀌지 않았다.

한국이 외환 위기에서 빠져나온 뒤인 1999년, 재무팀 주도로 삼성그룹 전체에 대해 관리 손익, 부실점검을 다시 했다. 결과는 충격적이었다. "자본잠식 50조 원"이라는 것이었다. 외부에는 알려지지 않았지만, 사실상 부도가 난 것이다. 모든 여신이 1주일 단위로 관리됐다. 자금담당은 퇴근을 못했고, 해외 연수 간 사람은 전부 복귀했다.

사람 자르는 일과 구속시키는 일

일단 식구부터 줄이자고 해서 대규모 구조조정을 했는데, 삼성항공의 경우 사장을 뺀 임원은 전부 정리하고, 제일모직도 초임 임원을 빼고 전부 정리하는 식으로 했다.

나는 삼성항공 사장을 불러 임원 전원을 정리하고 사원과 사장만 두고 일하라고 지시하였다. 그렇게 말하니까 환갑이 다 된 사장의 얼굴이 샛노랗게 변했다. 그럼에도 불구하고, "사장님께서 못하신다면, 내가 먼저 사장님부터 정리하고 (다른 임원들을) 조치하겠다"고 일방적으로 통보했다.

내가 그런 식으로 일을 하니, 삼성에서는 '일을 잘 하는 사람'이라고 불렀다. 즉, 구조조정을 잘 하는 사람이 일을 잘 하는 사람이라는 게다. '접대 무능력자'였던 내가 졸지에 유능한 일꾼 취급을 받게 됐다.

나 역시 구조조정을 하는 일이 즐거웠을 리 없다. 하지만 낯설지 않은 일이었다. 회사에서 사람을 자르는 일은 검찰에서 사람을 구속하고 기소하는 것과 느낌이 비슷했다.

구조조정 당시 임원은 그야말로 '임시 직원'이므로 몇 개월분의 급여를 위로금으로 주면서 그냥 인사 조치를 했다. 그 무렵 삼성 임원의 평균 수명은 1년을 조금 넘기는 정도였다. 심지어는 해고 대상자는 임원으로 발탁하여 그해 정리한다고 하는 말까지 있었다. 사원들에 대해서는 노동법 때문에 퇴직 희망자를 먼저 모집했다. 즉 희망퇴직자 명단이라는 게 있는데, 삼성그룹 내부에서는 'H/M'이라는 약어를 사용했다. 희망이라는 두 글자의 발음을 영어로 옮긴 뒤, 첫 글자를 딴 것이다. 'H/M'의 본질은 퇴직을 희망하는 사원 명단이 아니다. 회사가 퇴직을 희망하는 자들의 명단이다. 명단에 포함된 자들을 직속 상사들이 며칠간 소주를 함께 마시며 회사와 동료를 위하여 이의 없이 사표를 내도록 종용해야 했다.

특이하게도 우량기업이었던 삼성전자에서 예상보다 많은 퇴직 희망자가 나왔는데 대부분 회사가 작성한 희망퇴직자 명단에 없는 사람들이었다. 결과적으로 삼성전자는 구조조정에는 성공했지만 많은 우수한 인력들이 정부기관, 대학 등으로 빠져나갔다. 회사가 붙잡고 싶어 하는 우수한 인재일수록 다른 일자리를 구하기도 쉽다. 반면, 다른 일자리를 얻기 힘든 사람일수록 회사에서 윗사람에게 아부하며 자리를 지키려 든다. 회사가 임직원을 일회용 소모품처럼 대한다는 사실을 알게 됐을 때, 우수한 인재들이 먼저 회사를 떠나게 되는 것은 사실 당연한 일이다. 당시 사례는 어설픈 구조조정은 회사의 짐을 덜어내기보다 오히려 경쟁력을 깎아낸다는 교훈을 남겼다.

연예인 윤락 사건과 삼성 구조본

삼성그룹이 사실상 부도를 맞아서 임직원들이 대대적으로 쫓겨났던 1999년, 나는 제주 호텔신라 퍼시픽스위트룸에서 가족과 함께 여름휴가를 보냈다. 며칠 지내고 체크아웃할 때 보니 계산서에 1500만 원 가량이 나왔다. 당시 휴가는 회사 임원들이 연루된 연예인 윤락 사건을 잘 해결해주었다고 해서 받은 것이었다.

1999년, 삼성 구조본 임원들 몇 명이 서울지검 북부지청에서 연예인, 여대생 등을 상대로 한 고급윤락 사건의 참고인으로 조사를 받게 됐다. 당시 임원들이 윤락여성들에게 건넨 돈은 회사 비자금에서 나온 것이었다. 사건에 연루된 임원들이 전전긍긍한 게 당연했다. 게다가 성매매 관련 혐의로 소환장이 집에 날아올 경우, 가족들 앞에서 겪을 망신도 걱정했다.

임원들이 조사를 받게 된 것은 우연이었다. 당시 서울지검 북부지청 형사5부 김영종 검사가 연예인, 여대생 등을 거느리고 있는 윤락 포주를 수사하게 됐다. 그런데 포주의 고객 명단에서 삼성 고위 임원 세 명의 이름이 나왔던 것이다. 모두 비자금을 다루는 임원들이었다. 이 가운데 두 명은 당시 구조본 재무팀 고위 임원이었고, 한 명은 이건희의 일본 비자금 관리담당자였다. 구조본 핵심 임원들이 검찰 조사를 받게 됐으니, 상사인 이학수에게 보고를 해야 했다. 차마 성매매 때문이라는 말을 할 수 없었다. 결국, 당사자가 거짓보고를 했다. 청와대 인사들에게 성(性) 접대를 하면서, 재무팀 임원 계좌를 빌려 비용을 지불했다고 말이다. 이학수가 이런 거짓말을 곧이곧대로 믿었는지는 불분명하다.

변호사인 내가 뒤처리를 해야 했다. 이건희의 일본 비자금 관리담당자에게 연락해서 일본에 계속 머물며 당분간 귀국하지 말라고 했다. 구조본 재무팀 고위 임원 한 명의 이름이 김영종 검사가 확보한 송금전표에는 좀 애매하게 적혀 있었다. 김 검사는 그 이름의 마지막 글자를 잘못 읽었다. 글자 획 하나를 빠뜨린 채로 읽은 것이다. 그런데 당시 삼성전자에는 김 검사가 잘못 읽은 것과 같은 이름을 가진 임원이 있었다. 그 임원을 당장 미국으로 보냈다. 그는 부인과 함께 출국했는데, 끝까지 이유를 몰랐다. 구조본에서는 "그룹을 위한 일에 네 이름을 빌려 썼다. 그렇게 알고 있으라"고 했다. 영문도 모른 채 한참 동안 미국에 머물러야 했던 그는 아무런 불평도 하지 않았다. '그룹을 위한 일'에 자기 이름이 동원됐다니, 오히려 영광이라고 생각했을지도 모른다. 재무팀 고위 임원과 이름의 마지막 글자가 비슷하다는 이유로 미국으로 떠나야 했던 그는 삼성전자에서 승진을 거듭해서 오랫동안 고위직에 머물렀고 다른 삼성 계열사 사장이 됐다.

이렇게 두 명이 해결됐으니 나머지 한 명이 문제였다. 결국 그 한 명은 검찰에 출석해 조사를 받았다. 조사 당일, 내가 동행했다. 조사를 받으면서, 그의 직업을 삼성 임원이 아니라 모 중소기업 사장이라고 조작했다.

사건이 조용히 마무리된 뒤, 해당 임원들은 자신들과 같은 팀 소속인 나를 빼놓고 놀아서 미안하다는 투로 말했다. 그리고 내게 "(자신들은) 술을 마시기 싫어서 고급 윤락 포주를 상대했다"고 말했다. 나중에 들으니, 삼성 고위 임원들이 그 포주의 단골 고객이었다. 포주가 연결시켜준 여대생 등이 진짜 대학생인지 여부는 고객인 임원들도 믿지 못하는 눈치였다.

이어 그들은 내게 "'좋은 곳'을 알면, 함께 가자"고 했다. 나는 평소 술을 즐기는 편이 아니었고, 윤락업소도 알지 못했다. 그래서 나는 "한 번 가본 룸살롱이 있다"고 했고, 그들과 함께 서울 강남구 사랑의 교회 근처에 있는 룸살롱에 가게 됐다. 그때 나는 그들과 동료의식이든 공범의식이든 함께 나누고 싶은 심정이었다.

판사에게 30억 원 건네라는 이학수

법원, 검찰을 상대로 로비하는 일이 너무 싫어서 재무팀으로 옮겼지만, 법률 업무에서 완전히 손을 뗄 수는 없었다. 비자금으로 성매매를 한 재무팀 임원들의 뒤치다꺼리는 그 중 일부였을 뿐이다. 당시 맡았던 법률 관련 업무로, 참여연대에 대한 대응이 있다. 삼성 경영권 승계 과정에서 빚어진 불법 행위에 대해 참여연대가 연거푸 소송을 제기하자, 이건희는 삼성 내 변호사들에게 승계 구조 문제를 다루는, 즉 참여연대에 대응하는 TF팀을 꾸리도록 지시했다. 나는 재무팀에 있었지만, 이 팀에 관여했다. 내키지 않았지만, 회장의 지시이므로 어쩔 수 없었다. 당시 이건희는 삼성 안에 김앤장과 같은 조직을 갖추라고 했었다. 경영권 승계 과정에서 법률적 약점이 너무 많이 드러났기 때문이다.

그 무렵 인상적인 사건으로, 삼성전자 CB(전환사채) 발행을 둘러싼 소송이 있다. 이재용은 1997년 3월 삼성전자가 발행한 600억 원어치의 CB 가운데 450억 원어치를 매입한 뒤, 같은 해 8월 이를 주식으로 전환했다. 그리고 1997년 6월, 장하성 고려대 교수(당시 참여연대 경제민주화위원장)가 삼성전자를 상대로 전환사채발행 무효청구 소송을 냈다. 이재용에게 삼성전자 CB를 시가보다 헐값에 발행한 이 사건은 사실상 주주의 권리를 침해한 것이었다. 그래서 장 교수가 "변칙 증여"라며 소송을 제기했지만, 1·2·3심 법원은 삼성의 손을 들어줬다.

당시 2심 재판을 앞두고 이학수는 내게 판사한테 30억 원쯤 주면 어떻겠냐고 말했다. 하도 터무니없는 제안이어서, 나는 거부했다.

당시 사건을 법률사무소 김앤장이 맡았는데, 2심 재판에서 삼성이 승소한 직후 황당한 일이 있었다. 김앤장과 맺은 약정에 따르면, 3심 재판에서 승소한 뒤에야 성공보수를 주도록 돼 있었다. 그런데 김앤장 소속 변호사인 이재후와 박병무가 삼성을 찾아와서 "우리 변호사들이 고생해서 이겼으니, 10억 원을 달라"고 했다. 약정에도 없는 성공보수를 요구한 것이다. "이건희의 기분이 좋을 때, 돈을 뜯어야 한다"는 태도로 보였다. 당연히 주면 안 된다는 게 내 입장이었다. 기어이 그들은 삼성에서 5억 원을 받아갔다. 이 돈이 어디서 나온 것인지 나는 모른다. 다만, 이건희나 이재용의 개인 재산에서 나오지 않았다는 점은 분명하다.

이 사건 재판에서 최종 승소함으로써 이재용은 수천억 원대 이익을 거뒀다. 이재용이 사적 이익을 취하는 과정에서 제기된 소송이지만, 재판 비용을 부담하는 것은 회사였다. 이건희, 이재용 일가가 연루된 소송은 늘 이런 식이었다. 이건희, 이재용의 개인 재산을 꺼내서 소송을 치른 적은, 내가 알기로는 없었다. 그 일이 있고서 얼마 뒤, 박병무 변호사가 김앤장을 떠났다는 소식을 들었다.

삼성과 중앙일보, 그리고 X파일

1999년 어느 날, 김인주가 나한테 주식명의신탁계약서를 비밀리에 써달라고 했다. 그래서 써주었다. 중앙일보 위장 분리에 관한 건이었다.

중앙일보가 삼성으로부터 계열분리하겠다고 대국민 선언을 한 게 여러 번이었다. 하지만 홍석현 회장에게는 대주주 지분을 살 돈이 없었다. 그래서 이건희 회장이 명의 신탁하는 방안을 택하기로 했다. 주주 명의자는 홍석현으로 하되 의결권은 이건희 회장이 행사한다는 내용으로 비밀 계약서를 썼다.

내가 공개할 수도 없는 계약서를 왜 만드는지 물어봤더니, 김인주가 그래도 만들어 놓아야 한다고 했다. 그 계약서는 한 부만 만들었다. 삼성만 가지고 있다. 중앙일보와 삼성 사이에서 이루어진 공식적인 돈 거래는 위장된 것이라고 여겨진다. 그 원천이 비자금인지 여부는 나도 잘 모르겠다.

계약서에 도장 찍은 것은 못 보았다. 이건희의 인감은 김인주가 갖고 있기 때문이다.

그리고 8년쯤 지난 2007년, 양심고백을 통해 중앙일보 위장 분리에 대해 세상에 알렸다. 그러자 중앙일보 측은 즉각 반박했다. 내가 알린 내용이 사실이 아니며, 실제로 중앙일보가 삼성에서 계열 분리했다는 주장이었다. 삼성 역시 중앙일보 측 주장에 동조했다. 이로써 이익을 본 것은 홍석현이다. 홍석현은 이건희의 돈으로 중앙일보 대주주가 됐다. 그리고 이를 공식적으로 인정받았다. 홍석현에게 명의만 빌려줬던 이건희는 억울하게 됐다.

그러나 중앙일보가 삼성의 그늘에서 벗어나는 것은 사실상 불가능하다. 양심고백 이후, 중앙일보의 보도 태도만 봐도 확인할 수 있다. 삼성, 특히 이건희 일가가 기분 나빠할 내용은 아예 보도하지 않거나 왜곡 보도하는 중앙일보의 태도는 예전이나 지금이나 달라진 게 없다. 중앙일보가 계열 분리를 선언한 뒤에도, 중앙일보 편집국 내부 정보보고 내용이 하루 두 번씩 삼성 구조본으로 전달됐다. 이걸 보며, '중앙일보는 언론이라기보다, 삼성을 위해 일하는 사설 정보기관이구나' 싶었다.

이처럼 중앙일보가 삼성에 종속돼 있는 이유는 돈 때문이다. 중앙일보는 걸핏하면 삼성에 돈을 요구했다. 1999년, 재미교포 박인회(윌리엄 박)가 전직 안기부 직원인 공운영에게 넘겨받은 도청파일을 중앙일보가 사려고 한 적이 있다. 이른바 '안기부 X파일'이다. 박인회가 중앙일보에게 돈을 갈취하려 했다기보다는, 중앙일보가 도청파일 속 정보를 탐내서 구매하려고 했다는 게 사실에 더 가깝다.

당시 박인회가 부른 가격이 10~20억 원 정도였는데, 중앙일보는 이 돈도 삼성더러 내달라고 했다. 이학수가 이런 요구를 거절했었다. 나도 같은 생각이었다.

'중앙일보쯤 되는 회사가 고작 10~20억 원 때문에 손을 벌리나'라고 여긴다면, 순진한 생각이다. 중앙일보는 수시로 돈을 요구했다. 그래서 구조본 재무팀에 있는 중앙일보 담당자가 몹시 힘들어 했다. 김인주는 사무실 창밖에 내다보이는 중앙일보 건물 끝에 있는 'J'자를 가리키면서 '도둑놈'이라고 했다. 그러나 이렇게 욕하면서도 중앙일보가 손을 벌릴 때마다 대개는 돈을 쥐어줬다. 그 돈의 출처에 대해서는 나도 잘 모른다. 비자금일 가능성이 크다고 본다.

중앙일보에 'X파일' 구입비를 주지 않기로 한 뒤, 이학수와 내가 박인회를 따로 만났다. 구조본 본부장실 옆방이었는데, 화분에 있는 동양란 잎사귀 뒤에 핀홀카메라와 녹음기가 설치돼 있었다. 당시 이학수는 박인회에게 "박 선생이 한국 실정을 잘 모르는 것 같다. 한국에서는 대선자금이 문제가 되지 않는다."라고 말했다.

당시 오간 대화가 나중에 문제가 됐다. 'X파일' 사건이 공론화된 뒤인 2005년 11월 열린 재판에서 나는 증인으로 출석했다. 당시 나는 "이학수와 만난 자리에서 박인회가 돈을 요구한 적은 없다. 다만 원자력 폐기물에 관한 사업권 등 이권을 달라는 취지로 말한 적은 있다."라고 말했다.

그런데 그보다 앞서 열린 재판에 증인으로 나온 이학수는 박인회가 자신을 협박하며 돈을 요구했다고 증언했다고 한다. 내가 아는 사실과는 다른 진술이다.

박인회와 헤어진 뒤, 이학수는 에스원 직원에게 그를 미행하도록 시켰다. 미행자의 보고에 따르면, 삼성 본관에서 나간 박인회는 곧바로 당시 정권 실세였던 박지원을 찾아갔다. 알고 보니, 그들은 미국에서부터 알고 지내던 사이였다. 나중에 박지원에게 연락했더니, 박지원은 "박인회가 원래 그런 사람이 아닌데, 변했다"라고 말했다. 그러면서 그는 녹음테이프 내용에 관한 보고서를 만들어 달라고 했다. 청와대 보고용인 듯했다. 이학수와 홍석현이 대통령 선거 자금을 누구에게 얼마를 줄지에 대해 이야기하는 내용이 보고서에 담겼다. 당시 대통령이었던 김대중을 '노인네'라고 비하하는 표현이 나와서 읽기가 거북했다.

그리고 청와대를 통해 박인회의 도청파일은 미림팀이 갖고 있던 것이며, 김대중 정부 초기 국정원 개혁 과정에서 해고된 팀이 그것을 들고 나왔다는 사실을 확인했다.

국정원이 온갖 방식으로 불법 도·감청을 해 왔다는 사실은 나 역시 잘 알고 있었다. 서울지검에서 근무할 무렵, 창동 전화국에서 감청을 하는 것을 본 적이 있다. 당시 전화국에 가니까, 감청 장치가 잔뜩 꽂혀 있었다. 경찰이 꽂은 장치, 국정원(당시 안기부)이 꽂은 장치, 검찰이 꽂은 장치 등…. 이 가운데 대부분은 당시 법에 따른 절차를 거치지 않은, 불법 감청이었다. 감청 대상 역시 광범위했다. 어지간한 위치에 있는 사람들의 대화는 모두 감청하는 듯했다. 당시 "전화국 기술실장은 사실상 안기부 사람"이라는 이야기를 듣기도 했다. 또, 유력 인사들이 자주 찾는 롯데호텔 일식점이나 호텔신라 중식점 종업원을 안기부 직원이 미리 포섭해 둔다는 이야기도 들었다. 이들을 포섭해서 도청장치를 테이블에 설치한다는 게다. 종업원 입장에서는 이런 불법 행위의 대가로 안기부 직원에게 받는 돈이 꽤 쏠쏠했을 게다.

08 거짓말 시나리오

삼성SDS BW 헐값 발행과 이재용

1999년 내가 겪은 일 가운데 빠뜨릴 수 없는 게 삼성SDS가 BW(신주인수권부 사채)를 시가보다 훨씬 싼 값에 발행해 이재용에게 넘긴 일이다.

1995년 이건희가 종잣돈으로 61억 원을 넘겨주면서 시작된 이재용으로의 경영권 승계 작업은 이 건으로 사실상 끝났다. 1996년 에버랜드 CB 헐값 발행, 1999년 삼성SDS BW 헐값 발행 등을 거치며 이재용의 재산은 거침없이 불어났다.

삼성SDS BW 사건 당시, 관재팀 박재중 전무가 주로 관련 서류를 만들었다. 당시 재무팀에 있던 나는 이 일이 심각한 법적 문제를 낳을 수 있다고 봤다. 그래서 김인주에게 하지 말라고 항의했다. 그 때, 나는 이 문제를 책상 끝에 올려놓은 볼펜에 비유했다. 조금만 흔들리면 볼펜이 떨어질 수 있듯, 이 건에서 큰 문제가 생길 수 있다고 말했다. 하지만 김인주는 내 말을 듣지 않았다. 그 역시 법적으로 문제가 있다는 것을 알았지만, 이게 마지막이라는 생각으로 이 건을 저질렀다. 나는 "이재용에 대해 이미지 조작을 해도 부족할 판에, 법에 걸릴 일을 해서야 되겠느냐"고 따졌지만, 소용없었다. 결국 이 사건은 2009년 8월 14일 서울고법에서 열린 파기환송심에서 최종 유죄 판결이 났다. 이건희에게는 227억 원 배임죄가 확정됐다.

삼성SDS BW를 발행할 당시, 이학수와 김인주는 사전에 나와 의논했었다. 이는 아주 이례적인 경우였다. 그들은 일이 터진 뒤에야 나와 상의하는 게 보통이었다. 내가 삼성SDS BW 문제에 대해 반대 입장을 분명히 했더니, 그 뒤 다른 건에 대해서는 그들이 나와 미리 상의하는 일이 없었다.

삼성SDS BW 문제에 대해 반대 입장이었지만, 이 사건 관련 일 처리를 내가 도맡게 됐다. 이 사건 관련 법률 업무에는 내가 전부 관여했다. 법적으로 문제가 있는 일이라는 점과 일의 난이도는 별개였다. 변호사들에게 돈을 안겨주기만 하면, 일이 저절로 풀렸다. 쉬워도 너무 쉬웠다.

삼성SDS BW 관련 항고 사건이 있었는데, 검사 출신 변호사에게 맡겼다. 당시 사건을 맡은 서울고검에서는 그에게 "너, 삼성에서 용돈 좀 받기로 했다면서. 우리랑 나눠 쓰자"라고 했다고 한다. 그래서인지 수사 의지가 전혀 없었다. 담당 검사는 고작 양복 티켓 하나 받고서는, 사건 조사도 안 하고 무혐의 처분을 내렸다.

삼성SDS BW 헐값 발행 사건에 대해 이재용이 알고 있었는지가 논란이 된 적이 있다. 이재용은 분명히 알고 있었다. 미국에서 공부만 하느라 사건에 대해 몰랐다는 것은 거짓말이다. 당시 이재용은 자신이 보유한 주식의 시가를 수시로 확인했다. 재산에 대한 관심이 컸다.

1999년 당시 나는 김인주와 자주 식사를 했다. 김인주는 굴 순두부를 좋아해서, 삼성 본관 뒤에 있는 순두부집에 나와 자주 갔었다. 한참 굴 순두부를 먹고 있는데, 김인주의 전화가 울렸다. 이재용에게서 온 전화였다. 시끌벅적한 식당 안에서 김인주는 삼성SDS 주식의 현재 가치에 대해 전화로 자세히 설명했다. 이런 일이 자주 있었다. 김인주는 수시로 이재용에게서 전화를 받았고, 그때마다 김인주는 긴장한 표정으로 삼성SDS 주식 시세를 비롯한 이재용의 재산 현황을 일일이 보고했다.

당시 이재용은 몸만 미국에 있었을 뿐, 국내 사정에 대해 관심이 매우 컸다. 이재용은 공부를 중단하고 한국에 들어오고 싶어 했는데, 이건희가 말렸다는 말을 들었다.

내가 삼성 비리에 눈뜬 이유

2000년, 나는 재무팀 상무로 승진했다. 이와 함께 삼성항공, 삼성중공업 등 기계 관계사에 더하여 제일모직과 석유화학, 종합화학 등 화학 관계사의 운영담당까지 맡게 되었다. 직무는 관계사 운영담당이었지만, 이학수 구조조정본부 본부장과 김인주 재무팀장의 방을 수시로 드나들었고, 많은 현안들을 함께 논의하였다. 중요한 문제가 있을 때는 김인주와 함께 하루 종일 담배를 피며 고민하면서 며칠씩 보내기도 했다. 이학수, 김인주, 이재용 등은 고민스러운 문제가 생길 때마다 나와 의논했다.

김인주는 재무팀장이 되기 전인 1998년에 이미 비자금 창고 앞에 자신의 방을 받았다. 그 방에서 그는 나와 하루 종일 함께 담배를 피우며 회사에 대한 고민들을 의논했다. 그때 김인주가 한 말 중에 "이재용으로의 승계만 무사히 완성되면 함께 골프채 매고 세계여행을 떠나자"고 했던 게 기억난다. 실제로 구조본에서 김인주가 맡은 역할이 이재용을 그룹 총수로 등극시키는 것이었다.

보통 전무급이 되어야 전속 기사가 제공되지만 나는 상무 시절에도 전속 기사를 제공 받았다. 특수부 검사로서 기업범죄수사 경험이 많다는 점, 남의 눈치를 보지 않는 편이라는 점이 내가 특별한 대접을 받게 된 요인이었다.

내가 삼성 비리에 접근할 수 있었던 것도 그래서다. 삼성 고위 임원들 가운데 어떤 이들은 내 양심고백 내용이 믿겨지지 않았을 게다. 특히 연구임원 등 비리에 직접 연루되지 않은 이들은 더욱 그럴 게다. 나는 이학수, 김인주와 가까운 위치에 있었기에 삼성 비리에 대해 눈뜰 수 있었다. 이학수, 김인주와 가깝지 않았다면, 나 역시 삼성 비리에 대해 잘 몰랐을 게다.

또, 재무팀과 법무팀을 모두 거쳤다는 점도 삼성 비리에 다가갈 수 있는 이유였다. 삼성이 영입한 법조인들은 대부분 재무팀 근무 경험이 없다. 나는 법조인 출신으로는 유일한 경영임원이었다. 다른 법조인 출신 임원들은 모두 전문임원이었다. 재무팀에 변호사가 근무한 적이 있지만, 그는 실무자였을 뿐 임원이 아니었다. 재조 경력이 없는 송웅순 변호사가 삼성전자의 등기 임원이었던 적이 있는데, 재무팀 일을 하지는 않았.

삼성은 나 이외에도 판·검사 출신을 대거 영입했다. 내가 삼성에 입사하고 한 달이 지나서 판사 출신인 신홍철 변호사가 입사했다. 법무팀 소속 변호사는 시키는 일에 대해서만 알고 나머지는 알 수 없다. 법무팀 변호사의 역할은 법률 관련 자문에만 그치기 때문이다. 심지어 법무실장을 지낸 이종왕 변호사조차도 삼성그룹 내부 사정을 제대로 모를 가능성이 있다. 나 역시 법무팀에서만 일했다면, 삼성 비자금 등에 대해 알 수 없었을 게다. 다른 법조인 출신과 달리, 전문임원이 아니라 경영임원이었기 때문에 삼성 내부 사정을 알 수 있었다.

재무팀 발령이 났을 당시, 내가 관재부서로 가겠다고 했으면 어떻게 됐을까. 그래서 그런 요구가 받아들여졌다면 말이다. 지금쯤 이건희, 이학수, 김인주 등 삼성 수뇌부는 끔찍한 악몽에 시달리고 있을 게다. 온갖 비리와 불법 행위를 모의하고 저지른 핵심인 관재부서에서 근무했더라면, 나는 삼성 비리에 대해 훨씬 더 많은 것을 알고 있을 게다.

이재용의 조바심과 'e삼성'의 실패

이재용은 하루라도 빨리 경영에 참가하고 싶어 했다. 이런 조바심에 편승해서 나온 결과물이 'e삼성'이다. 한때 한국을 뜨겁게 달궜던 벤처 열풍이 한풀 꺾일 무렵인 2000년, 삼성이 벤처사업에 진출했다. 삼성식 경영과 벤처사업은 실패가 예정된 결합이었다. 실제로 그랬다.

이재용이 경영에 직접 나서는 계기로 삼으려던, 이 사업은 순식간에 망했다. 이 과정을 초기부터 정리 단계까지 주도한 게 김인주였다. 다른 임원들은 관여할 여지조차 없었다. 100% 김인주의 작품이다. 'e삼성'의 실패에서 김인주의 경영실력이 그대로 드러났다. 그는 비자금 관리 등 어두운 역할 이상은 감당할 재목이 아니었다.

'e삼성'의 실패가 갖는 의미는 컸다. 삼성은 그룹 차원에서 지원했지만, 자동차 사업에서 실패했다. 이어서 그룹 차원의 지원을 한 사례가 'e삼성'

인데, 그것도 실패했다. '자동차도 망하고, 벤처도 망하는구나'라는 말이 나왔다.

김인주는 새롬기술에 회사 돈을 1500억 원이나 투자했다. 도무지 수익모델이 안 보이는 회사인데, 그렇게 많은 돈을 쏟아 부어도 되느냐고 물었더니, 김인주는 앞으로 수익모델을 만들 것이라고 대답했다. 결국 그 돈을 다 날렸다. 원래는 100억 원만 날려도 책임을 져야 하는데, 김인주가 주도한 일이라서 책임을 물을 수 없었다.

당시 재무팀 상무였던 내가 보기엔 'e삼성'에 대한 투자는 집단 사기극이었다. 그래서 영 내키지가 않았다. 최광해도 걱정을 했다. 내가 김인주와 박재중에게 왜 이런 일을 하느냐고 물었더니, 돈이 필요해서라고 했다. 그리고 경영권 승계를 위해서라는 대답이 뒤따랐다. 이들은 이재용이 하는 사업이므로 잘 될 것이라면서, 선심 쓰듯 내게 투자할 기회를 줬다. 나는 마음이 찜찜했지만, 하도 전망이 좋다기에 2000만 원을 투자했다. 당시로서는 내게 큰돈이 아니었다. 나는 이 돈을 2002년에 회수해서 원금은 보전했다.

'e삼성'에는 이재용의 돈이 실제로 들어갔다. 이재용의 돈이 들어간 사업을 실패하게 할 수는 없었다. 이재용에게 젊고 유능한 경영자라는 이미지를 씌워주기 위해서도 필수적인 작업이었다. 그래서 삼성 각 계열사에서 인력과 자원을 징발해 왔다. 'e삼성'의 성공을 발판으로 이재용은 삼성그룹 총수로 등극하게 될 것이었다. 김인주가 전체 과정을 기획했고, 저돌적인 성격의 신응환 구조본 재무팀 상무가 각 계열사를 닦달하는 역할을 맡았다.

'e삼성'의 핵심은 인터넷 사업인데, 이성주가 실무를 주도했다. 이성주는 신분 수직상승을 기대하며, 열심히 일했다. 당시 구조본에서는 이성주가 천재적이고 아이디어도 많고 똑똑하다며 크게 기대를 걸었다. 그러나 이런 기대가 꺾이는 데는 시간이 오래 걸리지 않았다.

이성주는 삼성 계열사에서 과장급으로 15명을 뽑아서 구조본 재무팀 한쪽에 자리를 만들어 놓고 일을 시작했다. 이성주와 그가 이끄는 팀은 이번 기회에 이재용에게 인정받고 출세하겠다는 야심이 넘쳤다. 그 팀에 있는 과장들이 e삼성 계열 벤처기업의 대표이사로 내정돼 있었다. 실제로 사장이 된 사람도 있었다. 이성주가 이끄는 팀에 있는 과장들 가운데 이재용에게 메일을 보내 접근하는 사람이 많았다. 이재용에게 잘 보이려는 것이다. 이재용 역시 한국에 올 때면, 이들 과장들과 자주 어울렸다. 술도 함께 마셨다. 그랬더니 이들은 눈에 보이는 게 없다는 듯 굴었다. 건방지기 이를 데 없었다.

그래서인지, 회사에서 그 팀을 보기 싫어하는 사람이 많았다. 결국 그 팀이 사무실을 옮겼다. 강남구 테헤란로에 있는 삼성중공업, 삼성항공 건물로 옮겼다.

이재용은 이성주 팀 소속 과장들과 개별적으로 연락을 주고받고 술자리를 가지면서도, 'e삼성' 관련 회의에는 들어오지 않았다. 이재용의 이런 행태가 과장들의 도덕적 해이(모럴 해저드)를 더 부추겼다.

이성주 팀의 좋은 시절은 오래 가지 않았다. 'e삼성'은 제대로 궤도에 오르기도 전에, 주저앉았다. 사업이 망하는 기미가 보이니까 이성주가 관련 서류를 들고 도망갔다. 구조본 법무팀에서 서울 삼성동에 있는 그린그래스 호텔에 캠프를 차렸다. 그날 밤부터 구조본에 있는 판·검사 출신 변호사들에게 비상이 걸렸다. 이성주를 어떻게 찾아내서 서류를 회수할지에 대해 회의를 거듭했다. 온갖 연줄을 동원해서 이성주의 행방을 수소문했다. 폭설이 내리는 겨울밤, 변호사들이 이성주의 집 앞에 잠복하고 대기하기도 했다. 이성주가 갖고 있는 서류 중에 위험한 게 많았는데, 외부에 알려지지 않도록 하려고 그랬다.

'e삼성'에 문제가 생기자, 김인주가 초조해졌다. 걸핏하면 내 방에 와서, 내 뒷자리에서 서성였다. 방 안에서 왔다 갔다 하며, 그는 "이재용 돈이 들어갔는데, 손실이 나게 할 수는 없지 않느냐"는 말을 거듭했다. 결국, 그는 'e삼성' 관련 주식을 취득가액으로 사서 투자 원금을 회수하도록 했다. 그래서 삼성 계열사들이 'e삼성' 관련 주식을 사서 손해를 뒤집어썼다. 이 과정에서 반발은 없었다. 구조본에서 하라고 하면, 계열사는 당연히 하는 것이었다. 책임을 진 사람도 없었다. 이재용을 위해 일하는 김인주에게 책임을 물을 수 있는 사람은 없었기 때문이다.

나는 'e삼성' 사업에는 관여하지 않았다. 그러나 공정거래위원회가 부당 내부거래 혐의로 'e삼성'에 대해 조사를 시작하자, 내가 관여하게 됐다. 나는 구조본 법무팀 소속 김영호, 김은미 두 변호사를 조사 현장에 파견했다. 관련 자료를 폐기하기 위해서였다. 이런 시도는 성공해서, 공정위는 결국 무혐의 결론을 내렸다. 공정위가 제대로 조사하지 않았기 때문이기도 하고, 삼성 측이 시나리오에 따라 진술을 맞추고 각종 서류를 조작했기 때문이기도 하다. 당시 법무팀 변호사들이 시나리오 작성을 맡았다. 인사발령 기록을 지우는 것으로 시나리오가 시작됐다. 각 계열사에서 투자한 부분은 계열사가 자율적으로 투자한 것으로 정리했다. 그룹이 지시한 흔적은 철저히 지웠다. 이런 시나리오를 만드는 데 요긴하게 쓰인 게 공정위 조사에 관한 매뉴얼이었다. 삼성은 정부기관의 조사에 대비하기 위한 매뉴얼을 정교하게 제작해서 활용해 왔다.

공정위가 삼성에 대한 조사를 자주 했다. 공정위에서 조사를 나올 때마다 계열사 현장에서 시비가 일었다. 공정위 공무원들이 증표 없이 사업장에 오는 경우도 있었는데, 이런 경우에는 난리가 났다.

그래서 각 계열사 관리담당을 모아놓고 내가 공정위 조사 대응 매뉴얼에 대해 설명했다. "공정위 조사관이 영장을 갖고 올 수는 없다. 하지만 증표는 갖고 있어야 한다. 그러니까 일단 증표를 확인하면서 시간을 끌어라. 그 사이에 컴퓨터에 있는 자료를 다운받아 숨겨둔 뒤, 컴퓨터 속 자료는 지워라. 시간이 부족하면, 자료를 지우는 게 우선이다." 이런 내용을 표로 만든 게 '공정위 체크포인트'다. 삼성에는 이런 종류의 매뉴얼이 많았다. 공정위 등의 조사에 대응하는 요령과 지시사항은 삼성 내부 전자문서 시스템인 '싱글'을 통해 전파되기도 했다. 이런 사례는 흔했다. 이 글을 쓰는 동안에도 삼성전자에 대한 공정위 하도급 조사를 앞두고 관련 자료를 삭제하라는 지시가 '싱글'을 통해 전달된 사례가 적발됐다.

에버랜드 사건, 증거 및 증언 조작

2002년 전무로 승진하면서 구조본 법무팀장을 맡은 뒤, 내 주요 업무는 이재용의 불법세습에 대한 고소고발 사건, 특히 에버랜드 전환사채(CB) 헐값 발행 사건에 관해 증거사실을 조작왜곡하고 조사 대상자들이 검찰에서 거짓말을 하도록 시나리오를 짜서 학습시키는 것이었다. 이런 시나리오는 재무팀 관재파트가 주도해서 작성했으며, 나도 참여했다. 당시 나는 법무팀 소속 변호사들 가운데 주로 검사 경력이 있는 자들에게 조사 대상자를 할당했다. 그리고 모의조서 작업을 하면서 실제조사에 대비한 연습을 시켰다. 한때 검사였던 내가 사법부를 상대로 증거 위조 작업을 하려니, 마음이 무거웠다.

이재용이 1996년 발행된 에버랜드 전환사채(CB)를 시가보다 훨씬 싼 값에 인수한 게 에버랜드 사건이다. 이재용의 재산을 불려주기 위해 삼성 비서실 재무팀이 계열사를 동원해 저지른 배임 행위다. 공식적으로는 1996년 10월 30일 열린 에버랜드 이사회에서 주주배정방식 전환사채 발행 결의가 이루어졌고, 같은 해 12월 3일 에버랜드 이사회에서 전환사채 125만 4000주를 이재용 남매에게 배정하기로 결의한 것으로 돼 있다. 하지만 이는 사실이 아니다. 이사회 자체가 열리지 않았다. 이사회 의사록 역시 나중에 허위로 만든 것이다.

그런데 2000년 6월 곽노현 교수 등 법학 교수 43명이 이 사건을 배임 등 혐의로 검찰에 고발했다. 그래서 삼성은 검찰조사에 대비한 시나리오가 필요해졌다. 허위 사실을 바탕으로 짠 시나리오에 맞춰 조사 대상자들이 증언을 해야 했으므로 조사 대상자를 불러 시나리오를 반복 학습시키는 작업이 필수적이었다.

이를테면 에버랜드 사건이 발생한 1996년 당시 회장 비서실에서 근무했던 김석 삼성증권 부사장에게 교육한 내용은 이렇다. 그가 당시 미국에 있는 이재용에게 전화하여 에버랜드의 실권주를 인수할 의향이 있는지 물어 이를 에버랜드 경리부서에 전달했다는 것. 터무니없는 내용이다. 당시 법무팀은 김 부사장에게 이런 내용을 반복 학습시켜서 외우게 했다. 하지만, 그는 이재용 및 에버랜드와 아무런 관계가 없다. 그는 외국 금융기관(Carr Indosuz Asia limited) 출신으로 외부 영입인사이고 관재파트와 일한 적도 없어서 이재용에게 전화할 입장이 아니었다.

다만, 김 부사장은 1996년 말경 미국의 어느 곳엔가 몇 차례 전화한 기록이 있어 시나리오에 짜 맞추기가 쉬웠다.

이런 시나리오를 정한 게 김인주였다. 검찰 조사 과정에서 김인주가 드러나는 것을 막기 위해, 김석 부사장을 대신 내세운 것이다. 늘 이런 식이었다. 구조본 핵심 임원이 검찰 조사를 받아서는 안 되는 것이었다. 이학수, 김인주 등 구조본 핵심 임원은 어떤 상황에서도 드러나면 안 된다는 게 일종의 원칙이었다. 이들이 다치지 않도록 하기 위해 다른 임원들이 희생돼야 했다.

시나리오에 맞춰 허위 증언을 하도록 연습시키는 작업은 옛 삼성본관 오른쪽에 있는 태평로빌딩 26층의 오피스텔에서 이루어졌다. 이 건물 27층에는 호텔신라 외식사업부에서 경영하는 중식당 태평로 클럽이 있고, 26층과 25층에는 이학수 부회장이 휴식을 취하거나 중요 인사를 은밀히 만날 때 사용하는 오피스텔을 포함해 50평형부터 20평형까지 크고 작은 오피스텔이 있다. 이 오피스텔과 직접 연결되는 엘리베이터는 건물 뒤쪽으로 돌아가야 찾을 수 있는데, 보안회사 직원이 지키고 있어서 일반인은 접근할 수 없다. 복도에는 고성능 카메라가 설치돼 있고 오피스텔 안에서 폐쇄회로 텔레비전을 통하여 왕래하는 사람을 볼 수 있다. 수십 명이 한꺼번에 작업할 수 있는 대형 회의실이 있는데, 200만 원짜리 의자들이 배치돼 있었다. 여객기 퍼스트 클래스에 있는 의자처럼 뒤로 완전히 젖혀서 누울 수 있는 의자였다. 그리고 의자마다 고속 파지기가 옆에 있었다. 유사시에 신속하게 모든 서류를 파기할 수 있도록 하기 위해서다.

검찰조사, 공정위조사, 세무조사 등에 대처하기 위한 관계사 임직원과의 회합이 대부분 이 오피스텔에서 이루어졌다. 에버랜드 사건에서는 구조본 법무팀 변호사들로는 인력이 부족하여 관계사 변호사들까지 동원하였고 많은 관계사의 경영지원실 임직원이 동원됐다.

이학수 부회장, 김인주 사장의 지시를 받은 재무팀 관재파트에서 이루어진 일을 아무것도 모르는 많은 이들에게 거짓 진술하도록 시나리오를 짜 교육하는 일이었으니 실로 큰 작업이었다.

이해규 삼성중공업 부회장과 같은 원로에게는 김인주 사장이 직접 나서서 식사를 대접하고 선물을 주며 협조를 부탁했다. 나도 여의도 전경련 회관에 찾아가 현명관 부회장에게 시나리오 대본을 주면서 협조를 부탁하였는데 당시 현명관의 태도는 매우 냉소적이었다. 훗날 그는 특검 조사를 받으면서, 에버랜드의 두 차례에 걸친 이사회에 참석한 기억이 나지 않는다고 말했다. 그리고 회장의 재산 관리는 구조본 재무팀에서 한다고 솔직하게 진술했다. 현명관의 이런 태도 때문에 삼성 측이 몹시 당황한 것은 물론이다.

검찰 조사에 대비해 시나리오를 교육하는 도중 노환(老患)이나 특이한 성격 때문에 통제가 어려워 학습이 불가능한 경우에는 소환을 회피하기 위하여 부부를 함께 외국여행하도록 조치하기도 하였다. 중앙일보 직원이

나 한솔 직원 등 삼성 구조본이 통제하기 어려운 그룹 외부 사람들에 대해서는 가능하면 우호적인 사람이 조사받게 하도록 검찰과 협의했다.

변호사별로 대상자들을 분류하여 반복 학습시켰고 시나리오가 서로 어긋날 경우에는 관재파트 임직원과 다시 협의하여 시나리오를 바꿨다. 시나리오를 계속 다듬고 다시 교육시키는 일은 보통 작업이 아니었다.

에버랜드 담당 검사 처남의 펀드 손실까지 메워준 삼성

허태학, 박노빈 등 에버랜드 전·현직 사장은 사실상 이 건에 대하여 사건 당시에는 보고도 받지 못한 처지였을 것이다. 당시 에버랜드 이사회는 개최된 적이 없고 이건희 회장의 증여 및 자녀들의 주금 납입 등은 그날 오후 두 시간에 걸쳐 삼성본관 주변의 은행에서 모두 이루어졌다.

이 사건이 일반 배임에 해당할 경우(비상장 주식의 평가방법에 대하여 이론이 있다는 이유로 손해액을 특정할 수 없다는 견해에 따를 경우) 공소시효는 7년이다. 시효 만료 하루 전인 2003년 12월 1일, 서영제 검사장이 기발한 꾀를 냈다. 이건희, 홍라희, 홍석현 등을 조사하지 않고 참고인 중지한 뒤 일부 피의자인 허태학, 박노빈에 대해서만 분리기소한 것이다.

이렇게 되면, 대법원이 에버랜드 사건에 대해 일반 배임으로 인정할 경우, 대법원 판결 선고 다음날 이건희 등에 대한 공소시효가 끝난다. 그런데도 검찰은 이건희 등 나머지 피의자에 대해 대법원 판결 후 소환하겠다는 태도를 보이고 있다. 이건희 등을 소환하지 않겠다는 말을 다른 방식으로 표현한 것에 다름 아니다.

검찰이 분리기소하는 일은 매우 이례적인 경우다. 사법연수원에서 검찰 실무 교육을 받을 때는 분리기소를 하지 말라고 배운다. 공범이 도망갔을 때 어쩔 수 없이 택하는 게 분리기소다. 그런데 에버랜드 사건에서는 주범인 이건희 등을 내버려두고 종범인 허태학과 박노빈을 기소했다. 굳이 분리기소를 한다면, 거꾸로 하는 게 맞다. 허태학과 박노빈은 사건 자체를 몰랐을 가능성이 크기 때문이다. 물론, 허태학과 박노빈은 에버랜드 전·현직 사장이므로 법적 책임을 피하기 힘들다. 하지만, 형사 사건에서는 실체적 진실을 우선하는 게 옳다. 1997년까지 에버랜드는 물론이고 삼성전자처럼 간판 계열사에서조차 이사회가 열리지 않았다. 허태학, 박노빈 등은 사실상 무죄로 보는 게 옳다고 본다.

에버랜드 사건에 대해 분리기소가 이루어질 줄은 삼성도 예측하지 못했다. 나는 에버랜드 사건을 담당한 서울지검 특수2부 채동욱 부장검사와 한두 번 통화한 적이 있는데, 당시 채 부장은 내게 "분리기소는 안 하겠다"고 이야기했다.

결국 분리기소는 당시 수사팀의 견해가 아니었다. 당시 3차장검사도 분리기소가 아닌, 이건희 등을 포함한 전부기소 의견이었던 것으로 알고 있다. 김앤장 소속 신필종 변호사에게 들은 이야기에 따르면, 당시 검찰총장이 연구관에게 이 사건에 관한 기록 검토를 시켰다고 한다. 사건 기록을 검토한 연구관은 기소하기에 충분한 증거는 없지만 기소가 불가피하다는 의견을 냈다고 들었다. 이런 이야기가 줄줄 새어나오는 것을 보며, 당시 대검찰청 수사보안에 문제가 많다고 느꼈다.

2000년 6월 곽노현 교수 등이 에버랜드 사건을 고발했을 당시, 이 사건은 서울지검 형사1부 신용관 부부장에게 처음 배당됐었다. 그런데 홍석조(홍석현 중앙일보 회장의 동생, 2006년 광주고검 검사장을 끝으로 검찰을 떠나서 현재는 보광훼미리마트 회장을 맡고 있다)가 서울지검 2차장 검사로 오면서, 3차장 산하 특수2부의 이진우 검사에게 사건을 넘겼다.

2001년 2월부터 이듬해 2월까지 에버랜드 사건을 맡았던 검사는 어린이날 가족과 함께 에버랜드 측으로부터 접대를 받았다. 그 검사가 보름간 미국 출장을 간 적이 있는데, 그동안 부장검사가 에버랜드 임원을 불러내 만났다. 이 자리에서 그 부장검사의 처남이 삼성증권에 투자해서 천만원쯤 손실을 봤다는 이야기가 나왔다. 이런 내용을 에버랜드 임원이 회사에 보고했고, 삼성 구조본이 나서서 처리해 줬다. 삼성증권이 손실을 보전해 주도록 한 것이다. 주임검사가 없는 상황에서 부장검사가 피의자를 따로 만난 것은 몹시 이상한 일이다. 더구나 그 자리에서 부장검사가 한 이야기는 사실상 뇌물을 달라는 요구와 다를 바 없었다고 본다. 삼성 측 역시 그렇게 이해하고 손실을 물어줬다. 뇌물 요구에 응답해서 뇌물을 줬다는 뜻이다. 그 부장검사는 왜 하필 처남의 계좌에 대해 이야기했을까. 뇌물을 받고 관리하기 위해 처남의 명의를 차용했으리라는 의심을 피하기 힘들다.

당시 김인주는 어차피 정치적인 사건이라면서 별로 걱정을 하지 않았다. 하지만 홍석조에 대해서는 욕을 많이 했다. 서울지검에 있으면서, 제대로 역할을 못했다는 것이다. 2000년 6월 에버랜드 사건이 고발된 후, 서울지검장은 삼성의 철저한 관리 대상이 됐다. 그래서인지, 수사검사들이 몇 차례 바뀌었지만, 대부분 수사의지가 없었다.

에버랜드 고발 당시 서울지검 형사1부의 조정환, 신용간 검사, 특수2부의 변찬우, 이진우 검사 등이 차례로 수사를 맡았지만, 수사는 늘 제자리걸음이었다. 수사가 그나마 이루어진 것은 2003년 기소할 무렵이었다. 고발 초기 변찬우, 이진우 검사 등은 내가 한 번씩 만난 적이 있다. 선배라는 핑계로 찾아가서 만났다.

당시 서울지검 서영제 검사장을 관리한 것은 노인식이었다. 노인식은 성균관대 선후배 사이라는 핑계로 서영제의 집에 드나들면서 선물을 갖다 줬다. 에버랜드 수사를 담당한 검사들은 삼성이 관리한 법조인 명단에 반드시 포함됐다. 에버랜드 사건이 중요한 이유는, 이재용에게 승계에 관한 것이기 때문이다. 삼성에서는 늘 이건희 가족의 사적 이익이 회사의 이익보다 우선시됐다.

이건희 및 그 가족의 문제를 직접 수사한 검사들은 반드시 삼성의 관리 대상이 됐다. 이건희가 1995년 11월 노태우 전 대통령에게 100억 원을 준 혐의로 대검 중수부에 소환돼 11시간 40분 동안 조사를 받고 불구속 기소된 일이 있다. 당시 이건희를 조사했던 주임검사 역시 삼성이 관리한 법조인 명단에 늘 포함됐다.

삼성 구조본에는 '관리 대상 명단'이 있었다. 삼성이 관리하는 주요 공직자 명단이다. 이 명단은 수십 년 전부터 내려온 것이다. 당연히 법조인들이 대거 포함돼 있다. 삼성이 법조인들을 영입하기 전에는, 주로 정천수가 법조인 명단을 작성하고 관리했다. 중앙일보 법조 담당 기자 출신인 정천수는 중앙일보 고문과 삼성 법무실 고문을 동시에 역임했다.

나는 '관리 대상 명단'을 2000년부터 2002년까지 다뤘다. 물론, 주로 법조인에 한해서다. 2003년께부터는 이 명단에 새로 추가할 이름이 없었다. 그 무렵, 내가 명단 작성 및 관리 방식을 바꿨다. 정천수가 작성한 관리 대상 법조인 명단에는 굳이 관리할 필요가 없는 사람인데 정천수 또는 다른 삼성 임원과 친하다는 이유로 포함된 경우가 종종 있었다. 자신들과 친한 검사들에게 선심을 쓰는 것이다. 그래서 내가 구체적인 인물이 아니라 특정 보직에 대해서 관리하라고 했다. 이렇게 하면, 꼭 관리해야 하는 자리에 있는 사람이 명단에서 빠지는 일이 생길 수 없다. 또, 불필요한 사람을 관리하느라 돈을 낭비할 일도 생기지 않는다. 이렇게 명단 관리 방식을 바꾼 뒤로는 내가 이 명단을 굳이 들여다볼 필요가 없었다. 결과적으로 내가 관리방식을 더 체계화하는 데 기여한 셈이다.

다른 사내 변호사들이 이 명단을 다뤘는지는 모르겠다. 팀장이 아닌 사내 변호사들에게는 로비 업무를 맡기지 않았었던 것으로 알고 있다. 내가 양심고백을 한 뒤, 당시 삼성 법무실장이던 이종왕 변호사가 사표를 냈다. 당시 그는 장문의 이메일을 썼는데, "삼성에서 누가 사원들에게 떡값 전달을 시켰나"라는 내용이 있다고 했다. 이런 이야기를 듣고, 웃음이 나왔다. 당연한 이야기다. 삼성에서 로비 업무는 아무에게나 맡기지 않는다. '사원'에게 위험한 로비 업무를 맡겼을 리 없다. 사원이 아니라 임원들이 고위 공직자를 관리했다.

재벌이 고위 공직자를 '관리'해 온 것은 어제오늘의 일이 아니다. 하지만, 2003년 2월 SK그룹 최태원 회장이 구속되면서 재벌의 검찰에 대한 관리가 특히 강화됐다. 삼성도 이런 분위기의 영향을 받았다.

독특한 수임료 지급방식 요구한 김앤장

2003년 12월 1일 에버랜드 사건 기소가 이루어지자, 삼성은 이용훈을 변호인으로 선임했다. 이종왕 변호사의 부탁 때문이었다. 이종왕과 이용훈은 노무현 전 대통령을 변론하면서 친해졌다고 한다. 이용훈은 2005년 9월 대법원장이 됐고, 대법원이 2009년 에버랜드 사건에 대해 무죄를 선고할 당시에도 대법원장 자리에 있었다. 대법원장이 변호했던 사건이 대법원에 올라온 것이다. 이용훈을 변호인으로 선임했던 2003년 당시에는 이런 상황까지는 예상할 수 없었다. 어쨌건 삼성은 절묘한 선택을 한 셈이다. 이용훈은 삼성 측 변호인으로 선임될 당시 자신은 거절하고 싶었는데 합동변호사사무실을 함께 운영하던 김종훈 변호사의 수입을 위해 어쩔 수 없이 변호인을 맡게 됐다고 말했다고 한다.

에버랜드 사건에 대해 구조본에서 처음 작성한 시나리오는 전체를 무혐의 불기소로 가게 하자는 것이었다. 모든 절차를 거쳐서 적법하게 행해진 것으로 만들기 위한 시나리오였다. 하지만, 이런 시나리오는 실현되지 않았다. 기소를 피할 수는 없었다. 기소가 이루어진 뒤, 삼성은 관재파트와 구조본 법무팀 중심으로 대응팀을 꾸렸다. 에버랜드 박병주 상무와 실무진들, 그리고 계열사 변호사들도 불러들였다.

에버랜드 사건이 기소되고 석 달쯤 지나서 이종왕 변호사가 김앤장 법률사무소를 그만뒀다. 그 무렵 그가 태평로 빌딩에 있는 이학수 안가(安家)에 다녀가는 것을 폐쇄회로 텔레비전에서 우연히 봤다. 태평로 안가는 에버랜드 관련 증언 조작 작업이 이루어진 곳이다. 이곳의 구조는 복도에 얼씬거리는 사람을 모두 감시할 수 있도록 돼 있다. 이런 안가가 몇 개 있다. 나중에 이학수는 자신이 움직이는 것까지 폐쇄회로 텔레비전에 비쳤다는 것을 알고, 화를 내기도 했다. 안가 내부 구조는 고급 아파트처럼 돼 있다. 호텔신라에서 음식을 보내준다. 현직 법관, 정치인 등 공개된 장소에서 만나기가 부담스러운 사람들을 주로 이곳에서 만났다. 안가로 이어지는 별도 엘리베이터가 있는 까닭에, 이곳에 드나드는 이들은 얼굴 노출 부담이 없었다.

이종왕 변호사가 태평로 안가를 다녀가고 얼마 뒤인 2004년 7월, 그는 삼성 구조본 법무실장에 기용됐다. 그는 사장급 대우를 받았다.

에버랜드 사건에 관한 진술 조작에 김앤장이 어떻게 관여했는지에 대해서는 모른다. 하지만 김앤장도 에버랜드 사건의 실체에 대해서는 잘 알고 있다. 김앤장은 삼성 사건을 많이 다뤘기 때문에, 삼성에 대해 잘 알고 있었다. 에버랜드가 이사회를 열지 않았다는 점 역시 알고 있었다. 이용훈 변호사와 함께 에버랜드 사건 변호인단에 포함된 김앤장에 대한 수임료 지급 방식이 특이했다. 김앤장은 사건 수임료를 삼성전자에 대한 자문료로 처리해 달라고 했다.

'6대 종손'은 억울했다

에버랜드 재판에 대한 김인주의 관심은 대단했다. 재판에서 질 경우, 김인주의 과제인 경영권 승계 작업에 차질이 빚어질 수 있기 때문이다. 그래서 김인주는 에버랜드 차명주주들을 꾸준히 접대했다. 주로 밥을 사거나 선물을 주는 식이었다.

물론, 다른 구조본 팀장들 역시 관심을 늦추지 않고 있었다. 1심 재판이 진행되고 있을 때, 최광해는 내게 "돈으로 막아야 한다"라고 이야기했다. 허태학, 박노빈이 피고인이 되는 대가로, 그들에게 각각 50억 원씩은 줘야 한다고 했다.

실제로 재판 당시 허태학은 내 앞에서 6대 종손이 전과자가 된다며 아우성을 쳤다. 그 덕분인지 허태학은 삼성석유화학 사장직을 오래 유지할 수 있었다. 호텔신라와 중앙개발(현 삼성에버랜드)에서 주로 근무한 허태학은 석유화학산업에 대해 아는 게 거의 없다. 내세울 만한 특기도 없고, 나이도 많은 편이다. 이런 그에게 삼성석유화학 사장직을 오래 맡겼던 것은 이례적인 배려였다.

09 "대선자금 수사에 응하시오"

"이학수를 버리고, 김인주는 건진다"

2002년 대선을 앞두고, 이회창 후보 측에서 삼성에 손을 벌렸다. 안 줄 수가 없었다. 당시 이회창 후보 측은 "당길 수 있을 때 당겨야 한다"는 입장이었다고 한다. 대선자금을 일단 많이 긁어모으고 보자는 입장이었다. 이회창에게 대선자금을 전달하는 심부름을 서정우 변호사가 맡았다. 서정우 변호사에게 돈을 준 것은 김인주였다. 대선자금을 전달하는 경로는 여러 개일 수 없다. 옛날에는 홍석현, 이종기 등 중앙일보 사장이 대선자금을 전달했다. 그 뒤에는 이학수, 김인주다. 그 밖의 다른 경로는 있을 수 없다.

물론, 삼성이 대선자금을 무조건 뜯겼다고만 볼 수는 없다. 여러 차례 대선을 거치면서, 삼성이 먼저 돈을 마련해서 유력 후보들에게 넘겨준 적이 더 많았다. 대통령 선거 일 년쯤 전부터, 삼성은 여러 방법으로 대선자금을 마련했다. 물론, 전부 회사 돈을 빼돌려 만든 비자금이다.

그런데 삼성은 대선 후보에게 돈을 주면서 이상한 논리를 댔다. 김인주는 "국민들의 불고기 잔치 비용을 마련했다"고 했다. 국가의 행사에 협찬 비용을 댄다는 개념이었다.

2002년 대선에서 노무현 후보가 이겼다. 이듬해 정권이 출범한 뒤, 한나라당 대선자금 수사가 시작됐다. 이른바 '차떼기' 사건이다. 당시 이학수, 김인주는 대검찰청 중수부장에게 수사에 응하겠다고 거짓말하고는 도피했다. 중수부장에게 거짓말하는 심부름을 내가 맡았다.

삼성 수뇌부는 "이학수를 버리고 김인주는 건진다"는 쪽으로 방향을 잡았다. 삼성의 로비 업무를 총괄했던 장충기는 "그룹의 미래를 위해서는 김인주가 꼭 필요하다"고 말했다. 이재용으로의 경영권 승계 작업 실무를 김인주가 책임지고 있었기 때문이다.

삼성 비리와 관련해 이학수는 상대적으로 무리를 덜 하려는 입장이었다. 반면, 김인주는 무리를 무릅쓰는 쪽이었다. 그래서인지 위험한 정보 역시 김인주가 더 많이 알고 있다. 삼성으로서는 이학수와 김인주 가운데 굳이 하나를 선택하라면 김인주를 택할 수밖에 없었다. 내가 이런 상황을 알고 있었기 때문에, 이학수는 자신과 내가 말이 통할 것이라고 믿었다. 2007년 양심고백 직전, 이학수가 내게 보냈던 문자 메시지가 언론에 공개됐을 때 이학수는 인간적인 배신감을 느꼈을 게다. 나도 그게 마음에 걸렸다.

삼성에 찍힌 검사들

대선자금 수사를 맡은 안대희 대검찰청 중앙수사부장(현 대법관)은 나와 부산에서 함께 근무한 인연이 있다. 그는 청렴하고 강직한 검사였다.

한번 수사를 시작하면 외압에 아랑곳하지 않는다. 안대희가 중수부장에 취임하기 직전, 나와 만났었다. 당시 그는 나더러 때 묻지 않은 중수과장을 추천해 달라고 했다. 하지만 내가 추천한 사람은 기용되지 않았다. 나중에 안대희는 "중수부장이 중수과장을 마음대로 못 한다"고 했다.

당시 안대희는 "삼성에서 사람 좀 보내지 말라"고 했다. 중수부장쯤 되면, 삼성에서 찾아온다는 사실을 그 역시 잘 알고 있었던 게다. 나도 그에게 "정천수 중앙일보 고문이 찾아갈 텐데, 알아서 거절하라"고 했다. 중앙일보 법조기자 출신인 정천수와 안대희는 전부터 알고 지내는 사이였다. 안대희는 중수부장이 된 뒤 정천수를 만나지 않았던 걸로 알고 있다.

정천수는 삼성이 법조계 고위직에 보내는 돈 심부름을 오래 했다. 대검찰청에서는 "정천수 올 때가 됐구나"라는 말을 농담처럼 하곤 했다. 그런데 그는 소속이 묘했다. 중앙일보 고문인데, 삼성 법무팀 고문이기도 했다. 내가 법무팀장이므로, 법무에 관한 결정권은 내게 있었다. 하지만 당시 60대였던 그를 40대였던 내가 단지 팀장이라는 이유로 함부로 대할 수는 없었다. 그래서 서로 불편해 하는 관계였다. 그래서인지 정천수는 내게 직접 의사전달을 하기보다, 이학수를 통해 뜻을 전달하곤 했다.

정천수는 나더러 안대희를 '관리'하라고 했는데, 역시 이학수를 거쳐 전달된 것이었다. 하지만 안대희는 '관리'가 통하는 사람이 아니었다. 그는 자신을 찾아오지 않는 게 일을 제대로 하도록 돕는 일이라고 했다. 나역시 그를 관리할 생각이 없었다.

한나라당 대선자금 수사를 하면서, 남기춘 대검 중수부1과장(당시 직책)이 삼성에 대해 강공을 폈다. 당시 남기춘 검사는 삼성 구조본 압수수색과 이학수 구속을 주장했다. 남기춘 검사는 나와 사법시험 동기였다. 그래서 구조본에서 내게 거는 기대가 컸다. 하지만, 나로서는 할 수 있는 게 없었다. 검사가 의지를 갖고 수사한다는데 어떻게 말리겠나.

이학수가 검찰에서 조사를 받던 날, 나도 동행했다. 내가 검사실에 들어가려고 하니까 남 검사가 나더러 들어오지 말라고 했다. "변호사 선임계를 내지 않았다"는 게 이유였다. 사실 그랬다. 당시 삼성 측 변호인이었던 이종왕 변호사는 선임계를 낸 상태였지만, 나는 선임계를 내지 않았었다.

남 검사의 강경한 주장은 결국 받아들여지지 않았다. 대통령의 뜻이 반영됐는지 여부는 알 수 없다. 노무현 전 대통령이 '존경하는 선배'라고 불렀던 이학수를 구속하는 게 간단치 않으리라는 점은 누가 봐도 명백했다.

대선자금 수사 이후에도 남기춘 검사는 다시 삼성과 부딪힐 뻔했다. 2004년 6월, 그가 서울지검 특수2부에 부임하면서다. 2003년 12월 기소된 삼성에버랜드 전환사채 헐값 발행 사건을 담당한 곳이 서울지검 특수2부였다. 하지만, 남기춘 검사가 특수2부에 부임하자마자 삼성에버랜드 사건은 서울지검 금융조사부로 넘어갔다. 삼성에 대해 강공을 편 검사가 삼성에버랜드 사건을 수사하는 것을 막기 위한 조치였다.

이후 몇 차례 검찰 인사에서 남 검사는 계속 불이익을 겪었다. 그는 '삼성에 찍힌 검사'의 본보기가 된 셈이다. 그는 대검찰청 공판송무부장을 거쳤으며 2009년 8월부터는 울산지검장을 맡고 있다. 서울고검 검사장 출신으로 대법관이 된 안대희가 "남기춘 같은 애들을 챙겨야 해서 내가 검찰을 못 떠난다"고 말했던 게 기억에 남는다.

대선자금 수사 당시, 열심히 일한 검사 가운데 한 명이 유재만이다. 그는 긴급 체포장을 갖고 김인주의 집을 두 번이나 압수수색했다. 한참 동안 김인주의 집 앞에서 잠복수사하기도 했다. 그래서 김인주는 집에 못 들어가고 호텔을 전전해야 했다. 당시, 김인주는 걸핏하면 구토를 했다. 그래서 진정제 등을 늘 챙겨 먹었다. 쫓기는 생활이 낯설었던 탓에, 몸이 견디지 못했던 모양이다. 그런 꼴을 당했기 때문에, 김인주 등 삼성 수뇌부 입장에서는 어떤 정권이든 확실히 매수해야 했다.

김인주를 벌벌 떨게 했던 유재만은 2006년 1월 서울중앙지검 특수1부 부장검사를 끝으로 검찰을 떠나 변호사가 됐다.

"대선자금 수사에 응하시오…" 돌아온 것은 배신자 취급

대선자금 수사에 대해서는, 수사에 응해야 한다는 게 일관된 내 입장이었다. 그러나 안대희 당시 대검 중수부장 및 노무현 전 대통령과 사법시험 동기라는 이유로 삼성 측 변호인을 맡게 된 이종왕 변호사의 생각은 달랐다. 그는 "무조건 피하라, 버티라"라고만 조언했다. 그 바람에 이건희도 국내에 들어오지 못한 채 해외에 머물러야 했다. 결과적으로 보면, 이런 판단이 맞았는지도 모르겠다. 검찰이 이건희 등을 강제 소환할 가능성은 높지 않았다. 검찰도 부담스러웠을 테니까 말이다. 하지만, 수뇌부가 모두 도피 중이니 그룹의 위신이 말이 아니었다. '이게 도대체 뭐하는 짓인가' 싶은 생각이 하루에도 여러 번 들었다.

당시 나는 도피 중이던 김인주 사장을 두 차례 만났다. 수사가 진행 중이던 2003년 말과 2004년 초였다. 내가 그에게 "회장과 실장을 모시는 입장에서 수사에 응하는 것이 어떻겠느냐. 계속 도피하면 삼성 수뇌부가 수사를 거부하고 잠적했다고 수사 브리핑을 할 수 있다. 이렇게 되면 회장을 소환할 텐데 그런 일은 막아야 하지 않겠느냐'고 말했다.

순간, 김인주의 눈에서 푸른 불꽃이 튀었다. 안색이 확 변했다. 그 일 이후, 김인주는 나를 배신자로 여기고 아예 상대하지 않았다. 그때부터 법무팀 소속 부하 변호사들도 내게 지시받거나 보고하지 않았다. 나 역시 그들이 어디서 무슨 일을 하는지도 몰랐다. 한번은 팀 소속 변호사 몇 명이 근무시간에 안 보여서 어디 갔는지 알아보니 조선호텔에 방을 얻어 작업 중이었다. 팀원들이 뭘 하는지에 대해 팀장이 알 수 없는 상황이었다. 김인주에게 "어떻게 이런 일이 있을 수 있느냐"고 항의했다. 그랬더니 그는 "왜 내게 따지느냐, 얼마나 존경을 못 받으면 후배들이 보고도 하지 않겠느냐"며 오히려 나를 모욕했다.

회사를 떠나다

삼성에서 일한 7년 동안은 지옥에서 보낸 시절이었다. 몇 차례나 며칠씩 출근을 않고 사라지기도 하였다. 현재 한국 상황에서는 후배 법조인들이 기업으로 가는 일을 진정 말리고 싶다. 수시로 무모한 범죄를 저지르는 자들을 상사로 모시며 법률 조언을 하는 것은 범죄조직의 내부조직원이 되는 일과 같기 때문이다.

2004년 3월, 결국 몸에 탈이 났다. 한 달간 계속 코피가 흘렀다. 말할 때나 가만히 있을 때나 코피가 흘러 회의 참석이나 전화 통화도 불가능했다. 이비인후과에서 코 안의 혈관을 전기소작했지만, 상황은 나아지지 않았다.

아들의 권유로 종합검진을 받았다. '식후혈당 400.' 당뇨병에 걸린 것이다. 고혈압, 지방간으로 인한 간 기능 저하, 고지혈증, 전립선염 등 많은 병증이 나타났다. 매일 약을 한주먹씩 먹어야 했다. 퇴직을 결심했다. 모든 것을 버리고서라도, 우선 건강부터 되찾고 싶었다. 이학수 실장은 내게 부사장 진급과 2년 동안의 부부 해외여행을 지원하겠다고 제의하였다. 그러나 당시 내게 돈은 의미가 없었다. 2004년 8월, 모든 것을 정리하고 회사를 떠났다.

10 이건희 일가, 그들만의 세상

법 위에 있다고 믿는 그들

돌아보면, 삼성에서 일하는 내내 나는 늘 이방인이었다. 삼성 수뇌부 인사들과 가까이 어울렸지만, 결국 나는 그들과 동화될 수 없었다. 이건희 일가를 신처럼 받드는 문화에 적응하지 못하는 한, 누구라도 마찬가지였을 게다.

법을 수호해야 할 법률가 입장에서 삼성의 이런 문화는 특히 견디기 힘들었다. 법과 상식을 초월한 존재를 받아들일 수 없었던 것이다. 나는 삼성에서 이건희 일가가 평범한 사람들의 상식을 벗어난 행동을 하는 것을 너무 자주 봤다. 만인에게 평등해야 할 법을 우습게 여기는 모습도 너무 자주 봤다. 어떤 이들에겐 이게 당연해 보일 게다. 이건희 일가는 재벌 총수이고, 그들은 보통 사람들과 '신분'이 다르다고 여길 테니까. 실제로도 그랬다. 이건희 일가는 유럽 귀족 흉내를 몹시도 내고 싶어 했다. 물론

이건희 일가가 사치를 하는 것도, 허영에 들떠 지내는 것도 모두 자유다. 이걸 굳이 규제할 근거는 없다.

다만, 조건이 있다. 개인적인 사치는 개인 돈으로 해야 한다는 것이다. 개인적인 사치를 위해 회사 돈을 빼돌려서는 안 된다. 삼성에서는 임직원이 회사 돈을 3만 원만 빼돌려도 바로 해고된다. 이런 추상같은 원칙이 이건희 일가라고 해서 비켜가서는 안 된다는 이야기다.

신분이 다르다고 믿는 것은 자유지만, 이런 믿음은 믿음으로 그쳐야 한다. 실제로 '다른 신분'인 양 군림해서는 곤란하다. 물론 교과서 같은 이야기다. 하지만, 교과서 속 상식이 깨질 때 피해를 보는 것은 주로 평범한 서민들이다. 돈과 인맥을 가진 이들이 마구 횡포를 부릴 때, 약자가 기댈 곳은 결국 법과 상식뿐이다. 법과 상식마저 무너지면, 돈, 인맥, 명성, 정보, 힘이 모두 부족한 평범한 사람들은 기댈 곳이 없다.

이건희의 생일잔치

여기서 이건희의 생일잔치 풍경을 소개하고자 한다. 스스로 '다른 신분'이라 여기는 그들이 살아가는 모습이다.

2003년 1월 9일 저녁 6시 호텔신라 다이너스티홀, 이건희의 회갑잔치가 시작됐다. 이금희 아나운서가 이날 잔치의 사회를 맡았다. 지휘자 금난새, 유명 국악인, 성악가, 가수 등이 대거 출연한 자리였다. 메인 테이블에는 이건희의 아들과 딸, 사위, 며느리, 손자 등 직계가족이 앉았고, 주변 테이블에는 이날 오전에 1억 원씩 상금을 받은 자랑스러운 삼성인상 수상자 부부들이 앉았다. 자랑스러운 삼성인상 수상 축하연은 이건희의 생일에 맞춰 열린다. 노벨상을 흉내 내 만든 자랑스러운 삼성인상 심사위원장은 이현재 전(前) 총리였고, 각계 요직을 거친 사람들이 심사위원으로 포진되어 있었다.

이건희의 생일잔치는 공식행사를 빙자하여 공식비용으로 치러진다. 손님들에게는 식전 와인, 식간 와인, 식후 와인으로 상당한 수준의 것이 제공되고, 애피타이저로는 푸아그라(거위 간) 요리, 메인 요리로는 와규(일본에서 키운 소) 등심에 트뤼프 버섯으로 만든 소스가 나온다. 이건희 가족들의 테이블에는 프랑스에서 항공기로 공수된 냉장 푸아그라가 제공됐다. 반면, 다른 테이블에는 냉동 푸아그라가 제공됐다.

내 상식으로는 납득하기 힘들었다. 잔치에서는 손님에게 더 좋은 음식을 주는 게 정상 아닌가. 생일잔치에 손님을 불러놓고 손님에게는 냉동 푸아그라를 주고, 자신들은 냉장 푸아그라를 먹는 게 영 불편했다. 와인도 마찬가지였다. 이건희 가족의 테이블에는 천만 원짜리 페트뤼스 와인이 있었지만, 손님 테이블에는 이보다 훨씬 싼 다른 와인이 있었다.

나는 기분이 나빠져서 비서팀장인 김준 상무(당시 직책)에게 페트뤼스 와인이 몇 병이나 있느냐고 물었다. 많다고 대답하기에 한 병 가져오라고 해서 다른 구조본 팀장들과 나눠 마셨는데, 술을 마실 줄 모르는 나도 느낄 수 있을 정도로 부드러운 맛이었다.

이날 이건희 가족들이 준비한 것으로 돼 있는 생일 선물은 이건희의 방을 축소한 모형이었다. 탁자, 거울 위치까지 정확하게 재현한 모형물을 유리 상자 안에 넣은 것이었다.

이건희의 방이 얼마나 별나기에 모형으로 만들어 선물까지 할까 싶다.

실제로 좀 별나다. 이건희는 늘 거울을 옆에 두고 얼굴을 자주 들여다보는 습관이 있다. 그래서 그는 외국 호텔에 묵을 때도 가구와 거울 등을 평소 자기 방에서 쓰던 위치에 배치하도록 한다.

이건희가 묵는 방의 옆방에는 3명 이상으로 구성된 통신팀이 늘 대기하고 있다. 전 세계 위성방송을 24시간 녹화하는 팀이다. 이건희가 아무 때 아무 방송이나 볼 수 있도록 하기 위해서다. 이건희가 집에 있을 때는 통신팀이 지하실에서 대기한다. 통신팀은 이건희로부터 언제든 유·무선 연락을 받을 수 있어야 한다. 통신팀이 늘 대기하고 있는 곳은 이건희의 집 지하실, 이건희가 있는 곳, 삼성본관 28층이다.

신기한 것은 통신팀은 구조본 팀장이나 사장단 등 고위 임원이 사람을 찾으면 어떻게든 찾아내 연결시켜준다는 점이다. 연락처를 알기 힘든 사람, 현 위치를 파악하기 힘든 사람들을 통신팀이 찾아내 삼성 고위층과 통화하도록 하는 비결이 무엇인지는 알려져 있지 않다.

이건희 일가의 파티에는 연예인과 클래식 연주자 또는 패션모델 등이 동원된다. 가수의 경우, 사람마다 차이가 있지만 보통 2~3곡 정도 부르고 3000만 원쯤 받아간다. 이건희 집안 파티에 불렀을 때 거절하는 연예인은 거의 없다고 알려져 있다. 다만 예외가 있는데, 가수 나훈아 씨다. 삼성 측에서 아무리 거액을 주겠다고 해도, 나훈아를 초청할 수는 없었다.

나훈아는 대략 이런 입장이었다고 한다. "나는 대중 예술가다. 따라서 내 공연을 보기 위해 표를 산 대중 앞에서만 공연하겠다. 내 노래를 듣고 싶으면, 공연장 표를 끊어라." 한마디로 부잣집 애완견 노릇은 하기 싫다는 것이다. 이런 이야기를 듣고 깊은 인상을 받았다. 이후 나훈아의 〈영영〉, 〈사랑〉이 내 애창곡이 됐다.

나는 파티비용이 얼마나 들까 추산해 본 적이 있다. 이건희 일가의 파티에 초대된 손님 한 명당 와인과 음식 값이 50만 원쯤 든다. 파티 한 번 하면 손님이 300명쯤 오니까 먹고 마시는 비용으로 1억 5000만 원이 드는 셈이다. 여기에 공연과 간단한 선물이 곁들여지는 게 통례다. 선물은 여러 가지가 있는데, 금박을 입힌 초콜릿이 기억에 남는다. 공연과 선물비용이 수억 원쯤 되니까, 파티비용은 10억 원쯤 될 듯하다.

이건희 일가의 파티에서 빠뜨릴 수 없는 장면은 음식을 내오는 장면이다. 호텔신라에는 드림팀이라는 게 있다. 한 기수당 50명쯤 되는데, 특별한 서비스 교육을 받은 여직원들이다. 이들이 온통 금빛인 큰 뚜껑으로 덮인 음식을 내온다. 검은 유니폼을 입은 직원이 손님들 테이블 옆에 서 있다가 일제히 금빛 뚜껑을 열어주는 장면은, 직접 보지 않고는 상상하기 힘든 장관이다.

2003년 승지원에서 열린 파티가 유난히 기억에 남는다. 승지원이란 이건희의 집 바로 옆에 있는 곳인데, 이병철 초대회장이 살던 곳이다. 사장단 회의를 하거나, 이건희가 중요 인사를 만나는 곳으로 쓰인다.

당시 파티는 주한 프랑스 대사를 통해 이건희에게 프랑스 대훈장을 수여하는 자리였다. 프랑스 대통령은 한진그룹 조중훈 회장에게도 훈장을 수여한 적이 있다. 프랑스와 상업거래가 많아서, 국익을 위해 훈장을 활용하는 것으로 보였다.

이를 두고 김인주는 "프랑스는 외국 기업의 총수인 회장님께 훈장까지 주는데 우리 정부나 국민은 왜 회장님을 제대로 대접을 안 하는지 모르겠다"고 푸념을 했다.

일본풍으로 꾸며진 승지원 정원에는 폭 2m, 길이 10m 정도의 연못이 있는데, 이곳에서 황금 잉어를 기른다. 연못 한쪽에는 잉어 알이 쌓여 있는데, 잉어가 헤엄치기 힘들 정도로 알이 가득했다. 당시 이건희는 연못 안의 황금 잉어를 흐뭇한 표정으로 바라보면서 손님들에게 자랑했다.

이런 장면을 보면서, 일본 왕이 기르는 붕어에 관한 이야기가 떠올랐다. 일왕(日王)의 궁전에도 연못이 있는데, 이곳에 등지느러미가 없는 기형적인 붕어를 기른다고 한다. 아주 희귀한 기형 붕어인 셈인데, 등지느러미가 없는 붕어는 방향 전환이 어려워서 서서히 돈다고 한다. 이런 모습이 왕의 권위를 표현하는 듯하고, 위에서 내려다보기에는 꽤 그럴듯하다는 게다. 보통 사람들의 평범한 미감(美感)으로는 잘 받아들이기 힘든 장면이다. 이건희의 집에서 보고 듣고 겪은 것들 가운데 이런 게 꽤 있었다.

당시 파티에서 외국에도 널리 알려진 한국인 여자 재즈 가수가 몇 곡을 불렀다. 국악인도 왔다. 작은 거실에서 얼마 안 되는 사람을 위해 여는 거창한 공연이 영 어색하고 못마땅했다. 하지만 더 큰 문제는 몇몇 사람을 위해 수천만 원을 들여 공연을 한다는 게 아니다. 이런 자리를 불편해 하는 사람이 있다는 사실조차 모르는 삼성 수뇌부와 이건희 일가의 둔감함이 더 큰 문제다.

이들은 개인적인 파티에 회사 돈을 쓰는 것에 대해 아무런 거리낌이 없었다. 손님을 초대해 놓고, 손님에게는 주인보다 더 싼 음식을 제공하는 게 예의가 아니라는 생각도 하지 못했다. 이런 무례한 태도의 배경에는 이건희 일가가 마치 왕족이나 귀족처럼 '신분이 다른 사람들'이라는 생각이 있다. 이런 생각이 바뀌지 않는 한, 삼성의 진정한 쇄신은 요원하다고 본다.

'신분이 다르다'고 믿는 그들의 독특한 생활

승지원 안에는 경호팀이 상주한다. 팀장은 임원급이다. 정문은 대형 철문으로 돼 있는데, 큰 트럭도 출입할 수 있을 정도다. 그때는 이유를 몰랐는데, 지금 생각해 보니 그림을 운반하는 차량도 드나들 수 있도록 하기 위한 것이 아닌가 싶다. 철문은 밖에서 안이 들여다보이지 않는 구조로 돼 있었다. 집 안의 바닥은 유명한 목수가 직접 짰다는 원목 마루에 가구들도 현장에서 직접 짜서 만든 것이라고 했다. 방 하나에는 온 벽면이 수제 원목 유리장으로 되어 있는데, 그 안은 세계 각국의 유명 명품 골프채로 가득했다. 그 골프채들은 앤티크이거나 희귀 골프채들로서 시중에서 돈을 주고 살 수 있는 물건들이 아니라고 했다.

나는 사장단 회의 때문에 승지원 회의실에 몇 번 간 일이 있다. 회의는 오후 6시에 시작되어 자정을 넘긴다. 이건희는 특이한 버릇이 있다. 회의를 아무리 오래 해도 화장실에 가지 않는다. 그래서 회의가 있는 날 사장들은 아침부터 국이나 물을 포함한 일체의 수분 섭취를 피한다.

회장 집의 경호 담당이 된 임원은 개인적으로 무척 힘들어 한다. 늘 긴장한 상태로 휴식도 없이 대기상태로 지내야 하기 때문이다. 물론 다음 보직은 좋은 자리가 주어진다. 회장 침구 정리는 부장급인 남자 직원이 맡는다. 우산, 양복 등을 챙기고 식사를 거의 같이 하는 여비서는 상무급이다. 그녀에게는 스톡옵션과 수억 원대의 연봉, 그리고 타워팰리스 펜트하우스가 주어졌다.

이건희는 사장단 회의에서 "나(이건희)에게 큰 약점이 있다. 생활비를 벌기 위해, 월급을 받기 위해서 일하는 사람의 심정을 잘 모른다"라고 말한 적이 있다. 솔직한 고백이다. 그는 아침에 직장에 출근해서 저녁에 퇴근하는 생활을 하지 않는다. 그의 생활 습관은 몹시 독특한데, 주로 집에 틀어박혀 있으면서 미리 녹화해 둔 다양한 프로그램들을 며칠씩 계속 보기도 한다. 거울을 들여다보는 버릇이 있는 그는 자기 몸으로 이것저것 시험하는 일도 좋아한다. 이를테면, 밥을 안 먹고 얼마나 버티는지를 시험하는 식이다.

이건희는 집에 틀어박혀 있기를 좋아해서, 회사로 출근하는 일이 거의 없다. 삼성에서 근무한 7년 동안, 이건희가 출근한 것을 딱 두 번 봤다. 그 중 한 번은 김대중 전 대통령이 재벌 총수들을 부른 날이었다. 이건희는 청와대에 불려갔다 오는 길에 삼성 본관에 들러서 이학수, 김인주 등과 잠깐 이야기를 나누고는 집에 갔다. 고위직 몇몇을 제외한 삼성 직원들은 이건희가 회사에 다녀갔는지도 몰랐다. 다만 그날은 엘리베이터를 중간에 세우지 않도록 했다. 이건희가 타고 오르내리는 엘리베이터가 목적지가 아닌 곳에서 멈추도록 할 수는 없는 일이었다. 이건희뿐 아니라 이학수가 엘리베이터를 탈 때도 마찬가지였다. 이건희 일가 및 그들의 가신을 위한 의전(儀典)의 일종이었다.

이건희는 "내가 출근할 필요가 뭐가 있느냐"라고 스스로 말한다. 그래서 계열사 경영현황, 분기별 손익 등 주요 서류가 전부 이건희의 집으로 전달됐다. 이런 서류에 이건희의 결재란은 따로 없다. 이건희의 결정은 도장이 아니라 말로 전달된다. 이건희의 구두 지시를 받기 위해 이학수와 김인주가 이건희의 집을 수시로 드나들었다. 이건희가 직접 결정하는 사항은 구조본 팀장 인사, 사장단 인사, 아산 탕정의 LCD 생산공장, 반도체 라인 증설과 같은 대규모 투자 결정, 이건희가 개인적으로 관심을 가진 사소한 사항 등이다. 예를 들어 제일모직에서 만드는 골프복 디자인, 여성복 디자인 등은 해마다 시제품을 이건희의 집에 들고 와서 보고하고 이건희가 직접 고르도록 했다.

이건희가 있는 곳은 늘 온도를 25~26도에 맞춰야 했다. 실내 공기의 질은 해발 600m 조건에 맞춰졌다. 이건희의 전화에는 임원과 직접 연결되는 단축키가 있다. 아무 때나 단축키를 눌러 통화한다. 삼성전자 사장 부부가 밤에 거리를 산책하다 이건희의 전화를 받은 적이 있다. 가로등 밑에서 통화했는데, 배터리가 떨어질 때까지 통화했다고 한다. 그래서 계열사 사장들이 마음 놓고 술도 못 마시는 분위기였다. 나라 밖으로 멀리 떠날 때도 부담스러워했다. 언제 어디서 전화를 받을지 모르기 때문이다.

이건희의 집이 있는 이태원동, 한남동 일대에는 리움미술관을 포함해 승지원, 이재용의 집, 딸들인 이부진, 이서현의 집 등이 몰려 있다. '그들만의 마을'이 형성돼 있는 셈이다. 리움미술관을 세운 목적 가운데 하나가 '그들만의 마을'과 관계가 있다. 미술관이 이건희 일가의 집들을 보호하는 요새 역할을 하도록 한 것이다. 고가의 미술품이 있는 미술관에 도둑이 드는 것을 막는다는 핑계로, 경비원을 대거 배치했다. 사실상 '그들만의 마을'에 일반인이 접근하는 것을 막기 위해 배치된 경비원들이다.

한남동 리움미술관 바로 아래에 삼성 수뇌부와 그 가족을 위한 치과병원이 있다. 특이한 것은 병원에 수납 창구가 없다는 점이다. 일반인을 상대할 일이 아예 없기 때문이다.

이건희 일가가 사는 곳은 풍수상으로 최고의 양택 명당으로 배산임수의 길지라고 한다. 서울에 재벌들이 많이 사는 명당지역으로는 한남동, 동부이촌동, 중곡동 등이 있는데, 모두 풍수적인 이유로 명당이라고 한다.

이건희가 가족들의 집들을 한데 모으기 위해 주변의 땅들을 구입하는 과정에서 자신의 수표가 전낙원의 계좌에 들어간 일이 있다. 파라다이스 호텔 카지노로 문제가 됐던 그 전낙원이다. 근처에 있던 전낙원의 집을 구입하는 과정에서 수표를 쓴 것이다.

서울중앙지검 강력부에서 전낙원의 계좌를 추적하다 이건희의 10만 원짜리 수표가 유입된 흔적을 발견했다. 그런데 이 사실을 수사기관보다 내가 먼저 알았다. 수사기관이 이건희의 수표를 조회한 사실을 금융기관으로부터 통보받았기 때문이다. 수표 조회 사실을 알게 된 내가 서울중앙지검에 주택 구입 자금으로 지급된 것이라고 해명했다. 그러자 수사기관은 수표를 더 이상 추적하지 않았다. 이건희의 수표가 나온 사실을 수사기관보다도 먼저 알고 해명하자 수사기관에서도 무척 놀랐었다.

이건희, 이재용, 홍라희 등… 이건희 일가는 자신들이 보통 사람들과 신분이 다르다고 믿었다. 그래서 그들은 보통 사람들과 따로 떨어져 살고 싶어 했다. 보통 사람들과 공간적으로만 거리를 두려 한 게 아니다. 옷차림과 장신구, 식사 등까지 남들과 거리를 두려 했다.

다른 신분을 가진 그들만의 공동체, 그 안에도 여느 공동체처럼 따뜻한 정(情)이 흐르고 있을까. 내부자가 아닌 이상 알 수 없다. 하지만 적어도 바깥에서 보기에는 그렇지 않아 보였다. 이건희는 모친인 고(故) 박두을 여사가 사망한 2000년 1월 3일 미국에 있었다. 그는 모친의 사망 소식을 듣고도 귀국하지 않았다. 미국의 암 전문 병원인 M.D.앤더슨센터에서 폐암 전문의로부터 진찰을 받아야 한다는 게 이유였는데, 상식적으로는 납득이 되지 않았다. 삼성 주변에서는 형인 이맹희와 마주치는 게 싫어서 귀국을 꺼린다는 말이 나왔다. 이병철의 삼남인 이건희가 형들을 제치고 삼성 회장이 된 이야기는 유명하다. 그리고 이 과정에서 큰형인 이맹희, 작은형인 이창희 등과 사이가 틀어진 사실도 널리 알려져 있다. 이창희의 아들 이재관이 운영하던 새한그룹이 공중분해된 뒤, 이건희가 조카인 이재관을 삼성전자 미국법인에 보냈다. 먹고살 수 있도록은 해 줬지만, 자신들의 공동체 안에 끌어들이지는 않았다.

이건희는 누이가 많다. 이인희, 이숙희, 이순희, 이덕희, 이명희 등. 그런데, 이건희는 누이들과도 사이가 나빴다. 이건희는 "내가 엘리베이터걸과의 사이에서 애를 낳았다는 루머가 있는데, 알고 보니 내 누이가 퍼뜨린 것"이라고 말한 적이 있다. 당연히 누이들과 사이가 나쁠 수밖에.

이처럼 부모형제에 대해서도 냉랭했던 이건희가 조선일보 사주인 방일영 상가에는 직접 방문해 조문하는 것을 보고 깜짝 놀란 적이 있다. 방일영이 사망한 2003년 8월 8일, 이건희는 아픈 몸을 이끌고 서울대병원에 마련된 방일영 빈소를 직접 찾았다. '어머니 상가에도 가지 않았던 이건희가 언론사주 상가에는 가는구나' 싶었다. 이건희는 본능적으로 알았던 게다. 그들만의 폐쇄적인 공동체를 묶어주는 끈은 혈육간의 정이 아니라 권력이라는 것을.

훔친 돈 놓고 다투는 이재용-임세령, 재산 분할금의 출처는?

이런 그들에게 결혼은 그저 수단이었다. 이해관계가 겹치는 이들끼리 뭉치는 계기일 뿐이었다.

2009년 2월 11일, 이건희의 맏며느리 임세령이 이재용을 상대로 이혼 소송을 제기했다. 임세령의 아버지는 임창욱 대상그룹 회장이다. 그리고 어머니인 박현주는 금호아시아나그룹 박삼구 회장의 여동생이다. 재벌끼리 얽히고설킨 혼맥(婚脈)의 한 사례인 셈이다. 1998년 6월 대학 3학년이던 임세령이 9살 연상인 이재용과 결혼할 당시, 언론의 관심은 요란했다. 일각에서는 영남 재벌과 호남 재벌의 결혼이라며, 대단한 의미를 부여하기도 했다. 하지만, 이는 지나친 의미 부여다. 부산에서 태어나서 소년기를 보낸 임창욱을 호남 재벌이라고 분류하기는 어렵다.

2003년 2월께, 이재용의 부탁으로 임세령의 아버지 임창욱을 만난 적이 있다. 당시 임창욱은 수백억 원대 비자금을 조성한 혐의로 수사선상에 올라 도피 생활을 하고 있었다. 그런데 범죄를 저지르고 도망 다니는 자의 태도가 좀 웃겼다. 임창욱은 서울 삼성동 그랜드 인터컨티넨탈 호텔에서 잠을 잤고, 벤츠를 타고 돌아다녔다. 경호원 최승갑이 당시 임창욱의 차를 운전했다. 나중에 최승갑은 임창욱에게 20억 원을 받아 정치인, 법조인 등을 상대로 불법 로비를 했다고 밝혔다. 임창욱은 비자금 조성 등의 이유로 2005년 징역 3년을 선고받고 1년 7개월을 복역한 뒤 사면됐다. 내 양심고백 이후 사태 전개를 보며, 임창욱은 속이 상했을 게다. 훨씬 큰 규모로 비자금을 조성한 이건희는 면죄부를 받았는데, 비리 규모가 작은 자신은 감옥살이를 했으니 말이다.

흔히 '상고머리'라고 부르는, 옆을 짧게 친 머리 모양을 하고 다녔던 임창욱은 늘 다부진 인상이었다. 자존심도 무척 셌다. 이런 아버지가 비자금 조성 혐의로 감옥살이를 하는 것을 본 임세령의 마음은 괴로웠을 게다. 게다가 이건희 집안이 친정아버지를 옥바라지하는 맏며느리를 챙겨줄 분위기도 아니었다. 애초부터 이건희 집안은 임창욱 집안을 한참 내려다보는 태도를 취했다. 자존심 센 성격인 임창욱이 참기 힘든 분위기였다. 임세령의 이혼소송 소식이 썩 놀랍지 않았던 것도 그래서였다.

어린 나이에, 다니던 대학마저 중퇴하고 이건희 집안에서 시집살이를 해야 했던 임세령의 처지는 안타깝다. 하지만, 이재용과 임세령이 재산을 놓고 다투는 모양은 좀 우습다. 결국 훔친 재산을 서로 챙기겠다고 다투는 것에 다름 아니기 때문이다. 이재용의 재산 가운데 대부분은 회사로부터 빼돌린 장물이다. 이는 이재용의 몫일 수도 없고, 임세령의 몫일 수도 없다.

이재용과 임세령의 이혼소송은 세간의 뜨거운 관심을 끌었지만, 금세 합의이혼으로 결론이 났다. 임세령 측이 소송을 취하한 것이다. 이혼 합의가 이루어지면서 재산 분할이 어떻게 됐는지는 비밀에 붙여졌다. 이 소식을 듣고, 이재용 측이 임세령에게 떼어준 재산이 이재용의 공식적인 소득에서 나온 것인지, 아니면 비자금에서 나온 것인지가 궁금해졌다.

이건희, 이재용 부자는 자신들의 지분을 관리하는 용도 이외에는 공식적인 소득을 쓰지 않는다. 나머지 용도를 위해서는 회사 돈을 빼돌려 만든 비자금을 썼다. 임세령에게 지급한 돈이 어디서 나온 것인지가 궁금했던 것도 그래서였다.

황태자 이재용과 야심가 이부진

임세령에게 이혼소송을 당하면서, 이재용의 사생활에 대중의 관심이 쏠렸다. 이재용을 얌전한 모범생 이미지로 포장해 왔던 삼성으로서는 긴장하는 게 당연했다. 하지만, 아버지 이건희와 달리 아무런 경쟁 없이 곱게만 자라온 이재용을 기다리고 있는 도전은 이제 시작이다. 첫 번째 도전자는 여동생 이부진이다.

2009년 1월 삼성 임원 인사에서 호텔신라 경영전략실의 김상필 상무가 삼성에버랜드 경영지원담당으로 발령 났다. 그런데 호텔신라를 실질적으로 운영하는 경영전략 총괄담당은 이부진이다. 김상필은 호텔신라에서 이부진의 직속 부하였던 셈이다. 이런 김상필이 삼성그룹의 지주회사 격인 삼성에버랜드 핵심 부서에 배치된 것이다. 삼성 안팎의 관심이 쏠린 게 당연하다.

당시 인사에서 삼성에버랜드 임원 30여 명 가운데 16명이 교체됐다. 그리고 삼성 계열사의 정예인력이 선발돼 삼성에버랜드에 배치됐다. 이어 2009년 9월 15일에는 이부진이 삼성에버랜드 경영전략담당 전무로 발령이 났다. 이부진은 호텔신라 경영전략담당 전무와 삼성에버랜드 경영전략담당 전무를 겸하게 된 것이다. 이런 사실이 뜻하는 바는 분명하다. 이부진에게 그룹 차원에서 힘을 실어주고 있다는 것이다. 물론, 이건희의 뜻이라고 봐야 한다.

지금까지 이재용은 '적장자 상속'이라는 명분을 업고 독주해 왔다. 그런데 이부진이 이재용의 잠재적 경쟁자로 떠올랐다. 이는 간단치 않은 변화다. 잘 알려져 있듯이 삼성에버랜드는 사실상 삼성그룹의 지주회사나 다름없다. '삼성에버랜드 → 삼성생명 → 삼성전자 → 삼성카드 → 삼성에버랜드'로 이어지는 순환출자구조의 핵심에 있는 게 삼성에버랜드다. 삼성에버랜드를 장악하면, 삼성그룹 전체를 장악할 수 있다는 뜻이다. 물론 이부진이 삼성에버랜드를 경영하게 됐다는 사실이 이부진이 삼성에버랜드를 장악했다는 뜻은 아니다. 삼성에버랜드 1대주주는 여전히 이재용이다. 그는 삼성에버랜드 지분 25.1%를 갖고 있다. 이부진의 지분은 8.37%에 불과하다.

삼성 내부 사정에 관심 있는 이들에게는 익숙한 이야기지만, 이부진은 결코 만만한 성격이 아니다. 그리고 이부진은 평소 호텔신라만으로 만족할 수 없다는 뜻을 노골적으로 내비치곤 했다. 이부진이 2007년 10월 삼성석유화학 지분을 대거 인수해 최대주주가 된 것도 이런 맥락에서였다. 삼성석유화학은 안정적인 이윤이 보장될 뿐 아니라 비상장 회사다. 후계 구도에서 중요한 변수가 될 수 있다.

그런데 오빠인 이재용은 이부진을 몹시 못마땅해 한다. 이부진이 갖고 있는 호텔신라에 다른 계열사를 얹어주기는커녕, 호텔신라조차 못 갖게 하고 싶어 한다. 이건희가 죽으면, 이재용이 고급호텔을 지어서 호텔신라의 영업을 방해하리라는 이야기가 삼성 안팎에서 종종 나왔다. 이학수, 김인주 등 이건희의 가신들은 "이재용-이부진 남매가 화목해야 할 텐데" 하며 늘 걱정하곤 했다. 하지만, 이들 남매의 사이는 계속 틀어져왔다. 이부진의 최근 움직임을 보면, 이들 남매의 사이가 좋아지기는 어려울 듯하다.

이부진은 아버지 이건희를 닮았다는 이야기를 많이 듣는다. 독한 성격이 특히 닮았다. 물론, 이런 면은 경영자로서 강점이 될 수 있다. 회사 경영에 자신의 취향을 강하게 반영하는 면도 닮았는데, 이런 점은 때로 약점이 될 수 있다. 자신을 닮은 딸 이부진이 외아들 이재용의 경쟁자로 떠오른 상황에서, 이건희가 어떤 선택을 할지 궁금하다.

이건희의 선택이 유독 관심을 끄는 것은, 이건희의 아버지 이병철 역시 적장자인 이맹희를 내치고 이건희에게 삼성 경영권을 넘긴 사례가 있기 때문이다. 셋째아들인 이건희가 형을 제치고 경영권 승계 경쟁에서 이긴 사례는, 이재용의 동생 이부진의 부상을 예사롭게 볼 수 없도록 한다. 게다가 이부진에 대한 이건희의 애정은 각별한 데가 있었다.

이부진이 지난 2001년 호텔신라 부장으로 입사했을 때, 이건희는 호텔신라에 두 달 가까이 직접 숙박하면서 이부진에게 힘을 실어줬다. 내가 아는 범위에서는, 이건희가 자신의 다른 아들, 딸들에게 이처럼 대놓고 애정과 관심을 보인 일은 없었다. 그래서 당시 호텔신라에서는 "이부진 부장의 직책에는 '부' 자와 '장' 자 사이에 '회' 자가 빠졌다"는 말이 돌았다는 이야기를 들었다. 부장이 아니라 부'회'장이란 말이었다.

다수의 예상을 깨고, 이부진이 오빠 이재용과의 경쟁에서 이겨서 삼성 주요 계열사를 장악하게 되면 삼성에는 어떤 일이 생길까. 이재용이 'e삼성'의 실패로 경영능력에 대한 일차 평가를 받은 것과 달리, 이부진의 경영능력은 아직 충분히 검증되지 않았다. 그래서 전망하는 게 쉽지 않다. 이런 질문 앞에서 어떤 이들은 인천공항에 있는 호텔신라 면세점 사업을 예로 들기도 한다. 이부진이 진두지휘한 이 사업은 심한 적자를 보고 있다. 면세점 입주 계약 과정에서, 지나치게 높은 임대료를 제시한 게 한 원인이다. 엎친 데 덮친 격으로 최근 외환위기로 출국객이 크게 감소했다. 이런 사례를 놓고 이부진의 경영능력에 대해 부정적인 평가를 내리는 목소리도 나온다. 이렇게 보면, 이재용과 이부진이 모두 일차평가에서 나쁜 점수를 받은 셈이다.

하지만, 나는 좀 다른 문제를 지적하고 싶다. 이건희가 삼성을 물려받은 게 1987년 말인데, 그때와 지금은 삼성의 규모와 위상이 달라도 너무 다르다. 1987년에 삼성은 고만고만한 국내 재벌 가운데 하나에 불과했지만 지금은 대통령도 함부로 대하지 못하는 거대 권력이 됐다. 오히려 삼성이 정부와 사법부, 국회 위에 군림하는 모양새다.

또, 삼성의 핵심 계열사인 삼성전자는 1987년과 달리 세계적으로 브랜드를 인정받는 기업이 됐다. 누가 이런 집단을 제대로 이끌 수 있을까. 규모와 질, 영향력이 완전히 달라진 집단을 이끌려면, 20여 년 전과는 전혀 다른 리더십이 필요하다. 오랫동안 황태자 수업을 받은 이재용, 이건희와 닮았다는 이야기를 듣는 이부진 가운데 누가 이런 리더십을 발휘할 수 있을까. 누구도 쉽게 답할 수 없는 문제다. 어쩌면 문제 자체를 바꾸는 게 정답일 게다. 삼성의 힘은 너무 커져서, 아무리 경영능력이 뛰어나도 제대로 이끌 수 없다. 충분한 지분을 가진 정당성 있는 총수가 이끌기에도 부담스러울 텐데, 경영권 승계 과정에서 온갖 불법·편법을 동원한 총수라면 제대로 이끌기 어려운 게 당연하다. 이는 능력과는 별개의 문제다. 현 상황에서 중요한 것은 삼성의 지배구조를 제대로 만들어가는 일이라는 이야기다.

이건희 "사위는 경영에서 빠져라"

왕이 없는 공화정 체제에서 살아가고 있지만, 이건희 가족은 이미 왕족과 다름없다. 왕족의 권력은 선거를 통해 나오지 않는다. 능력과도 별 상관없다. 오직 '핏줄'에 의해 결정된다. 그래서 이건희 집안과 혼사를 맺어 피를 섞으려는 경쟁도 치열하다.

이건희의 첫째 사위인 임우재는 평범한 회사원 출신이다. 결혼하고 얼마 지나지 않아서, 그는 미국유학을 떠났다. 이 결혼을 놓고 말이 많았는데, 이부진이 배우자감으로 평범한 사람을 원했다는 이야기가 자주 나온다. 삼성 경영에 직접 참가할 야심을 키워온 이부진에게는, 배경이 든든한 남편이 부담스러웠을 수 있다.

이건희의 둘째 사위인 김재열은 작고한 김병관 동아일보 회장의 차남이다. 이건희의 둘째 딸 이서현과 김재열이 결혼함으로써 재벌과 언론사 주가 사돈 사이가 됐다. 중앙일보를 사실상 거느리고 있는 이건희는 동아일보와도 혼맥(婚脈)으로 엮이게 된 셈이다. 재벌 가문은 주로 재벌 가문과 혼사를 맺는다. 정치권 인사는 꺼리는 경향이 있다. 정치적 영향력은 탐나지만, 정치인 개인의 권력은 십 년을 넘기기 어렵다는 것을 잘 알기 때문이다. 그래서 택한 게 언론재벌이다. 영속적인 영향력이 있기 때문이다.

동아일보는 삼성과 사돈을 맺은 값어치를 톡톡히 했다. 삼성비리에 관한 내 양심고백 이후 동아일보는 나를 향해 중앙일보 못지않은 비난성 보도를 쏟아냈다.

이서현과 김재열이 결혼할 당시, 김재열의 결혼예물시계는 세계 4대 명품 시계 가운데 하나인 바쉐론 콘스탄틴 (Vacheron Constantin)이었고, 입고 다니는 양복은 소매까지 모두 수작업으로 스티치(stitch, 바느질)가 된 수제 양복이었다.

에버랜드 CB 헐값 발행 사건이 논란이 되고 있을 때, 김재열이 내게 전화해서 이 사건이 어떻게 될 것 같냐고 물은 적이 있다. 아주 조심스러운 태도였다.

김재열은 당초 제일기획에 입사했지만, 곧 제일모직으로 옮겼다. 그역시 첫째 사위 임우재와 마찬가지로 삼성그룹의 주요한 의사결정에서 배제된 상태였다. 이건희는 아들 이재용은 사장단 회의 등에 참석시켰지만, 사위들은 빠지도록 지시했다. 그룹 지배구조에 관심은 있지만, 의사결정에서 배제돼 있는 김재열로서는 에버랜드 사건에 대해 마땅히 물어볼 사람이 없었던 것이다. 에버랜드 사건의 전망에 대해 물은 뒤, 김재열은 내게 옷을 보내기도 했다.

이런 김재열에 대해 이재용의 장인이었던 대상 그룹 임창욱 회장이 대놓고 비난을 한 적이 있다. "처갓집 재산을 탐낸다"는 게다.

김재열은 내가 삼성의 실세인 줄로 알고 골프를 치자고 제의한 적이 있다. 약속을 잡았지만, 약속 당일 내가 퇴사하는 바람에 함께 치지는 못했다.

명품, '다른 신분'의 상징

이재용과도 골프를 몇 번 친 적이 있다. 이재용은 골프를 무척 잘 쳤다. 부인인 임세령이 이혼소송을 냈을 무렵, 프로골퍼 최경주와 골프 약속이 잡혀 있는 게 알려져서 화제가 되기도 했다.

허리가 안 좋아서 군 복무를 면제 받았다는 사람이 어쩌면 그리 골프채를 잘 휘두르는지 나는 늘 의아해 하곤 했다. 골프 관련 명품에 대해 꽤 안다고 생각했던 나였지만, 이재용이 입은 골프복이나 신고 다니는 골프화는 나도 잘 모르는 것들이었다. 일반 백화점에서 구경할 수 있는 물건들이 아니었다.

이건희, 이재용 부자가 입고 다니는 옷은 이런 경우가 많았다. 이건희는 가끔 자신이 입고 있는 점퍼를 제일모직에 보내 연구해 보라고 했다. 그런데 제일모직에서는 그 옷의 브랜드는커녕 원단의 재질조차 제대로 알 수 없었다. 홍라희는 일본의 디자이너인 '이세이 미야케'의 옷을 좋아했다. 그래서 제일모직에서 이 옷을 수입해 파는데, 나도 몇 번 선물 받은 적이 있다. 그 옷은 굉장히 얇고, 가는 주름이 져 있는데 도무지 생활 속에서 입을 수 있는 옷이 아니었다. 일하는 사람이 입기에는 아주 부적절했다. '이세이 미야케'의 옷은 첼리스트 미샤 마이스키가 즐겨 입는 옷이기도 하다.

서울대 미대를 나온 홍라희는 패션 디자인과 미술에 관심이 많았다. 집안 잔칫날 패션쇼를 하기도 하고, 심지어는 사장단 회의석상에서 남성복 패션쇼를 한 일도 있다. 안양 베네스트 골프장의 캐디 유니폼을 직접 골라주기도 했다. 해마다 제일모직의 여성복 디자인도 홍라희가 직접 결정해준다. 자기 나름대로는 자상하고 친절한 모습을 보여주려 한 모양이다.

하지만 그 덕분에 제일모직 여성복 사업부장은 매출 부진으로 연말이면 항상 회사에서 쫓겨나곤 했다. 홍라희의 패션 감각은 보통사람들의 그것과 워낙 동떨어져 있던 까닭에 홍라희가 골라준 디자인에 따라 옷을 만들면 도무지 팔리지가 않았다. 그렇다고 홍라희가 고른 디자인을 무시할 수도 없었다. 그래서 제일모직 여성복 사업부장 자리는 제일모직 임원의 무덤이라는 말이 나오곤 했다.

부인의 영향 때문인지 이건희도 옷에 관심이 많다. 그래서 그는 남성복 디자인 및 생산한 복지(服地, 양복감) 원단에 관한 보고를 받는다. 세계에서 몇 개 회사만이 개발한 190수, 220수(양모 1g으로 220m를 늘일 수 있는 초극세사 최고급 원단) 원단까지 만들어냈지만 판매에는 실패했다. 결국 이렇게 나온 '랜스미어 220'은 주로 선물용으로 쓰인다. 주로 국무위원급 공직자나 간혹 구조본 팀장에게 선물되는 '랜스미어 220'은 양복지 양쪽 끝에 영어로 "체어맨 이건희(Chairman Kun-Hee Lee)"라는 자수가 새겨져 있다.

섬유의 보석이라는 '캐시미어'보다 값이 비싼 희귀한 원단으로 '과나코'라는 게 있고 그보다 귀한 것으로 '비큐냐'가 있는데, 이는 페루 고산지대에 서식하는 산양의 양모로 짠 감이다. 남성복은 이탈리아의 '로로피아'가, 여성복으로는 '아뇨냐'가 비큐냐 원단에 대한 독점적 제조권을 갖고 있다. '에르메네질도 제냐'라는 남성복 회사가 단지 비큐냐 때문에 아뇨냐를 인수한 일도 있다. '비큐냐'로 만든 양복 상의만 1500만 원에 이르고 코트는 5000만 원대다. 이건희가 '비큐냐' 양복을 무척 좋아했다.

이건희 부부가 가진 옷에 대한 관심은 정작 삼성 계열 의류업체인 제일모직의 경쟁력에는 별 도움이 되지 않았다. 홍라희가 고른 디자인이 늘 시장에서 실패했던 것은 한 사례일 뿐이다. 제일모직이 원단을 제조한 지 50년이 넘었고, 이탈리아 유명 원단 제조업체에서 염색 전문가를 채용하기도 했지만, 이탈리아의 중저가 원단과 경쟁하기도 힘겨워했다. 심지어는 국내 중소기업과의 경쟁에서도 밀렸다. 타임, 마인, 시스템, 에스제이 등 브랜드를 가진 의류업체 한섬과의 경쟁에서 제일모직이 밀린 게 대표적인 사례다.

이건희와 그 주변 사람들의 사치스런 생활을 지켜보며, 나도 이른바 '명품'의 세계에 눈을 떴다. 그런데 '명품'은 실용성은 엉망인 경우가 많다. 이를테면 이건희 일가가 입는 명품 양복은 일상복으로 입을 수 없다. 쉽게 구겨지고 주름이 생기기 때문이다. 이처럼 불편한 옷을 입는다는 게 그들에게는 귀찮은 일을 직접 할 필요가 없는 신분을 보여주는 상징처럼 여겨지는가 보다.

그들이 차고 다니는 시계도 마찬가지다. 이건희는 박재중 상무나 최도석 사장처럼 회장을 위해서 비자금을 만들고 있는 사람에게 수천만 원짜리 카르티에 백금시계를 선물하기도 했다. 이 밖에도 이건희가 구조본 핵심 임직원들에게 선물을 하는 경우가 있었는데, 이학수 부회장에게는 '페트뤼스' 와인 두 병과 수백만 원짜리 와인을 더 넣은 와인 셀러를 통째로 선물했다.

이건희 가족의 명품 수집을 위해 계열사가 동원되기도 했다. 홍라희가 미국에 갔을 때는 현지 직원들이 미리 쇼핑 계획을 세워둬야 했다. 그런데 이렇게 세운 계획에서 차질이 생겨서 홍라희가 몹시 화를 낸 적이 있다. 홍라희의 미술에 대한 관심을 충족시키는 일에는 삼성물산 프랑스 법인이 동원됐다. 마침 삼성물산 프랑스 법인 최성래 사장의 부인이 홍라희와 친했다. 그래서인지, 최성래는 삼성석유화학 사장을 오래 맡았다.

물론, 이건희도 홍라희의 사치를 나무랄 입장은 아니었다. 독일 프랑크푸르트에 있는 삼성그룹 유럽 본부에는 오랫동안 붙박이로 근무하는 임원이 있었다. 그는 자동차 등 이건희의 취미와 관계 있는 물건을 사는 사람이다. 이런 쇼핑에는 삼성물산이 만든 비자금이 쓰였다.

이건희 가족의 '명품 사랑'은 삼성 고위 임원들의 가족들에게까지 영향을 미쳤다. 김인주 삼성 전략기획실 사장의 아내가 남편과 자신의 시계를 하나씩 사왔는데, 세계 최고의 수제 시계인 파텍 필립(Patek Phillippe)이어서 화제가 됐다.

이런 고급 수제 시계 역시 보통사람들이 쓰기에는 영 부적절했다. 아침마다 태엽을 감아줘야 했다. 그렇지 않으면, 시간이 맞지 않는다. '드르륵' 소리를 들으며, 태엽을 감는 일이 '다른 신분'에 속해 있음을 보여주는 상징처럼 통하나 보다. 바쁘게 출근해야 하는 사람들은 번거로워서 할 수 없는 일이니까.

타워팰리스 설계 철학… "대중과 섞이기 싫다"

평범한 사람들과 자신들을 구별 짓고자 하는 태도는 삼성 고위 임원들의 공통된 특징이었다. 물론, 이런 태도를 가장 적나라하게 보여준 것은 이건희다. 삼성은 서울 도곡동에 타워팰리스를 지으면서 대단한 공을 들였다. 이건희의 지시 때문이다. 2002년 10월 타워팰리스가 첫 입주자를 받을 무렵, 이건희는 입주자 자격 심사를 하라고 했다. 황당했다. 타워팰리스가 군사시설이라도 된다는 말인가. 이건희가 무슨 권한으로 입주하겠다는 사람을 막겠다는 것인가.

당시 이건희는 삼성 고위 임원, 변호사·의사 등 전문직으로 성공한 사람, 문화·학술계 유명인사 등을 입주 자격으로 내세웠다. 이건희는 일종의 우생학적인 생각을 품고 있었던 듯하다. 뛰어난 사람들을 따로 골라내서, 그들이 대중과 섞이지 않도록 해야 한다는 생각 말이다. 순수혈통을 고집하는 배타적인 인종주의를 떠올리게 하는 태도인데, 아마 이건희가 생각하기에 가장 우월한 인종은 삼성 고위 임원이었을 게다.

타워팰리스 안에는 '게스트룸'이라는 게 있다. 손님이 묵는 방이다. 외부인과 섞이기 싫다는 발상이 그대로 녹아 있는 건물 설계인 셈이다. 손님이 오면 집에서 재우는 게 예절에 맞다. 그러나 타워팰리스는 손님을 집 바깥에 있는 '게스트룸'에서 재우도록 설계돼 있다. "잘난 사람들은 못난 사람들과 섞여 지내면 안 된다"는 발상이 녹아 있는 건물 구조다.

대중이 넘보지 못하는 성(城)을 쌓고자 했던 까닭에, 외부인은 타워팰리스 입구에서 신분증을 보여줘야만 들어갈 수 있었다. 손님을 배려하기는커녕 오히려 모욕하는 구조다. 이런 아파트는 한국에서 처음이었다. 군사시설이 아닌 일반 주거지에서 외부인 출입을 통제한 사례는 외국에서도 찾기 힘들 게다. 그래서 나는 타워팰리스 안으로 들어가고 싶지 않았다. 타워팰리스에 사는 사람을 만나야 할 때는 반드시 바깥으로 불러내서 만났다.

아파트를 왜 이렇게 지었을까? '배타적인 공간'을 만들고 싶다는 이유만은 아닐 것이라는 생각이 들었다. "비리 주범들이 도피할 수 있는 시간을 벌기 위한 건물 설계"라는 생각이다. 이학수, 김인주 등 비리에 깊이 연루된 삼성 고위 임원들이 모여 사는 곳이기 때문이다. 따라서 타워팰리스는 유사시 비리 주범들이 증거를 인멸하고 도피하기에 철저히 유리한 구조로 돼 있어야 했다. 실제로 그랬다. 압수수색을 위해 검찰 수사관들이 도착하면, 타워팰리스 입구에서 한참 시간을 허비해야 했다.

이렇게 보면, 타워팰리스가 군사시설처럼 외부인을 통제하는 게 이해가 된다. 군인들이 외적의 침입을 경계하는 것처럼, 타워팰리스에 사는 비리 주범들은 수사관들의 접근을 경계했다.

1000억 원에 사서 100만 원에 팔아넘긴 해외 명품 업체

타워팰리스가 삼성 임원들을 공간적으로 대중과 분리했다면, 삼성 임원들이 소비하는 '명품'은 문화적·심리적 분리 장치였다. 물론, '명품'에 대한 관심이 가장 대단했던 것은 이건희였다. 그는, 자신도 '명품 업체'를 갖고 싶어 했다. 그래서 이건희는 계열사 사장들에게 해외 명품 업체를 인수하라고 독려했다. 인수한 명품 업체의 수가 실적에 반영됐기 때문에, 사장들은 실사도 하지 않고 업체를 인수했다. '묻지마 인수' 경쟁이었다. SLR(Single-Lens Reflex camera)이 뭔지 모르는 사장이 명품 카메라 업체를 사겠다고 나섰다. 이렇게 인수한 회사에서 그는 카메라가 왜 이리 무겁냐며 플라스틱 재질 카메라를 만들라고 했다. 전문가용 카메라에 대해 전혀 몰랐던 것이다. 이미 한물간 명품 업체를 인수한 경우도 있었다. 부실 덩어리 업체를 인수해서 두고두고 곤욕을 치른 경우는 흔했다.

독일의 명품 카메라 회사인 롤라이(Rollei)를 1000억 원에 인수해서 100만 원에 판 일이 있었다. 당시 삼성은 시계 사업을 하려고 롤라이를 인수했는데, 소송에 휘말렸다. 삼성이 '롤라이' 브랜드로 시계를 생산할 경우, 명품 시계업체인 '로렉스'와 헷갈릴 수 있다는 이유 때문이다. '롤라이'의 독일어 발음이 '로렉스'의 발음과 닮았다. 삼성은 소송에 졌다. 그 결과, '롤라이' 브랜드로 시계를 생산하면 국내에서만 팔아야 했다.

게다가 인수 직후, 롤라이의 핵심 기술 인력이 모두 퇴사했다. 기껏 사들인 롤라이는 아무 쓸모가 없어졌다. 결국 100만 원에 회사를 다시 팔았다. 1000억 원을 그냥 날려버린 것이다. 구조본 재무팀에서 일하던 시절, 내가 매각 실무를 맡았었다.

일본의 공업용 현미경 제조업체인 유니온 광학을 인수했다가 곤욕을 치른 적도 있다. 이 회사 역시 이건희의 지시로 선진국 명품 회사를 무턱대고 인수한 사례 가운데 하나다. 이 회사는 현금을 많이 갖고 있었는데, 주로 부동산에 투자했다. 그런데 1990년대 일본 부동산 거품이 꺼지면서, 큰 피해를 입었다. 회사를 청산하는 수밖에 없었다. 그런데 그것도 쉽지 않았다. 이 회사에 이재용의 돈이 10억 원 가량 투자돼 있었던 것이다.

하지만 "이재용의 돈을 날릴 수 있다"는 보고를 할 수 있는 '간 큰 간부'가 당시 삼성에는 없었다. 그래서 회사를 청산하지 못했다. 시간을 끌다 파산시키는 쪽으로 결론이 났다. 하지만 그것도 쉽지 않았다. 일본에서는 파산 절차가 까다로워서, 현실적으로 어렵다는 보고가 올라왔다. 결국 어느 싱가포르 회사에 헐값에 넘겼다.

당시 삼성항공 안복현 사장이 일본 유니온 광학의 아사히 은행에 대한 채무 100억 원에 대해 삼성항공이 연대보증한다는 서명을 했다. 이 과정에서 이사회는 열리지 않았다. 물론 한국은행의 승인도 없었다. 이는 단지 배임 혐의만 적용되는 게 아니다. 외국환관리법을 위반한 중대한 범죄 행위였다. 하지만, 이런 범죄는 유니온 광학을 일찌감치 청산했다면 피할 수 있었다. "이재용의 돈을 날리는" 간 큰 간부가 없어서 빚어진 '간 큰 범죄'였다.

이 밖에도 삼성은 럭스맨, 피케레 등 해외 명품 업체를 인수했지만, 대부분 헐값에 매각하거나 청산했다.

명품에 대한 이건희의 개인적인 관심 때문에 뛰어들었다가 망한 사업은 흔했다. 특히 기억에 남는 게 삼성이 개발한 하이엔드 오디오 '엠퍼러(Emperor)'다. '황제'라는 뜻에 걸맞게 거창하게 시작했지만, 금세 실패했다. 외국의 명품 스피커를 부러워했던 이건희의 지시로 개발된 제품이다. '엠퍼러' 시리즈를 만들기 위해 삼성은 세계적인 오디오 전문가 마크 래빈슨이 오래 전에 폐기한 회로도를 100억 원 주고 사왔다. 하지만, 회로도가 있다고 해서 마크 래빈슨의 제품과 같은 수준의 오디오를 만들 수는 없었다. 명품은 하루아침에 만들어지지 않는다. 세부 부품 하나하나에 오랜 노하우가 담겨 있는 게 명품이다.

1997년 출시된 '엠퍼러' 스피커 가운데 '염가형' 제품 가격이 1000만 원대였다. 무게는 100kg였다. 외환위기가 한창이던 당시, 국내에서 이런 제품을 살 사람은 흔치 않았다. 이런 스피커를 설치하려면, 집 규모가 적어도 70평은 돼야 한다. 30~40평대 아파트가 주를 이루는 한국 주택 현실에는 어울리지 않는 제품이다. 신생 브랜드라서 해외 수출도 쉽지 않다. 이런 고가 스피커를 살 만한 사람이라면, 신생 브랜드보다는 이미 검증된 제품을 택할 가능성이 크다. 결국 시장에서 실패한 '엠퍼러' 시리즈는 삼성 임직원들이 사들여야 했다.

이건희의 개인적인 취향이 정상적인 경영 판단을 짓누르는 구조에서 빚어진, 처참한 실패였다. 물론, 이건희가 소비대중의 생활방식과 취향, 경제수준을 정확히 파악하고 있었다면 다른 결과가 나올 수도 있었다.

그러나, 이건희와 그 주변 사람들은 보통 사람들의 세계를 잘 몰랐다. 이건희는 그게 경영자로서 약점이라는 점을 알고 있었다. 하지만, 그뿐이었다. 이런 약점을 굳이 보완하려는 의지는 없었다. 핏줄이 다른 귀족이라고 여기고 있던 그들은, 보통 사람들의 정서를 알고 싶어 하지 않았다.

제일모직을 운영하는 이건희의 둘째 딸 이서현은 "100만 원짜리 옷을 만들어봤자 누가 입겠느냐"는 말을 한 적이 있다. 100만 원짜리 옷이 너무 비싸서 안 팔릴 것이라는 뜻이 아니다. 그 반대다. 너무 싸구려 옷이라서, 사람들이 입고 다니기 창피해 할 것이라는 이야기였다.

한국 사회에서 100만 원짜리 옷이 너무 싸구려라고 생각할 사람이 얼마나 될까. 물론, 이탈리아의 명품 의류업체들처럼 해외에 수출하는 비중이 크다면, 최상위 부자들만 겨냥한 제품도 성공할 수 있다. 하지만, 이서현이 이야기한 옷은 국내 판매용이었다. 이서현의 말은 깊은 생각에서 나온 게 아니었다. 그는 그저 100만 원이 보통 사람들에게 어느 정도의 돈인지에 대한 감각이 없었을 뿐이다.

이런 특징은 이재용에게 더 두드러졌다. 그는 금전에 대한 감각이 없었다. 보통 사람들이 상갓집에서 조의금을 얼마나 내는지, 결혼식 축의금은 보통 얼마인지에 대해 전혀 몰랐다. 시중 물가에 대한 감각도 없었다. 축의금이나 부조금을 낼 때면, 비서에게 물어서 결정했는데 가끔 엉뚱한 금액을 내기도 했다.

"비자금 다 있는데, 왜 삼성만 문제 삼나"

나는 이재용의 방에 몇 번 간 일이 있다. 그는 상무시절에도 비서와의 사이에 투명한 유리를 설치했다. 영어와 불어에 능통한 여비서 두 명이 배치돼 있었다. 이재용의 방에서 가족에 관한 이야기를 하던 중, 그가 백화점 상품권을 써 본 적이 없다는 말을 했다. 그래서 내가 상품권을 써보도록 권했다. 그리고 사적인 이야기를 잠시 나눴는데, 내가 그에게 혹시 룸살롱은 가봤느냐고 물었다. 삼성의 평범한 직원들은 물론이고 경영진과도 워낙 동떨어진 생활환경에서 자란 그였기에, 나는 그게 궁금했었다. 그랬더니 그는 룸살롱에는 가봤다고 했다.

평범한 사람들의 생활을 잘 모른다는 것에 대해 이재용은 안타까워하거나 부끄러워하는 기색이 없었다. 자신에게는 보통 사람들과 다른 기준이 적용돼야 한다는 것을 당연하게 여겼다. 이런 태도가 나는 위험해 보였다. 이런 그에게 모든 사람은 법 앞에 평등하다는 생각이 통할 리 없기 때문이다. 자신이 법 위에 있다는 생각을 하는 순간, 못 할 짓이 없어진다. 그날, 그는 "비자금이나 차명계좌는 모든 기업이 공공연하게 갖고 있는 것인데, 왜 삼성에 대해서만 문제 삼는 것인지 이유를 모르겠다"며 짜증스러워했다. 이런 이야기를 들으며, 나는 이재용이 범죄에 대한 의식이 없다는 생각이 들었다.

'그들만의 세상'에 살고 있는 까닭에, 이건희 가족들은 실물 경제에 대한 감각이 둔했다. 자산이나 상품의 적정 가격에 대한 감각이 무딘 것이다. 그걸 노리고, 그들에게 접근하여 사기를 치는 자들도 있었다. 모 대학 교수라고 알려진 사람이 홍라희에게 접근해서 사기를 친 적이 있다. 그는 전라도 보성에 좋은 차밭이 있다면서 홍라희에게 20억 원을 받고 땅을 팔았다. 알고 보니, 못쓰는 땅이었다. 홍라희는 현지에 가보지도 않고, 즉흥적으로 20억 원을 내준 것이다. 사기 당했다는 것을 안 뒤에도, 아무도 문제 삼지 못했다.

워낙 폐쇄적인 생활을 했던 탓에 이건희와 그 가족들을 둘러싼 루머도 많았다. 특히 이건희에 관한 루머가 많았다. 이 중 일부는 사실이겠지만, 터무니없는 것도 많았다. 기본적으로 루머를 생산하고 퍼뜨리는 사람들이 잘못이다. 재벌 총수건, 대통령이건 근거 없는 악선전으로부터 보호받을 권리가 있다. 하지만, 이건희에 대한 악성루머는, 이건희가 원인을 제공한 면도 있다.

지나칠 정도로 자신을 감춰왔기 때문이다. 루머는 비밀을 먹고 자란다. 투명한 사회일수록 루머가 설 자리는 좁아진다. 이처럼 터무니없는 루머 가운데 이건희 마약설이 있다. 당연히 사실이 아니다. 이건희가 얼마나 건강을 챙기는 사람인데, 마약을 복용하겠는가. 이런 루머를 처음 접한 것은 검사 시절이었다. 마약을 대량으로 국내에 들여온 범인을 신문하는데, 그에게 물었다. 이렇게 많은 마약을 도대체 어떻게 팔 생각이었느냐고. 그랬더니 그가 "이건희에게 팔 생각"이라고 했다. 나는 깜짝 놀라서 "이건희가 마약을 하느냐"라고 했는데, 그가 "그것도 몰랐느냐"라며 어이없다는 표정을 지었다. 그러면서 그는 자신이 다량의 마약을 들여오기만 하면, 이건희 측이 알아서 접근할 줄 알았다고 했다.

삼성에서 근무하는 동안, 당시 루머의 진상에 대해 들었다. 이건희가 삼성의료원에서 수면내시경 검사를 받을 때면, 담당 마취의가 마약 성분을 적정치보다 조금 많이 처방했다는 게다. 행여나 이건희가 수면 상태에서 깨어날까봐 그랬다는 게다. 어찌 보면, 이해할 수 있는 일이다. 이 의사가 밖에서 한 이야기가 와전돼서 엉뚱한 루머가 퍼진 것이라고 했다.

내가 삼성에서 일하는 7년 동안 이건희가 삼성 본관에 출근한 것을 본 적이 거의 없다. 이건희가 평소 건강하게 일하는 모습을 자주 보였더라면, 이런 루머는 생겨나지도 않았을 게다. 이건희가 자신을 신비화시킬수록, 그를 둘러싼 악성루머는 더 기승을 부릴 수밖에 없다.

부동산과 섭외, 이건희의 주요 관심사

이건희는 늘 집에서 일했다. 이건희가 주재하는 사장단 회의는 직원들이 있는 삼성 본관이 아니라 승지원에서 열렸다. 부정기적으로 열리는 이 회의에서 이건희가 한 이야기는 종류가 다양했다. 제품의 세부적인 디자인부터 아주 거창한 이야기까지.

이건희가 사장단 회의 때마다 특히 관심을 보였던 것은 부동산과 섭외였다. 영향력 있는 공무원에게 뇌물 주는 일을 섭외라고 불렀다. 이건희는 자신 명의로 된 것이든, 회사 명의로 된 것이든 보유한 부동산을 파는 것을 극히 꺼렸다. 부동산을 오래 갖고 있어서 손해 볼 일은 없다는 생각인 듯했다.

이건희 일가는 전국 곳곳에 땅을 갖고 있다. 이건희의 부동산으로 널리 알려진 게 삼성에버랜드 땅이다. 삼성에버랜드는 부지를 이건희로부터 임차하여 쓰는 형식을 취한다. 이 과정에서 삼성에버랜드는 임대료를 내지 않는다. 대신, 땅에 대한 세금을 대신 내준다. 그래서 김인주는 "회장님이 참 훌륭하시다"라는 말을 자주 했다.

삼성에버랜드 근처에 있는 땅은 차명으로 관리되고 있다. 골프장 한

개 정도 더 만들 수 있는 넓이의 땅이라고 들었다. 그곳에 가족호텔 같은 것을 만들려는 계획이 수시로 잡혔다. 개발계획도 종종 세워졌다. 하지만, 수지가 안 맞아서 매번 계획을 접었다.

이건희 소유 부동산에는 종종 골프장이 들어섰다. 골프장 개장 및 운영에서 가장 큰 관심사는 세금 문제였다. 용인 글랜로스 골프장의 경우, 18홀 골프장을 만들 넓이지만 세금 문제 때문에 일부러 9홀 골프장으로 만들었다. 가평 베네스트 골프장도 세금 때문에 개장이 늦어졌다. 가평 베네스트 골프장이 용인 글랜로스 골프장을 갖고 있는 것으로 처리하면, 취득세가 면제되는지에 대해 검토한 적이 있다. 실제로 그렇게 하지는 못했다.

섭외, 즉 뇌물을 통한 불법 로비에 대해 이건희가 가진 관심은 대단했다. 그는 평소 "작은 돈으로 큰 결과가 오게 하는 것"이 로비라고 말했다. 로비에 관한 세부적인 사항까지 지시하곤 했다. 그는 종종 로비 대상자에게 '감동 서비스'를 하도록 주문했다. 결혼기념일, 아이들 생일 등을 꼼꼼하게 챙기고 '꽃과 와인'을 집에 보내서 '감동'을 주라는 것이다.

섭외 대상은 정·관·법조·언론계 등 사회적 영향력이 있는 곳이라면 어디라도 가리지 않았다. 때론 돈이나 선물을 뿌렸고, 때론 고위 임원으로 영입했으며, 때로는 그들이 필요로 하는 정보나 인맥을 연결해 줬다. 해마다 법원과 검찰 인사철이 되면, 삼성 구조본은 촉각을 곤두세웠다. 퇴직한 판·검사들을 고문 변호사나 법무팀 소속 변호사로 영입하기 위해서다. 삼성에 직접 영입하지 않은 경우에도, 대형 사건을 맡기면서 '관리'를 했다.

삼성에 영입하거나, 관리해야 할 사람이 너무 많다면? 이 경우에는 '우선순위'를 정한다. 퇴직한 판·검사들에 대해 내부적으로 '서열'을 매겨둔 셈이다. 서열을 정하는 첫째 기준은 "공직 재기용 가능성"이다. 훗날 장관, 대법관, 국회의원 등이 될 가능성이 높은 순으로 영입 및 관리 대상 명단을 정했다. 출신 지역이 TK(대구·경북), PK(부산·경남)면서, 명문고와 명문대를 나와 사법시험에 일찍 합격했고, 법원과 검찰에서 요직을 지낸 인물일수록 우선순위가 높았다.

이렇게 영입하거나 관리한 법조인들에게 주는 급여 혹은 수임료는 그들이 실제로 회사에 기여한 것보다 훨씬 많은 게 보통이었다. 사실 공직에만 오래 있었던 이들이 기업 실무를 잘 알기는 어렵다. 능력과 기여 이상의 돈이 지급됐다는 이야기다. 사실 그 돈은, 그들이 나중에 공직에 재기용됐을 때를 대비한 '뇌물'이다. '자리에 오르기 전에 주는, 선불식 뇌물'인 셈이다.

이용훈 대법원장도 이런 경우다. 법원에서 퇴직해 변호사로 일하던 시절, 이 대법원장은 삼성에버랜드 사건을 맡아서 삼성을 변호했다. 삼성 지배구조 및 경영권 승계와 깊이 맞물려 있는 이 사건은 결국 대법원까지 올라갔는데, 이용훈은 자신이 방어논리를 만들고 변론했던 사건에 대해 판결해야 하는 입장이 된 것이다. 삼성에버랜드 사건을 맡아 변호하던 시절 막대한 수임료를 받았기 때문만이 아니라, 자신이 과거 주장했던 논리를 정당화하기 위해서라도 이용훈은 삼성에 유리한 판결을 끌어내야만 했다. 이렇게 보면, 당시 삼성이 에버랜드 사건을 이용훈에게 맡긴 것은 절묘한 선택이었던 셈이다.

법조계를 예로 들어 설명했지만, 이런 섭외가 꼭 권력층을 겨냥해서만 이루어진 것은 아니다. 이건희의 조카인 이재관 새한그룹 회장이 구속됐을 때는 형무소 직원에 대한 섭외를 강화하라는 지시가 있었다. 말단 직원 역시 이건희의 '섭외' 대상이 될 수 있었다.

대도 조세형까지 데려오는 인재 욕심

사람에 대한 이건희의 관심은 크게 두 갈래였다. 하나는 '감동' 로비를 통해 외부의 영향력 있는 사람을 자기 사람으로 만드는 것, 즉 '섭외'다. 그리고 다른 하나는 외부 인재를 삼성에 스카우트해 오는 것이다.

이건희는 외부 인재 영입에 대한 욕심도 유난스러웠다. 회사에 꼭 필요한 인재를 영입하려 한 경우도 있었지만, 개인적인 목적 때문인 경우도 많았다. 이재용으로의 경영권 승계와 관련해 그룹에 민·형사 사건이 많아지자, 법원행정처 출신으로 대법관 물망에 오를 만한 판사를 스카우트하라는 지시가 있었다. 법관 인사를 주무르는 법원행정처가 사법부를 장악하기 위한 핵심 열쇠라는 점을 잘 알고 있었던 게다. 그런데 이런 지시가 제대로 이행이 안 됐다. 그러자 구조본 기획팀에서는 법원행정처 소속 일반 직원이라도 스카우트하자는 견해를 내기도 했다. 코미디가 따로 없다.

물론, 회사를 위해 인재를 영입하려 한 경우도 있다. 경쟁사인 LG의 A급 엔지니어를 빼오라는 지시가 이런 경우다. 또 정부부처 관료 중에서 능력이 뛰어난 엘리트를 뽑아오라는 지시도 있었다. 김대중 정권 시절에는 호남 출신 인재를 뽑아서 호남 인맥을 강화하라고도 했다. 만 명을 먹여 살릴 수 있는 천재급 인재를 뽑으라는 지시도 자주 했다.

좀 엉뚱한 경우도 있었다. 대도(大盜) 조세형을 보안업체인 에스원에서 뽑도록 지시한 것이다. 도둑 잡는 일에 대해서는 도둑이 가장 잘 안다는 것이다. 그래서 에스원에서는 1998년 11월 청송교도소에서 출소한 조세형을 뽑아 이사급 자문위원으로 위촉했다. 하지만, 조세형은 이듬해 일본에서 다시 도둑질을 하다 일본 경찰에 체포됐다.

회장 전용기의 조종사와 승무원으로 쓰기 위해 대한항공에서 베테랑 조종사 5명과 우수한 스튜어디스 2명을 스카우트한 일도 있다. 이들 조종사와 스튜어디스는 대한항공에서 최고 수준이라고 평가받는 이들이었다. 당시 대한항공 측에서는 삼성이 항공기 여객 수송 사업에 뛰어든다고 착각해서 격렬하게 항의했다. 이런 항의를 무마하기 위해 스카우트된 조종사와 스튜어디스들이 급여를 받으면서 1년간 쉬도록 했다. 당시 조종사들은 임원 급대우를 받았다. 전용기 조종사를 5명씩이나 뽑은 이유는 이건희의 안전을 위해서였다. 각각 2명으로 구성된 2개 조가 구성되고, 나머지 한 명은 여분 인력으로 대기하도록 했다. 한 명을 위해 2개 조가 구성되고, 여분 인력까지 확보된 것이다.

나는 이건희 전용기에 한 번 타볼 기회가 있었다. 후배 검사 출신 부하 임원의 상가에 급히 갈 일이 있었는데, 이학수가 이건희 전용기를 빌릴 수 있도록 해 줬다. 대단한 특혜였다.

당시 현직 검사 몇 명이 나와 동행했었다. 이건희 전용기는 일부러 공기 밀도가 낮은 성층권으로 비행한다고 했다. 진동을 막기 위해서다. 실제로 그랬다. 탁자 위에 와인 잔이 있는데, 지상에 있는 것 같았다. 전혀 흔들림을 느낄 수 없었다. 백 수십 명이 탈 수 있는 초음속 여객기를 16인승으로 개조한 까닭에, 공간이 넉넉했다. 침실과 와인 바까지 갖춰져 있었다.

전용기 안에서는 스튜어디스가 무릎을 꿇고 기어와서 시중을 들었다. 동행한 검사들은 전용기 안에서 신기하다는 듯 연신 두리번거렸다.

당시 내가 탔던 이건희 전용기는 공식적으로 삼성전자 소유로 돼 있었지만, 실제 관리는 삼성항공에서 맡았다. 내가 전용기를 타기 위해 삼성항공 측에 연락했을 때, 삼성항공 측 담당자는 "(이건희) 측근인데 당연히…"라고 말했다. 이건희는 자신의 전용기를 삼성 사장단이 이용하도록 권했지만, 실제로 이용한 사람은 윤종용 등 몇 명에 불과했다. 감히 회장의 전용기를 탈 수 없었던 게다. 또, 자신이 전용기를 타고 있을 때 회장이 전용기를 찾을지 모른다는 불안감도 이유였다.

11 황제 경영의 그림자

'신경영'의 실패, 폐허가 된 윈야드 공장

이건희를 신처럼 떠받드는 삼성 특유의 조직문화에 대한 평가는 크게 엇갈린다. 어떤 사람들은 총수 중심의 선단식 경영이 삼성의 성공을 낳았다고 말한다. 총수가 과감한 결정을 내리고, 구조본 등 친위조직이 이를 뒷받침하는 체제가 여러모로 효율적이라는 설명이다. 아주 틀린 말은 아닐 게다.

하지만, 이건희를 곁에서 지켜봤던 내 생각은 다르다. 장점보다 폐해가 훨씬 컸다. 이건희의 결정은 과감했다기보다 독선적이었다. 비서실, 구조본 등은 합리적인 결정을 돕는 참모집단이라기보다는 이건희 개인에게 무조건 충성하는 사조직에 가까웠다. '신경영'과 삼성자동차의 실패에서 이런 폐해는 극명하게 드러났다.

1999년 초, 이학수 당시 구조조정본부장은 이렇게 말했다. "최근 10년

간 기획팀이 기안한 투자는 모두 실패했다. 앞으로 기획팀은 종이에 그림만 그려라." 재무팀이 과거 경쟁자였던 기획팀을 완전히 제압했다는 선언이었다. 지승림으로 대표되는 기획팀이 몰락하고, 이학수와 김인주로 대표되는 재무팀이 삼성의 실권을 장악했다는 신호이기도 했다. 이로써 모든 투자 관리와 인사에 관한 주요 결정을 재무팀이 주도하게 됐다.

그런데 이런 선언의 이면에 있는 내용은 이건희가 주도한 '신경영'의 실패를 자인한 것이었다. 이건희의 친위대 역할을 하며, '신경영'을 뒷받침한 게 구조본(옛 회장 비서실) 기획팀이었다. '신경영'이 끝내 실패했으니, 기획팀의 몰락은 당연한 것이었다. 재무팀이 득세하면서, '관리'를 중시하는 삼성의 전통적인 색깔은 더 짙어졌다.

회장 취임 뒤 한동안 언론에 모습을 드러내지 않았던 이건희는 1993년, 프랑크푸르트, 도쿄 등에 사장단과 임원들을 불러 이른바 '신경영 선언'을 했다. 이를 위해 회장 비서실에는 신경영추진사무국이 마련됐다. 해외에 설립되는 공장 및 건물의 기준까지 이곳에서 마련했다. 문화재에 가까운 화려한 건물이 해외에 지어졌다. '산업간 융·복합화'라는 기조에 따라 지어진 대규모 복합단지였다. 당시 영국 윈야드에 세워진 공장 사무동은 기념비적인 건물로 명성을 얻었다. 건립 당시 영국 여왕이 방문할 정도였다. 하지만, 지금은 철수하여 폐허가 됐다.

'신경영 선언'을 내세웠던 당시 이건희는 "마누라와 자식 빼고 다 바꿔라"라는 슬로건을 내걸고 삼성그룹에 강력한 변화를 주문했다. 7시에 출근해서 4시에 퇴근하라는 7·4제 근무시간 도입이 대표적인 사례다.

'신경영 선언'의 상징과 같은 7·4제는 결국 실패했다. 관공서 등 다른 유관기관과 조화를 이루지 못했고, 사실상 근로시간만 늘리는 결과를 낳았던 것이다. 회사 안팎에서 불만이 쌓인 끝에 10년 만에 포기했다. 7·4제의 실패는 이건희 식 '신경영'의 한계를 잘 보여준다. 실무자들의 구체적인 상황은 고려하지 않은 채 회장의 머릿속에서 나온 아이디어를 일방적으로 밀어붙이는 개혁의 실패다.

삼성 자동차 실패… 결정은 이건희, 책임은 지승림, 손해는 국민

7·4제의 실패가 그저 상징적인 차원이라면, 자동차 사업 실패는 삼성그룹의 존폐와 맞물린 문제였다. 자동차 사업 역시 이건희가 일방적으로 결정해서 밀어붙인 사업이다. 그리고 비서실 기획팀이 이를 뒷받침했다. "기획팀의 기안이 실패했다"는 이학수의 말은 사실상 이건희의 결정이 실패했다는 말과 같다. 하지만, 책임은 기획팀이 뒤집어썼다.

삼성이 자동차 사업에 진출할 당시, 국내 모든 금융기관과 보증보험회사가 경쟁적으로 대출 세일을 하였다. 이건희의 주 관심 분야이자, 삼성그룹의 신수종 사업이므로, 반도체 이상의 투자와 이익을 예상했던 것이다. 그래서 당시 이루어진 대출은 거의 전부가 무담보신용대출이었다.

그러나 삼성의 자동차 사업은 1년 만에 계수상으로만 3조 7000억 원의 손실을 봤다. 그룹 내 계열사 인력, 자금, 시설 등을 부당 지원한 행위를 포함하면 그 손실액은 계량하기조차 힘들다. 계열사 전체에 대한 대대적인 감원으로 손해를 메웠다. 고위 임원들이 사라져서 회사 차가 남아돌았다. 이렇게 간신히 2조 원쯤 절약했다. 하지만, 고액 연봉을 받는 임원들만 쫓겨난 게 아니다. 많은 직원들이 일자리를 잃었다. 당시 삼성에서 6만 명

이상이 잘려나갔다.

금세 실패로 끝난 사업에 무담보신용대출을 한 국내금융기관은 사실상 배임행위를 저지른 셈이다. 개인적인 취향에 따라 무리한 사업을 추진해서 회사와 국가 경제에 치명타를 입힌 이건희에 대해서도 사회적 책임론이 제기돼야 옳았다. 그런데, 엉뚱하게도 비서실 기획팀 지승림 부사장이 책임을 뒤집어썼다. 당시 삼성 측은 "회장은 만류했지만, 지승림이 주도하여 자동차 사업에 진출했다"고 해명했다. 이런 해명을 누가 믿겠는가. 이렇게 해명한 삼성 임직원 역시 속으로는 쓴웃음을 짓고 있었을 게다.

결국 당시 삼성은 비상장 주식인 삼성생명 주식을 주당 70만 원으로 계산하여 출연하는 형식을 갖추고 삼성그룹 계열사 중 금융사를 제외한 제조회사들의 연대보증을 통하여 책임론을 비켜나갔다.

자동차 사업에 진출하기 위하여 삼성중공업에 상용차 부문을 두었다가 삼성상용차로 분리하였는데, 이 또한 파산시킬 수밖에 없었다. 삼성자동차, 상용차 등의 손실은 공적 자금, 다시 말하여 국민들의 세금으로 메웠다.

삼성상용차에 대해 예금보험공사(예보)가 조사단을 파견했다. 윤진원 부장검사가 조사단을 이끌었다. 삼성상용차가 파산할 때 종업원들이 회사를 점거하고 서류를 태웠는데, 조사단이 잿더미 속에서 분식서류를 발견했다. 서류에 따르면, 삼성상용차가 입은 손실이 너무 커서 서울보증의 보증을 받을 수 없었다. 대형 적자가 난 것을 약간의 흑자가 난 것으로 분식했다는 점을 입증하는 서류였다. 그 서류 때문에 삼성상용차 관계자들이 예보에서 조사 받을 때 굉장히 애를 먹었다. 예보 조사단장, 검사의 연수원 동기회장, 온갖 인맥을 동원해서 무마시켰다.

삼성상용차 문제는 오랜 조사 끝에 무혐의 판정을 받았다. 당시 삼성상용차의 감사로 이학수가 포함돼 있었다. 분식회계가 문제가 됐다면, 이학수가 형사처벌을 받을 가능성이 있는 사건이었다.

당시 이 사건을 법무법인 세종이 맡았었다. 그런데 삼성은 무혐의 판정 이후, 세종 측에 성공 보수를 주지 않았다. 무혐의 결정이 난 이유가 삼성그룹의 영향력 때문이라고 봤기 때문이다. 정상적인 법 논리에 따른 결정이 아니었다는 것을 삼성 스스로 시인한 셈이다. 실제로 그랬다. 예보에서 조사할 때, 삼성에 관한 것은 늘 가장 마지막에 조사했다. 조사관들이 다들 안 하려고 미뤘다.

예보 조사과정에서 분식서류가 발견돼 고생을 하고 난 뒤, 최광해가 '특공대'를 꾸렸다. 법정관리 중인 삼성자동차에도 문제서류가 있을 것이라며, 이를 빼내기 위해 꾸린 '특공대'다.

실제로 파산부 법원 사무관을 매수해서 심야에 서류를 빼냈고, 부산 해운대에서 문제서류를 소각했다. 최광해는 이런 이야기를 마치 무용담처럼 전했다. 몹시 자랑스러운 표정이었다. 최광해가 빼낸 서류는 삼성자동차 공고손익을 '실'(구조본)에 와서 보고한 서류라고 알려져 있다. 2007년 양심고백 이후, 나는 이런 사실을 세상에 알렸다. 하지만, 법원이 나서서 삼성 편을 들어줬다. 법원 자체 조사 결과, 삼성 측이 파산부 법원 사무관을 매수해서 서류를 빼낸 사실이 없는 것으로 나타났다고 말이다. 그걸로 그냥 끝이었다. 조사를 어떻게 진행했는지, 얼마나 신뢰할 만한 조사였는지를 따지는 사람도 없었다.

'1등주의 삼성'의 그늘

자동차 사업의 실패는 이건희의 독선적 결정을 제어하지 못할 경우 한국 사회가 얼마나 큰 피해를 입는지를 잘 보여준 사건이었다. 이건희 일가와 삼성 사이의 관계가 바뀌지 않는다면, 삼성 자동차 실패와 같은 비극이 다시 일어나지 말라는 법이 없다. 이미 이런 비극은 여러 번 일어났었다. 대부분 이건희의 독선적 결정 때문에, 혹은 이건희의 눈치를 보느라 합리적인 경영판단을 할 수 없었던 고위 임원 때문에 벌어진 투자 실패다.

삼성에서 자동차 사업 다음으로 큰 투자 손실은 미국의 망해가는 컴퓨터회사 AST를 인수하여 1년 만에 1조 3000억 원을 날린 일이다. 인수하고 보니 유럽 등에 판매한 AST의 노트북 등에 대한 무상 서비스 비용을 계산하기가 힘들 정도였다. 결국 청산시키고 말았다.

중국에 무모하게 진출하여 텔레비전 판매대금 3000억 원을 손실처리한 일도 있다. 일본의 유니온광학, 럭스맨 등을 인수하여 헐값에 매각하거나 청산하였고, 명품 시계사업을 하겠다며 유럽의 롤라이, 피케레 등을 실사도 거치지 않고 인수하였다가, 1000억 원에 인수한 회사를 100만 원에 매도하고 온 일도 있다.

국내에서는 대도제약, 이천전기 등을 인수하였다가 포기했다. '명품 시계'에 관한 이건희의 관심 때문에 설립한 삼성시계도 결국 청산했다.

별도의 법인을 세우거나 인수하지 않고, 계열사를 통해 추진했으나 망한 사업도 많다. 하지만, 이런 사례는 잘 알려지지 않았다. '1등주의 삼성'의 신화에 가려져 있었을 뿐이다.

삼성항공에서 헬리콥터 제조업을 한 적이 있다. 이건희의 지시 때문이었다. 이건희가 "내 친구들한테만 팔아도 상당히 팔겠다"고 하면서 만들라고 했다는 게다. 내가 삼성에 들어갔을 때도 그 사업은 진행 중이었다. 그런데 막상 들여다보니, 엉망이었다. 당시 만들고 있는 게 단발엔진 헬리콥터였는데, 영하 십도만 내려가도 엔진이 서버렸다. 제대로 된 제품이 나오려면, 15년쯤 걸릴 거라고 했다. 수익성을 기대할 수 없는 상황이었는데, 회장의 지시 때문에 억지로 사업을 끌고가는 형편이었다. 결국 사업을 중단시켰다. 마침, 한국항공우주산업(KAI)이 만들어진다기에 거기에 팔아 넘겼다.

그리고 기억에 남는 사업으로 자동현상기 사업이 있다. 사진 현상을 자동으로 해 주는 기계를 만들어 팔자는 것이었는데, 만들고 보니 불량률이 너무 높았다. 자동현상기에서 사고가 나면, 필름까지 망칠 수 있었다. 고객이 소중하게 보관한 필름이 손상되면, 물어줘야 할 비용이 천문학적으로 불어난다. 그래서 사업을 시작하자마자 접었다. 이 밖에도 주차설비사업, 수문설비사업 등을 무모하게 추진하다가 청산했다.

이건희 취향 때문에 희생당한 계열사 이익

이건희는 병원 사업에도 강한 의욕을 보였다. 여기에는 주변에서 거는 기대도 있었다. 희귀질병에 대한 연구, 기초의학 연구 등에 대한 자금 지원을 기대한 것이다. 재벌이 계열사의 이익금을 공익재단에 기부하여 병원 사업을 한다면, 이처럼 공익적인 분야에 투자하는 게 옳다.

삼성이 추진한 병원사업은 그렇지 않았다. 1500만 원대의 고급 숙박 진료 등 사치스런 의료행위에만 매달렸다. 설립 의도가 의심스럽다. 이처럼 공익과 동떨어진 삼성의료원 운영을 위해 삼성생명 등 계열사가 해마다 400억 원을 지원했다. 수익성도 없고, 공익성도 없는 일을 위해 계열사가 희생을 치른 셈이다.

김인주가 내게 찾아와 삼성전자가 호텔신라에 지원하는 방안에 대해 상의한 적이 있다. 삼성전자에 있는 자산을 아무런 관계없는 호텔신라를 위해 쓰자는 것이다. 법률논리에 비춰 봐도, 경영논리에 비춰 봐도 터무니없는 짓이다. 김인주도 그것을 잘 알고 있다. 그럼에도 그가 나를 찾은 것은 호텔신라를 경영하는 게 이건희의 장녀인 이부진이기 때문이다. '집안논리'가 법률논리나 경영논리보다 위에 있는 셈이다. 당시 그는 "순수한 경영적 판단에서 틀릴 수 있지만 주인이 하겠다는데 누가 말리느냐"라고 했다. 김인주는 이건희 가족을 가리켜 '주인'이라는 표현을 자주 썼다. "주인의 돈을 지켜줘야 할 사람들(구조본 임원)이 오히려 (주인에게) 손실을 보게 할 수는 없지 않느냐"라거나, "회사의 모든 것은 결국 회장님의 것이다"라는 식이다.

삼성그룹은 세계적 경쟁력을 갖춘 제품군을 10개쯤 갖고 있다. 나머지 사업들은 경쟁력 있는 사업에 기생하여 명맥을 유지하는 형편이다. 사업 전문화와 다각화 중 어떤 것이 옳은지는 시각에 따라 판단이 다를 수 있다. 하지만, 사업 다각화 역시 정상적인 경영논리에 따라 이루어져야 한다. 삼성에서는 마땅히 접어야 할 사업을 회장의 개인적인 취향, 혹은 회장 집안의 사적인 이해관계 때문에 계열사에 부담을 줘가면서까지 끌고 가는 경우가 너무 많았다.

내가 삼성에 입사할 때, 기대했던 것 중 하나가 '글로벌스탠더드'에 따른 조직운영이었다. 당시에는 기업이 정부보다 합리적으로 운영되는 줄만 알았다. 그러나 이런 오해가 깨지는 것은 순식간이었다. 물론, 오너의 독선과 전횡에 따른 불합리한 경영관행이 꼭 삼성에만 있는 것은 아니다. 다른 재벌 역시 사정은 크게 다르지 않다고 들었다. 그런데 유독 삼성이 '글로벌스탠더드'에서 한참 뒤쳐진 분야가 있다. 바로 노사관계다. 경쟁 관계에 있는 재벌인 현대에 비해서도 한참 뒤쳐진 분야다. 삼성처럼 '무노조 경영'을 공식적으로 내세우고 있는 기업은 세계적으로도 흔치 않다. 노동조합을 범죄시하는 삼성의 행태는 '글로벌스탠더드'와 견주기도 민망한 후진적인 행태다.

하지만, '무노조 경영'은 삼성에서 신앙과 다름없었다. 고위층으로 올라갈수록 이런 생각이 견고했다. 이들은 노조라는 말만 나와도 알레르기 반응을 보였다. 삼성중공업에 노동조합 대신 노사협의회가 있었는데, 여름마다 회사에서 노사협의회 간부들에게 영양제까지 챙겨줬다. 일종의 '내부매수'인 셈이다. 비용이 아무리 많이 들어도 상관없으니, 노조만 아니면 된다는 게 삼성 고위층의 경영신조였다.

삼성식 '무노조 경영'은 계속 지속될 수 있을까. 회의적으로 답하는 이들이 많다. 나도 그렇다. 삼성은 더 이상 국내 재벌이 아니다. 물론, 금융이나 서비스 부문은 사실상 국내 기업이지만, 제조업 부문은 그렇지 않다. 세계 곳곳에서 공장을 운영하고 있다. 그런데 외국에서도 삼성식 '무노조 경영'을 계속 고집하는 게 가능할까. 노동자에 대한 반인권적 통제가 다른 나라에서도 계속 통할까. 어느 정도는 가능할 게다. 그러나 영원히 지속가능할 리는 없다. 노조 때문에 생기는 비용보다 노조 설립을 막기 위해 치르는 비용이 더 큰 상황 역시 언제까지 지속될 수는 없다. 노조 방지 비용은 눈덩이처럼 쌓여간다. 이런 비용을 견딜 수 없는 순간이 머지않아 올 게다.

   삼성이 '무노조 경영'을 고집하느라 치르는 부담은 한두 가지가 아니다. 세계 경제 상황에 따라 기업간 인수합병이 활발해질 수 있는데, 이런 상황에서도 삼성은 운신의 폭이 좁아진다. 노조가 활발한 기업은 다른 조건이 아무리 좋아도 인수하기 어렵기 때문이다.

   삼성이 노조 설립 시도를 막기 위해 쓸 수 있는 돈에도 한계가 있다. 비자금을 동원한다고 해도 마찬가지다. 그런데 노조 방지 비용을 감당할 수 없어서 노조를 허용해야 하는 순간이 오면, 삼성은 위기에 빠진다. 삼성이 '무노조 경영'을 강조하면 할수록, 어쩔 수 없이 노조를 허용하게 될 때 받을 충격도 커진다.

   경쟁 재벌인 현대와 달리, 삼성 경영진은 '노조와 함께 지내는 법'을 배울 기회가 없었다. 이런 상태에서 노조가 생기면, 삼성은 혼란을 감당할 수 없다. 다른 대기업 역시 '노조와 함께 지내는 법'을 거저 배운 것은 아니다. 막대한 수업료를 치른 뒤에야 가능한 일이었다. 그리고 이런 비용은 전근대적인 관행에 젖어 있던 한국 기업이 '글로벌스탠더드'에 부합하는 기업 조직으로 거듭나기 위해 필수적으로 치러야 했던 것이다.

   그러나 다른 대기업이 이런 수업료를 치르고 있을 때, 삼성은 노조를 막기 위해서만 비용을 썼다. 이제 와서 '노조와 함께 지내는 법'을 배우기에는, 치러야 할 수업료가 너무 크다. 회사 규모가 너무 커졌기 때문이다. 청소년기에 겪었어야 할 성장통(成長痛)을 장년기에 겪는다면, 더 큰 고통을 겪게 된다.

판단력을 키울 기회를 잃어버린 경영진, 위기 앞에서 무용지물

그룹의 규모와 위상이 지금 수준에 훨씬 못 미치던 시절에 뿌리내린 관행을 규모와 위상이 달라진 뒤에도 고집하면서 생긴 문제는 '무노조 경영'만이 아니다. 총수의 뜻이 합리적인 판단보다 위에 놓이는 '황제식 경영' 역시 마찬가지다. 그룹의 규모가 작던 시절에는 비록 불법적인 면이 있지만, '황제식 경영'이 갖는 장점이 있었다. 빠른 의사결정과 과감한 추진력, 단기적인 성과에 연연하지 않는 긴 시야 등이다.

그러나 '황제식 경영'이 통하기에는 삼성그룹의 규모가 너무 커졌다. 한국 사회 곳곳에 영향력을 행사하는 재벌 그룹에서 한 사람이 독점적인 의사결정을 하는 것은 이제 불가능하다. 설령 권력의 정점에 있는 총수가 대단한 통찰력과 판단력을 지녔다고 해도 그렇다. 아무리 뛰어난 사람도 전자산업과 조선 산업, 병원, 보험, 증권 등 모든 산업 분야에 걸쳐 리더십을 행사할 수는 없다. 게다가 총수의 지배권이 세습될 경우, 계속 뛰어난 사람이 물려받으리라는 보장도 없다. 그런데 삼성의 한국 사회에 대한 영향력이 너무 큰 까닭에, 우연히 무능한 사람이 삼성을 이끌게 되면 한국 사회 전체가 위험해진다. 이런 위험을 계속 방치해야 하나.

게다가 총수인 이건희가 삼성그룹을 경영하면서 늘 합리적인 태도를 취했던 것도 아니다. 자신의 취향을 정상적인 경영 판단보다 앞세웠던 적도 많다. 실패로 끝난 자동차 사업이 대표적인 사례다. 자동차를 좋아하는 이건희의 취향 때문에 한국 경제는 너무 큰 비용을 치러야 했다. 번번이 실패로 끝났던 명품 사업도 마찬가지다. 후계자 이재용에게 경영 성공 사례를 만들어주기 위해 시도했던 'e삼성' 역시 마찬가지다.

그런데 삼성 고위 경영자들을 가까이서 지켜봤던 내가 생각하는 '황제식 경영'의 결정적인 폐해는 따로 있다. '황제'의 눈치를 보느라 경영자가 정상적인 판단력을 키울 수 없다는 점이다. 기업을 성공적으로 이끄는 유능한 경영자는 하루아침에 나오지 않는다. 스스로 판단하고 결단하는 과정에서 수많은 시행착오를 거치고서야 탄생한다.

오직 총수의 뜻만을 따르는 구조본이 짜준 매뉴얼대로 움직여 온 경영자에게서 정상적인 판단력을 기대하기는 어렵다. 물론, 매뉴얼이 완벽하다면 별 문제가 없을 수 있다. 그러나 세상에 완벽한 매뉴얼은 없다. 완벽에 가까운 매뉴얼이라도 만들 수 있을까. 그것도 불가능하다. 매뉴얼을 짜는 구조본 간부들 역시 합리적인 판단력을 기를 기회가 없었기 때문이다. 총수의 변덕스러운 취향, 총수 가족의 이익을 최우선의 판단 기준으로 삼는 조직이 구조본이다. 이런 조직에서 내리는 판단 역시 정상적인 경영판단과는 거리가 있을 수밖에 없다.

삼성 고위 경영자들 입장에서는 평소 판단력을 기르기 위해 노력할 이유가 없다. 총수와 구조본의 뜻을 거스르면서 독자적인 판단을 할 기회도 없거니와, 설령 있다 해도 독자적인 판단에 따르는 책임을 감당할 수 없다. 실패하면 치명적인 결과가 따르고, 성공해도 좋은 소리를 못 듣기 십상이다. 경영자 입장에서는 총수와 구조본의 뜻을 맹목적으로 따르는 게 합리적인 선택이 된다. 이런 문화 속에서 뛰어난 경영자가 나오기는 힘들다. 극소수를 제외한 다수 임원은 그저 로봇처럼 움직일 뿐이다. 이런 조직이 경쟁력을 가질 수 있을까. 나는 아니라고 본다. 허리 아래가 아무리 단단해도, 머리가 빈 조직은 오래갈 수 없다. 판단력을 기를 기회 없이 성장한 경영진은 위기 상황에 제대로 대응할 수 없다.

'반도체 기술자' 위에 있는 '비자금 기술자'

삼성이 지금과 같은 위상을 누리게 된 것은 삼성전자 등 핵심 제조업 부문의 성과 때문이다. 이런 부문 없이 금융이나 서비스 계열사만 갖고 있었다면, 삼성은 그저 그런 국내 재벌일 뿐 세계적으로 인정받는 기업은 될 수 없었다. 실제로 반도체, 휴대폰 등에서 삼성이 거둔 성과는 눈부셨다. 그 뒤에는 백혈병 위험을 무릅쓰고 반도체 생산라인에서 땀 흘린 노동자들의 희생이 있었다. 더 편하고 쉽게 돈을 벌 수 있는 길을 마다하고 새벽까지 연구실을 지킨 연구원과 기술자들의 노력도 빠뜨릴 수 없다.

그러나 이런 희생과 노력의 성과를 챙긴 것은 엉뚱한 자들이었다. 삼성 구조본 임원들은 반도체, 휴대폰의 개발, 생산, 판매 등에 기여한 일 없이도 가장 높은 보수를 받았다. 단지 보수만 많이 받은 게 아니었다. 그들은 실제로 회사에 돈을 벌어오는 이들, 실제로 기술을 개발한 이들 위에서 막강한 권력을 휘두르며 군림했다. "재주는 곰이 넘고, 돈은 되놈이 챙긴다"는 속담대로다.

상식적으로는 이해하기 힘든 구조다. 희생을 치르고 조직에 기여한 사람과 성과를 챙기는 사람이 서로 다르기 때문이다. 삼성 구조본에서 일해 본 사람은 그 이유를 안다. 삼성에서 가장 높은 대우를 받는 사람은 뛰어난 기술을 개발해서 회사의 위상을 높인 사람이 아니다. 이건희, 이재용의 사적 이익을 위해 일하는 사람이다. 이들은 대개 회사가 저지른 비리의 공범들이다. 삼성에서는 비리 공범이 돼서 수뇌부와 비밀을 나누는 사이가 돼야 높은 대우를 받을 수 있었다. '반도체 기술자'보다 '비자금 기술자'가 위에 있는 구조인 셈이다.

땀 흘려 일하는 사람, 뛰어난 능력을 지닌 사람보다 비리 공범을 우대하는 기업문화 속에서 나는 가끔 되묻곤 했다. "손자 세대는 어떤 직업을 장래희망으로 삼아야 할까"하고. 예전에는 아이들의 장래희망이 주로 과학자, 대통령 등이었다. 하지만, 멀쩡한 시민을 학살한 전직 대통령이 재벌들에게 거둔 비자금으로 호의호식하는 것을 본 뒤에는 아이들에게 대통령의 꿈을 품으라고 권하기가 어려워졌다.

그렇다면 과학자는? 역시 권하기 민망하다. 국내 최고 기업이라는 삼성에서 과학기술을 연구하는 사람들은 그저 소모품 취급을 당했다. 다른 곳으로는 눈을 돌리지 못하게끔 해 놓고 연구 기계 취급을 했다. 이런 생활을 오래 하고나면, 담당 기술이 아닌 다른 분야에 대해서는 백치가 된다. 그러다 연구하던 기술의 효용이 떨어지면, 회사에서 쫓겨난다. 다른 분야에 대해 관심을 가질 틈이 없었기 때문에, 회사를 떠나면 다른 일에 적응하기 어렵다. 철저하게 회사의 이익을 위해서만 길들여진 삶을 살다 버려지는 것이다.

대신, 이들의 노력과 희생에 기생하는 집단은 승승장구했다. 삼성에서 연구임원은 임원 취급을 받지 못했다. 비리를 함께 저지르는 경영임원이 돼야만, 좋은 대우를 받을 수 있었다. 그렇다고 해서 기업 비리 공범을 아이들에게 장래 희망으로 권할 수는 없는 노릇이다.

내가 오랫동안 몸담았던 법조계로 진출하도록 권해야 할까. 아니면 잘릴 염려 없는 공무원? 역시 고개를 젓게 된다. 삼성 구조본에서 일한 경험이 없다면 그렇지 않았을 게다. 하지만, 삼성에서 일하는 동안 썩은 법조인과 관료를 너무 많이 봤다. 그래서 법조인과 관료 역시 권하고 싶지 않다.

결혼을 일찍 했던 탓에 나는 갓 오십을 넘긴 나이에 손자가 둘이다. 대통령도, 과학자도, 기업인도, 법조인도, 공무원도 아니라면 손자들에게 어떤 직업을 권해야 할까. 손자들을 만날 때마다 드는 고민이다. 아마 이런 고민을 하는 게 나만은 아닐 게다.

지도층에게 배신만 당한 사회

이런 고민이 드는 이유는 사회적 선망의 대상인 지도층이 제 구실을 못하기 때문이다. 지도층이 존경받는다면, 아이들에게 학자, 정치인 등 사회 지도층이 되도록 권하는 게 부끄럽지 않다. 그러나 우리 역사는 지도층에게 배신만 당한 역사였다. 그나마 깨끗하다고 알려져 있던 과학자마저 예외가 아니었다. 황우석 사태를 거치며 드러난 사실이다. 아이들에게 장래희망을 묻기가 민망한 게 어쩌면 당연한 일인지도 모르겠다. 이런 생각으로 쓴 글이 있다. "논문 '인위적 실수'? 황 교수의 곡학아세"라는 제목으로 2005년 12월 19일자 〈한겨레〉에 실린 글이다. 내용은 이렇다.

> 임진왜란 때 선조가 도성을 버리고 의주로 도망하자, 노한 백성들은 왜군이 들어오기도 전에 궁궐에 불을 놓았다. 수천년 왕정을 거친 백성이었는데도, 해방 직후 좌우대결은 심했지만 왕정복고의 목소리는 없었다. 백성을 배신하고 망국을

초래한 무능한 왕조에 대해 한없이 실망했기 때문이었을 것이다.

1950년 '서울을 사수한다'는 육성방송을 하던 이승만 대통령은 이미 대전에 도망가 있었고, 명령에 따라 한강다리를 폭파한 군인은 총살됐다. 1980년 광주에서 계엄군은 '시내 진입을 하지 않는다'고 방송한 뒤 비무장시민들을 무차별 살상하며 기습진압작전을 감행했다. 이후 통수권자가 된 전두환 장군은 5년 동안 무려 1조 원대의 뇌물을 수금한 것이 드러났다.

권력자들에게 한없이 배신 당해 온 국민은 그들에게 더 이상 실망할 일도 분노할 일도 없을 것 같다. 하지만 적어도 과학자들에겐 그렇지 않았다.

엊그제 황우석 서울대 교수가 기자회견을 하며 '인위적 실수'라는 새로운 말을 만들어냈다. 정치가나 외교관이라면 모를까, 과학자의 입에서 나올 만한 말이 아니란 생각이 들었다.

'외교적 질병'이란 외교관이 불편한 자리를 피할 때 흔히 병을 칭하는 것을 말한다. 외교상으로는 관행적으로 용인되는 일이라 이를 두고 거짓말이라 비난하지 않는다. 30대에 주검찰총장을 거쳐 40대에 미국 대통령이 된 빌 클린턴이 어린 인턴사원과 불륜을 시인할 때 '부적절한 관계'라는 절묘한 용어를 만들어냈다. 그는 정치인이자 변호사였다.

과학자인 황 교수로서는 "욕심이 과한 나머지 논문조작이라는 큰 잘못을 저질렀다"고 시인했어야 했다. 또 다른 사람에 대해 수사 요청할 일이 아니라, 스스로 검찰에 나가 범행을 신고해야 했다. 그나마 그것이 국민적 영웅으로 대접받은 데 대한 최소한의 예의가 아닐까?

줄기세포의 유무를 떠나 '인위적 실수'로, 세계를 상대로 논문을 조작하여 온 백성을 부끄럽게 하고, 국가신인도 추락으로 막대한 국익 상실을 초래하고, 수백억 원의 국고를 우연히 개집에서 날아든 일개 곰팡이 때문에 날린 그는, 그의 고백대로라면 희대의 사기범(인위적)이거나 세기의 과실범(실수)임에 틀림없다.

범죄수사가 직무인 검사가 기업인인 양 경제를 생각하고 기업인은 정치인인 양 나라 일을 걱정하더니 마침내 과학자마저도 그 곡학아세가 정치인인지 사기꾼인지 잘 모를 정도가 됐다. 우울하다.

이 글을 다시 읽으며, 나는 삼성에서 일하던 시절을 떠올렸다. 검사들에게 돈을 뿌리고, 재판에 앞서 증거를 조작하던 그 시절 말이다. 로비가 통하는 사회에 합리적 이성이 설 자리는 없다. 사법부를 농락하는 힘이 있는 곳에 정의는 없다. 이런 사회에서 "인위적 실수" 따위의 말장난이 서슴없이 통하는 것은 어쩌면 당연한 일인지도 모르겠다.

이런 사회에서 진실은 중요하지 않다. 말장난과 로비로 급한 상황만 넘기면 된다. 삼성 수뇌부 역시 마찬가지였다. 삼성특검 수사 이후 '계열사 자율경영체제'를 약속했지만, 결국 거짓말이었다. 채 2년도 지나지 않아 삼성전자 간판급 경영자들이 "오너 경영체제로의 복귀가 필요하다"는 주장을 공공연히 한다.

3부 삼성과 한국이 함께 사는 길

12 대학생 부부

"살아서 굴욕을 당하느니"

이 글을 쓰고 있는 동안, 김규장 변호사의 부음(訃音)을 접했다. 2008년 2월 광주지법 부장판사를 끝으로 법원을 떠나 변호사 개업을 한 그는 내 고등학교 동기다. 판사 시절에나, 변호사 시절에나 소처럼 묵묵히 일만 하던 친구다. 결국 과로로 죽었다. 하늘이 아까운 사람을 먼저 데려갔다.

나이 오십을 갓 넘겼을 뿐인데, 고교 동기 중에 죽은 사람이 서른 명을 넘겼다. 내가 모르는 경우까지 합치면 이보다 많을 게다. 내 고교 동기들 중에는 유독 자살한 사람이 많다. 또 김규장 변호사처럼 과로사한 경우도 꽤 있다. 우리 세대가 유난히 힘든 시대에 태어났던 걸까. 잊을 만하면 한 번씩 들려오는 친구들의 부음은 바닥에 가라앉아 있던 온갖 상념을 부옇게 휘저어놓곤 한다.

나는 광주에서 가난하고 배우지 못한 부모의 장남으로 태어났다. 나이

40에 처음으로 심전도검사를 하고서야 알게 되었지만 나는 선천적인 심장이상을 갖고 있다. 그래서 어린 시절 공놀이나 달리기를 한 일이 없다. 왜 다른 아이들과 달리 나는 조금만 뛰어도 가슴이 터질 것만 같은지, 당시에는 이유를 몰랐다. 그래서 체육시간이면 늘 풀밭에 앉아 책을 읽었다. 초등학교 3학년 무렵 어쩌다 돈을 조금 번 아버지가 사주신 백과사전을 읽고 또 읽는 게 나의 일상이었다. 몸이 약했던 나를 초등학교 6년간 이모들이 등에 업고 등교시켰다. 내가 개근과 우등으로 졸업할 수 있었던 것은 이모들 덕분이었다. 나는 여자 짝꿍에게도 맞고 다닐 정도로 소극적이고 유순한 성격이라, 중학교 시절 나와 대화한 급우는 열 명이 넘지 않을 정도였다. 그래도 성적은 좋아서 반장, 회장을 종종 맡았다. 추첨 1기로 광주 사레지오 중학교를 다니게 됐고 교장신부 등 외국인 신부들로부터 귀여움을 많이 받았다.

중학교를 마치고, 광주일고에 입학한 뒤에도 내성적인 성격은 바뀌지 않았다. 고교 시절 나와 이야기한 친구는 다섯 명쯤 될까 싶다. 같은 반 친구들이 내가 있는지조차 모르고 지낼 정도로 조용한 성격이었다. 쉬는 시간이면, 멍하니 상념에 빠지거나 혼자 온갖 종류의 책을 뒤적이곤 했다. 이렇게 혼자 지낸 고교 시절이었지만, 자존심은 오연했다. 몸이 약해서 체육활동을 하지 못했던 까닭에 생겨난 성격인지도 모르겠다. 내성적이면서 자존심은 지독하게 센 소년. 이게 고교 시절 내 모습이었다.

내 책상 앞에는 "屈辱的生 奮鬪中仆(굴욕적생 분투중부, 굴욕적으로 사느냐, 열심히 노력하다가 쓰러질 것이냐)"라는 문구가 적혀 있었다. "得手攀枝無足依 懸崖撤手丈夫兒(득수반지무족의 현애철수장부아, 발이 허공에 매달린 채 절벽에 썩은 나뭇가지를 잡고 있다면 차라리 그 손을 놓는 것이 사내다운 일이다)"라는 문장도 적혀 있었다.

유난스러웠던 자존심을 드러내는 문장이지만, 당시 학교 분위기와도 무관하지 않다. 내가 다닌 고등학교는 정문에 들어서면 국기가 있고 왼쪽으로 광주학생기념탑이 있다. 매일 등교할 때마다 국기에 대한 경례를 하고, 왼쪽 기념탑에 참배한다. 기념탑 아래에는 "우리는 피 끓는 학생이다. 오직 바른 길만이 우리의 생명"이라고 세로로 크게 쓰인 동판이 있었다. 이 동판 아래에는 "바른 길이라면 불 속이라도 뛰어들마, 물속이라도 뛰어들마"라는 구절도 있었다. 당시는 유신 시절이었고, 내가 다니던 고등학교에서도 유신 반대 데모가 일어났다. 데모가 일어나자 국가기관에서 기념탑 아래 있던 동판을 떼어간 일이 있는데, 이 일이 오히려 학생들을 자극해서 시끄러워졌다. 동판은 결국 제자리로 돌아왔다. 당시 데모를 주동했던 친구들이 3학년 초에 대거 제적됐다. 공부 잘하고 똑똑한 친구들이 많이 포함돼 있었다. 이들 가운데 몇몇은 검정고시를 거쳐 서울법대에 입학했다. 그리고 이들 가운데 일부가 대학 2학년 무렵 다시 제적됐다. 역시 유신 반대 데모를 했다는 이유 때문이다.

친구들의 잇따른 부음을 접할 때마다, 당시 생각이 떠오른다. 젊은 피를 뜨겁게 달궜던 문장들, 과격한 구호와 격렬한 데모, 오직 정의를 위해 몸을 던졌던 친구들…. 푸른 생명의 기운을 너무 일찍 소진해버린 걸까. 그래서 나이 오십 문턱에서 꺾여버린 걸까.

고대 문화에 대한 자부심과 부끄러움

1976년, 고등학교를 마치고 고려대 법학과에 진학했다. 우리 집안 형편에 등록금이 비싼 사립대 진학은 무리였다. 하지만 서울대에 지원하려니, 행여나 실패할까봐 두려웠다. 키 176센티미터에 체중 54킬로그램이 당시 내 체격이었다. 빈약한 체력으로 재수 생활을 견딜 자신이 없었다. 그렇다고 지방 국립대에 지원하려니, 자존심이 상했다. 결국 피해를 본 것은 동생이었다. 내가 사립대에 진학하는 바람에 동생은 서울에 있는 대학에 갈 수 없었다. 동생에 대한 미안함은 평생 따라다녔다.

대학 신입생 시절은 그저 우울하기만 했다. 유신 반대 데모를 하느라 고교 시절 제적됐던 동기들 앞에서 늘 미안했다. 내 자신이 한없이 비굴하게 여겨졌다. 자존심 강한 성격 탓에 마음은 더 무거웠다. 당시에는 대학생들이 대학 배지를 달고 다녔는데, 나는 고려대 배지를 일부러 떼고 다녔다. 가족에게 부담을 지우며 들어온 대학이 영 탐탁치가 않았다.

첫 번째 고연전을 지나면서 내 성격도 조금 밝아졌다. 고교 선배들과 어울리면서 인간관계도 넓혀갔다. 이 무렵부터 학교 배지를 달고 다녔다. 막걸리 잔을 기울이며 소탈하게 어울리는 고려대 특유의 문화에 대한 자부심이 생긴 것이다.

이런 자부심은 뒷날 사회생활을 하며 다시 사라졌다. 단지 출신학교가 같다는 이유만으로 지나치게 뭉쳐 지내는 문화는 심한 부작용을 낳는다는 것을 알게 된 것이다. 학교 혹은 고향 선후배끼리 밀어주고 끌어주는 문화만 사라져도, 한국 사회는 지금보다 훨씬 건강해질 게다. 지나친 집단주의가 개성을 짓누르는 폐해도 깨닫게 됐다. 그래서 사회생활을 하면서부터는 동문회, 향우회 등 모임에 잘 참석하지 않았다.

검사 시절, 광주일고 혹은 고려대 출신이라며 접근하는 사람들에게 "우연히 같은 시기에, 혹은 다른 시기에 같은 교문을 드나들었다는 게 무엇이 그리 중요한 인연이냐"라고 되묻곤 했다. 그러나 이는 나중 일이다. 대학 시절에는 이런 깨달음에 도달하지 못했다.

대학생 부부

대학 시절, 나와 친했던 고교 선배들은 주로 전라도 시골 출신이었는데, 이들과 함께 지내면서 내 말투도 변했다. 내성적인 모범생이었던 고교 시절까지는 완벽한 표준어만 썼다. 대학에서 생애 첫 사교활동을 하면서 전라도 사투리를 배웠다. 데모에도 참석했다. 대열 앞에도 서지 못하고, 뒤에 서지도 못했다. 늘 중간에만 있었다. 박정희가 죽었을 때는 친구들과 크라운 맥주를 마시고 흠뻑 취했다. 맥주병에 있는 크라운 표시, 그러니까 황제의 관을 가리키며 죽은 박정희에 대해 이야기했다. 대학원 시절이었던 1980년 봄 서울역에 모였던 인파는 지금도 생각난다. 그러나 나는 결국 소심한 사내였다. 데모를 주동하는 일 따위는 엄두도 못 냈다. 부끄러운 내가 머물 곳은 도서관뿐이었다. 화창한 일요일에도 늘 도서관에서 지냈다.

아내는 우연히 나간 미팅에서 만났다. 후배들이 미팅을 잡았는데, 자리가 하나 모자란다고 했다. 당시 나는 3학년이었고, 아내는 1학년이었다. 하지만 나이는 같았다. 내가 초등학교에 1년 일찍 입학했고, 아내는 대학입시에서 재수를 했기 때문이다. 그리고 4학년 초에 우리는 약혼을 했다. 당시 우리 부모는 처가가 꽤 잘사는 집인 줄 알았던 모양이다. 약혼한다고 하니까 고향 집에서 내게 보내는 돈이 확 줄었다. 당시 하숙비가 4만 5000원이었는데, 집에서는 3만 원쯤 부쳐줬다. 나머지는 처가에서 어떻게 해결해주겠지 하는 생각이었던 모양이다. 결국 강화도 원통암이라는 암자에 들어갔다. 아내가 자기 집에서 반찬을 가져다줬다. 처갓집에서 용돈을 받기도 했다.

졸업을 앞둔 4학년 말, 결혼식을 올렸다. 광주 본가에서 잠시 살림을 하다가 구 서울농대 부근 수원시 서둔동에 보증금 10만 원에 월세 1만 6천 원짜리 방을 얻었다.

1980년 2월 대학을 졸업하고, 고려대 대학원 법학과 형사법 전공으로 입학했다. 그해에 첫째 아들이 태어났다. 그 무렵, 처가마저도 가세가 급히 기울었다. 친가와 처가가 모두 파산 지경이었다. 게다가 나는 공부하는 신분이었으니, 아내가 겪어야 했던 고초는 이루 말할 수 없었다. 월세 방값을 내기 위해 아내는 일당 3500원을 받으며 밭일을 해야 했다. 곱게 자란 젊은 아내가 안쓰러웠던지, 아내가 반나절만 일해도 하루치 일당을 주기도 했다. 이런 이야기를 들을 때마다 얼굴이 화끈거렸다. 아내와 처갓집에 신세를 진 세월이 십 년이다. 고시에 합격해 검사가 된 뒤에도, 집안 형편은 크게 달라지지 않았다. 미대를 다녔던 아내는 무척이나 섬세한 감수성을 지녔다. 하지만, 가난한 생활 속에서 아내의 여린 마음에 굳은살이 박였다. 아내는 아이들을 키우기 위해 온갖 일을 해야 했다. 아이들을 모아놓고 미술과 영어를 가르쳐서 생활비를 감당했다.

대학원 재학 당시 심재우 교수가 지도교수였다. "인간존엄을 침해하는 범죄"라는 제목으로 논문 준비를 했는데, 1980년 광주민주화운동 직후였던 터라 대량학살 등 국가범죄를 다루어야 하는 논문이 부적절하다며 교수가 "과실의 공동정범"으로 주제를 바꿔줬다. 나는 흥미가 없어져서 결국 논문을 쓰지 않았다. 그래서 대학원을 다니고도 석사학위를 받지 못했다. 심재우 교수는 5공화국 초기 시절이었던 당시 시국 상황을 고려할 때 국가범죄를 논하는 논문은 학위 등록이 안 될 수도 있다고 판단해서 나를 보호하기 위해 논문 주제를 바꿔준 것이었다.

그 무렵 나는 박사학위를 받아 대학 강단에 서고 싶은 욕심이 있었다. 일 년에 6개월 가까운 방학과 교수에 대한 사회적인 존경 등이 부러웠기 때문이다. 하지만 이런 욕심은 석사과정에서 좌절됐다. 각각 다른 이유로, 교육대학원과 불교대학에도 다닌 적이 있는데 모두 제대로 마치지 못했다. 아무래도 나는 학위와는 인연이 없나 보다.

가계에 전혀 기여하지 못한 채, 아내만 고생시키고 있던 내가 처음으로 돈을 번 것은 고려대 학보인 〈고대신문〉에 원고를 기고하면서였다. 당시 고대신문사에서 "국회의원선거법의 문제점"이라는 시론을 써달라는 청탁을 받았다. 원래는 교수들에게 청탁했는데, 그들이 다 사양해서 내게 넘어온 것이었다. 나는 용감하게도 전국구 의석 3분의 2를 지역구 제1당에게 주는 시스템이 선거의 직접성, 평등성에 반하여 명백히 위헌이라는 취지로 원고를 써서 보냈다. 그 글은 선거일 전날 발간되는 신문에 실리지 않았다. 당시는 계엄 치하라서 언론 검열이 있었다. 검열 과정에서 약간 논의한 끝에, 투표일이 지난 다음 주에 실렸다. 그나마 내가 일부러 괄호 속에 독일어 등을 적어 넣어 학문적인 글처럼 만들어 놓았기 때문에 가능한 일이었다. 다만 박사과정의 선배가 '명백히 위헌'이라는 표현을 '위헌성 여부가 검토되어져야 한다'라고 완곡하게 바꾸었다. 나는 그 원고료를 받아 가족들 속옷을 사주었다. 첫 수입은 그렇게 쓰는 것이라고 들어서 그랬다.

수습기자가 된 연수원 시보

1983년 사병입영 영장이 나왔다. 늦은 나이에 사병으로 군복무를 해야 한다고 생각하니 막막했다. 그래서 9급 공무원 시험에 원서를 냈다. 그런데 이 사실을 지도교수가 알고, 나를 불러 호되게 야단쳤다. 결국 시험을 못 쳤다. 대신, 군 미필자도 응시자격이 있었던 제일은행 입행시험을 쳤다. 문제가 너무 어려웠다. 당시 출제됐던 독어 문제는 아직도 기억난다. 결국 떨어졌다. 길이 없다 싶었는데, 사법시험 2차에 합격했다는 통지가 날아왔다. 1차 시험은 네 번 만에 붙었는데, 2차는 한 번에 붙었다. 그래서 사병으로 입영하지 않게 됐다.

사법연수원 2년차 때, 전문기관 연수 일정이 잡혔다. 관공서 등 법조계 외부 기관에서 3개월간 수습으로 일하는 것이다. 당시 언론사 연수가 처음 도입됐다. 나는 한국일보 수습을 택했다.

예전에는 "정치는 〈동아〉, 경제는 〈조선〉, 사회는 〈한국〉"이라는 말이 있었다. 한국일보는 수습기자 훈련을 세게 시키기로도 유명했다. 기왕 연수를 받을 거면 제일 센 훈련을 받을 수 있는 곳이 좋겠다 싶었다. 그래서 한국일보 사회부에서 연수를 받았다. 김종래 기자가 당시 내 선배였다. 김 기자는 나중에 조선일보로 옮겨 편집국 부국장과 출판국 국장 등을 지냈다.

당시 기억에 남는 취재로, 수해 참사 현장을 꼽고 싶다. 선배 기자와 함께 수해 현장을 찾았다. 집이 허물어지고 가재도구가 다 떠내려간 자리였다. 망연자실한 표정으로 서 있는 주민에게 다가가 정부의 수재 대책에 대한 생각을 물었다. 그랬더니, '나라님이 무슨 잘못이냐. 하늘 탓인데'라는 대답이 돌아왔다. '정말 순박한 국민들이다' 싶었다.

그 무렵 체력장 준비를 하던 학생이 운동장에서 쓰러지는 사고가 많았다. 오래달리기 연습을 무리하게 한 것이다. 이런 사고가 또 터졌다. 그래서 현장에 나갔다. 취재를 했는데, 다음날 신문 기사에서 학교 이름은 빠졌다. 알고 보니, 이 학교 교장이 한국일보 간부의 장인이라고 했다. "이런 일이 흔하냐"라고 선배 기자에게 물었더니, 그는 "원래 그렇다"라고 대답했다. 젊은 시절 언론과 맺었던 짧은 인연은 이렇게 끝났다. 그때가 1985년이었다. 그리고 22년 뒤, 나는 다시 기자들과 만났다. 강산이 두 번 넘게 바뀌는 동안, 언론도 많이 변했다는 걸 알게 됐다. "정치는 〈동아〉, 경제는 〈조선〉, 사회는 〈한국〉"이라는 말은 까마득한 옛말이 됐다. 진실을 밝히는 데 목숨을 걸기는커녕, 진실을 감추기에 급급한 기자들을 보며 나는 절망했다.

"군사 정권 시절, '군대는 개'라고 해도 멀쩡했다. 그런데 지금은…"

연수원을 마친 뒤, 해군 법무관으로 입대했다. 선천적인 심장 이상을 갖고 있던 나는 행여나 군 복무를 할 수 없을까봐 두려웠다. 군 복무가 두렵고 힘든 일이지만, 그렇다고 피해서는 안 된다는 생각을 갖고 있었다. 다행히 무사히 군 복무를 할 수 있었다. 심장 이상으로 인해 달리기나 구기 운동을 할 수 없는 나였지만, 의외로 장교 훈련은 잘 견뎌냈다. 법무관을 상대로 한 훈련이었기 때문인지도 모른다.

당시 해군에는 법무관 수가 많지 않았다. 그래서 해군사관학교, 해군 고등군사반 등에서 강의하는 일까지 내가 맡게 됐다. 해군고등군사반 헌법 강의를 하면서, 나는 "군대는 집 지키는 개와 마찬가지다. 개가 주인을 물면 안 된다"라고 말한 적이 있다. 그랬더니, 그 자리에 있던 원사 한 명이 다가와 다음 강의 내용을 미리 보여 달라고 했다. 나는 강의 내용을 미리 준비하지 않는다고 대답했다.

당시만 해도, 전두환 군사정권 시절이었다. 하지만, 이런 강의 때문에 특별히 불이익을 입거나 하지는 않았다. 그런데 20년이 넘게 지난 지금, 국방부의 불온서적 목록에 대해 헌법 소원을 제기한 법무관들이 파면당했다는 소식을 들었다. 군사 정권 시절에도 상상할 수 없었던 일이다. 수많은 사람들이 피를 흘리며 끌고 온 민주주의의 수레가 갑자기 뒤로 밀려 내려갔다. 끔찍한 일이다.

국방부는 파면당한 법무관들이 국방부 조치에 대한 비판적 견해를 무분별하게 언론매체를 통해 보도되게 해 군의 위신을 실추시켰다는 점을 징계 이유로 꼽았다. 하지만, 이는 억지 주장일 뿐이다. 지난 2005년, 국방정보본부에서 근무하는 군무원 3명이 헌법 소원을 제기한 적이 있다. 특정직 공무원 중 군무원만 중앙정부부처(국방부)에 근무할 수 없게 돼 있는 정부조직법 제2조 제7항에 대한 헌법 소원이다. 그리고 이 사건은 이듬해 언론에 보도됐다. 당시 헌법 소원을 제기하고, 언론 취재에 응한 군무원들 가운데 누구도 징계당하지 않았다.

지난 2001년에도 군 법무관 4명이 헌법 소원을 제기한 적이 있다. 군 법무관의 봉급과 보수를 규정하는 대통령령이 제정되지 않자 법무관들이 헌법 소원을 제기한 것이다. 당시 법무관들은 지휘계통에 따른 건의 절차를 거치지 않고, 바로 헌법 소원을 제기했다. 그러나 당시에는 이들 법무관들에 대한 징계 조치는 없었다. 2009년 국방부의 법무관 파면 조치가 얼마나 황당한 것인지를 알 수 있다.

물론, 상급 지휘관이 법무관을 파면할 수 있도록 돼 있는 구조도 문제다. 사법부가 행정부나 의회에 대해 독립적이어야 하는 것과 마찬가지 이유로, 군대 내 사법기구 역시 상급 지휘관으로부터 독립적이어야 한다. '군의 특수성'을 핑계로 대기도 하지만, 설득력이 없다. 상급 지휘관이라 해서 잘못을 저지르지 말라는 법은 없다. 그리고 이런 잘못을 제대로 수사해서 처벌할 수 있을 때, 군의 기강도 제대로 서게 된다. 지휘관의 눈치를 보느라, 군대 내 사법기구가 제 구실을 못한다면 결국 하급 장교와 사병들만 억울한 일을 겪게 된다. 이런 군대의 사기가 높을 리 없다.

나는 일부러 해군을 지원했다. 법무관 시절, 해군고등군사반에서 헌법 강의를 하면서 그 이유를 설명한 적이 있다. "역사상 쿠데타에 가담하지 않은 군대는 해군뿐"이라고. 해군은 육군과 문화가 다르다. 육군에 비해 아랫사람을 존중하는 편이다. 함정 안에서 사병과 하사관(부사관)들 하나하나가 고유한 역할을 맡고 있기 때문이다. 게다가 좁은 배 안에서 많은 인원이 생활하기 때문에, 서로에 대한 배려가 절실하다. 늘 배를 타고 있는 상황을 상정하고 있기 때문에, 해군에서만 쓰는 독특한 표현이 많았다. 이를테면, 부대 밖으로 나가는 것을 해군에서는 "상륙한다"고 했다. 부대가 하나의 배인 셈이다.

그 시절을 떠올리면, 기억나는 사건이 많다. 상습적으로 꾀병을 부린 병사를 구속시킨 일이 있다. 그랬더니, 해당 병사의 친척이 나를 찾아왔다. 그는 보안사에서 일한다고 했다. 그 친척에게 내가 "꾀병을 부려서 근무를 피하면, 결국 다른 병사들이 그 몫까지 감당해야 한다"고 했다. 그랬더니, 그는 "남들은 군대를 빠지기도 하는데, 그것보다는 낫지 않느냐"고 했다. 이어 그는 "군대까지 와서 전과 기록을 남길 수는 없다. 그러니까, 구속은 시키더라도 전과 기록은 남지 않게 해 달라"고 했다. 약간은 일리 있는 이야기라는 생각이 들었다. 하지만, 기록을 없애 달라는 불법적인 요구를 받아들일 수는 없었다.

헌병대 구치소장을 구속시킨 일도 기억에 남는다. 헌병이 구속된 사병을 때려서 죽게 만든 일 때문이다. 소장에게는 직무 유기 혐의가 적용됐다. 그런데 구속된 구치소장이 구치소 바깥에서 활개치고 다닌 일이 적발됐다. 알고 보니, 구치소에 있는 헌병이 풀어준 것이다. 대령인 헌병대장이 풀어주라고 했다는 게다. 헌병대장을 찾아가서 따졌다. 중위 계급장을 단 내가 대령을 찾아와 따지니까, 헌병대장이 어이없다는 듯 픽픽 웃기만 했다. 나는 "내가 계급은 중위지만, 수사 업무상으로는 상관이다. 따라서 당신은 항명 행위를 하고 있다"라고 말했다. 헌병대의 수사 및 처벌은 법무관의 지휘를 받도록 돼 있기 때문이다. 처음에는 웃기만 하던 헌병대장도 내가 항명죄로 구속시키겠다며 펄펄 뛰니까 얼굴색이 변했다. 구속 전과가 남으면, 직업 군인 생명은 끝이다. 얼굴이 사색이 돼 푸들푸들 떨던 그는, 결국 구치소장을 다시 구치소에 집어넣었다.

13 10만 원 받은 경찰은 사표, 50만 원 받은 경찰은 구속

"검사는 '빽'에 약하다?"

3년간의 법무관 복무를 마친 1989년 2월, 나는 검사로 임관했다. 일본 검사들은 직무에 관한 얘기를 죽을 때까지 함구하고 글을 쓰지 않는 것이 확고한 전통으로 확립되어 있다고 들었다. 우리나라 검사들도 직무에 관한 이야기, 특히 조직 내의 부끄러운 얘기를 하는 것은 금기로 여긴다. 그래서 검사 시절에 관한 이야기를 꺼내려니, 조심스럽기만 하다. 행여나 자부심을 갖고 일하는 후배 검사들에게 누가 되지나 않을까 두렵기도 하다. 또, 모든 검사들이 겪어야 했던 고생을 마치 나만 겪은 것인 양 비칠까 두렵기도 하다. 그리고 이미 청산된 과거 검찰의 그릇된 관행을 소개하는 게 현재 검찰에 대한 불신으로 이어지지 않을까 불안하기도 하다.

그래서 조마조마한 마음으로 이 글을 쓴다. 과거 검찰에 관한 이야기는 그저 지나간 일로만 받아들여주면 좋겠다.

법무관으로 제대할 무렵, 검찰 임관을 포기하려 했다. 당장 방값도 내지 못할 처지에 공직 생활이란 사치처럼 여겨졌기 때문이다. 하지만, 처가에서 빚을 얻어 서울 중랑구 상봉동에 3500만 원쯤 되는 집을 사줬다. 고시 준비를 하는 동안에도 처가의 도움을 크게 받았었다. 그런데 합격 뒤에도 처가에 부담을 줬다고 생각하니 도무지 면목이 없었다.

　인천지검에 첫 발령을 받았다. 처음 한 달 동안 서울 상봉동 집에서 인천까지 출퇴근했다. 집을 지켜야 한다는 욕심 때문이었다. 하지만 초임검사의 격무는 긴 출퇴근 시간을 허락하지 않았다. 결국 과로를 이기지 못하고, 집을 팔아 처가의 빚을 갚았다. 그리고 은행에서 500만 원을 대출 받아 인천시 남동구 만수동으로 이사했다.

　나는 검사생활 대부분을 인지부서인 특수부와 강력부에서 보냈다. 나는 인천, 부산, 서울지검 특수부에 근무했는데, 매일같이 퇴근을 늦게 하고 며칠씩 밤새는 일이 많았다. 초임인 인천지검 검사 시절부터 그랬는데, 같은 방 직원들도 덩달아 고생을 해서 참여계장의 아내가 화가 나서 친정으로 가버리는 일이 생겼다. 남편이 갑자기 집에 들어오지 않아서 생긴 일이다. 그래서 내가 사과와 위로차 그 계장 부인에게 밥을 한번 사겠다고 해놓고서는 그 약속을 끝내 지키지 못했다. 20년 전의 일이다.

　첫 부임지인 인천지검에서 나는 처음에는 교통전담 검사였다. 그런데, 법무부 장관 출신 변호사가 변호인으로 선임된 사건에서 나는 기소 의견이었는데 중간 상사는 불기소하기를 바랐다.

　그래서 검사장에게 기소해야 한다고 주장하면서, "그렇지 않아도 검사가 '빽'에 약하다고들 생각하는데 이 사건 변호인이 전직 법무부 장관이라는 이유로 불기소처분을 한다면, 내가 앞으로 어떻게 검사 생활을 할 수 있느냐'고 했다. 그랬더니 검사장이 빙긋 웃으며 처리하게 해 줄 테니 가서 기다리라고 했다. 결국 내 의견대로 기소하라는 지시가 내려왔다. 그 일이 있은 지 며칠 뒤, 나는 특수부로 발령이 났다.

'가짜 의사들'

인천지검 특수부에서 근무할 당시에는 인지수사를 많이 했다. '인지'란 수사의 주체이자 주재자인 검사가 스스로 범죄사실을 발견하고 증거를 수집하는 것을 뜻한다. 즉, 고소 고발 없이 수사의 단서를 찾아내는 것이다.

내가 인지한 첫 사건은 신체검사서를 허위로 발행해 총기 소지 허가를 받을 수 있도록 한 의사를 구속 수사한 것이었다. 나는 우선 경찰서에 비치된 총기소지허가대장에 첨부돼 있는 신체검사서를 분류하여 다량의 신체검사서를 발행한 병의원을 따로 분리해 냈다. 그리고 총기 소지 허가를 받은 사람들에게 전화를 걸어 병원 위치, 층수, 의사의 인상 등을 일일이 확인하였다. 800명 정도를 대상으로 삼았는데, 열 번째 전화에서 허위 신체검사서가 확인됐다. 병원에 가지 않고, 총포상에서 신체검사서를 작성해 준 것이다.

이런 수사 방법은 누가 가르쳐 준 게 아니었다. 초임검사로서 뭔가 역할을 해야겠다는 생각 끝에 혼자 생각해 낸 기획수사였다. 이런 수사가 성공한 후, 부임지마다 의사부터 먼저 인지구속수사 했다. 나중에는 요령이 생겼다. 지역의사회 회장에게 의사회 모임에 한 번도 얼굴을 비치지 않은 의사가 있는지 물어보는 것이다. 그러면 꼭 한두 명씩 있었다. 그 병원에 경찰관을 환자로 위장하여 치료받게 해 보면 면허 없는 사람이 치료행위를 하고 있는 경우가 종종 있었다. 면허를 대여한 의사들이 부끄러워서 의사회 모임에 잘 나오지 않았던 것이다.

인천지검 특수부에서 부동산 투기 전담을 하던 시절에는 영종도 부동산 투기 사건을 조사한 적이 있다. 현직 판사, 현직 검사, 정치인, 고위 공무원 등 이 사회에서 책임 있는 자들이 대거 연루돼 있는 걸 보고, 부동산 투기는 돈만 있으면 누구나 하는 국민산업에 이르렀구나 하는 생각을 했다. 그 무렵, 고향 친구 한 명이 내게 자기가 영종도에 땅을 사는데 500만 원만 투자하면 2억 원을 만들어 주겠다고 제의했다. 곤궁하였던 나는 잠시 고민했지만, 결국 거절했다. 부동산 투기 전담검사를 공범으로 끌어들이려는 의도가 너무 뻔히 보였기 때문이다.

당시 수사한 사건 중에 지금까지 마음에 걸리는 일이 있다. 부동산 투기사범 전담검사였던 내가 성탄 전야에 가정주부 2명을 구속한 일이나, 딸 혼인 날짜를 잡아 놓은 무허가주점업주를 구속한 일 등이다. 며칠 후에 구속해도 될 것을 그 당시에는 그런 고려를 할 만한 마음의 여유가 전혀 없었다.

학교 선배나 동기들이 사건 관련 청탁을 해 오면 정중하게 거절해도 될 일을, 정색을 하며 "나를 도와줘야 할 입장에서 불법적인 일을 부탁하느냐"고 훈계를 하기도 했다. 결국, 많은 동문들이 나와 의절하다시피 했다. 고지식하다는 소리도 듣고 융통성이 없다는 말도 들었다. 심지어 정이 없다거나, 감정이 메말랐다는 이야기까지 들었다. 하지만 당시 나는 그게 옳은 일이라고 생각했다.

어쩌다 한번 고등학교 동창회에 갔는데, 1년 후배이며 의사라는 사람이 내게 너무 공손히 굴었다. 의도적으로 접근하는 것 같은 냄새가 나서 즉시 내사에 착수했다. 알고 보니 남의 면허증에 자신의 사진을 붙인 '가짜 의사', 학적부에도 등재되지 않은, '가짜 동창'이었다. 그래서 '무면허의료행위'로 바로 구속했다. 그는 가만히 있었으면 눈에 띄지 않았을 텐데, 내가 특수부 검사라는 것을 알고 괜히 잘 보이려다가 오히려 된통 당한 셈이다.

내가 처벌할 수 없다며 석방을 주장하다가 상사와 의견이 달라서 결국 사건이 재배당된 일이 있었다. 법리에 관한 생각이 달라서 생긴 일이다. 이런 식으로 사건 처리 의견이 상사와 달라 재배당시킨 일이 몇 번 있은 뒤로, 나는 상사와 싸운다는 소문이 나고, 법무부 인사부서에서도 다루기 힘든 검사라는 평이 나돌았다.

"청장님께 인사 했다"는 피의자

꽃게잡이배에서 동료 선원을 살해한 죄로 1심에서 징역 5년을 선고받은 구속 피고인이 있었다. 서류를 검토하다 법원과 검찰의 실수로 구속영장 유효기간이 지났음을 발견했다. 그래서 나는 구속기간 만료라는 이유를 들어 살인 피고인을 석방했다. 그리고 항소심 재판부에 새로운 영장을 발부해 줄 것을 요청하여, 인천 앞바다 섬에 숨어 있는 그 피고인을 해경정을 동원해 다시 체포했다.

그 피고인의 아내는 검찰청사에서 하루 종일 목 놓아 울었다. 이유 없이 집으로 돌아오고, 이유 없이 다시 구속됐기 때문이다. 왜 석방되고 왜 구속됐는지 알 수 없었던 피고인과 그 가족들에게 당시 일은 매우 충격적이었을 것이다. 나로서는 구속에 관한 절차를 정확하게 지키려 했을 뿐이다. 당시 내가 그를 풀어줬다가 다시 잡아들이지 않고 적당히 넘어갔어야 하는지는 지금도 헷갈리기만 한다. 다행히 그 이후에는 형사사건의 상소기록이 검찰청을 경유하던 제도가 바뀌었다. 그런 제도가 없었을 당시에만 해도 적당히 넘어가는 일이 많지 않았을까 하고 생각한다.

인천지검 공판검사 시절, 부천경찰서 성고문 사건의 확정기록을 본 일이 있다. 수사 기록 자체가 어른 키 높이였다. 수사는 완벽하게 돼 있었다. 사건 당시 창가에 비치는 달의 모습, 화장지 뽑는 소리까지 자세히 기록돼 있었다. 이런 수사기록을 두고 강간 사실에 대해 혐의가 없는 것으로 인정하고 단지 가슴을 툭툭 쥐어박은 일밖에 없다고 결정문을 쓴 분의 탁월한 역량(?)에 탄복하였다. 이런 결정문을 쓴 분은 후일 서울중앙지검 검사장을 지내는 등 요직을 두루 거쳤다.

당시 경험은 경찰관의 강간 범죄에 대해 인지수사를 하는 계기가 됐다. 부산지검 강력부에 근무할 당시, 부산 해운대 민락동 파출소 부소장이 가출 여중생 두 명을 무기고에서 강간한 후 돈을 주면서 집으로 가지 말고 다른 곳으로 떠나도록 한 사실을 인지수사하여 파출소 부소장을 구속했다.

피의자인 부소장의 아내가 검찰청에 와서 "당신 정말 그런 일 없지요" 하며 울부짖었다. 당시 피의자 역시 혐의를 완강하게 부인했다. 결국 현장검증을 했다. 범행일과 음력날짜가 비슷한 날을 골랐다. 달빛의 양이 비슷한 날을 택하기 위해서다. 그리고 범행시각과 같은 시각인 새벽 3시쯤, 범행 현장 상황을 재연했다. 피의자의 진술에서 사실과 다른 대목이 드러났다. 결국 피의자로부터 자백을 받아냈다.

1991년 충청남도 홍성지청에 발령이 났다. 이곳에서 근무할 무렵 대검찰청 공안부로부터 무리한 지시를 받았다. 선거 기간 중 여당 후보 1명을 불구속 입건, 야당 후보 2명을 구속 수사하라는 것이었다. 초임 시절, 나는 공안검사를 맡기면 그만두겠다고 했었다. 당시 공안검사는 출세의 지름길이었지만, 호남 출신인 내가 공안검사를 맡으면 운동권 학생 전담이 될 수밖에 없었기 때문이다. 의로운 학생들을 구속시키는 일은 양심상 도저히 할 수 없었다. 그런데 지방검찰청에 근무하니, 내가 수석검사라서 하는 수 없이 공안 수사도 맡게 된 것이다. 하도 우스운 지시라서 묵살했다.

당시 받았던 어이없는 지시 가운데 기억나는 게 많다. 한번은 대검 공안부장이 관내에 있는 전교조 간판을 떼어내라고 지시했다. 당시 법률에 따르면 노동조합이 아닌데, 노동조합이라고 표시했기 때문에 노동조합법 위반이라는 게다. 벌금 20만 원에 해당하는 죄라는 것인데, 대검 공안부장은 압수수색 영장을 발부받아 집행하라고 했다. 내가 확인해 보니, 검찰청사 바로 앞 건물 2층에 "전교조 홍성지부"라고 유리창에 선팅이 되어 있었다. 나는 대검에 "관내 전교조 간판 없음"이라고 보고하고 말았다.

광주에서도 비슷한 일이 있었다고 들었다. 광주지검 공안부장이 특별한 지역 정서 때문에 간판 떼느라 영장을 집행하는 과정에서 무리한 충돌이 일어나 새로운 공안문제가 발생할 가능성이 있으니 집행하지 않겠다고 건의했고, 그게 받아들여졌다는 것이다. 그래서 당시 광주와 홍성 지역에서는 전교조 간판이 유지됐다.

홍성지청 시절, 깨진 병으로 남의 목을 찌른 사람을 벌금형으로 처리해서 석방하라는 지시를 받았다. '폭력행위등처벌에관한법률 2조'를 근거로 내세운 지시였는데, 나는 거부했다. 살해 의도가 명백한 피의자를 석방할 수는 없었다. 결국 이 사건은 다른 검사에게 재배당됐다. 당시 그 피의자 쪽 사람이 나를 찾았다. 관내 유지였는데, 돈을 들고 왔다. 그러면서 하는 말이 "청장님에게도 인사했습니다"라는 것이었다. 나는 "'뇌물공여의사표시' 죄로 인지수사하지 않는 게 다행인 줄 알라"면서 그를 돌려보냈다.

10만 원 받은 경찰은 사표, 50만 원 받은 경찰은 구속

1992년 부산지검으로 발령을 받았다. 자식이 이미 초등학교에 다니고 있는데 가족과 떨어져 사는 게 너무 싫었다. 그래서 고민이 많았다. 그런데 부산지검에서 연락이 왔다. "인천지검에서 열심히 일한 것을 알고 있다"면서 강력부로 배치하겠다고 했다. 결국 처자식과 떨어져 홀몸으로 부산지검에 부임했다. 다른 데 눈 돌릴 일이 없던 나는 강력부 검사로 정신없이 일만 했다. 부산지검 관내의 불법 오락실이나 주점 업주들은 회비를 모아 내가 언제 퇴근하는지, 사무실에 언제 불이 꺼지는지 망을 보는 사람을 세웠다고 한다. 한번은 후배 검사와 티셔츠 차림으로 광안리 해변 슈퍼마켓 앞 파라솔에서 맥주를 한잔했는데, 그날 밤 관내 400개 불법 주점이 문을 닫았다는 말을 들었다. 엄정한 법집행이 지역사회에 얼마나 큰 영향을 주는지 실감할 수 있었다. 당시 부산에서는 불법 오락실과 무허가 주점이 극성이었다.

부산 광안리 해변에 세워져 있던 초대형 룸살롱을 수사한 일도 기억에 남는다. 이곳은 건물 명칭이 '아트타운'이었는데, 실제로 1층은 미술관으로 위장돼 있었다. 하지만 1층을 제외하면, 지하 2층부터 지상 13층까지 모두 무허가 룸살롱이었다. 후배 검사와 함께 현장에 나가 직접 현장을 압수수색하고, 업소 관계자들을 현행범으로 전부 체포하고, 구속했다.

무허가 영업이 워낙 극성이다 보니, 업소마다 입구에 문지기를 세웠다. 이들은 폭력조직의 행동대원들인데, 한눈에 구별되는 모양새를 하고 다녔다. 머리는 짧고 어깨와 등에 문신이 있으며 통 넓은 바지를 입고 거리마다 서 있었다. 이런 자들이 시가지 곳곳에서 활개를 치고 다니니, 부산 시민들이 늘 불안해 했다. 그래서 한번은 부산의 유흥가인 서면 조방 앞을 형사기동대를 동원하여 포위한 후 유흥업소 문지기들을 전원 검거한 일도 있다.

유흥업소 사건을 수사하면서, 단속 경찰관들이 푼돈을 받는 것을 알게 되었다. 10만 원 받은 경찰관은 서장으로 하여금 사표를 받도록 했고, 50만 원 받은 경찰관은 구속영장을 청구하였으나 기각되자 재청구하여 결국 영장을 받아냈다. 소액 뇌물은 처벌 받지 않는다는 통념을 깨려고 그랬다.

뒷날 삼성 비리를 공개했을 때, 당시 처벌받은 경찰관 생각이 났다. 수십만 원 뇌물을 받고 잘린 경찰은 재벌에게 수시로 손을 벌린 검사들이 아무런 처벌도 받지 않고, 오히려 승진하는 것을 보면서 어떤 생각을 했을까. 당시 내가 구속시킨 경찰을 생각해서라도, 나는 삼성 비리를 계속 감춰둘 수 없었다.

일본은 100년, 한국은 50년 관행인 건설 담합 비리
1994년 서울지검 특수1부로 발령이 났다. 당시 나는 서울은행이 신설

회사인 진로유통에 신용으로 1500억 원을 대출하면서 정상적인 이사회 결의를 거치지 않았으며, 정부부처에 재무부 장관의 청탁전화가 있었다는 사건에 대해 내사하고 있었다. 그런데 갑자기 사건을 그만두고 특수2부로 옮기라는 지시가 내려왔다.

특수부 검사는 부서를 옮기더라도 인지 사건이나 내사 사건을 중도에 그만두는 일이 드물다. 내 경우는 매우 이례적인 일이었다. 더구나 서울지검 인사체계상 특수3부-2부-1부로 올라가는 게 자연스러운 일이었다. 특수1부에서 2부로 내려가는 것 역시 아주 이례적인 일이었다.

결국 그 사건에서 손을 놓게 됐다. 당시 검찰 상사와 진로그룹 회장이 친하다는 사실을 나는 모르고 있었다.

그래도 서울은행 지점장의 200억 원 배임 사건은 수사할 수 있도록 허가를 받아 계속하기로 했다. 뒷날 서울은행 지점장을 내연녀가 경영하는 주점에서 체포하여 인지 보고를 했다. 하지만, 특수2부 검사가 왜 금융사건을 수사하느냐고 야단맞았다. 당시 서울지검 특수1부는 재정, 금융, 증권, 조세 및 하명사건을 주로 다뤘고, 특수2부는 건설, 과학사건을 전담했기 때문이다.

서울지검 특수2부 시절, 서울특별시 제2기 지하철 5, 6, 7, 9호선 공사 23개 구간의 현장 감독 공무원들이 매월 마지막 날 피감독 업체로부터 300만 원씩을 받고 있는 것을 인지수사하여 전원 구속했다. 당시 내가 서울지하철공사의 기술실장 이하 전원을 구속했더니, 서울시장으로부터 일개 검사가 2기 지하철 개통을 지연시킨다는 비난을 받게 됐다. 그 뒤 나는 전국 철도청으로 수사를 확대할 증거를 확보하였는데도, 암묵적인 중단

지시를 받았다.

건설 비리 수사도 기억에 남는다. 건설 관련 비리는 워낙 규모가 컸다. 관급공사는 정상적인 경영논리, 경제논리, 기술논리가 통하지 않는 분야였다. 대신, 담합과 로비가 통했다. 이런 분야에서 잔뼈가 굵은 분이 대통령이 된 것은 그래서 슬픈 일이다.

5년간의 관급공사 중 공사비 총액 200억 원 이상의 입찰 내역을 살피니 95% 이상이 담합에 의한 것이었다. 1군 건설업체 95곳을 인지수사하여 60억 원대의 벌금을 부과하고 집행했다. 입찰무효 및 입찰참가자격을 제한하여야 마땅하지만, 우리나라 1군 건설업체가 모두 해당하여 행정조치는 사실상 할 수 없었다.

특이한 점은 건설 비리를 감독해야 할 건설교통부로부터 오히려 선처를 희망하는 탄원서가 온 일이다. 당시 검찰총장은 비리 정도가 심한 10여 개 업체에 대한 구속수사를 승인하였다가 이를 번복하였다.

"총장님은 왜 그런 친구만 뒀습니까"

서울 지하철 한강 하저 터널 공사 구간의 업체 임원을 횡령으로 인지수사해서 구속한 일도 있다. 그는 회사 돈을 착복하여 러브호텔을 인수, 운영하고 있었다. 구속집행 당시 그는 "우리나라 최초의 하저 터널인데, 뻘 속에 보링그라우팅(시멘트를 뻘 속에 투입하는 것)의 몰타르가 제대로 들어갔는지 나도 알 수가 없어 이번 장마철을 무너지지 않고 견딜 수 있을지 불안하다. 차라리 수감되어 있으면 마음이 편할 것 같다"라고 말했다. 원청업체들이 하도급과 관련하여 너무 무리한 저가하청을 하고 있었던 것이다. 부산에 신설된 다리의 경우, 공사비의 40%만 투입되었다는 말을 들었다. 현장에 가보니 건설 직후의 다리 교각이 이미 반쯤 패여 있었다. 수사과정에서 재벌 계열 건설업체들이 불법 공여할 정치자금을 하청업체들에게 분담시키기도 하고, 하청업체들의 명의로 비자금을 조성하기도 한 증거를 확보했다. 그래서 10여 개 건설업체들을 압수수색하겠다고 건의했다가 청와대와 사돈되는 기업이 포함되어 있다고 해서 논란이 됐다. 그래서 일부 기업을 빼기도 하였는데 당시 검사장은 일부 기업을 빼면 오히려 문제가 되니 전부 수사하지 말라고 했다. 그래서 수사하지 못했다. 그런데 당시 검찰이 이 일을 못하게 해서 검찰에 그 기록을 둘 수가 없었으므로 결국 관련 업체의 비자금 자료는 지금까지 내가 보관하고 있다. 2007년 양심고백 뒤, 당시 사건에 대해 묻는 사람들이 있었는데 당시 삼성의 건설 계열사들은 1군 건설업체에 해당됐지만 관급공사의 실적이 거의 없어서 수사 대상이 아니었다.

당시 대학 선배인 검찰총장이 취임 전날 내게 "잘하고 있어라. 중책을 맡기겠다"라고 말했었다. 나름대로 애정을 표현한 말이었다. 그런데 얼마 지나지 않아 내가 누군가를 압수수색하자 총장이 전화해서 "너는 왜 내 친구만 조지느냐"라고 했다. 그래서 나는 속으로 '총장님은 왜 그런 친구만 두었습니까?'라고 반문했다. 결국 나는 검찰에서 중책을 맡지 못하였다.

당시 나는 공안이나 강력사건보다 유해식품사범, 마약, 부정의료사범 등을 수사하는 데 더 관심이 있었다. 민생과 직결돼 있는 이런 분야를 중점 단속해야 검찰이 국민의 신뢰를 얻을 수 있다고 생각했다.

유통기간이 지난 식품 포장지에 유통기간을 허위로 표기하여 유통시킨 사건을 인지수사해서 처벌하려고 하니, 처벌 조항이 미미했다. 허위표시는 식품위생법상 징역 1년밖에 되지 않았다. 결국 조세포탈 혐의를 적용했다. 전부가 무자료 거래였던 것이다. 그랬더니 그 피의자는 미신고 가산금이 부과되고 별도로 벌금까지 물게 돼 살고 있던 아파트까지 추징금으로 압류 당했다. 유명 식자재 수입상이 유통기간을 훨씬 넘긴 식자재들을 유통기간이 지나지 않은 정상적인 제품과 섞어서 판매하는 것을 인지하여 수사한 일도 있다. 이런 일을 겪으며, 우리나라 모든 음식점에 공급되는 식초, 간장 등 각종 조미료가 과연 제대로 만든 것들인지 수사하고자 하는 뜻을 품게 됐다. 수사계획을 세웠을 때, 다른 곳으로 발령이 나서 결국 수사하지 못했다.

14 전두환 비자금 수사

전-노 군사반란사건 수사, "우리는 개다. 물라면 물고 놓으라면 놓는다"

유해식품 사건에 푹 빠져 지내던 1995년 어느 날, 김영삼 대통령이 '역사 바로 세우기'를 하겠다고 했다. 그리고는 전두환-노태우 군사반란사건을 다시 처리하도록 지시했다. 이보다 앞서 서울지검 공안부에서 "성공한 쿠데타는 죄가 되지 않는다"며 불기소처분을 한 사건이었다. 이 사건 기록을 기록보관창고에서 도로 꺼내어 맨 앞의 불기소장을 떼어 내고 먼지만 털어낸 후 두 전임 대통령 앞으로 군사반란죄로 구속영장을 청구하여 집행하였다. 이 일을 두고, 후배 검사 한 명이 "우리는 개다. 물라면 물고 놓으라면 놓는다"라는 취지로 말한 적이 있다. 그런데 이런 발언이 "우리는 개다"라는 제목으로 한 신문 칼럼에 소개됐다. 이 일이 문제가 돼서, 해당 발언을 한 검사는 인사상 불이익을 심하게 받고 지방으로 전전하다 결국 사직했다.

같은 사건 기록으로 불기소처분을 하기도 하고, 구속기소를 하기도 했다. 이건 코미디였다. 당시 이 사건을 불기소했던 분 역시 후일 검사장 등 요직을 두루 거쳤다. 물론 그분을 비난하려는 의도는 전혀 없다.

어느 토요일 오후, 큰아들이 다니는 학교 선생님들을 모시고 점심식사를 하고 있을 때였다. 큰아들이 학교에서 1등을 했다고 마련된 자리였는데, 이런 자리는 난생 처음이었다. 그런데 갑자기 휴대전화가 울렸다. 즉시 검찰청으로 돌아오라는 것이었다. "너는 지금부터 특수3부장의 지휘를 받는다." 김영삼 대통령이 두 전임 대통령의 부정축재재산을 찾으라고 지시했다. 나는 전두환 전 대통령의 재산추적을 맡았다. 전-노 군사반란과 부정축재사건에 대한 수사가 시작됐다.

경찰병원에서 16일째 단식 중이던 전두환 전 대통령을 신문하기 위해 병실을 방문했다. 단식 중이라지만 자살의 의도는 없어 보였다. 비타민과 설탕을 탄 물을 마시고 있었다. 침대에 누워 있던 그가 내게 한 첫마디는 이랬다. "김 검사, 큰일 날 뻔 했어. (단식을) 조금 더 하면 뇌가 망가진대." 내가 일반 피의자를 다루듯 신문했더니, 보름 이상 굶었다는 분이 침대에서 벌떡 일어나 "김 검사, 누구를 어린애 취급하느냐"라며 호통을 쳤다. 그는 기분이 좋아지면 "김 검사, 빨리 진급해서 나 좀 풀어줘"라고 하기도 했다. 또, 피의자 신문조서에 서명을 하면서 '전'과 '두'의 두 글자가 연결되게 하면서, "내가 이 나라를 통치할 때에도 이렇게 서명하였지"라고 하기도 했다. 나름대로 위엄을 잃지 않으려는 자세가 역력했다.

신문의 편의를 위해, 나는 그가 좋아하는 호칭을 쓰기로 했다. "각하, 오늘은 불편한 보고를 하나 드리겠습니다. 김우중 회장께서도 각하께 200

억 원을 드렸다는데요" 그랬더니 그는 "맞아, 그런 일이 있었지" 하면서 시인했다. 1조 원이나 되는 비자금을 어디에 뒀는지 묻기 위해 "살림은 누가 하십니까"라고 물었더니, 그는 다 알아들으면서도 "살림은 내자(아내)가 하지"라며 능청을 떨었다.

장세동, 안현태 등에게 30억, 10억 등 거액을 준 일에 대해 물으니까, 각자 고향에서 국회의원에 출마하여 원내 교두보를 만든 후 장차 '원조 민정당'이라는 뜻의 '원민정당'을 창당하려는 의도였다고 솔직하게 대답했다. 민정당 재창당과 재집권의 뜻을 버리지 않고 있었다. 그래서 피의자 신문조서에 원민정당 창당 기도에 대해 명백히 기록해 뒀다.

그는 나와 이야기하면서 현직 정치인에 대한 평도 종종 곁들였다. "김대중은 핑크빛이 문제다. 대국민 전향 선언을 한다면 대권을 잡을 수도 있다"라고도 했다. 내 고향을 의식한 말인 듯 싶었다. 가끔은 정권을 잡기 위해 피를 너무 많이 흘렸다며 반성하는 빛을 보이기도 했다.

수사의 가장 큰 장애물은 이순자였다. 전두환은 검사를 믿었다. 그래서 피의자 신문조서를 읽지 않고 서명을 했다. 그런데 이순자가 면회하기만 하면, 전두환의 태도가 바뀌었다. 피의자 신문조서에 도무지 서명하지 않으려 들었다. 샤워하고 천천히 서명하겠다면서 미루곤 했다. 그래서 접견부를 읽어보니 이순자가 전두환에게 "검사를 믿지 말라. 옛날에는 부하였지만, 이제는 적이다"라는 취지로 조언한 내용이 있었다. 전두환은 아내의 말을 무척 잘 따르는 사람이었다.

전-노 사건에서 수사 주체로서 안타까웠던 점은 이들 부부 침실을 압수수색하지 않은 것이다. 전임 대통령에 대한 예우 차원에서 그랬던 것인데, 그 때문에 많은 비밀이 감춰졌다. 전두환이 머물던 백담사와 백담사 주지의 사가(私家)를 압수수색하지 못한 점도 마찬가지이다. 나는 압수수색하자고 건의했으나 이루어지지 않았다.

김대중과 비슷한 가명으로 관리된 전두환 비자금

전두환의 비자금은 그의 휘하에 있던 금융단이 관리했다. 특이한 것은 당시 야당 지도자였던 김대중 전 대통령의 이름과 비슷한 가명을 만들어 이용했다는 점이다. 김유준, 김서준, 김갑준, 김일준…등이 비자금 관리를 위한 가명으로 쓰였다. 당시 이런 가명으로 현금 10억 원 이상을 거래한 내역을 전부 조회했다. 지금 같으면 계좌추적을 하겠지만, 전두환 시절은 금융실명제가 실시되기 전이었다. 현금추적을 하는 수밖에 없었다. 은행에서 거액을 인출한 사례를 모두 뒤져야 했다. 이렇게 찾아낸 전두환 비자금이 1조 원에서 딱 450만 원 모자란 금액이었다.

당시 내 사무실 안에는 압수한 돈이 수백억 원씩 쌓여 있었다. 10억 원짜리 채권은 예사로 굴러 다녔다. 돈뭉치 속에 있으니, 직원들이 불안해했다. 도난의 위험, 정보 유출의 위험 때문에 철저한 보안을 유지했다. 외부인은 절대 들어오지 못하게 했다. 보안을 유지하느라 하고 있던 수사 내용에 대해 기자에게 거짓말을 한 적이 있는데, 당시 어느 기자가 내 말을 그대로 믿고 오보를 내기도 했다.

당시 석 달 동안 집에 들어가지 않고 사무실에서 살면서 수사를 했다. 밤새도록 일하다가 잠깐 눈 붙이고, 정신이 들면 다시 일하는 식이었다. 그런데 어느 날 목이 너무 따가웠다. 그제서야 책상 주위를 둘러보니 사무실

안에 먼지 덩어리가 눈사람처럼 굴러다녔다. 보안 때문에 청소 아주머니를 들어오지 못하게 했는데, 그렇다고 누가 따로 청소를 하는 것도 아니었다. 사무실에 쌓인 온갖 먼지를 그저 들여마시는 수밖에 없었다.

전두환 비자금은 아무리 찾아내도 바닥이 보이지 않았다. 전두환 측 변호인이 수사팀이 추적한 150억 원을 갖다 낸 일이 있다. 그런데 자금 내역을 살펴보니, 수사팀이 확보한 목록에 없는 돈이 17억 원쯤 포함돼 있었다. "이거 수사팀에 수사비로 주는 건가?" 하고 농담을 했다. 비자금을 워낙 복잡하게 관리하다 보니, 전두환 측이 아직 드러나지 않은 비자금을 실수로 잘못 전달한 것이다.

수사중단 지시, "쌍용 김석원입니다"

이렇게 끝없이 쏟아져 나오는 비자금을 추적하고 있는데, 어느 날 쌍용의 협력회사 경영자의 친인척 명의로 개설된 계좌가 나타났다. 그런데 이 시점에서 갑자기 수사중단 지시를 받았다. '이거다' 싶은 느낌이 왔다. "쌍용 김석원 회장이 전두환 비자금과 관계가 있다"는 생각이 굳어졌다. 그래서 나는 상부에 "김석원입니다"라고 보고했다. 이미 수사가 다 끝난 것처럼 보고했는데, 그렇지 않으면 김석원이 보관하고 있는 비자금이 영영 묻힐 것 같았기 때문이다.

김석원을 정면으로 겨냥한 것은 꼭 수사 욕심 때문만은 아니었다. 이 단계에서 수사를 접는다면, 역사의 죄인이 될 것 같았다. 김석원의 집을 수사하겠다고 하자, 상부에서는 일단 알았다고 했다. 대신 며칠 기다리라고 했다. 그 사이에 김석원의 집에서 쌍용 본사로 65억 원의 현금이 든 사과상자가 옮겨졌다. 나는 결국 이 돈을 찾아 압수했다.

쌍용 본사에 있던 65억 원은 전두환이 김석원에게 맡긴 돈이었다. 전두환은 경기도 용인에 있는 은화삼 골프장에서 만난 김석원에게 부탁할 일이 있다며 비서를 보내겠다고 했다. 그리고 사과상자에 담긴 돈을 김석원에게 보냈는데, 김석원은 이 돈에 전혀 손대지 않았다.

신권으로 현금 10억 원을 담으려면, 사과상자 네 개가 필요하다. 이 정도를 승용차에 실으면, 차를 움직일 때 묵직한 느낌이 와 닿는다. 65억 원을 몰래 옮기는 것도 만만한 일은 아니었을 게다.

뒷날 내가 삼성 구조본으로 옮긴 뒤, 계열사에서 비자금을 가방에 담아 운반하는 것을 여러 번 봤다. 007가방에 신권을 가득 채우면 1억 원쯤 들어간다. 구권은 5000만 원쯤 들어간다. 삼성 직원들이 비자금 가방을 나르는 것을 보며, 김석원이 보관하고 있던 전두환 비자금을 떠올렸다. 그때마다 마음이 무거웠다. '전두환이 숨겨둔 비자금을 찾아냈던 내가 비자금 소굴에 와 있다니….'

전두환이 김석원에게 맡겨뒀던 비자금을 내가 압수한 것을 놓고 전두환은 "내 용돈을 다 가져갔으니, 김 검사가 내 노후를 책임지라"며 농담을 했다. 사실 그 돈은 노후 자금이라기보다 세뱃돈 가운데 일부였다. 설이 되면 전두환은 세뱃돈으로 10~20억 원씩 쓴다고 했다. 가까운 사람에게는 2000만 원, 먼 친척도 500만 원을 준다고 했다. 이 밖에도 전두환이 뿌리는 돈은 많았다. 해마다 현충일이 되면, 전두환은 대통령 묘역뿐만 아니라 장군묘역에까지 모두 꽃을 놓는다고 한다. 꽃값만 해도 수천만 원을 쓴다는 것이다. 그러느라 가산을 탕진하여 이제는 전 재산이 29만 원밖에 안 되나보다.

그는 장조카에게 결혼 선물로 집을 사줄 정도로 친족들에게 돈을 많이 썼다. 이에 대해 그는 "나는 집안에 배운 사람도 없고 온통 가난한 사람뿐이라 불우이웃돕기를 따로 할 필요가 없다. 친척들 도와주는 게 불우이웃돕기다"라고 했다. '진짜 불우이웃'들이 이런 이야기를 들으면 어떤 생각을 할지 궁금하다.

상부의 수사중단 신호를 거스르고 사과상자를 찾아낸 일로 나는 '다루기 힘든 검사'로 찍혔다. 인사담당 부서인 법무부 검찰국에서 나를 이렇게 평가했다는 이야기를 들었다. 대검찰청 중수부의 선배는 내게 "재벌이 너 하나 다치게 하는 건 일도 아니다"라고 했다.

그리고 1997년 나는 서울지검을 떠나게 됐다. 예상치 못했던 인사 조치였다. 원래 서울지검은 근무기간이 2년 6개월이다. 그런데 나는 6개월 뒤 부부장으로 진급이 예정돼 있었기 때문에, 2년 6개월 넘게 근무했음에도 당시 인사 대상에서 제외될 것이라는 통보를 받은 상태였다. 그래서 수석검사로서 부장과 함께 전입검사 명단을 보고 특수부에 어느 검사를 충원할 것인가를 의논하고 있었다.

그런데 부장이 갑자기 "어, 너도 간다?"라고 했다. 의논 도중 인사 발령을 명하는 팩스가 온 것이다. 나와 상관없는 일인 줄 알고, 나는 내용을 읽지 않았었다. 그런데 거기에 내 인사 발령이 담겨 있었던 것이다.

그 순간, 나는 '6급 검사'가 됐다. 검사 인사에 관해 검사들 사이에서 떠도는 농담이 있다. 1급은 원하는 보직을 골라서 가는 사람이고, 5급은 인사발령 내용이 팩스로 전달된 것을 봐야만 자신의 인사 내용을 아는 사람이다. 그런데 나는 인사발령을 명하는 팩스가 온 뒤에도 내가 해당된 사실조차 모르고 있었으니, '6급 검사'가 된 것이다.

이탈리아 연수 접고, 삼성으로

화가 꽤 난 상태로 부천지청에 부임했다. 도착하고 보니, 현지 국회의원은 부장검사 출신이었고, 시장은 몇 번 구속된 전력이 있는 사람이었다. 부천은 사건이 많지 않은 도시였다. 관내에 본점 혹은 본사가 있는 곳은 산업안전진흥공단밖에 없었다. 부천에서 근무하는 6개월 동안, 나는 현장 출장 없이 허위로 안전진단한 것을 밝혀내어 몇 명을 기소하였다.

그 무렵, 법무부에서 검찰 최초로 이탈리아 연수를 보내주겠다는 연락이 왔다. 서운한 인사에 대한 배려였다. 인사발령을 내지 않겠다고 약속까지 해 놓고서는 서울지검 특수부 수석검사를 부천지청으로 보낸 것이 법무부에서도 미안했던 모양이다. 한편에서는 수사는 이제 그만하고 덕이나 쌓으라고도 했다. 해외 연수를 통해 배려하는 모양을 갖추면서도 수사 일선에서 나를 제거하려는 조치로 여겨졌다. 나는 이탈리아어를 공부한 적도 없고, 할 줄도 몰랐다. 내가 이탈리아어를 모른다고 하니, 법무부에서는 빨리 공부해서 기본 점수만 받으라고 했다. 두 달간 주 2회씩 이탈리아어 공부를 했다. 이탈리아어 발음을 들어보니, 모든 단어가 뒤에서 두 번째 음절에 강세가 있었다. 그래서 그 부분에 힘을 주어 발음했더니, 가르치는 교수가 이탈리아어를 공부한 적이 있느냐고 했다.

검찰 유학시험에서 80점을 넘겨야 유학을 갈 자격이 생겼다. 나는 겨우 80점을 넘겼다. 나중에 들어보니 법무부에서 출제위원인 외국어대 교수에게 내가 이탈리아로 가기로 돼 있으니 시험을 통과할 수 있도록 문제를 쉽게 내달라고 부탁했다고 한다.

또 다른 후배 검사가 이탈리아 연수를 지망했는데, 갈 사람이 이미 정해져 있으니 지망하지 말도록 종용했다고 한다. 유학시험 후에 법무부에서는 나에게 빨리 연수를 떠나도록 재촉했다. 법무부는 이탈리아에서 피에트로 검사의 반부패 활동에 대해 연구하라고 지시했다.

이 무렵, 나는 고민에 빠졌다. 연수 후에는 진급을 할 텐데 진급 후에는 수사 일선에서 떨어져 후배들을 지휘하는 일을 맡게 될 터였다. 인사철마다 보직을 걱정하느라 상부의 눈치를 봐야 하는 생활이 영 마뜩지 않았다. 관리자 역할에 대한 흥미나 자신감도 없었다. 부장검사가 되면 보람이 있을까. 역시 자신이 없었다. 늘 상부의 눈치를 보고, 돈 있는 친구를 동원해 후배들에게 술을 사는 일이 사회에 보탬이 될 것 같지는 않았다.

결국 이탈리아 연수를 포기했다. 그리고 검찰을 떠나기로 마음먹었다. 그러자 법무부에서는 이탈리아 연수시험 출제위원에게 지급한 40만 원을 내가 부담하라고 연락이 왔다. 한 명 때문에 정부 비용을 들여 시험문제를 출제했는데 연수 대상자가 연수를 가지 않는다고 하면 감사에서 문제가 될 수 있다는 게다. 출제 비용을 물어주고 사표를 냈다. 그리고 '정부 다음으로 망하지 않을 조직'인 삼성으로 옮겼다. 이게 얼마나 순진한 선택인지를 깨닫는 데는 긴 시간이 필요하지 않았다.

15 "조사하면 고객 된다" 검사들의 영업비밀

"꼴통검사가 그립다"

삼성으로 옮긴 뒤, '계속 검찰에 남아 있을 걸' 하고 후회한 적이 한두 번이 아니었다. 갑자기 출근을 하지 않고, 훌쩍 떠났던 적도 몇 번씩 있었다. 그때마다 비서가 고생을 했다. 지금도 비서를 생각하면 미안스럽다.

다시 생각해보면 검찰에 계속 남아 있었다고 한들 과연 만족스러웠을까 싶기도 하다. 내가 검찰을 관뒀을 때가 1997년이었다. 이듬해 김대중 정부가 출범했다. 광주일고 출신이며, 특수부 경험이 많은 내가 승진하기에 유리한 환경이 만들어진 것이다. 김대중 정부 검찰에서 내가 계속 승승장구했다면, 과연 나는 부패로부터 자유로울 수 있었을까. '옷 로비', 혹은 그와 유사한 사건에 연루되지 않을 가능성이 있었을까. 솔직한 마음으로 돌아보면, 썩 자신이 없다. 삼성으로 옮긴 일도 후회스럽고, 검찰에 남아 있는 일도 불안하다면 당시 내가 택할 수 있는 길은 무엇이었을까. 변호사가 되고 싶은 마음은 추호도 없던 나였다. 선택할 수 있는 대안이 너무 적었다. 이런 생각을 하면 가슴이 꽉 막혀온다. 부패의 늪에 몸을 담근 뒤, 다시 부패를 고발하는 일이 결국 숙명이었다는 생각도 든다. 좋은 팔자가 못된다.

그렇다면 아예 검사가 되지 말았어야 하는 걸까. 그건 잘 모르겠다. 나는 수사검사로 보낸 30대 시절이 자랑스럽다. 부끄러운 기억도 있지만, 그래도 보람 있는 시절이었다. 거의 매일 밤을 새던 시절이다. 사무실에서 두 시간쯤 눈을 붙인 뒤, 계속 이어서 일하는 게 이상하지 않았던 시절이다. 전두환 비자금을 찾아낼 때는 석 달 동안 집에 들어가지 않고 지냈다. 힘들다기보다는 즐거운 추억이다.

검찰은 자존심으로 똘똘 뭉친 조직이었다. 그래서인지 고집 센 기인(奇人)도 많았다. 주임검사가 불기소장 결재를 올렸는데, 상사가 기소하라는 취지의 부전지를 붙여서 결재를 반려하면, "당신도 검사이니 직접 기소 하시지요"라고 맞받아친 용감한 검사도 있었다. 친족간의 재산범죄로 죄가 되지 않는 사안에 대하여 경찰이 신청한 구속영장을 기각하면서 기각사유로, "호주머니 돈이 쌈지 돈"이라고 쓴 검사가 있었다. "친족상도례에 해당하여 죄가 안 됨"이라고 써야 할 것을 그렇게 쓴 것이다. 그리고 그는 가벼운 범행에 대하여 전과가 많다는 이유로 구속영장이 신청된 사안에 대하여 "전과자는 울어야 하나요"라고 기각 사유를 쓰기도 하였다. 당연히 그는 지청장 발령도 받지 못하였다.

건국 초기에 이승만 대통령이 "정적(政敵)을 포살하라"며(이승만은 총살 대신 포살이라는 표현을 썼다), 야당 의원들에 대한 구속지시를 하였는데, 검찰총장이 이를 거부하자 이 대통령은 검찰총장을 파면하라고 했다. 그러자 법무부 장관이 검사는 대통령이라도 함부로 파면할 수 없다면서 "단지 각하에게 인사권은 있다"고 일러 주었다. 그래서 이 대통령은 검찰총장을 서울고등검사장으로 강등 조치했다. 그분은 1년 남짓 꿋꿋하게 출근하다가 사직했다. 검찰 역사에 길이 남은 사건이다.

물론 '탐관오리'도 많았다. 전설적인 악명을 남긴 어느 검사는 죽어서 '축 사망'이라는 축하 전보를 받기도 했다. 전보를 받은 유족들이 꽤나 난감했을 게다.

"유전구속, 무전불구속?"

요즘 검찰에는 옛날에 비해 괴짜검사, 꼴통검사가 많이 줄었다는 이야기를 듣는다. 한편 반가운 일이지만, 한편으론 걱정스럽기도 하다. 고집센 괴짜가 줄어든 대신, 월급쟁이 근성에 젖은 검사가 늘어났다는 말로도 들리기 때문이다. 당연한 이야기지만, '적당히 일해도 월급이 꼬박꼬박 나오는 공무원'이라는 생각으로 검사가 돼서는 안 된다. 검사 한 명은 그 자체로 막강한 권력기관이다. 멀쩡한 사람을 구속시킬 수 있는 권력을 갖고 있다. 이런 힘을 가진 자가 느슨한 자세로 일한다면, 그것만으로 이미 죄악이다. 긴장이 풀린 채 휘두르는 칼날은 돈과 권력으로 똘똘 뭉친 악을 벨 수 없다. 대신, 만만하고 약한 사람들이 칼에 맞는다. 결국 돈이 있는 사람은 죄를 지어도 구속되지 않고, 가난한 사람은 가벼운 죄를 짓고도 구속되는 일이 생긴다. 이런 생각으로 쓴 글이 있다. "유전구속, 무전불구속?"이라는 제목으로 2005년 11월 21일자 〈한겨레〉에 실린 칼럼이다. 내용은 이렇다.

검사 시보 때 처음 배당받은 구속 사건은 중동 파견노동자의 20대 아내가 외로움을 못 이긴 나머지 건넌방에 세든 고등학생에게 맥주를 사주는 등 유혹해 간통한 사건이었다. '중동에 파견된 산업역군들의 가정보호를 위해 정책적으로 최고형을 구형하라'는 지시에 따라 징역 2년씩을 구형해야 했다.

내가 처음 직접 구속한 사람은 60대 목수였다. 일하던 집에서 쌀을 훔쳤는데 강아지, 옷 등 자질구레한 생필품을 훔친 전과가 있어 상습범으로 구속영장을 청구했다. 그날 밤은 찬바람이 무척 세게 불어 잠을 못 이뤘다.

구속에 직면하면 혈족이나 부부간의 의리, 애정마저도 사라지기 쉽다. 오죽하면 어느 장관은 "아내가 뇌물 받은 것을 몰랐다"고 끝까지 주장해 자신은 면책되고 아내만 구속되게 했을까. 구속은 명성이나 평판과 같은 외부적 명예만이 아니라 자긍심과 같은 명예감정은 물론이고, 학교 다니는 자녀가 있으면 전학까지도 고려해야 할 정도로 가정과 소속 기업 등에 치명적 영향을 미친다.

이렇듯 구속 여부는 큰 이해관계가 걸려 있어 자주 형평성 논란을 일으킨다. 형무소를 교도소로 개명하더라도 감옥이 학교로 바뀌지 않듯이, 판결 확정 때까지 무죄로 추정된다고 아무리 되뇌더라도 신체의 구속은 그 자체로서 분명 강력한 처벌과 응보적 감정의 해소책으로 작용한다.

법률은 구속 요건으로 '도망 및 증거인멸 우려'를 들고 있다. 중벌 가능성이 높으면 도망 및 증거인멸의 우려가 크다는 전제에서, 법으로 중형이 정해진 사건은 구속 대상으로 해야 한다. 그런데도 지금까지 관행은 법정형이 2년 이하의 징역인 간통이나, 벌금형도 가능한 단순 절도사범을 대부분 구속했다. 반면 국회가 무기

징역 등 중형을 규정한 특정경제범죄 가중처벌 등에 관한 법률 위반사범 등은 구속되는 비율이 상당히 낮다.

　국가가 개인에게 생명과 신체를 부여한 바 없으니 생명권이나 신체의 자유 등 기본권은 하늘이 준 것이고, 국가는 이를 보호하기 위한 수단과 방편으로 구성됐다. 따라서 21세기 문화복지국가를 지향한다면 당연히 사형을 폐지해야 하고 구속 등 강제수사는 최소한에 그쳐야 한다. 최근 두산 비자금 사건에서 단군 개국 이래 실질적으로는 최초로 중대 범죄를 대상으로 불구속 수사의 원칙이 선언됐다. 사회적 강자에게 적용된 이 원칙이 앞으로 서민범죄에도 똑같이 굳건하게 유지될 것을 기대할 뿐이다. 그런데, 큰일이다. 다 불구속하면, 변호사는 뭘 먹고 사나?

　수백억 원 규모 비자금을 조성한 두산그룹 박용성 회장 등에 대해 검찰이 불구속 수사 방침을 발표한 것을 보고 이 글을 썼다. 삼성 비리에 대한 관대한 태도는, 그보다 앞서 불거진 기업 비리 사건에서도 예고돼 있었던 셈이다.

가짜 자수서, '유전무죄'의 비결

　탈세, 뇌물 등 거대 범죄에 연루된 자들이 제대로 처벌받지 않고 풀려나는 일은 워낙 흔하다. 이런 사례들이 쌓이면서, '유전무죄, 무전유죄(有錢無罪, 無錢有罪)'라는 속설도 견고해졌다. 하지만, 돈으로 죄를 덮는 '유전무죄' 현상이 어떤 과정을 거쳐 일어나는지를 아는 사람은 많지 않다. 대개는 '법원과 검찰이 워낙 썩었으니까, 돈 많은 사람들은 알아서 잘 봐주는 것이겠지' 하고 여기거나, '돈 많은 사람들은 전직 판·검사 출신 변호사를 동원해 법원과 검찰에 로비를 하기 때문'이라고 생각하곤 한다.

이런 설명이 꼭 틀린 말은 아닐 것이다. 그러나 '유전무죄' 현상이 일어나는 원리를 온전히 설명하기에는 아무래도 부족해 보인다. 검찰과 법원이 돈 많은 사람들을 봐주기로 마음먹었을 때, 어떤 방법을 쓰는지에 대한 설명이 빠졌기 때문이다. 검사 시절 경험을 바탕으로 이 부분에 대한 설명을 덧붙여본다.

큰 죄를 지은 사람이 처벌을 피하는 경우는 대부분 법원의 형량 감경(減輕) 조치를 통해서다. 형법에 따르면, 범죄의 정상(情狀)에 참작할 만한 사유가 있을 때 법관의 재량으로 형을 줄여줄 수 있다. 이를 '작량감경(酌量減輕)'이라고 부른다. 대형 경제범죄의 경우, 유독 '작량감경'이 흔하다. 대형 경제범죄를 저지른 자들은 대개 사회적 지위도 높은 편인데, 이를 놓고 법원이 범죄의 정상에 참작할 만한 사유가 있다고 판단하는 것이다.

물론, 이런 판단은 매우 주관적인 것이며 근거도 불투명하다. 사회적 지위가 높다는 것은, 사회로부터 혜택을 많이 누렸다는 뜻이기도 하다. 또, 그동안 다른 사람보다 더 많은 권리를 행사하며 살았다는 뜻이기도 하다. 혜택과 권리에는 늘 책임과 의무가 따른다. 따라서 이런 자들이 죄를 저질렀다면, 더 엄격하게 책임을 묻는 게 옳다. 하지만, 어찌된 일인지 우리 법원은 교육 수준과 사회적 지위가 높은 자가 저지른 범죄에 대해서는 관대한 편이다. 법관들이 사회적 지위가 낮은 사람보다 높은 사람들의 처지에 더 깊이 공감하는 경향이 있는 것도 한 이유다. 또 사회적 지위가 높은 자들은 재범(再犯) 가능성이 낮다고 보는 경향도 있다. 이런 법관들이 놓치고 있는 게 있다. 보통 사람은 저지를 수 없는, 사회적 지위가 높은 사람만 저지를 수 있는 범죄가 있다는 점이다. 대형 경제범죄는 대부분 이런 경우다. 그런데 이런 범죄에 대해 높은 사회적 지위를 고려해서 관대한 판결을 내린다면, 자기모순에 빠진다. 사회적 지위가 높아서 저지른 범죄를 사회적 지위가 높다는 이유로 봐주는 셈이니 말이다. 이런 공감대 속에서 법원은 '작량감경'을 남발했고, '유전무죄' 통념도 함께 견고해졌다.

그러나 최소 징역 10년 이상의 중형을 받아야 할 사람이라면 '작량감경'을 통해서도 실형을 면하기 힘들다. 사회적 지위가 높은 자들이 이런 경우에 해당하면, 법원은 '거듭감경'을 통해 실형을 피하게 해 줄 때가 많다.

죄가 있는 자에게 형 집행을 유예하여 석방하려면 3년 이하의 징역이나 금고를 선고해야 한다. 그런데 1억 원 이상의 뇌물수수에 대하여는 무기 또는 10년 이상의 징역형을 선고하도록 돼 있어서, 법관이 작량감경을 하더라도 징역 5년의 실형을 선고할 수밖에 없는데 이때 종종 이용되는 게 자수감경이다.

자수감경이란 수사책임관서에 임의로 출석하여 범행을 자수한 경우에 법률상 인정되는 임의감경인데, 이는 국가형벌작용에 대한 협조 및 범행에 대한 반성 등을 고려한 것이다. 따라서 거액 뇌물수수범이 수사관에게 체포된 경우, 또는 범죄를 부인하다가 증거를 내밀며 추궁한 끝에 시인한 경우 등에는 적용할 수 없다.

그러나 실제로는 이런 경우에도 자수감경이 종종 이루어지는데, 여기에 법조계의 영업비밀이 있다. 거짓으로 자수서를 만들어 기록에 편철하는 게 한 방법이다. 자백한 다음부터 조서를 작성하여 아예 부인한 흔적을 없애는 방법, 부인하는 취지의 진술서나 조서를 폐기하는 방법도 흔히 쓰인다. 모두 자수나 자백 등 자수감경의 요건을 허위로 만들어내는 조치라고 할 수 있다.

특수부 검사는 수사대상이 주로 지위, 학력, 경제력이 높은 사회적 강자들이다. 그래서 체포된 자를 자수한 것으로 처리해 달라는 청탁과 압력을 자주 받는다. 내 경우에도 자수 처리해 달라는 청탁을 받은 적이 있다. 압력이라는 표현까지는 쓰고 싶지 않다. 정상적인 수사검사에게 압력이란 애초에 불가능한 것이라고 보기 때문이다. 그런데도 압력이라는 표현이 쓰이는 것은 자신의 보직 등 영달을 위한 욕심을 부리기 때문이다. 수사검사가 엉뚱한 욕심을 품고 있지만 않다면, 청탁이 압력이 될 수는 없다.

설령 검사가 거짓으로 자수인 양 처리해도, 법원이 제 구실을 하면 큰 문제는 없다. 법원이 엄정하게 살펴 자수감경을 하지 않으면 그만이기 때문이다. 그런데 법원은 사회적 강자에 대한 재판에서 대부분 법정형의 최저한으로 선고하는 온정주의적 경향을 보였다. 이는 형벌을 통한 사법정의를 포기하는 태도라고 할 수 있다.

나는 1회 신문조서에 부인하는 취지를 기재하고 2회 신문조서부터 자백취지를 기재하는 방식을 쓰곤 했다. 재판단계에서 가짜자수를 받을 가능성을 차단하기 위한 것이다. 널리 보도된 거액뇌물사범이 얼마 안 가 석방되는 일은 대부분 터무니없는 사면권 남용, 그리고 '법조계의 영업비밀'에 의한 것이다.

부인조서를 없애고, 자백조서를 만들면 처벌이 대폭 경감된다는 사실을 미리 알고, 부탁을 하는 경우도 있었다. 심지어 검찰을 떠난 뒤에도 이런 부탁이 들어왔다. 물론, 들어줄 수 없는 부탁이었다. 수자원공사 사장의 뇌물 수수 사건이 이런 사례다. 수자원공사는 하천과 댐 등을 관리하는 공기업이다. 그런데 댐을 한 번씩 청소할 때마다, 엄청난 이권이 생긴다. 강바닥에 쌓여 있는 모래나 골재를 업자에게 넘기는데, 내가 서울지검 특수2부에 근무할 당시에는 이런 거래가 수의계약으로 이루어졌다. 이 과정에서 업자들이 골재 등을 헐값에 넘겨받는 대가로 수자원공사 사장에게 뇌물을 줬다. 당시 수사를 진행하면서, 사장 운전사를 조사했었다. 운전사에게 명절 선물을 사장이 직접 전달하는 경우를 본 적이 있는지 물었다. 운전사는 사과상자를 사장이 메고 가는 것을 몇 차례 봤다고 대답했고, 이게 결정적인 단서가 됐다.

당시 수자원공사 사장은 조사를 받으면서 세 차례 받은 뇌물 가운데 두 차례에 대해서만 시인하고, 나머지 한 건은 부인했었다. 이 사건은 기소가 됐고, 재판이 진행될 당시 나는 삼성에 근무하고 있었다. 그런데 어느 날, 중앙일보 부사장이 황당한 부탁을 했다. 수자원공사 사장의 부인조서를 자백조서로 바꿔달라는 부탁이었다. 이렇게 되면, 법원이 자수감경을 통해 형을 대폭 감경할 수 있다. 뇌물을 받은 수자원공사 사장은 일간지 기자 출신이었다. 내게 부탁을 한 중앙일보 부사장과는 언론계 인맥으로 엮인 사이였던 셈이다.

하지만 불가능한 부탁이었다. 검사 시절 수사과정에서 조서에 내가 서명을 한 것은 사실이지만, 당시 나는 검찰에서 퇴직한 상태였다. 퇴직 검사가 무슨 수로 조서를 바꾼단 말인가. 이처럼 불가능한 일을 부탁한 배경에는 전직 검사의 인맥을 동원하면 검찰 수사에 영향을 미칠 수 있다는 믿음이 있었다. 이런 믿음이 꼭 근거 없는 것만은 아닐 게다. 이런 믿음이 깨져야만, 검찰이 바로 설 수 있다.

대법원 양형기준안이 씁쓸했던 이유

정당한 이유 없이 감경조치를 남발해서 재벌 총수 등 특권층에게 법의 사각지대를 열어준 법원, 거물 범죄자를 위해 가짜 자수서를 만들어준 검찰 등에 대해서는 이미 여러 차례 비판이 제기됐다.

대법원이 2009년 4월 뇌물죄나 성범죄, 배임·횡령죄 등 8대 주요 범죄에 대한 양형기준안을 확정한 것도 이런 비판 때문이다. 대법원 양형위원회가 마련한 기준안을 적용할 경우, 형량이 늘어나는 대표적인 범죄는 공무원 뇌물죄이다. 현재 적용되는 특가법상 뇌물죄는 수뢰액이 1억 원 이상일 때 무기 또는 10년 이상 징역에 처하도록 하고 있으나, 판사의 작량감경 및 자수감경에 따라 형량을 대폭 낮출 수 있게 돼 있다.

하지만 이번에 마련된 기준안은 수뢰액이 5000만 원 이상일 때는 감경을 고려하더라도 기본 형량을 최저 3년 6개월로 정해 실형 선고가 불가피하게 만들었다.

또 횡령·배임액이 300억 원이 넘는 경우에는 4~11년 사이에서 형을 선고하도록 했다. 수백, 수천억 원을 횡령한 재벌 총수들이 으레 집행유예로 풀려나던 관행에 제동을 걸기 위한 조치다. 예전에는 법관들이 '○년 이상' 혹은 '○년 이하'라는 법조문상 규정을 주관적으로 적용하는 경우도 많았다. 예컨대 '5년 이상의 징역'에 해당되는 범죄라도 법관이 최저 형량의 절반(2년 6월)까지 형을 감경하면 집행유예가 가능했다. 재벌 사건은 대부분 이런 식으로 집행유예를 선고받았다. 삼성 비리 연루자들 역시 마찬가지다.

그러나 이번 기준안에서 'O~O년'의 형태로 바뀌면서 징역 3년형 이하만 가능한 집행유예 선고 여지도 줄었다. 형량을 '4~6년' 식으로 정하도록 돼 있으므로, 법관이 감경을 통해 징역 3년형 이하로 끌어내리는 게 쉽지 않아졌다는 뜻이다.

물론, 이번 기준안은 강제적 성격이 아니라 규범적 성격이어서 판사가 반드시 따라야 할 의무는 없다. 이후 재벌 관련 사건이 불거졌을 때, 강제적 성격이 없는 이번 기준안이 제대로 적용될지 여부도 지켜볼 대목이다. 그럼에도 대법원이 그동안의 비판에 반응하는 태도를 취한 것은 반가운 일이다.

그러나 이번 기준안을 보면서 반가움보다 씁쓸한 마음이 앞에 놓였던 것 역시 사실이다. 이런 조치가 삼성 재판에서도 적용됐더라면 하는 아쉬움 때문만은 아니다. 법원이 작량감경, 자수감경 등을 남용해서 돈 많고 힘 있는 자들에게만 유독 느슨한 '고무줄 형량'을 선고해 왔던 역사가 지워지지 않은 탓에 '유전무죄'라는 통념이 너무 깊이 뿌리박혀 있다는 생각 때문이다. 뒤늦게 양형기준안을 만드는 것으로는 법원 판결에 대한 대중의 불신을 씻기에는 역부족이라는 생각이다. 대법원이 '유전무죄'라는 통념을 뿌리 뽑으려는 의지가 있다면, 재벌 총수 등에게 유독 관대한 판결을 내렸던 역사에 대한 공개적인 반성으로 시작하는 게 옳다. 많은 이들이 천문학적인 규모의 경제범죄를 저지른 재벌 총수가 실형을 피해 휠체어를 타고 풀려나왔던 장면을 생생하게 기억한다. 이런 기억을 씻어낼 진지한 반성이 나오지 않는 한, 법원이 어떤 노력을 해도 '유전무죄'라는 믿음이

사라지지 않으리라는 것은 당연하다.

"조사하면 고객 된다" 검사들의 영업비밀

검찰 특수부 시절, 하지도 않은 자수를 한 것으로 꾸미라는 압력을 받았던 사건들은 이른바 명문고, 명문대를 나온 자들이 저지른 범죄인 경우가 많았다. 생각해 보면 당연한 일이다. 특수부에서 다루는 대형 범죄는 힘이 있는 자가 아니면 저지르기 힘든 것이다. 아무래도 명문학교를 나온 자들이 연루될 가능성이 높다. 게다가 이런 자들은 학연 등 여러 연줄을 이용해 검찰 수뇌부에 청탁도 잘한다. 수사보다 인맥관리에 더 공을 들이는 검사들은 이런 부탁을 쉽게 외면하지 못한다.

윗사람이 "잘 봐주라"고 하면, 온갖 편법, 불법 수단을 동원해 처벌을 줄여주는 게 검사의 능력으로 통했다. 유능한 검사로 인정받고, 고위직으로 승진하려면 단지 수사만 잘해서는 불가능했다. 이런 부탁을 능수능란하게 처리해야 가능한 일이었다. 물론, 이런 과정이 꼭 불법 수단만 동원해서 이루어진 것은 아니다. 어느 검사는 간통 사건을 수사하면서 온갖 방법을 동원해 화해를 끌어냈다. 간통 사건은 화해가 되면, 처벌 받지 않는다. "(처벌 받지 않도록) 잘 봐달라"는 부탁에 요령껏 부합한 것이다. 이런 검사들은 늘 승진이 빨랐다.

어느 부장검사의 친구를 수사했을 때가 기억난다. 당시 나는 늘 하던 대로 했다. 그랬더니, 그 부장검사가 나더러 "너, 언제까지 검사질 할래"라며 화를 냈다. 검찰 수뇌부와 친한 사람을 수사할 때는 피의자가 요령껏 빠져나갈 길을 찾아주는 게 검찰 선배에 대한 예의로 통했다. 그렇지 않으면, 압력이 들어왔고 이를 거부하면 순식간에 '다루기 힘들다', '정책 판단 능력이 없다', '조직에 순응하지 않는다'는 등의 낙인이 찍혔다.

이해할 수 없는 일이다. 검사는 수사가 본분이다. 일선 수사검사에게 왜 '정책 판단 능력'을 요구하는지 모르겠다. 경제범죄를 수사할 때는, "국가경제에 미치는 영향을 고려했다"는 검사들이 많았다. 하지만 국가경제에 미치는 영향을 고려하는 일은 검사의 몫이 아니다. 경제정책 당국자가 할 일을 검사가 한다고 해서 경제가 나아지지는 않는다. 오히려 검사들이 경제범죄 수사를 게을리 할 때, 시장은 혼란에 빠진다고 보는 게 옳다. 공정한 경쟁을 방해하는 반칙이 난무할 것이기 때문이다.

'조직에 순응하지 않는다'거나 '조직에 불화를 일으킨다'는 지적 역시 납득하기 어렵기는 마찬가지였다. 검찰은 수사하는 조직이다. 그런데 수사를 제대로 하지 말라는 요구를 거부한 게 왜 조직에 순응하지 않은 행위인지 모르겠다. 수사가 목적인 조직에서 수사를 열심히 하면 불화가 생긴다는 주장은 논리적 모순이다. 만약 이게 모순이 아니라면, 검찰은 수사하는 조직이 아니라는 뜻이 된다. 검찰이 범죄 수사를 하지 않는다면, 무엇을 해야 한다는 말인가.

어느 검사가 "변호사 개업이, 검사 생활 결산이다"라고 말하는 것을 들은 적이 있다. 꼭 그 검사가 아니더라도, 이런 생각을 가진 검사들은 많았다. 이들은 나쁜 뉘앙스로 이렇게 말한 게 아니었다. "검사 시절 인간관계를 잘 맺어두고 '덕'을 많이 쌓아둔 사람은 변호사 개업 뒤에도 사건이 많이 들어오고 일도 잘 풀린다"는 뜻으로 한 말이었다.

내 생각은 다르다. 검사 노릇을 제대로 했다면, 그렇지 않았던 검사보다 변호사 개업 뒤 사건 수임이 더 잘 이루어질까. 그렇지 않다고 본다. 특수부 검사 시절, 대형 경제 사건을 수사했던 검사들이 변호사 개업 뒤 자신이 수사했던 피의자를 위해 변호하는 것을 종종 봤다. 경제범죄를 저질렀던 자들이 굳이 자신을 수사했던 변호사를 찾아와 변호를 맡기는 데는 이유가 있을 게다. 검사 시절, 자신들을 잘 봐줬다는 사실을 알고 있기 때문이라고 본다. 앞서 설명한 것처럼 '자수조서'를 만드는 등의 방법을 동원해 죄에 대한 처벌을 감경해 줬다는 점을 알고, 다시 그런 수완을 발휘해 주기를 기대하며 찾아온 것이다. 만약 해당 변호사가 검사 시절 자신들을 엄격하게 수사했다고 여긴다면, 해당 변호사가 아무리 유능해도 사건을 맡길 마음이 생기지 않을 것이다.

이렇게 보면, 일부 검사들에게 대형 경제범죄 수사란 미래의 고객을 만드는 작업인 셈이다. 검찰 외부에는 마치 정의로운 일을 하는 듯 비치지만, 실제로는 그렇지 않다는 이야기다. 재벌이 연루된 범죄가 유독 느슨한 처벌을 받는 경우가 많았던 배경에는 이런 사정도 있었다.

이런 검사들은 흔했다. 하긴, 꼭 검사만 그렇겠는가. 권력을 휘두르는 자들 근처에는 늘 돈을 가진 자들이 모여들었다. 돈맛을 본 권력자들은 더 많은 돈을 즐기려 들었다. 결국 권력은 돈을 따라다니게 됐다. 어제오늘의 일도 아니다. '탐관오리'라는 말이 괜히 익숙한 게 아니다.

"'필명'이 뭐죠?"

지방을 전전하던 초임검사 시절, 명절이면 검찰청 밖에 업자와 변호사들이 줄을 섰다. 심지어 경찰서장이나 세무서장도 돈을 들고 와 기다렸다. 이렇게 받은 돈에서 선배 검사들이 일부를 떼어 내고 나머지를 후배들에게 나눠줬다. 이른바 '떡값'이었다. 경찰서장이나 세무서장이 주는 돈이 자기들 월급에서 나왔을 리 없다. 그들도 업자들에게 돈을 받았고, 거기서 일부를 떼어 검찰청에 들고 온 것이다. 이런 풍경을 보며, 어린 시절 책에서 봤던 '탐관오리'라는 단어를 떠올렸다. 경찰서에도, 세무서에도, 다른 관공서에도 '탐관오리'가 득실득실했다.

아이가 다니는 학교 학부모 가운데 변호사가 있었다. 언젠가 그의 부인이 아내에게 물었다고 한다. "검사가 왜 돈이 없어요"라고. 명절 무렵 검찰 주변을 지켜봤던 이들에게는, 어쩌면 당연한 질문이다.

물론, 내가 초임검사 시절 겪은 일이니 모두 옛날이야기다. 그 시절, 검찰청 주변에 모인 이들이 뿌리는 '떡값'은 공공연했다. 그때는 나도 '떡값'을 받았다. 선배들이 여기저기서 거둬들인 뒤, 다시 나눠주는 '떡값'을 받은 날이면, 나는 꼭 배탈이 났다. 비유가 아니라, 실제로 그랬다. 화장실을 연거푸 드나들었다. 신경성 설사였던 모양이다. 가난하게 자란 내게 '떡값'은 소화하기 힘든 사치였던 것인지도 모르겠다. '떡값'은 가족들에게도 별 도움이 안 됐다. 밖에서 받은 돈은 늘 밖에서 다 써버렸기 때문이다. '가욋돈'이 있다는 것을 집에서 알면 엉뚱한 기대를 품을지 모른다는 게 이유였다.

사회가 투명해지고 민주화되면서 검찰도, 검찰 주변 풍경도 많이 변했다. 업자나 변호사들이 옛날처럼 공공연하게 '떡값'을 주는 일은 거의 사라졌다. 그러나 검사를 접대하는 관행은 여전하다. 특히 골프 접대가 흔하다. 김영삼 정부 초기, 대대적인 개혁 바람과 함께 골프 금지령이 내려졌다. 심지어 골프 연습장에도 못 가게 했다. 그래도 골프를 치는 검사들이 있었다. 언젠가 검사들끼리 '필명'이 뭐냐고 묻는 것을 들었다. 알고 보니 '필드명'의 약어였다. 실명으로 골프장에 갈 수 없으니, 가명을 썼던 것이다. 골프 필드에서 쓰는 가명이 '필명'이었다. 검사 시절, 나는 골프장에 네 번쯤 갔다. 당시 나는 '실명'을 썼다. 골프장에 가보니, 골프는 공직자가 할 만한 운동이 아니라는 생각이 굳어졌다. 검사들이 골프를 칠 때면, '스폰서'라는 자가 함께하는 경우가 종종 있었다. 보통 '스폰서'가 미리 골프장을 예약해두는데, 좋은 시간에 예약하기 위해서 골프장에 돈을 건넨다고 했다. 검사가 '스폰서'의 돈으로 골프를 치면, '스폰서'와 골프장 양쪽에 약점이 잡히겠다 싶었다. 게다가 골프장에서 골프만 치는 것도 아니다. 골프를 치고 나면, 스폰서가 주는 게 있다. 처음에는 그걸 몰랐다. 이런 사실까지 알고 나서는, 골프를 자주 치는 검사를 좋게 볼 수가 없었다. 그래서 어느 순간부터 삼성에 입사하기까지의 기간 동안에는 골프를 전혀 치지 않았다.

서울지검 특수부 시절, 주말에 일을 시키면 후배들이 싫어했다. 미리 잡아놓은 골프 약속 때문이다. 그런데 하필 나는 주말에 일하는 것을 좋아했다. 주말에는 수뇌부가 다들 골프 약속이 잡혀 있기 때문이다. 골프를 치지 않는 나는, 일부러 주말에 중요한 일을 처리하는 경우도 많았다.

"직업이 아니라 '귀족놀음' 취미생활이구나"

검찰에서 일하던 시절, 나는 검사가 '직업'이라는 생각이 별로 없었다. 밥벌이를 위한 일이 아니라 생활 그 자체라고 여겼던 것 같다. 나만 그랬던 게 아니다. 많은 이들에게 검사는 직업이 아니라, 일종의 '신분'이었다. 그 시절에 관한 글을 쓴 적이 있다. "품위·조직에 '죽고살고' 검사 시절 나도 그랬다"라는 제목으로 2005년 10월 25일자 〈한겨레〉에 실린 칼럼이다. 내용은 이렇다.

1989년이니, 옛날옛적 이야기다.

대통령 명의의 검사 임명장을 장관으로부터 전해 받기 전에 사전 교육을 받았다. "장관께 허리를 굽혀 절하지 말고 목례만 가볍게 해라." 허리 굽혀 절하는 검사가 국민들에게 비굴하게 비칠 수 있단다.

신임검사 교육을 받을 때는 더 구체적인 교육을 받았다. "완행열차를 타지 말고, 포장마차나 시장통에서 먹지 마라." 행여 시민들과 시비가 있어 품위를 잃을까 염려돼서다. "출퇴근 때나 식사하러 외출할 때 잘 모르는 누군가가 인사하면 무시하라." 구속 피의자의 가족을 동행한 누군가가 검사와의 친분을 과시해 불미스런 일이 생길까 걱정이다. "청사 주변의 은행이나 다방 등도 출입해선 안 된다." 뇌물수수의 의심을 받거나 법조 주변 브로커들에게 엉뚱하게 이용당할 수 있기 때문이라고 했다. "외부인들에게 함부로 '형'이라 호칭하지 말고 부인도 마찬가지로 '언니'라는 호칭을 쓰지 마라." 이미 스스로 거룩한 상류계급이니까. 검사 서로간에도 '영감', '대감' 등의 호칭이 쓰였다. 조선시대 '대광보국숭록대부'쯤의 당상관인 듯 싶었다.

그런데, 임지에 가니 전화기, 컴퓨터, 텔레비전 등은 스스로 설치해야 했다. 참여계장의 조서 작성용 타자기는 계장 스스로 월부로 산 것이다. 타자기 먹끈도 자비로 조달해야 했다. 야간조사 때 계장, 교도관 3명, 피의자 모두의 식사와 피의자

체포를 위해 보내는 경찰관의 출장비도 검사 몫이었다. 이건 직업이 아니고 '귀족 놀음의 취미생활'이었다. 결국 부모에게 손을 벌렸다. 어설프게 똑똑한 자식 두니 힘드시단다.

초임검사 환영회식 자리. 식사가 채 나오기도 전 좌로, 우로, 무한순환방식으로 폭탄주가 춤을 췄다. 결국 한 시간도 안 돼 '임석상관'인 부장을 뺀 모두가 서열의 역순으로 장렬하게 '전사'해 각 자택으로 후송됐다. 식당 앞에는 행선지별로 승용차를 미리 준비한 '후송대책'이 마련돼 있었다.

팔을 부셔 골절수술을 받기 전날 부장이 문병와 '검사의 도'를 지키란다. 검사의 도? 무슨 뜻일까 고민하다 '엄살부리지 말라'는 말로 알아듣고 수술 뒤 통증을 꾹 참아내며 진통제 처방을 받지 않았다.

상석검사는 무섭고 자상한 형이고 부장, 차장은 어버이였으며, 무서운 할아버지인 검사장에게 결재 받으러 갈 때는 허리가 후들거렸다. 하물며 총장은 감히 바라볼 수도 없는 하늘이었다. 부모형제에겐 불손해도 상관에겐 항상 극진했다. 또 '조직의 적은 나의 적'이고 '상관의 평온한 심기가 곧 나의 행복'이었다. 옛날에 난 그랬다.

나에겐 '하늘'이었던 총장에 대해 최근 어느 후배가 '아버지'라고 했다. 세상이 참 '많이도' 변했다.

품위에 죽고 사는 어설픈 '귀족 놀음'에 빠져 있는 동안, 집안 형편은 말이 아니었다. 가족의 생계는 아내가 버는 돈으로 꾸렸다. 검사 월급은 수사 비용으로 다 빠져나갔다. 초임검사 시절에는 전화기와 책상까지 검사가 알아서 조달해야 했다. 집에 가져다 줄 돈이 있을 리 없었다. 물론, 옛

날이야기다. 김영삼, 김대중, 노무현 정부를 거치면서 검찰 풍경은 많이 변했다. 지금은 검사들에게 수사비가 지급된다.

나는 노태우, 김영삼 정권에서 검사로 일했다. 검찰이 변해가는 과도기에 검사노릇을 한 셈이다. 그 시절, 나는 아이들과 놀이공원에 가본 일이 없다. 가족과 함께 해수욕장에 간 기억도 없다. 가난에 젖은 아내는 밥상에 김을 올리는 것도 부담스러워했다. 아이들은 어린 시절 김을 먹어본 적이 없다고 했다. 큰 아이가 리복 신발이 갖고 싶다기에, 청계천에서 한 켤레 사줬다. 알고 보니, '짝퉁'이었다. 그랬더니 더 창피스럽다고 했다. 학교에서 까만 운동화를 신어야 한다기에 흰 운동화를 염색해서 신겼다. 나는 그게 이상하다고 생각하지 않았다. 하지만 아이 생각은 달랐던 모양이다. 안타깝게도, 그때 나는 아이를 이해하지 못했다. 나는 모자란 아빠였다. 한번은 아이 머리가 길어보여서 내가 바리캉으로 밀어줬다. 모처럼 집에서 보낸 휴일이었다. 다음날 담임교사가 "네 아빠는 이발사는 못 하겠다"라고 했다고 한다. 이런 이야기를 들으며, 나는 그냥 웃었다. '돌아보면 그게 다 추억이다' 싶었는데, 아이들 마음은 그렇지 않았나 보다. 철이 든 뒤에도 아이들은 그 이야기를 했다. 마음이 시큰거렸다.

서울지검에서 일할 때, 며칠 동안 사무실에서 지내다 모처럼 집에 들어간 날이었다. 벨을 누르고 현관에 들어섰는데, 아이가 꾸벅 인사하고는 다시 텔레비전에 눈길을 돌렸다. 순간, 전등이 나간 것처럼 머릿속이 캄캄해졌다. 나도 모르게 고함이 터져 나왔다. "아버지가 퇴근했는데, 그게 무슨 버르장머리냐." 신들린 듯 야단을 쳤다. 정신을 차려보니, 아이가 울고 있었다. 그러면서 "아빠가 며칠 만에 들어왔는지 아느냐"라고 했다. 이 한

마디에 온몸에서 힘이 빠졌다. 그 자리에서 그만 주저앉았다. 아이 앞에서 무릎을 꿇었다. 아이도 울고, 나도 울었다. 입에서는 "내가 잘못했다. 미안하다"라는 말만 계속 흘러나왔다.

내가 가장 노릇을 한 것은 삼성에 입사한 뒤부터였다.

16 문제는 비자금이다

'성공한 재벌'은 처벌 못 한다?

특수부 검사 시절, 경제 관련 사건을 수사한 적이 몇 번 있다. 주로 건설 관련 사건이었다. 당시에는 삼성에 대한 인상이 좋았다. 삼성 건설부문은 당시 관급공사 비율이 낮았던 까닭에, 수사 대상이 아니었다. 그래서 나는 삼성은 깨끗한 기업인 줄로만 알았다.

기업 임원으로 일하는 친척만 있었어도, 이런 순진한 생각은 안 했을 게다. 하지만, 당시 나와 가까운 사람 중에는 기업 임원 근처에 가 있는 사람도 없었다. 검찰을 관둘 무렵, 내가 삼성에 대해 갖고 있던 생각은 삼성의 기업 이미지 광고 내용과 별 차이가 없었다. 첨단 기술을 갖고 있으며, 합리적이고 꼼꼼한 일처리를 하는 기업이라고 생각했다. 기업 내부 실정에 대해 몰라도 너무 몰랐다.

다른 이유도 있었다. 내가 삼성으로 옮길 무렵만 해도, 삼성의 위상은 지금보다 훨씬 낮았다. 법원과 정부, 언론을 통째로 장악할 만한 힘은 없던 시절이다. 그러니까 비리의 규모도 작았다.

당시 삼성의 재계 순위는 현대에 밀려서 2~3위를 맴돌았다. 삼성물산 건설 부문은 도급 순위가 100위 안에 겨우 들 정도였다. 그런데 1997년 외환위기를 거치면서, 경쟁기업들이 망하거나 찢어지는 바람에 저절로 1위 재벌이 됐다. 그리고 아무에게도 통제 받지 않는 거대 권력이 됐다. 대놓고 저지르는 비리는 눈덩이처럼 불어났다. 돌아보면, 모두 순식간에 일어난 일이다.

양심고백을 준비할 무렵 만났던 사회 원로 한 분은 내게 "한번은 정리하고 넘어가야 할 권력이 삼성과 검찰"이라고 말했다. 1987년 6월항쟁 이후, 절차적 민주주의가 사회 곳곳에 번져갔지만 재벌과 검찰은 예외였다는 이야기다. 오히려 1997년 외환위기를 거치면서, 재벌에 대한 견제는 더 약해지고 그들의 힘은 더 세졌다. 그리고 그 정점에 있는 게 삼성이다.

하지만 그 원로는 "삼성 비리에 대한 수사는 할 수는 있어도, 해결하지는 못할 것"이라고 전망했다. 사회를 뿌리째 장악하고 있는 삼성의 힘을 꿰뚫어본 말이었다. 그는 자신도 과거 삼성에게서 호텔 숙박권 등을 받았다고 했다. 그래서 자신이 나서서 나를 도와줄 수는 없다고 했다.

당시 나는 그의 말을 온전히 이해하지 못했다. 일단 수사가 시작되기만 하면, 비리 핵심 피의자들을 사법처리하지 않을 수 없으리라고 본 것이다. 나는 10조 원이 넘는 비자금 가운데 1조 원만 드러나도, 문제가 어느 정도 풀릴 것이라고 생각했다. 특검 팀에 파견 나와 있던 검사들도 처음에는 이렇게 생각했다. 돌이켜보니 참 순진한 생각이었다. 특검은 이건희가 차명으로 관리해 온 재산, 즉 비자금이 4조 5000억 원 이상이라고 발표했다. 이건희 비자금에 관한 온갖 의혹과 문제 제기를 덮고, 또 덮었음에도 나온 결과가 그렇다. 나와 다른 검사들이 기대했던 '1조 원'의 네 배가 넘는 비자금이 드러났지만, 비리에 가담한 자들은 모두 면죄부를 받았다.

양심고백 뒤, 사태가 전개되는 양상이나 언론의 보도 태도를 보면서 그 원로가 전망한 말이 조금씩 이해가 됐다. 그리고 그 말을 온전히 이해한 것은 조준웅 특별검사의 수사 결과 발표를 듣고서였다. 조 특검은 삼성 비리가 "기업의 구조적이고 내재적인 관행"이라고 했다. 그래서 수사할 수 없다고 했다. 하지만 나는 그 말이 "뿌리 깊은 조직범죄는 덮어 두겠다"는 뜻으로 들렸다. '많은 이들이 오랫동안 조직적으로 저질러져 온 범죄'는 봐주겠다는 이야기 아닌가. 이런 논리가 "성공한 쿠데타는 처벌할 수 없다"는 주장과 무엇이 다른지 모르겠다.

힘없는 사람 한두 명이 우발적으로 저지른 범죄는 처벌하되, 힘있는 이들이 똘똘 뭉쳐서 오랫동안 조직적으로 저질러 온 범죄는 처벌하지 않는 사법기관을 신뢰할 사람은 없다. 한국의 사법정의는 한때 '성공한 쿠데타'를 처벌하는 수준까지 도달했지만, 거기서 더 나아가지는 못했다. '성공한 재벌'의 경제범죄는 처벌하지 못했다. 삼성 비리에 대해 면죄부가 나온 이후, 경제범죄로 처벌받는다면 그는 '실패한 재벌'이거나 '재벌이 되지 못한 자'가 되는 셈이다. 이런 사례가 사회에 던지는 메시지는 간명하다. "수단과 방법을 가리지 않고 '성공한 재벌'이 돼라. 그 과정에서 저지른 죄는 저절로 사면 받는다"라는 것.

이런 메시지가 통하는 사회에서 검찰이 경제범죄 수사를 어떻게 할지 걱정스럽다. 재벌이 무소불위의 힘을 휘두르도록 방치하는 것은 진정한 시장경제와는 거리가 멀다. '비즈니스 프렌들리(Bussiness Friendly)', 즉 '사업하기 좋은 곳'이 아니라 '무법천지'일 뿐이다. 차라리 '크라임 프렌들리(Crime Friendly)'에 가까운 사회다. 범죄가 판치는 곳일 뿐 정상적인 경제활동은 불가능한 곳이라는 이야기다.

시장경제가 정상적으로 작동하기 위해서라도 '법과 원칙'을 제대로 세우는 일은 필수적이다. '법과 원칙'이 누구에게나 공정하게 적용된다는 믿음이 있을 때, 투자도 하고 창업도 할 수 있다. "돈을 투자해 봤자, 기술을 개발해 봤자, 기업을 세워 봤자 기득권을 가진 재벌에게 좋은 일만 해 줄 뿐 결국 손해만 본다. 그리고 억울해도 하소연할 곳이 없다"라는 믿음이 번진 사회에서 경제가 활성화될 리는 없다.

나는 이런 깨달음을 너무 늦게 얻었다. 내가 순진했기 때문이지만, 다른 이유도 있다. 삼성을 비롯한 재벌이 한국 사회를 장악하는 속도가 너무 빨랐다. 1997년 외환위기 이후 불과 몇 년 사이에 삼성재벌은 정치권과 사법부, 행정부와 언론 곳곳에 자신의 장학생을 심었다.

삼성이 그저 그런 국내 재벌 중 하나였던 시절만 기억하는 이들은 대통령과 법원도 함부로 못하는 삼성의 힘을 이해하지 못한다. 1997년 여름 삼성에 입사하지 않았더라면, 나도 그런 사람들 중 한 명이었을 게다.

61억 원으로 시작한 이재용 경영 승계 작업

삼성 비리는 뿌리가 깊다. 그러나 대규모 비리는 주로 1990년대 중반부터 저질러졌다. 이재용에게 경영권을 넘기는 작업이 시작된 무렵이다.

나를 비롯한 법조인들이 삼성에 대거 유입된 것도 이 무렵이다.

잘 알려져 있듯, 거대 재벌 삼성의 경영권은 매우 취약한 기반 위에 서 있다. 이건희가 갖고 있는 지분이 삼성그룹 전체에서 차지하는 비율은 0.57%에 불과하다. 이건희 일가가 가진 지분을 다 합쳐도 1.07%다(2009년 10월 25일 공정거래위원회 발표). 이처럼 불안정한 경영권을 승계하려니, 온갖 무리가 따를 수밖에 없다. 게다가 이건희-이재용 부자(父子)는 상속 과정에서 마땅히 내야 할 세금을 아까워했다. 이건희가 택한 방법은 여론 장악과 불법 로비로 제도적 걸림돌을 치우는 것이었다.

삼성 비리의 굵은 줄기는 대부분 경영권 승계와 관계가 있다. 그리고 이 과정에서 이루어진 의사결정은 모두 이학수와 김인주의 지시로 이루어졌다. 물론, 이들의 지시는 이건희 회장과의 논의를 거쳐 내려졌다. 지시 사항을 실무적으로 이행한 것은 삼성 구조본 재무팀 관재부문이었다. 그러나 공식적으로는 관계사 임직원이 자발적으로 한 것으로 조작됐다.

이 과정에서 박재중 관재팀 전무가 실무적으로 중요한 역할을 했다. 입이 무겁고, 세무 및 회계 지식이 풍부했던 박재중은 2005년 죽었다. 그는 세무사, 변호사 등 외부 인력의 지원을 받지 않고 실무를 처리했다.

이재용에게 경영권을 승계하는 과정은 1995년 이건희가 당시 일본 게이오대 대학원생이었던 이재용에게 61억 원을 주면서 시작됐다. 당시 증여세로 약 16억 원을 냈고, 45억 원쯤 남았다. 이 돈을 밑천 삼아 이재용이 거대 재벌 삼성을 장악하도록 하는 게 이학수와 김인주가 기획하고 구조본 관재팀이 연출한 드라마였다. 드라마가 막 시작됐을 때, 내가 삼성 구조본에 들어갔다. 당시 박재중에게 이런 드라마가 처음부터 모두 계획된 것이었느냐고 물었다. 그는 "원래 계획과는 조금 달라졌다"고 했다. 삼성전자 주식이 너무 올라서, 경영권 장악에 필요한 돈이 늘어났다고 했다.

이런 과정을 지휘한 김인주는 그 무렵 내게 이런 말을 자주 했다. "승계가 잘 마무리되고, 각종 고소·고발 사건이 잘 정리되면 함께 세계 골프여행을 떠나자"라고. 이런 말도 했다. "회장님 일, 내가 걱정할 일을 걱정해줘서 고맙다."

'회장님 일', 즉 이재용에게 승계하는 일을 이건희가 준 종자돈으로 시작한 데는 이유가 있다. 이건희 일가의 돈은 수표 한 장도 일련번호를 다 기재하도록 돼 있다. 이건희의 공식적인 소득은 공식적으로 재산을 불릴 때만 쓰이기 때문에 정확하게 관리한다. 차명자산이 아닌, 이건희의 공식적인 소득이 다른 목적을 위해 쓰이는 일은 없다. 공식적으로 재산을 관리하는 일, 즉 이건희 재산의 지분을 관리하는 목적을 위해서만 쓰였다. 다른 소비를 위해서는 회사 돈을 쓰거나, 회사 돈을 빼돌려 만든 비자금을 썼다.

따라서 이건희가 이재용에게 준 돈 61억 원은 회사에서 빼돌린 돈이 아니라 이건희의 돈이었다. 공식적으로 이재용의 개인 재산을 만드는 작업이므로, 이건희의 돈을 통해 이루어져야 했다.

빌딩 한 채 값도 안 되는 종자돈을 불리는 작업은 주식을 순차적으로 사고파는 과정을 통해 이루어졌다. 이 과정에서 매각대금과 매입대금이 계속 일치해야 했다. 각종 유가증권 취득 과정에서 이재용이 동원한 자금의 출처를 명확히 해야 했기 때문이다.

'JY 문건'과 구조본

이 과정에서 나온 게 JY 유가증권취득 현황 문서다. 2007년 11월 12일 사제단 기자회견에서 이 문건이 공개됐다. 언론 보도에서 'JY 문건'이라고 지칭된 이 문건은 그때까지 삼성이 주장해 온 것과 달리, 이재용의 경영권 승계 과정에 구조본이 적극적으로 개입했음을 입증하는 증거가 됐다. 물론, 여기서 'JY'는 이재용을 뜻한다. 이건희, 이재용 등을 입에 올리는 것조차 불경스러워하는 문화 탓에 구조본 임직원들은 이런 식의 표현을 썼다.

'JY 문건'은 삼성그룹 사내 변호사가 이재용의 경영권 승계 작업을 실행한 구조본 관재담당과 협의하여 작성한 것이다. 수사 때문에 구조본에서 관재담당과 협의하면서 시나리오 작성을 위해 만든 것으로 보인다. 이 문건에 대해 박재중이 "계산 편하게 잘 정리했다"고 말한 게 기억난다.

'JY 문건'에 등장한 재산 증식 수법은 주로 상장 직전에 주식을 사서 상장 이후 막대한 차익을 거두는 방식이다. 구조본이 치밀한 계획에 따라 상장 일정과 지분 배치를 조정했다. 이 과정에서 이학수와 김인주가 이재용과 함께 상장 차익을 챙겼을 가능성도 있다.

에스원, SECL(삼성엔지니어링), 서울통신기술 등이 이런 계획에 동원됐다. 비상장 회사였던 이들 기업들은 구조본의 계획에 따라 상장됐다. 비상장 주식 가격의 산정은 구조본 재무팀 관재담당에서 했다. 이재용이 대주주가 된 회사의 상장 차익을 늘리기 위해 삼성의 다른 계열사 사업을 떼어다 이들 회사에 넘기기도 했다.

구조본 임원이 취득한 비상장 회사 주식은 다 차명주식이라고 보면 된다. 그런 것들을 구조본 관재담당은 늘 '회장님 것'이라고 했다. 비상장 회사인 삼성생명 주식을 삼성자동차에 내놨을 때 삼성생명 주식이 누구 것이냐고 박재중에게 물었더니, 그는 "100% 회장님 것"이라고 말했다.

서울통신기술 설립에 관여한 자들은 전부 삼성전자 부장 출신으로 구조본의 지휘를 받는 관리담당이었다. 서울통신기술 설립과 상장에 관여한 박종한은 충직한 성격이었다. 그래서인지, 박종한이라는 이름은 구조본이 주도한 여러 비리와 증거 조작에 수시로 나온다.

'JY 문건'에는 이건희 일가를 위해 충성한 이들의 이름이 잔뜩 나온다. "96. 3. 22: 제일기획 실권 CB 인수"라는 항목에 이름이 등장하는 이종기는 이건희 회장의 매형인데, 중앙일보 사장 시절 삼성의 정치자금을 관리하는 총책임자 역할을 했다. 이종기의 부인이 이건희의 이복누이였다. 이종기는 이건희보다 손윗사람이면서도 "그룹 내에서 회장님 말씀은 헌법이지"와 같은 말을 예사롭게 했다.

'JY 문건'에는 삼성의 여러 계열사의 유가증권 발행 등 자본조달계획이 담겨 있다. 이 문건에 있는 계획들은 연간 자본조달계획에는 없던 것이다. 그런데 구조본의 지시에 따라 갑자기 잡힌 것들이다. 시장 상황에 따라 상장하기에 적절한 시점을 골라서, 구조본이 일정을 잡았다. 이런 일정에 따른 계열사의 자본조달계획에 계열사가 참여할지 여부 역시 구조본이 결정했다. 보통 증자에 참여하라는 지시가 없으면, 실권하라는 신호로 간주됐다. 계열사 입장에서는 지분을 갖고 있더라도 경영권 행사나 배당, 처분도 못하기 때문에 지분참여할 필요가 없다.

이 과정에서 계열사의 이사회는 열리지 않았다. 이사회 의사록을 나중에 허위로 만들었다. 굳이 이재용 승계 문제와 관련한 경우가 아니더라도,

삼성에서 이사회를 열지 않고 지분에 관한 결정을 하는 경우는 종종 있었다. 1997년 IMF 외환위기 이전에는 삼성 계열 상장회사도 이사회를 열지 않았다. 내가 삼성 구조본에 들어가서 보니, 삼성 계열사 이사회 의사록에 찍힌 "이사지인" 도장은 다 같은 것이었다. 도장 하나로 다 찍은 것이다. 의사록에 있는 기명날인도 모두 엉터리였다.

국세청에서는 재벌 계열사에 대해 지분 이동 조사를 가끔씩 한다. 그래서 국세청 조사국에는 삼성 계열사의 실질 지분 이동자료가 다 있다. 이런 자료만 잘 분석해도, 경영권 승계 과정에서 빚어진 불법 행위를 쉽게 찾을 수 있다. 이 과정에서 삼성이 세금을 누락한 부분 역시 파악할 수 있다. 그러나 국세청은 이런 자료를 제대로 활용하지 않았다. 오히려 국세청은 삼성 비리에 대한 수사를 가로막기까지 했다. 재벌의 탈세 혐의를 파헤치기는커녕 비리 재벌을 옹호하는 수비수 역할을 자임했다. 국세청은 특검의 자료 협조 요청을 번번이 거절했다. 삼성이 국세청 '관리'에 쏟은 노력 탓일 게다.

'비자금-회계조작-탈세' 한 묶음 비리

물론, 삼성이 국세청 관리에 공을 들여야 했던 게 꼭 이재용 때문만은 아니다. 더 중요한 이유가 있다. 비자금 때문이다. 삼성은 비자금 없이 지낸 적이 없다. 이승만 대통령 시절부터 정관계에 돈을 뿌려왔던 게 삼성이다. 이렇게 뿌린 돈은 회사에서 빼돌린 비자금인데, 당연히 회계에 반영되지 않는다. 이처럼 회계를 조작하면, 세금을 제대로 물릴 수 없다. 비자금-회계조작-탈세는 한 묶음이며, 삼성의 역사에서 떼어낼 수 없는 부분이다.

모든 일에는 뿌리가 있기 마련이다. 삼성 비리의 뿌리는 비자금이다. 비자금이 없었다면, 삼성이 권력을 매수하는 일은 불가능했다. 그런데 비자금은 결국 삼성 임직원들이 흘린 땀의 대가를 빼돌린 것이다. 여기에 더해 삼성은 생산 현장에서 흘린 땀의 대가를 빼돌려 정치인과 관료, 법관, 언론인, 학자를 매수했다. 자신의 노동으로 벽돌 한 장 생산한 것이 없고, 백 원짜리 하나 벌어본 적 없는 자들이 자자손손 왕처럼 군림할 수 있도록 하기 위해 저지른 비리였다.

나는 삼성이 운용하는 비자금 규모를 정확히 알지 못한다. 다만, 옛 삼성본관 27층에 있던 비밀금고로 끊임없이 드나들었던 현금 뭉치들을 봤을 뿐이다. 또, 삼성 고위 임원들은 누구나 자신의 명의로 된 차명계좌가 있다는 사실을 알 뿐이다. 그리고 차명으로 관리된 계좌에는 수십억에서 수백억에 달하는 정체불명의 자금이 담겨 있었다는 것도 안다.

2007년 양심고백 당시 내 명의로 개설된 차명계좌에 50억 원 이상이 담겨 있었다. 정체를 알 수 없는 돈이었다. 오래 전에 퇴직했으며 삼성으로부터 의심을 받았던 내 계좌에 이 정도 돈이 담겨 있다면, 현직에 있고 삼성 수뇌부의 신뢰를 받는 임원의 계좌에는 얼마가 담겨 있겠는가. KBS 기자가 취재한 바에 따르면, 사장단 계좌에는 약 300억 원, 전무·상무 계좌에는 약 50억 원이 들어 있다고 했다. 심지어 부장들의 명의로 개설된 비자금 계좌도 있다고 했다.

10조 원 비자금, 삼성의 비리 밑천

삼성 비자금의 용도는 다양했다. 선거철이면 정치인들의 선거자금이 됐다. 일상적으로 저지르는 불법 로비의 자금이기도 했고, 이건희 일가의 개인 재산이 되기도 했다. 물론, 경영권 방어를 위해 우호 지분을 취득하기 위한 밑천이기도 했다.

따라서 삼성 비자금을 수사하지 않고서는 삼성 비리를 근절할 수 없다. 비자금은 어차피 떳떳한 일을 위해 쓰려고 모은 돈이 아니다. 비자금이 있는 한, 떳떳하지 않은 일을 하려는 시도는 계속될 수밖에 없다. 비리의 밑천인 비자금을 햇볕 아래 드러내야 한다. 그래야만 삼성이 저지른 비리가 깨끗이 치유될 수 있다.

하지만 삼성 비리를 수사하겠다던 조준웅 특검팀은 그렇게 하지 않았다. 국세청이 자료협조에 응하지 않는다거나, 해외법인의 금융계좌 추적이 불가능하다는 등의 핑계로 비리의 밑천인 비자금을 그냥 덮어 버렸다. 고객의 돈을 구조본에 빼돌렸던 삼성화재 사례는 경영자 개인의 횡령으로 처리했다.

차명자산이 나타났지만, 특검은 출처를 파헤치지 않았다. 대신 "삼성이 상속재산이라고 주장하므로 상속재산이 맞다"라는 억지 논리를 폈다. 에버랜드 창고에서 값비싼 그림이 끝없이 쏟아졌다. 그런데 목록과 가격도 공개되지 않았다. 그토록 많은 그림들을 무슨 돈으로 샀을까. 누구나 궁금해 할 텐데, 특검은 의혹을 덮기만 했다.

조준웅 특검이 그토록 노골적인 '봐주기 수사'를 했음에도, 수사 결과 드러난 이건희의 차명자산이 4조 5000억 원 가량이었다. 여기에 특검이 수사를 하지 않아서 은폐된 비자금, 에버랜드 창고 안에 쌓여 있는 고가 미술품 등을 합치면 10조 원은 간단히 넘기게 된다. 아직까지 은폐된 비자금 규모는 임직원 명의로 개설된 계좌에 담긴 정체불명 자금의 규모를 기준으로 계산한 액수다.

차명으로 관리된 자산, 즉 비자금은 어차피 불법적으로 빼돌린 돈이다. 그리고 피해자가 이 돈을 돌려받기를 요구하지 않는다면, 정부는 이를 환수해서 공적인 목적에 쓸 권리가 있다. 삼성 역시 차명자산을 실명화하고 세금을 납부한 뒤, 회장이나 가족을 위해 쓰지 않고 유익한 일에 쓰겠다고 밝혔다. 삼성은 '유익한 일'이라고 애매하게 표현할 게 아니라, 실명화한 차명자산을 명백히 공익적인 목적에 써야 한다. 그런데 이런 약속이 아직 제대로 지켜질 기미가 없다. 언론과 정부 역시 삼성 측에 약속을 지키라고 독촉하지 않는다. 이로써 삼성의 비리 밑천은 면죄부를 받았다. 삼성이 관리해 온 10조 원 비자금은 온갖 '사회악의 씨앗'으로 곳곳에 뿌려질 게다.

지하주차장에서 돈 가방 들고 오는 젊은 과장들

옛 삼성본관 27층 김인주 사장실 앞 접견실 옆에는 재무팀 관재파트담당 상무의 방이 있었다. 그 방 안에 벽으로 위장된 금고문이 있는데 문을 열면 전당포를 연상시키는 철창으로 된 문이 나왔다. 문을 열고 들어가면 비밀금고가 있었다. 그 안에는 현금이 든 백화점 쇼핑백(개당 1억 원), 각 백화점 상품권, 의류상품권, 에버랜드 연간이용권이 있다. 이 밖에도 현금뭉치와 이를 포장하는 데 필요한 종이가 쌓여 있었다. 삼성 계열사에서 빼돌린 비자금이 모이는 곳이었다. 그리고 이곳에 있는 돈은 수시로 어디론가 빠져나갔다.

비자금을 뇌물로 나눠줄 때는 여러 형태로 위장했는데, 여기에도 요령이 있었다. 500만 원 정도인 경우, 양쪽에 두꺼운 종이를 붙여 두터운 월간지처럼 포장했다. 300만 원은 100만 원 뭉치 두 개를 옆으로 나란히 놓은 뒤 50만 원씩 가로로 놓아 음악 CD처럼 포장했다.

구조본에 있는 비자금담당자는 계열사에 일정 금액씩 비자금을 할당했다. 경영이 어려운 회사라고 해서 예외가 될 수 없었다. 과거 삼성엔지니어링은 부실 규모가 1조 원에 달하고 수주 실적도 없어서 심한 적자에 시달렸다. 당시 이 회사 관리담당(경영지원실장)이었던 김능수가 "회사가 너무 어렵다"며 내놓을 돈이 없다고 버텼지만, 구조본은 그에게 위협하다시피해서 매년 50억 원을 받아냈다.

구조본 재무팀 관재부서에 있는 30대 초, 중반 과장들은 프랑스제 델시 청회색 초대형 여행용 가방에 들어 있는 현금을 수시로 본관 지하주차장에서 27층 비밀금고로 날랐다. 물론, 다른 직원들 눈에 띄지 않게 조심해서 운반하지만 구조본 직원들은 대개 운반 장면을 보게 된다. 대부분 애써 눈을 돌리고, 못 본 척한다. 현금이 너무 많아서 운반하기 힘들 때는, 화물운반용 트롤리(trolley)를 사용하기도 했다. 비자금을 운반하는 관재파트 과장들은 주로 서울대 경영학과 출신이었는데, 미래의 사장감으로 분류됐다.

비밀금고는 본관 27층에만 있는 게 아니었다. 두 곳이 더 있다고 들었는데, 정확한 위치는 비밀에 싸여 있다. 한 곳은 15층에 있다고 알려져 있었고, 나머지 한 곳은 내게도 철저히 비밀로 했다. 본관에 있는 비밀금고는 만약 위험해지면, 통째로 들어내 다른 곳으로 옮길 수 있도록 설계돼 있었다.

비자금과 관련하여 재미있는 기억이 있다. 삼성 비자금 업무를 오랫동안 맡았던 박재중이 해 준 이야기다. 그는 내게 "(회장실이 있는) 28층 벽에 금이 들어 있다"고 했다.

알고 보니, 시계 사업을 정리하는 과정에서 고급시계를 만드는 데 쓰려던 금이 남아 있는 것을 보고 그걸 빼돌렸던 게다. 또, 삼성전자가 폐기한 전자제품에서 나온 금도 빼돌렸다고 했다. 이렇게 모은 금을 벽 안에 넣고 시멘트를 발라버렸다는 게다.

삼성 구조본에서는 대수롭지 않게 여기는 일이었지만, 따지고 보면 불법 행위다. 회사 자산을 엉뚱하게 빼돌린 것이기 때문이다. 그리고 벽 속에 있는 금 역시 비자금의 일부인 셈이다. 공식적인 회계에 반영돼 있지 않으니까 말이다. 하지만, 이런 짓은 삼성 입장에서는 그저 장난에 불과했다. 삼성 재무팀이 빼돌린 10조 원이 넘는 비자금에 비하면, 벽 속에 묻어둔 금은 무게만 많이 나갈 뿐 가치는 극히 미미하다. 회장실이 있는 곳이라는 상징성 때문에 금을 묻어둔 것일 뿐이다.

비자금을 다루는 구조본 재무팀 관재담당 임직원들의 자부심은 대단했다. 최고의 대우를 받는 그들은 다른 부서 임직원들과 잘 어울리지 않았다. 그들끼리 술 마시고 포커를 치면서 놀았다. 한번 관재 업무를 맡으면, 삼성에서 출세가 보장된 것과 다름없었다. 조직의 비밀을 알고 있는 자를 함부로 대할 수 없기 때문이다. 이학수, 배호원, 김인주, 최광해, 박재중 등이 관재담당 임원이었는데, 모두 삼성에서 최고 실세로 대접 받았다.

관계사에서 비자금 관련 업무를 담당한 임원에 대한 대우도 좋았다.

김능수의 경우, 신세계그룹에서 관재담당을 맡았는데 신세계 백화점에 입금된 헌 수표를 이용해 삼성 비자금을 세탁하는 일을 했다. 이 일이 적발돼 그는 대검찰청 중수부의 수배를 받은 적이 있다. 삼성 구조본은 김능수의 도피를 도왔다. 나중에 그는 삼성엔지니어링 재무담당 임원으로 영입됐고, 이 회사 경영지원실장과 삼성BP화학 경영지원담당 전무를 거쳐 지금은 에스원 경영지원실장을 맡고 있다. 삼성 비자금 세탁을 하다 고생한 일에 대한 보상을 톡톡히 한 것이다.

관재부서를 책임진 김인주는 "(관재부서에 있으면) 돈을 밟고 다닌다"고 말한 적이 있다. 삼성그룹 계열사가 워낙 다양하고 많았던 까닭에, 그룹 내부 공사만 해도 비자금이 수북이 쌓였다. 삼성물산 건설부문은 그룹 내부 공사를 도맡아 하는데, 특히 삼성전자의 반도체 라인 공사에서 많은 비자금을 만들었다. 반도체 라인마다 2조 5000억 원 정도가 들어가는 까닭에, 돈을 빼돌리기도 쉬웠던 것이다.

구조본이나 계열사에서 비자금을 다루는 이들에게는 일상적인 일이었지만, 그렇지 않은 이들에게는 이런 일이 몹시 충격적으로 비쳤던 모양이다. 삼성물산 건설부문 법무팀장 김영호 상무가 내게 조심스럽게 귓속말을 한 적이 있다. 자기 회사 지하주차장에서 구조본으로 가는 현금을 싣는 것을 봤다고 말이다. 그가 본 장면에서도 프랑스제 델시 가방은 빠지지 않았다. 이 가방은 삼성에서 비자금 운반용으로 애용됐다.

'SDI 메모랜덤', 강부찬의 협박

하지만 건설부문에서 만든 비자금은 극히 일부에 불과했다. 대규모 비자금은 주로 해외법인을 이용해 만들었다. 삼성 계열사 해외법인과 거래하는 과정에서 가격을 부풀리는 방식이 주로 쓰였다. 예를 들어 삼성물산이 한국에 있는 삼성 계열사와 해외 자회사 사이의 거래를 중계할 경우, 적정 구매액수보다 20%쯤 가격을 부풀린 뒤 1%는 삼성물산의 수수료로 챙기고 나머지 19%는 비자금으로 만들어 구조본에 보내는 방식이다.

이런 방식으로 비자금을 만들던 직원 한 명이 관련 서류를 들고 나가서 문제가 된 적이 있다. 삼성SDI에서 구매담당으로 일했던 강부찬이다. 강부찬은 삼성SDI 재직 시절 자신이 직접 기안하고 작성한 서류를 들고 퇴사한 뒤, 미국 샌디에이고에 머물며 걸핏하면 회사를 협박해 돈을 뜯었다.

내가 재무팀에 있던 2000년께, 김인주가 강부찬 때문에 고민을 많이 했다. 나를 찾아와서 여러 번 상의했다. 김인주는 "강부찬의 협박에 응하다 보면 끝이 없다"며 하소연했다. 하지만, 비자금 조성에 관한 증거 서류를 갖고 있는 강부찬의 요구를 거절할 방법이 없었다.

그래서 미국에서 사설탐정을 고용해 강부찬을 감시하기도 했는데, 돈만 많이 들고 효과는 없었다. 당시 김인주는 "킬러를 고용해서 (강부찬을) 죽여 버릴까"라고 말하기도 했다. 진지한 표정으로 한 말이었지만, 실제로 살인청부를 할 생각까지는 아니었다. 하도 답답하니까 한 말이었다.

강부찬이 들고 나간 서류는 'SDI 메모랜덤'이라 불리는 것이었는데, 2007년 11월 언론에 공개됐다. 삼성이 비자금을 조성했다는 증거였지만, 조준웅 특검은 1994년에 작성된 서류라는 이유로 조사하지 않았다. 너무 오래 전의 일이라는 게다. 'SDI 메모랜덤'에 있는 내용은 기본계약이므로, 이후에도 큰 변화 없이 유지돼온 것이다. 따라서 1994년 이후에도 계속 비슷한 방식으로 비자금이 만들어져왔다고 보는 게 자연스럽다. 하지만, 특검팀 소속 검사는 "바다 건너 일은 조사 못 한다"면서 그냥 덮었다. 해외 비자금은 수사하지 못 한다는 이야기다.

역시 말도 안 되는 핑계다. 검찰은 최근에도 해외 비자금을 수사한 사례가 있다. 2009년 3월 대검찰청 중앙수사부가 발표한 내용에 따르면, 정대근 전 농협중앙회 회장은 250만 달러의 해외 비자금을 차명으로 관리해왔다. 정·관계에 광범위한 불법 로비를 벌였던 박연차 태광실업 회장이 건넨 돈이다. 해외 계좌에 있는 돈이므로 수사할 수 없다는 말은 결국 거짓말이라는 게 드러난 셈이다.

이 사건 수사가 진행되면서 박연차 회장이 작성한 불법 로비 대상자 명단에 속한 정치인들이 크게 곤욕을 치렀다. 박연차 사건과 관련한 해외 비자금은 수사하면서, 삼성이 해외 법인을 통해 조성한 비자금은 수사할 수 없다는 것은 어불성설이다. 박연차 사건 수사는 '죽은 권력'을 겨냥한 것이고, 삼성 비자금 수사는 '살아 있는 권력'을 건드린다는 차이가 있을 뿐이다.

'샘플비'는 비자금

삼성에서 근무하던 시절, 삼성이 막대한 비자금을 운용하고 있다는 사실은 알았지만 실제로 어떻게 비자금을 만드는지는 자세히 몰랐었다. 그런데 강부찬이 들고 나간 'SDI 메모랜덤'을 보고서야 비자금 조성 방법 한 가지를 알게 됐다. 구조본에서 강부찬 문제로 의논하던 중, 내가 그가 들고 나간 서류가 무엇인지 알아야겠다고 해서 이 서류를 보게 됐다. 이걸 보고 내가 한마디 했다. "범죄를 저지르면서 근거를 남기는 경우가 어디 있느냐"라고. 범죄 행각을 정식 계약서로 기록해 보관하는 경우를 그때 처음 봤다. 뻔뻔하고 대담한 짓이었다.

1994년 작성된 'SDI 메모랜덤'은 삼성물산 해외법인과 삼성SDI의 장비구매계약인데, 일종의 기초계약이다. 이 계약서가 만들어진 이후, 계약이 계속 유지됐다.

이 서류를 본 사람이면, 누구나 비자금 조성을 위한 계약이라는 것을 쉽게 알 수 있다. 여러 계약서 가운데 삼성전관(현 삼성SDI) 서준희 부장이 삼성물산 영국 법인에 1994년 5월 2일 보낸 'REGARDIING BIZ. ROUTE FOR EUROPE'S MACHINARIES'라는 제목의 문서를 보자. "前例(전례)"를 따른다고 돼 있는 '샘플비'가 거래금액의 15.8% 가량을 차지한다. "100+20=100+1+19"라는 표현도 나온다. 여기서 '1'은 삼성물산이 가져가는 수수료, '19'는 '샘플비'다. 샘플비가 바로 비자금이다. 거래금액을 120%로 부풀린 뒤, 적정가격(혹은 원가)과의 차액 가운데 20분의 19(부풀려진 거래금액의 15.8%)가 비자금이 된다.

그리고 다음날인 1994년 5월 3일, 삼성전관 서 부장이 받은 회신 문서를 보면, "1. 기본안 및 예시대로 집행하는 데 문제 없음. 2. 예시에 나와 있는 대로 물산COMM을 "1"로 해 주시면 감사하겠습니다."라고 적혀 있다. 그 아래에는 "100(원가), 20(PROF)"이라는 내용이 있고, "100(원가), 19(샘플비 반송), 1(은행수수료 포함 총수수료)"이라는 내용이 옆에 기재돼 있다. 여기서 '물산COMM'은 삼성물산이 챙기는 수수료를 뜻한다. '샘플비 반송'은 부풀려진 거래금액의 15.8%(부풀려진 가격과 원가와의 차액 가운데 20분의 19)인 비자금을 삼성 비서실(나중에는 구조본, 전략기획실)로 돌려보낸다는 뜻이다.

2007년 11월 'SDI 메모랜덤'이 언론에 공개되자, 삼성 측은 서류 속의 '샘플비'에 대해 "장비 도입 관련 해외 거래에서 삼성물산에 수수료와 통상적으로 수반되는 제 경비(샘플 제작비, 장비 설치가 완료될 때까지 소요되는 금융비용 등)를 포함시켜 지급했던 것"이라고 해명했다. 손바닥으로 해를 가리는 억지다. 삼성 측 주장대로, 샘플비가 샘플 제작비 등이 포함된 제 경비라면 굳이 "반송"해야 할 이유가 없다. 현지에서 경비로 쓰라고 보낸 돈을 왜 고스란히 다시 반송하는가. 쓰고 남은 금액을 반송한다는 뜻일까? 이렇게 억지로 이해해 보려 해도 문제는 남는다. 삼성 측 주장대로라면 샘플비는 일종의 비용이다. 그런데 서류에는 샘플비가 원가가 아닌 이익(PROF)에 포함돼 있다. 샘플비가 "샘플 제작비 등이 포함된 제 경비"라면 이미 원가에 포함돼 있어야 옳다. 그게 정상적인 회계처리다. 이걸 다시 반송해야 할 이유가 없다.

사실 이렇게 따질 필요도 없다. 삼성 구조본에서는, '샘플비'와 비자금이 같은 뜻으로 쓰였다. 샘플비가 비자금이 아니라는 해명이 거짓말이라는 것은 삼성이 더 잘 알고 있다는 이야기다.

'SDI 메모랜덤'을 들여다보면, 해외법인마다 비자금 조성 비율이 달랐다는 점을 알 수 있다. 삼성SDI(옛 삼성전관)와 삼성물산 영국 법인 사이의 거래에서는 "100+20=100+1+19" 방식을 취해서 거래금액의 15.8%를 비자금으로 빼돌렸다. 반면, 삼성물산 대만 법인과의 거래에서는 "100+15=100+2+13" 방식을 취했다. 삼성물산이 챙기는 수수료가 조금 늘고, 비자금으로 빼돌린 비율이 거래금액의 11.3%(부풀려진 거래금액과 원가의 차액의 15분의 13)로 줄었다.

삼성물산 자금담당이 대우받는 이유

비자금을 만드는 방식은 크게 두 가지다. 하나는 비용을 부풀리는 경우(가공비용을 만드는 경우), 다른 하나는 매출을 누락하는 경우다. 앞서 소개한 방식은 비용을 부풀리는 경우다. 그룹 내 두 개 회사 사이의 거래이므로 서로 협의만 하면 비용을 부풀리는 게 쉽다. 특히 해외법인과 거래할 경우에는 공정거래위원회 등을 의식할 필요가 없기 때문에 더 편리하다.

삼성전자와 삼성SDI가 주로 이런 식으로 비자금을 만들었다. 물품이나 용역을 삼성물산 해외법인을 통해 구매하면서 비용을 부풀린 뒤, 적정가격과의 차액을 국내로 반송해 비자금으로 쓴 것이다. 이 두 회사는 해외거래 규모가 크고, 고가 장비를 들여오는 경우가 많아서 이런 방식을 적용하기가 더 쉬웠다.

그런데 강부찬 사건과 비슷한 일이 또 일어났다. 그 뒤부터 삼성전자는 해외법인과 거래하며 비자금을 조성하는 과정에서 삼성물산을 배제했다. 삼성전자로서는 불필요하게 삼성물산에 지급하는 수수료를 아낄 수 있는 방법이기도 했다.

이 밖에도 삼성이 비자금을 만드는 방법은 다양했다. 삼성항공(현 삼성테크윈)에서는 백화점 여성의류 영수증을 이용하는 방법을 썼다. 삼성중공업, 삼성코닝정밀유리 등은 매출을 조작하는 방법을 썼다. 삼성그룹 내 비자금 조성 과정에서 삼성물산이 차지하는 비중은 클 수밖에 없었다.

건설부문을 갖고 있으므로, 그룹 내부 공사를 하면서 비자금을 만들 수 있다. 그리고 무역상사라는 특성 때문에 해외법인도 많이 거느리고 있는데, 이를 이용해서 비자금을 만들 수 있다. 삼성물산이 영국 런던에 유류거래하는 곳을 운영하는데, 실제로는 비자금을 조성하는 곳이다. 이처럼 세계 곳곳에 숨겨져 있는 비자금 거점들이 많았다.

과거에는 삼성물산이 삼성 계열사의 모든 해외구매를 담당했는데, 이는 해외거래를 통해 조성된 비자금이 모두 삼성물산을 거친다는 뜻이다. 그래서 삼성물산 사장과 삼성물산 자금담당 임원은 삼성에서 굉장한 요직으로 꼽혔다. 내 양심고백이 있고난 뒤인 2007년 11월, 삼성물산이 조성한 비자금이 공개적으로 주목받은 사건이 있었다. 노무현 정부에서 청와대 법무비서관으로 일했던 이용철 변호사가 양심고백을 한 것이다. 그는 "2004년 1월, 삼성 측으로부터 책처럼 포장된 현금 500만 원을 택배로 전달 받았다"라고 밝혔다. 이 변호사와 평소 잘 알고 지내던 삼성전자 법무팀 소속 이경훈 변호사가 보낸 돈이었다. 이용철은 삼성이 보낸 현금 다발의 사진을 찍어둔 뒤 되돌려 보냈다. 그런데 삼성이 이용철에게 보낸 돈이 삼성물산이 조성한 비자금이었다. 이용철이 공개한 사진 속 현금다발은 '서울은행(B①) 분당지점'이라는 도장이 찍힌 띠지로 감겨 있었다. 삼성물산 비자금 관리처 가운데 한 곳이 서울은행 분당 지점이었다.

비자금은 '회장님 돈'

삼성에서는 '금고지기', 그러니까 비자금담당이 최고 실세다. 이런 원칙은 변한 적이 없다. 김인주는 부장 시절에도 비밀 금고 앞에 별도의 집무실을 받았다. 당시 삼성에서는 전무급부터 개인 집무실이 나왔는데, 비자금 업무를 맡은 사람은 예외였던 것이다.

관재부서에서는 비자금을 '회장님 돈'이라고 불렀다. '회장님 돈'을 다루는 관재부서에 힘이 실린 것은 당연했다. 나는 본사 건물에 비자금 서류가 있는 게 영 찜찜했다. "삼성본관도 압수수색 당할 수 있다. 그때 어떻게 할 거냐. 본관에 비자금 서류를 두지 말라." 이렇게 말했지만, 김인주는 괜찮다고 했다.

지금 돌이켜보니, 당시 김인주의 말이 맞았다. 2007년 양심고백을 계기로 삼성 비리를 수사한다며, 특검이 꾸려졌지만 아무런 성과가 없었다. 김인주가 자신만만해 하는 게 당연했다.

비자금은 만드는 것도 어렵지만, 관리하는 게 더 어렵다. 제일 만만한 방법이 임원 명의로 차명계좌를 개설해 관리하는 것이다. 당시 삼성 구조본 재무팀 관재부서에는 임원 명의의 막도장이 가득 차 있는 상자가 있었다. 우리은행 직원이 관재부서에 수시로 드나들었다. 관재부서 직원이 은행에 가는 게 아니라 은행 직원이 관재부서에 찾아와서 입출금 처리를 했다. 우리은행 삼성센터는 삼성 사금고와 다름없었다. 그리고 삼성 임원의 차명계좌를 개설하는 삼성증권 도곡동, 강남역 지점은 '임원 진급 자리'로 꼽혔다. 삼성증권 도곡동 지점에 개설된 보안계좌를 관리하는 것은 특히 중요한 일로 여겨졌다.

며느리가 미국에 가려고 하는데 비자 문제가 생겨서 내 잔고 증명이 필요했던 적이 있다. 당시 나는 관재부서에서 내 명의로 차명계좌를 관리하고 있다는 것을 알고 있었다. 그래서 관재부서에 내 명의로 된 계좌 하나를 보여 달라고 했더니, 그 안에 21억 원쯤 들어 있었다. 물론, 출처를 알 수 없는 돈이었다.

퇴직 후에도, 내 명의로 개설된 차명계좌가 비자금 관리용으로 쓰였다. 퇴직 후 매년 5월마다, 종합소득세 신고와 관련해 관재부서 전용배 상무에게서 연락이 왔다. 때를 맞춰 최진원 과장이 신형 핸드폰을 선물로 들고 내게 왔다. 내가 모르는 금융소득에 대한 종합소득세를 내 명의로 납부하기 위한 것이다. 2007년에는 4100만 원 정도였던 것으로 기억된다.

삼성의 사장단, 고위 임원, 구조본의 핵심 보직의 임원 및 간부 등은 거의 누구나 자신도 모르는 차명계좌가 있다. 명백히 금융실명제법 위반, 사문서 위조, 위조사문서 행사, 조세포탈 등의 범죄이다. 삼성 사장단이 갑자기 조사를 받는 경우가 간혹 있었는데, 대부분 자신도 모르는 예금 때문이었다. 대기업 경영자의 계좌에 거액이 입금돼 있는 걸 수사기관이 알면, 의심하는 게 당연하다. 자기도 모르는 돈 때문에 엉뚱한 혐의를 뒤집어쓴 사장들로서는 억울한 노릇이지만, 어디 하소연할 곳도 없다.

서울시 부시장을 지낸 이필곤(전 삼성전자 중국 본사 부회장) 씨가 공직자 재산공개 때 1000억 원 이상을 가진 것으로 보도됐는데 아마 상당부분은 자기 소유가 아닐 것이다. 급여생활자가 1000억 원의 재산을 만드는 것은 불가능하다. 이학수, 김인주 역시 마찬가지다. 공식적으로 이들은 수천억 원의 재산을 갖고 있지만, 이들의 실제 소유재산은 그보다 적다. 나머지는 차명으로 관리하고 있는 자산이다. 특검 조사 결과, 이런 사실이 확인됐다.

'타워팰리스가 내 집이었구나' 차명 부동산

이처럼 비자금을 차명으로 관리하다 보면, 가끔 사고가 생긴다. 삼성 SDS 경리부장이 자신의 부인 명의로 개설된 차명계좌에 담긴 삼성전자 주식 16억 원어치를 자기 부부들의 것이라고 주장한 적이 있다. 결국 그에게 주식의 반 정도를 떼어주고 마무리 지었다.

차명으로 관리된 부동산도 많다. 이런 경우, 상속이 발생하면 문제가 생긴다. 노인 명의로 부동산을 관리했는데, 갑자기 노인이 죽으면 자식이 해당 부동산에 대해 소유권을 주장하는 일이 생긴다. 이런 경우, 삼성이 부동산을 뺏기는 쪽으로 결론이 날 때가 많았다.

임원 명의를 빌려 개설한 계좌에 담긴 자산은, 임원이 퇴직하고 3년쯤 지나면 삼성이 도로 가져가는 게 보통이다. 물론, 이건희 일가가 아주 신뢰하는 임원이라면 퇴직 후에도 오랫동안 차명계좌를 활용한다. 내 경우는 퇴직 후 3년이 지나도록 내 명의로 된 차명계좌에 비자금이 담겨 있었는데, 시간이 더 지나면 삼성이 거둬갔을 것으로 본다.

부동산은 처음부터 차명으로 구입해서 명의 신탁한 경우가 많았다. 에버랜드 근처에 있는 부동산이 주로 이런 경우다. 서울 도곡동에 있는 타워팰리스도 비슷한 경우다. 김대중 전 대통령의 차남 김홍업이 타워팰리스 펜트하우스에 전세 계약이 돼 있었다. 당시 집 소유주가 이경우 전 삼성카드 사장으로 돼 있었다. 그런데 이경우는 그 집이 자기 집인 줄도 몰랐다. 물론, 그는 김홍업에게 전세 계약이 돼 있는 줄도 몰랐다. 나중에 김홍업이 비리 혐의로 조사를 받게 되자, 관재부서에서 이경우에게 '교육'을 시켰다. 삼성이 차명으로 관리한 부동산으로 문제가 번지지 않게 하기 위한 조치다.

이런 경우는 부동산 관련 세금 역시 당사자 모르게 자진 신고했다. 임원들의 소득세 역시 마찬가지였다. 차명계좌에 있는 자산 때문에 소득세가 많이 나오게 되는데, 관재부서가 당사자를 대신해서 세금을 냈다. 그래서 삼성 고위 임원들은 자신이 내는 세금 규모를 모르는 경우가 많았다.

이렇게 차명으로 자산을 관리하려면, 문제가 되는 게 차명 당사자에 대한 관리다. 이학수·김인주의 경우, 자녀 명의로 된 차명계좌가 있는데 이런 경우가 골치 아프다. 자녀들에게까지 이학수·김인주와 같은 태도를 강요할 수는 없기 때문이다. 이들 자녀들이 다른 마음을 먹으면, 구조본 관재부서로서도 방법이 없다.

앞서 언급한 이필곤처럼 차명계좌를 갖고 있던 삼성 임원이 공직자가 될 경우도 문제다. 공직자 재산 공개에서 계좌 내역을 공개해야 하기 때문이다. 이 경우, 차명으로 관리한 자산을 임원이 실제로 가져버리면 구조본이 골치 아파진다. 그렇다고 자기 재산이 아니라고 할 수도 없는 노릇이다. 제주도지사에 출마했던 현명관(전 삼성 비서실장)이 이런 식으로 애를 먹인 경우였다. 2006년 지방선거와 2007년 특검 수사를 거치면서 현명관과 삼성이 멀어진 것도 그래서다.

비자금 관리는 이렇게 불안한 일이지만, 삼성으로서는 어쩔 도리가 없다. 천문학적 규모의 비자금을 털고 갈 도리가 없으니까. 삼성에서 비자금 관련 사고가 자주 일어났지만, 대부분 비자금 일부를 떼어 주는 식으로 해결했다. 비자금을 완벽하게 관리하는 것은 불가능하며, 흐름만 잡고 있으면 된다는 게 구조본 관재부서의 판단이었다.

삼성특검을 거치면서, 차명으로 관리한 비자금 가운데 일부가 드러나고 그것을 공식적인 상속분으로 인정받게 됐다. 이건희 일가에게는 반가운 일이다.

대담한 차명거래, 눈 감은 금융 당국

그런데 삼성에서 차명으로 금융거래를 하는 걸 보면서 늘 궁금했던 게 있다. 금융실명제법이 무시당하는 상황에서, 금융감독기구가 도대체 무엇을 하고 있느냐는 것이다.

2001년, 자금 세탁 방지를 위해 '특정금융거래정보의 보고 및 이용 등에 관한 법률'이 도입되면서 금융정보분석원(Korea Financial Intelligence Unit, FIU)이 설립됐다. 이 법에 따르면, '혐의거래'에 해당하는 금융거래 금액이 2000만 원이 넘는 경우, 혹은 5000만 원이 넘는 '고액현금거래'에 대해서는 반드시 FIU에 보고하도록 돼 있다. 삼성이 차명계좌로 거래한 내용은 모두 5000만 원이 넘는 '고액현금거래'에 해당하므로 자동으로 FIU에 보고된다. FIU 자료만 살펴보면, 삼성의 수상한 거래에 대해 금세 파악할 수 있다. 하지만, 거래 정보를 갖고 있는 FIU는 아무런 조치를 하지 않았다. 차명계좌를 개설하고 운용한 은행 측이 보고 의무를 위반했을 가능성도 있다. 이런 경우 역시 문제다.

이런 의문에 대한 조사가 이루어진 것은 양심고백 뒤인 2007년 말이었다. 당시 금융감독원이 조사한 바에 따르면, 내 명의로 차명계좌를 개설했던 우리은행은 금융실명제법과 혐의거래 보고의무를 모두 위반했다. 그러나 이에 대한 처벌은 '기관 경고'에 그쳤다.

그리고 이듬해인 2008년 금융감독원이 발표한 바에 따르면, 삼성이 차명계좌를 개설한 금융기관은 우리은행, 삼성증권만이 아니었다. 모두 10곳이었다. 이 가운데 은행은 우리·하나·신한 등 3곳이고, 증권사는 삼성·굿모닝신한·한국·대우·한양·한화·CJ투자증권 등 7곳이었다.

정부의 금융 감독 기능이 삼성에서는 전혀 작동하지 않고 있었음이 드러났다. 그러나 금융 거래의 투명성을 더 높이기 위한 움직임은 아직 보이지 않는다. 대신, 금산분리 완화를 통해 은행을 재벌에게 넘기려는 시도는 활발하다. 이미 은행이 재벌의 사금고 역할을 한다는 게 드러났는데, 이걸 고치기는커녕 아예 공식화하자는 주장인 셈이다.

홍라희가 한국 미술 발전에 기여했다고?

비자금과 뗄 수 없는 관계가 있는 게 미술품 문제다. 삼성이 회사 돈을 빼돌려 만든 비자금은 용도가 다양했는데, 그중 하나가 미술품 구입이었다. 주로 이건희의 부인 홍라희가 주도했다. 홍라희는 해외 유명 화가의 그림을 잔뜩 사들였다. 대학에서 미술을 전공한 홍라희가 현대미술에 관심이 많았기 때문이다. 하지만, 자산 축적을 위한 일이기도 했다. 미술품은 상속 및 증여 과정에서 세금 혜택이 있다는 점을 노린 것이다.

그래서 나는 홍라희가 한국 미술 발전에 기여했다는 미술계 일각의 주장에 동의할 수 없다. 홍라희가 젊은 국내 화가의 작품에 투자했다면, 이런 주장이 타당하다. 하지만, 홍라희는 해외 유명 작가의 작품에 주로 투자했다. 이미 검증된 작가의 작품에 투자하는 일은 미술 발전과 별 상관이 없다. 그저 재테크 목적일 뿐이다.

홍라희가 미술품 구입에 골몰한 배경에는, 이건희의 철저한 외척 관리가 있다. 이건희는 외척이 경영에 개입하는 것을 극도로 꺼렸다. 부인, 사위, 며느리는 물론이고 이들의 집안 역시 삼성 경영에 개입할 수 없었다. 이들 집안사람들은 기껏해야 큰 그림을 그리는 기획업무를 맡는 게 고작이었다. 이들은 실제로 돈과 비밀을 다루는 재무업무에는 접근할 수 없었다. 재무업무에서 배제된다는 것은 인사 등 다른 영역에서도 완전히 배제됐다는 뜻이다. 삼성SDI 전무였던 동생 홍석준의 부사장 진급 여부에 대해 홍라희가 알 수 없었을 정도로, 외척에 대한 이건희의 견제는 철저했다.

홍라희는 삼성 경영에 개입하지 않는 대신, 미술계의 큰손이 됐다. 홍라희와 관련해서 기억에 남는 일이 있다. 2003년 초 기획팀 정보부서에서 보고가 올라왔다. FIU에서 검찰에 이첩한 금융정보자료에 관한 보고였다. 당시 FIU는 "서미갤러리를 운영하는 홍성원이라는 사람이 대형금융거래를 너무 자주한다"며 이를 혐의거래로 보고한 것이다. 구조본에서 걱정을 많이 했다. 홍성원을 캐면, 이건희 집안 여자들이 다 나오기 때문이다. 홍라희, 이명희(이건희의 여동생), 박현주(이재용의 장모, 금호아시아나그룹 박삼구 회장의 여동생), 신연균(이건희의 처남인 홍석현 중앙일보 회장의 부인) 등이 홍성원의 주요 고객이었다.

이들은 미국 뉴욕 크리스티 경매장이나 영국 런던 소더비 경매장에 홍성원을 보내서 그림을 사들였는데, 그 규모가 연간 550억~600억 원어치였다. 이 가운데 3분의 2 이상이 홍라희가 산 것이었다. 홍라희와 다른 고객들은 차이가 있었다. 홍라희는 그림을 사들이기만 했는데, 이명희는 수시로 바꾸기도 하고 팔기도 했다. 홍라희가 그림을 사는 데 쓴 돈은 대부분 비자금에서 나왔다. 그래서 이학수, 김인주가 걱정을 많이 했다. 특히 이들은 홍성원을 몹시 미워했는데, 홍성원이 홍라희 등을 상대로 사기를 친다고 생각했다. 그림 거래 과정에서 돈을 빼돌린다는 것이다.

홍성원은 결국 검찰 수사망에 걸려들었다. 이 사건은 서울지검 외사부에 배당됐는데, 나는 이 사건에 직접 나서지 않았다. 외사부 고경희 부부장과는 일면식도 없는 사이였고, 민유태 외사부장은 아는 사이였지만 굳이 내가 나설 필요는 없다고 봤다. 삼성 법무팀장이 직접 나서는 게 오히려 문제를 키울 수 있다고 봤다. 대신, 민유태와 잘 아는 사이인 변호사를 선임했다. 그는 민유태와 사법연수원 14기 동기였다. 당시 내가 선임한 변호사가 이 사건에 적합한 변호사인지에 대해 김인주가 홍석조 검사장에게 확인을 했다. 이와 함께 김앤장도 합동변호인으로 선임했다.

당시 변호사에게 내가 수임료를 전달했다. 구조본 재무팀 관재부서에서 3억 원을 받아 서울 강남구에 있는 변호사의 집으로 찾아갔다. 물론, 비자금에서 나온 돈이므로 전액 현금이었다. 델시 가방에 담아서 갔는데, 들어올리기조차 힘들었다. 그래서 바퀴째 끌고 갔다. 그 변호사가 사는 아파트 현관에서 벨을 누르자, 변호사가 나왔다. 그는 돈 가방을 받아서 장롱 속 금고에 집어넣었다.

결국, 홍성원에게는 외환관리법 위반 혐의가 적용됐다. 하지만, 약식명령을 하는 것으로 끝났다. 외국환 미신고 등에 대해 벌금을 내는 것으로 처리됐다. 사실 홍성원 사건에 대한 변호사 수임료를 삼성이 부담한 것 자체가 불법이다. 개인 사건을 법인인 회사의 돈으로 해결해야 할 이유가 없다. 하지만, 홍성원은 삼성 비자금으로 변호사 수임료를 내는 것을 당연하게 여겼다. 이 밖에도 그는 여러 명목으로 삼성에서 돈을 뜯었다.

당시 이재용이 어머니 걱정을 많이 했다. 그러면서 그는 홍성원이 사들인 그림 목록을 보자고 했다. 당시 그는 로이 리히텐슈타인의 〈행복한 눈물〉을 가리키면서 "집에 있는 그림인데, 대단한 그림이다"라고 말했다.

홍성원 사건을 잘 마무리한 보상으로, 이학수가 내게 1억 원 수표 한 장을 줬다. 하지만, 나는 마음이 편치 않았다. 사치와 허영에 들뜬 재벌가 부인들에게 빌붙어 돈을 뜯는 그림 상인을 돕는 게 옳은 일 같지 않았다.

외국 기업이 삼성 장부 안 믿는 이유

비자금이라는 말을 자주 쓰면서도, 정확한 뜻을 모르는 사람들이 간혹 있다. 회계에 제대로 반영돼 있지 않은 자금이 비자금이다. 설령 좋은 목적으로 쓰려고 챙긴 돈이더라도, 회계에 반영돼 있지 않다면 그건 비자금이다. 따라서 비자금을 만들었다는 말은, 회계를 조작했다는 말과 통한다. 조작된 회계를 흔히 '분식회계'라 부른다.

천문학적인 규모의 비자금을 조성한 삼성에서 '분식회계'는 필수였다. 내가 삼성에 갓 입사했을 때 맡았던 임무가 삼성중공업 중장비 부문을 볼보에, 지게차 사업을 클라크에 매각하는 건이었다. 그런데 볼보, 클라크 등이 삼성중공업 회계를 대놓고 불신했다. 그들은 당연히 숨겨진 채무가 있다고 봤다. 그들은 삼성의 회계 장부는 당연히 조작돼 있다고 믿었다. '상장회사의 회계 장부를 불신하다니…' 황당했다. 그러나 한국 재벌이 회계를 제멋대로 조작한다는 것은 당시 국제사회에서 공공연한 사실이었다.

실제로도 그랬다. 삼성은 수시로 회계를 조작했다. 삼성중공업 2조 원,

삼성항공 1조 6000억 원, 삼성물산 2조 원, 삼성엔지니어링 1조 원, 제일모직 6000억 원…. 1997년 외환위기 직후, 삼성계열사의 분식회계 규모다. 구조본 차원에서 지시한 일이다. 당시 회사채나 주식 발행도 안 되고, 대출도 안 됐다. 대출 연장도 안 됐고, 자금 조달 비용도 계속 치솟았다. 이런 상황에서 삼성 수뇌부가 택한 게 분식회계였다.

그 무렵 삼성중공업은 조선부문 매출이 2조 원쯤 됐다. 이런 회사에서 2조 원 분식을 하기가 쉽지 않았다. 당시 회계 감사를 맡았던 삼일회계법인 소속 회계사들에게 돈을 엄청나게 뿌렸다. 저녁마다 룸살롱에 데려갔다. 결국 텅 빈 거제 앞바다에 건조 중인 배가 여러 척 떠 있는 것으로 처리하면서 막무가내로 회계를 조작했다. 이 과정에서 부실관계사 정상화 TF(Task Force)팀이 꾸려졌고, 수없이 많은 회의를 했다.

분식회계로 감춰진 비용은 어떻게든 메워 넣어야 했다. 화장실 불 끄고, 화장지 없애는 식으로 10여 년에 걸쳐 해결하기로 했다. 물론, 이보다 더 강력한 수단은 구조조정이었다. 당시 6만 명이 삼성에서 쫓겨났다. 10여 년이 지난 지금은, 당시 분식된 부분을 꽤 털어냈으리라고 본다. 하지만, 이처럼 노골적인 분식회계를 알면서 용인한 회계법인에 대한 책임은 반드시 물어야 한다고 본다.

분식으로 부실이 감춰진 계열사를 지원하기 위해 우량회사인 삼성전자가 동원됐다. 삼성항공이 삼성전자에 리드프레임을 제공했는데, 삼성전자가 값을 불려서 지급했다. 이런 식으로 1년에 400억 원쯤 지원했다. 부실 계열사를 지원하기 위해 저지른 불법 행위다. 이런 식의 이익 퍼주기가 없었다면, 삼성전자 주식은 지금보다 몇 배 이상 비싸져 있을 게다.

삼성전자는 이건희에게 여러모로 요긴한 회사였다. 삼성전자에서 나오는 이익으로 부실계열사를 먹여 살릴 수 있었을 뿐 아니라, 삼성전자 이익금으로 자사주를 소각해서 자신의 지분율을 높일 수도 있었다. 삼성에 대한 이건희의 지배력을 강화하는 데 썼다는 뜻이다. 그러나 정부도, 언론도 너무 조용했다. 심지어 삼성전자의 이익이 빠져나간 만큼 손해를 입은 셈인 주주들마저 조용했다. 참 이상한 일이다.

17 삼성생명과 조준웅 특검

조준웅 특검 덕에 횡재한 이건희

삼성생명이 상장한다고 한다. 2009년 11월 16일자 언론 보도에 따르면, 삼성생명은 2010년 상반기 안에 유가증권시장에 상장할 계획이다. 생명보험회사로는 동양생명보험에 이어 두 번째 상장 사례다. 자산규모가 120조 원을 넘는 초대형 회사인 삼성생명이 상장할 경우, 이건희는 천문학적인 이익을 얻게 된다. 이는 조준웅 특검 때문에 얻은 이익이다. 특검이 아니었다면, 삼성생명 상장 자체가 이루어지지 않았을 가능성도 크다.

특검 수사 전에는 이건희의 삼성생명 지분이 4.54%에 불과했다. 그런데 삼성 비리를 수사하겠다던 조준웅 특검은 차명으로 관리돼온 삼성생명 지분을 모두 이건희 몫으로 인정해 줬다. 앞서도 지적한 것처럼 도둑에게 장물을 준 셈이다. 그 결과, 이건희의 삼성생명 지분은 20.76%로 불어났고 삼성생명의 최대주주가 됐다. 19.34%를 보유한 에버랜드는 2대주주로 밀려났다. 이건희로서는 쾌재를 부를 일이다. 만약 에버랜드가 삼성생명의 최대주주가 되면 금융지주회사가 되는데 금융지주회사법에 따르면 삼성생명의 삼성전자 지분 7.21%를 정리해야 한다. 이렇게 되면, 순환출자 방식으로 돼 있는 삼성그룹 지배구조 전체가 흔들린다. 그런데 이건희가 대주주가 되면서 이런 문제가 자연스레 풀렸다. 상장을 하더라도 삼성생명은 삼성전자 지분을 그대로 보유할 수 있게 됐고 이건희의 그룹 장악력 역시 유지된다.

하지만 여기에는 변수가 있다. 이건희의 독선이 낳은 결과물인 삼성자동차 부채 처리 문제다. 일각에서는 이건희가 삼성생명 상장 차익을 독식하고, 삼성차 부채 처리는 삼성전자 등 다른 우량 계열사가 떠맡으리라는 전망도 나온다. 삼성 계열사 주주들로서는 분통이 터질 일이다. 이 문제에 대한 입장이 잘 정리돼 있는, 경제개혁연대의 당시 논평을 간추려 옮겼다.

1999년 6월 30일, 삼성그룹은 삼성차에 대한 법정관리를 신청하면서 이건희 당시 회장이 2조 8000억 원 가량의 삼성생명 주식(400만주)을 출연하여 채권단과 협력업체의 손실을 보상해 줄 것이라고 발표했다. 같은 해 8월 삼성그룹과 이건희 회장은 2000년 12월 31일까지 채권단에 삼성자동차 관련 손실 보상을 완료하고, 만약 채권단 손실보상분(삼성생명 주식 350만주)이 2조 4500억 원에 미달할 경우 이건희 회장과 삼성그룹 31개 계열사가 그 손실분을 보전하겠다는 내용의 합의서를 작성하였다.

그러나 삼성그룹이 합의서 무효를 주장하면서 약정 내용을 이행하지 않자, 2005년 삼성차 채권단은 법원에 약정금 및 지연이자 청구 소송을 제기하였다. 결국 2008년

1월, 1심 재판부는 삼성그룹과 채권단 간 합의서의 유효성을 확인하는 원고 일부 승소 판결을 내렸다. 이 재판은 쌍방 항소로 현재 2심이 진행 중인데 법원이 조정을 권고한 상태다. (2009년 11월 기준) 실제로 조정으로 마무리될 가능성이 높다. 삼성생명 상장이 공식화됐는데, 상장을 위해서는 법률적 불확실성이 제거되어야 하기 때문이다.

그런데 2009년 9월 30일 현재 삼성생명의 내부지분율은 45.76%에 달하며, 삼성에버랜드가 제일은행에 신탁한 120만주(6%)를 포함하면 51.76%에 이른다. 만약 삼성생명을 상장하면서 경영권 유지에 필요한 30%를 초과하는 지분을 판다면, 삼성그룹은 당장 약 3조 원(주당 70만 원씩 21.76% 지분 매각 가정)의 상장차익을 얻을 수 있다. 앞서 약정금 등 청구 소송에서 1심 법원은 삼성그룹 측에 미처분 삼성생명 주식 233만주 상당 약 1조 6338억 원과 이에 대한 연 6%의 지연이자 약 6861억 원, 합계 약 2조 3199억 원을 채권단에 지급할 것을 선고했다. 이는 삼성생명 상장 시 일부 지분을 팔아서 마련할 수 있는 금액에 못 미치는 금액이다.

문제는 삼성생명의 상장으로 인한 이익은 누가 갖고, 삼성차 부채는 누가 보상해 주게 될 것이냐는 것이다. 최악의 시나리오는 이건희 전 회장은 삼성생명 상장차익을 향유하면서, 삼성차 부채 보상금은 삼성전자를 비롯한 삼성그룹 계열사들이 부담하게 되는 것이다.

삼성차의 부실은 이건희 전 회장의 무리한 자동차 사업 진출 및 과잉투자에 기인한 것이었다. 또한 삼성그룹 측은 1999년 합의서는 금융제재 등 채권단의 압력에 의한 무효라고 주장하지만, 2000년 11월 경제개혁연대(당시 참여연대 경제민주화위원회)의 삼성전자 이사들을 상대로 한 위법행위유지청구 소송에서 삼성차 채권단이 제출한 서면을 통해 삼성그룹 계열사들의 손실 분담 약정은 채권단의 강압이 아니라 삼성 구조본의 요구에 의한 것으로 드러난 바 있다. 애당초 이건희 전 회장이 삼성차 부실로 인한 손실 전액을 책임져야 함에도, 이를 계열사에 전가하기 위한 구조본의 술책이었던 것이다.

따라서 만약 부채처리가 조정으로 끝난다면, 보상금은 문제의 발단을 제공했던 이건희 전 회장이 전적으로 부담하는 것이 결자해지 차원에서도 합당하다. 만약 삼성차 부채처리에 따른 부담을 삼성전자 등의 계열사에게 전가한다면, 이는 또 다른 법률적 논란을 불러올 것이다.

한편, 삼성생명 상장은 삼성그룹 전체의 모습을 바꾸는 작업의 시작이다. 현재 삼성그룹은 '이건희 전 회장 일가 → 삼성에버랜드 → 삼성생명 → 삼성전자 등 계열사'로 이어지는 출자구조를 갖고 있다. 삼성그룹 전체 지배구조에서 삼성생명이 갖는 의미와 그 중요성을 감안한다면, 앞으로 이루어질 삼성생명의 상장과 이로 인한 계열사 간 지분 비율 변화 등은 삼성그룹 지배구조 개편의 밑그림이 이미 마련되었다는 것을 시사한다.

또한, 현재 이건희 전 회장은 삼성특검 수사 과정에서 밝혀진 차명주식을 실명 전환한 결과 삼성생명의 최대주주(2009년 9월 30일 현재 지분율 20.76%)가 되었는데, 상장차익을 실현하기 위해 약 2%의 지분만 매각해도 삼성에버랜드가 금융지주회사가 되는 문제가 다시 발생한다. 제일은행 신탁분 6%까지 합쳐 19.34%의 지분을 보유한 삼성에버랜드가 다시 삼성생명의 최대주주가 되어 금융지주회사법상의 규제가 적용될 것이 분명하기 때문이다. 따라서 삼성그룹은 삼성생명 상장에 따른 이익을 실현하기 위해서라도 '이건희 전 회장 일가 → 삼성에버랜드 → 삼성생명'으로 이어지는 출자구조의 변화를 꾀할 수밖에 없다.

'삼성생명 차명주식 전부가 이병철 유산'이라는 거짓말

조준웅 특검이 삼성생명 차명지분을 모두 이건희 몫으로 인정함으로써 낳은 결과는 앞에서 설명했다. 조 특검은 과연 이런 결과까지 생각했던 걸까. 그건 아무도 모른다. 다만 조 특검이 발표한 수사 내용을 놓고 추정할 수 있을 뿐이다. 그 내용을 보면, 조 특검은 자신이 한 수사가 낳을 결과에 대해서는 아무런 생각이 없는 채로 삼성 측 주장을 검증 없이 받아들였을 가능성이 커 보인다. 발표된 수사 결과에서 앞뒤가 맞지 않는 부분이 너무 많기 때문이다.

조 특검은 2008년 4월 17일 수사결과를 발표하는 자리에서 "삼성그룹의 차명 관리 재산 가운데 삼성생명의 차명 주식 전부는 고(故) 이병철 회장의 유산"이라고 밝혔다. 삼성 측 주장을 검증 없이 그대로 받아들인 것이다.

그리고 닷새 뒤, 이학수 당시 삼성 부회장은 삼성그룹의 쇄신안을 발표하는 자리에서 그동안 차명계좌를 통해 숨겨뒀던 자금(4조 5000억 원)을 유익한 일에 사용하겠다면서 "분명히 말씀드렸습니다만, 조세포탈에 해당되는 액수만 해당됩니다. 삼성생명은 해당되지 않습니다"라고 말했다. 삼성생명의 차명지분(2조 2000억 원)은 고 이병철 선대회장의 상속재산이므로 해당 사항이 없다는 주장이다.

그러나 경제개혁연대가 지난 1980년 이후 삼성그룹 계열사의 타법인 출자현황을 조사한 결과를 보면, "삼성생명의 차명 주식 전부는 이병철 회장의 유산"이라는 조준웅 특검과 삼성 측의 주장이 얼마나 허술한 것인지가 잘 드러난다.

경제개혁연대에 따르면, 이병철 회장의 사망 이후인 1987년 말 현재 삼성생명의 주식은 신세계와 제일제당(현 CJ)이 각각 29%와 23%를 갖고 있었다. 이 두 회사의 지분을 뺀 나머지는 48%다. 따라서 삼성그룹 임직원 명의의 차명 주식 지분은 아무리 많아도 48%를 넘을 수가 없다. 그런데 삼성특검 결과 확인된 임직원 명의의 차명지분을 모두 합치면 51.75%에 이른다. 3.75%의 오차가 발생한 것이다. 특검과 삼성은 "삼성생명 차명주식 전부가 임직원 명의로 차명된 상태에서 이병철 선대회장이 작고한 1987년에 이건희 회장에게 상속됐다"고 밝혔지만, 임직원 명의의 차명지분은 48% 이하일 수밖에 없다는 점을 고려하면 특검과 삼성의 주장은 명백한 모순이다.

상장 차익 노린 이건희 수법, 이재용이 물려받았다

경제개혁연대가 한국신용평가정보 자료를 근거로 분석한 결과에 따르면, 신세계와 제일제당의 삼성생명 지분율은 1988년 절반으로 줄었다(신세계: 29.00%→14.50%. 제일제당: 23.00%→11.50%). 1988년 9월, 삼성생명이 실시한 주주배정 방식의 유상증자(자본금 30억 원에서 60억 원으로 증자)에서 신세계와 제일제당이 실권하면서 빚어진 결과다.

따라서 이들 2개 법인주주가 유상증자에 참가하지 않아서 발생한 실권주 26.00%(신세계의 실권주 14.50%와 제일제당의 실권주 11.50%의 합계)를 누가 인수했는가에 따라 1988년 9월, 즉 이병철 선대회장 사망 이후 이건희 회장 재임 시점에 이루어진 차명지분의 규모가 확인될 수 있다. 신세계와 제일제당의 삼성생명 지분 역시 26.00%인데, 이것과 조준웅 특검이 차명이라고 확인한 삼성그룹 전·현직 임직원들의 지분 51.75%를 제외하면 22.25%가 남는다.

나머지 지분 22.25%는 이건희 회장(10.00%), 삼성문화재단(5.00%), 삼성에버랜드(2.25%)와 고 이종기 전 삼성화재 대표이사(5.00%)가 보유한 것으로 돼 있다(1999년 9월 당시 국회 재정경제위원회 소속 정세균 의원이 발간한 '재벌개혁의 방향과 정책과제-기업구조조정의 성과를 중심으로'에 수록된 내용). 그렇다면 다시 오차가 생긴다. 신세계와 제일제당 지분, 특검이 차명으로 확인한 삼성 전·현직 임직원 지분을 제외한 나머지 지분의 합 22.25%와 실권주 26.00%의 차이에 해당하는 3.75%의 행방이 묘연해지는 것이다.

행방을 알 수 없는 삼성생명 지분 3.75%는 이병철 선대회장이 사망하고, 이건희 회장이 재임하던 시기인 1988년 9월 유상증자 시점에 만들어졌다고 볼 수 있다. 이는 신세계와 제일제당의 실권주 26.00% 가운데 일부인 22.25%를 이건희 회장, 삼성문화재단, 삼성에버랜드, 고 이종기 전 삼성화재 회장 등이 인수했다는 가정을 따른 경우다.

만약 이건희 회장, 삼성문화재단, 삼성에버랜드, 고 이종기 전 삼성화재 회장 등이 실권주를 전혀 인수하지 않았다고 가정하면, 전체 지분의 26.00%(신세계와 제일제당의 실권주 전체)의 행방이 묘연해진다. 그리고 이 지분 역시 1988년 9월 유상증자 시점에 만들어졌다고 볼 수밖에 없다.

어떻게 가정하건, 행방을 알 수 없는 지분이 3.75~26.00% 범위 안에서 생겨난다. 특검과 삼성 측의 설명을 사실로 인정하면, 논리적 모순이 생긴다는 이야기다. 삼성이 거짓말을 했고, 특검은 이를 받아들였다고 밖에는 설명할 수 없다. "삼성생명 차명주식 전부가 임직원 명의로 차명된 상태에서 이병철 선대회장이 작고한 1987년에 이건희 회장에게 상속됐다"라는 주장은 거짓이다.

여기서 눈에 띄는 대목이 유상증자가 이루어진 '1988년 9월'이라는 시점이다. 왜 이런 시기를 골랐을까. 이에 대해 경제개혁연대는 "교보생명과 삼성생명을 포함한 생명보험사의 상장 움직임이 가시화되던 때라는 사실에 주목할 필요가 있다"고 지적했다. 당시 상황을 요약하면 이렇다.

삼성생명의 상장 움직임이 본격화되던 무렵, 유상증자를 실시했다. 그런데 삼성 계열사인 법인주주가 막대한 기대이익을 포기하고 실권했다. 그리고 총수 및 그의 영향력 아래 있는 이들이 실권주를 인수했다. 또 임원들의 명의를 빌려 지분을 인수해 관리했다.

이건희가 삼성생명 상장차익을 노리고 작성한 시나리오라는 이야기다. 이건희는 '유상증자 → 법인주주의 실권 → 제3자 명의로 총수가 실권주 인수'라는 방식을 취한 셈인데, 이런 방식이 낯설지가 않다. 이유가 있다. 이건희의 외아들 이재용이 재산을 불린 수법과 쏙 빼닮았기 때문이다. 이재용은 에스원, 제일기획 등 삼성 계열사의 상장 직전에 법인주주를 대신해서 지분을 취득하고 상장 직후 매각하는 방법으로 막대한 이익을 거뒀다. 이병철이 죽은 뒤 이건희가 써먹었던 수법을 이재용이 그대로 이용한 셈이다.

18 죽은 권력, 살아 있는 권력, 죽지 않을 권력

대법원을 보면, 삼성이 보인다

양심고백 이후, 삼성에서 보낸 7년 세월을 어떻게 견뎌냈느냐는 질문을 자주 듣는다. 하지만 내게 그 세월이 꼭 나쁘기만 한 것은 아니었다. 만약 내가 처음 바랐던 것처럼 법무팀에 배치되지 않았다면, 그래서 삼성 비리를 가까이서 지켜보지 않았더라면, 나는 좋은 가장 노릇을 하며 만족스럽게 지냈을지 모른다. 그러나 삼성은 입사 초기 약속과 달리 나를 법무팀에 배치했고, 나는 검찰과 법원이 돈과 권력 앞에서 이리저리 휘둘리는 모습을 생생하게 지켜봐야 했다. 더욱 안타까운 것은, 이런 사실이 알려진 뒤에도 바뀐 모습을 찾기 힘들다는 점이다. 특히 사법부의 최고 어른인 대법원장과 대법관들이 삼성 앞에서 보인 모습은 절망 그 자체였다. 이런 상황에서 이건희 일가가 법 위에 군림하며 부당한 이익을 얻는다고 지적하는 게 무슨 소용이 있나 싶을 때가 많았다.

2009년 2월 25일, 부천에 있는 빵집에서 일하던 나는 우연히 접한 〈한겨레〉 기사에서 눈을 뗄 수 없었다. 삼성에버랜드 전환사채(CB) 헐값 발행 사건을 심리하던 대법관들이 이 사건을 전원합의체에 회부하기로 결정했지만, 대법원이 소부를 개편하면서 담당 대법관을 바꾼 뒤 사건을 소부에서 원점부터 다시 심리하기로 결정했다는 기사였다.

대법원에는 대법관 4명씩으로 구성된 3개의 소부가 있다. 그런데 대법원은 2009년 2월 소부를 개편해 1부에는 김영란·이홍훈·김능환·차한성 대법관, 2부에는 양승태·김지형·전수안·양창수 대법관, 3부에는 박시환·박일환·안대희·신영철 대법관이 배치되도록 했다.

당시 개편으로 대법원 1부가 삼성에버랜드 사건을, 대법원 2부가 이건희 전 삼성 회장 등이 기소된 삼성특검 사건을 맡게 됐다. 삼성 사건 심리에 참여했던 박시환·박일환 대법관이 사건에서 빠지게 된 것이다. 당연히 "삼성에버랜드 사건은 유죄"라고 판단한 특정 대법관을 배제하기 위한 조치라는 해석이 나왔다.

대법원 4명이 심리하는 소부에서 결정할 수 없는 사안은 대법관 전원이 참가하는 전원합의체에 넘겨진다. 소부에서 전원합의체 회부 결정이 내려지면 주심 대법관이 수석 대법관에게 보고하고, 수석 대법관은 전원합의체용 보고서 작성을 재판연구관들에게 지시하게 된다.

그러나 소부에서 삼성에버랜드 사건에 대해 전원합의체 회부 결정이 내려진 지 한 달이 지나도록 이런 보고 절차가 진행되지 않았다. 이쯤 되면, 이용훈 대법원장이 행정적 권한을 이용해 삼성에버랜드 사건은 유죄라고 판단한 특정 대법관을 사건 심리에서 배제하려 했다는 판단이 굳어진다. 심지어 대법관들이 소부에서 내린 판단을 무시해 가면서까지 말이다. 기사를 읽은 직후, 해당 기사를 쓴 기자에게 전화를 했다. 그리고 자초지종에 대해 물었다. 현직 대법관에게 들은 내용을 바탕으로 쓴 기사라고 했다.

이런 보도가 나오자, 시민사회단체들과 법학 교수들이 들고 일어났다. 곽노현 한국방송통신대학 법학과 교수는 당시 〈프레시안〉 기고에서 이용훈 대법원장의 결정을 조목조목 비판했다. "'사법 스캔들' 주인공은 바로 이용훈 대법원장"이라는 제목의 글에서 곽 교수는 "대법원장은 삼성 사건에서 소수 의견을 고집하며 전원합의체 회부를 요구한 특정 대법관을 향후 심의 과정에서 눈 딱 감고 배제함으로써 전례 없는 코드 배제의 주인공이 됐다"고 지적했다.

이용훈 대법원장의 특정 대법관 '코드 배제' 논란에 대해 법학자들만 비판한 게 아니다. 국회에서도 논란이 됐다. 하지만, 대법원 측은 제대로 된 해명을 내지 못한 채 시간만 끌었다.

결국 2007년 양심고백 이후 삼성 비리를 공론화하는 데 적극적이었던 시민사회단체들이 다시 나섰다. 천주교정의구현전국사제단, 민주사회를 위한 변호사 모임 등 10여 개 시민사회단체들은 2009년 3월 2일 '삼성재판 대법원 의혹 관련 공동기자회견'을 열었다. 당시 회견에서 이들은 "재판은 정의롭고 공정해야 할 뿐만 아니라 또한 그렇게 보여야 한다"는 경구를 소개했다. 특정 대법관을 배제하기 위해 전원합의체 판결을 꺼린다는 의혹이 설령 사실이 아니더라도, 이런 의혹이 나올 수밖에 없는 상황을 만든 것 자체가 사법부에 대한 신뢰를 깎아내린다는 지적이다. 법원의 역할은 올바른 판결을 하는 것으로 그치지 않으며, 재판 과정 역시 누구나 납득할 수 있도록 할 의무가 있다는 것이다. 당시 이들은 "신뢰는 눈싸라기 같다는 말이 있다. 한순간에, 작은 일 하나에도 금방 사라져버릴 수 있다는 것을 비유하는 말이다"라고 했다. 대법원의 석연치 않은 재판 진행으로 말미암아, 사법부 전체에 대한 신뢰가 무너져버렸다는 뜻이다.

판결이 아니라 배당으로 말하는 법원

삼성에버랜드 사건 심리에서 특정 대법관이 배제될 수 있다는 보도가 나오자 법학자들의 여론이 들끓었다. 그러나 삼성 재판 배당 관련 논란은 새로운 게 아니다. 법원이 특정 판사를 배제하거나, 삼성에 호의적인 판사를 골라 사건을 배당하는 일은 이미 흔했다. 삼성특검 사건에 대한 1심 재판부터 이런 사례였다. 이 사건 재판은 당시 서울중앙지방법원 형사23부 민병훈 부장판사(현 변호사)가 맡았었다. 기존 판례와 달리 삼성에버랜드 사건은 무죄라는 소신을 갖고 있던 민병훈 판사에게 법원이 일부러 사건을 배당한 것이다.

민병훈에게 사건을 배당한 것은 허만 당시 서울중앙지법 형사수석부장판사(현 서울고등법원 부장판사)였다. 그리고 서울중앙지방법원장은 훗날 대법관이 된 신영철이었다. 그런데 신영철과 허만 등 서울중앙지법 수뇌부는 촛불집회 관련 사건을 보수 성향의 특정 판사에게 몰아서 배당한 일에도 연루됐다. 당시, 서울중앙지법은 촛불집회 관련 사건을 조한창 서울중앙지법 부장판사에게 집중적으로 배당했는데, 조 판사는 집회 참가자들에게 유독 가혹한 판결을 내렸다. 조 판사의 형량이 지나치다는 지적이 쏟아지고 몰아주기 배당에 대한 비판 여론이 높아지자, 법원은 평판사들에게도 촛불집회 관련 사건을 배당했다. 그러자 다시 문제가 생겼다. 똑같은 행위에 대해 양형 편차가 너무 심하게 생긴 것이다. 같은 사건에 대해 형량이 너무 다르게 정해진다면, 재판이 신뢰받기 어려운 게 당연하다.

이런 사실에서 확인할 수 있는 점이 있다. 법원 수뇌부가 사건 배당을 어떻게 하느냐에 따라 특정 판결을 유도할 수 있다는 뜻이다. 법원 수뇌부가 이끌어내고 싶은 판결이 있다면, 수뇌부가 원하는 것과 같은 생각을 가진 판사를 골라 사건을 배당하면 되는 것이다. 삼성특검 사건에 대한 무죄 판결, 촛불시위 사건에 대한 가혹한 판결이 모두 이런 식으로 나왔다. 판사는 판결로 말한다고 하는데, 법원은 사건 배당을 통해 말하는 셈이다.

사법부가 공정성을 잃어버렸다는 지적은 이미 나올 만큼 나왔다. 법관들 역시 이런 지적에 대해 잘 알고 있다. 2008년 9월 26일 '대한민국 사법 60주년' 기념식에서 이용훈 대법원장이 "과거 우리 사법부가 헌법상 책무를 충실히 완수하지 못함으로써 국민에게 실망과 고통을 드린 데 대해 죄송하다"며 공개적으로 사과했던 것도 그래서였다. 그러나 당시 사과로부터 불과 몇 달 만에 열린 삼성 재판, 촛불시위 재판 등에서 법원 수뇌부가 보인 모습은 예전과 달라진 게 없었다. 사건 배당을 통해 특정 판결을 유도하는 관행도 그대로였고, 재판에 개입하는 일도 여전했다. 이런 모습을 보며 어느 법학자는 "이용훈 대법원장의 기념식사의 잉크가 아직 채 마르지도 않았는데"라며 탄식했다.

특정 대법관을 삼성 사건 심리에서 배제하려 한다는 보도가 나왔을 무렵은, 촛불집회 관련 사건을 특정 판사에게 몰아서 배당했을 뿐 아니라 법원 수뇌부가 영장담당 판사에게 압력을 넣기까지 했다는 사실이 알려진 때였다. 법원에 대한 불신이 극에 달했다.

결국 공은 대법원에 넘어왔다. 앞에서도 설명했듯 에버랜드 CB 헐값 발행 사건 재판은 크게 두 갈래로 진행됐다. 하나는 에버랜드 전직 사장들인 허태학·박노빈이 기소된 사건 재판이다. 다른 하나는 실제로 이 사건을 주모했던 이건희, 이학수, 김인주 등이 기소된 사건 재판이다. 이 두 사건은 같은 사건임에도 각각 유죄, 무죄로 판결이 엇갈린 상태였다. 게다가 대법원은 삼성특검법에 규정한 선고기한을 어기면서까지 사건을 방치하고 있었다.

비난 여론이 들끓던 2009년 3월 13일, 대법원이 이 두 사건에 대한 입장을 내놓았다. 허태학·박노빈 사건은 전원합의체로 넘겼다. 그러나 이건희 등이 기소된 삼성특검 사건은 소부에서 심리한다는 방침을 고수했다. 대법원이 소부 개편을 통해 배제하려 들었던 '특정 대법관'은 허태학·박노빈 사건에 대해서만 입장을 낼 수 있었다. 당시 오석준 대법원 공보관은 "대법관들의 합의 내용은 비밀"이라고 말했다. 대법원은 한발 물러서는 듯했지만, '이건희 보호'라는 최후 방어선은 지켰다.

당시 대법원은 형사소송법의 제척사유에 따라 에버랜드 사건 변호를 맡았던 이 대법원장이 전원합의체에서 빠진다고 밝혔다. 제척사유로 대법원장이 전원합의체에서 빠지는 것은 처음 있는 일이다. 또 검찰 재직 당시 이 사건 수사에 관여한 안대희 대법관도 전원합의체에서 제외됐다.

허태학·박노빈 사건이 소부가 아니라 전원합의체에 회부된다고 해서 결과가 달라질 리는 없었다. 대법원 전원합의체는 2009년 5월 29일 1·2

심 유죄 판결을 뒤집고, 이 사건에 대해 무죄 판결을 내렸다. 대법원 소부 개편을 통해 삼성특검 사건에서 배제됐던 특정 대법관이 전원합의체에서 견해를 밝힐 수 있었다는 점에서 의미를 찾을 뿐이다.

그런데 여기서 묻고 싶은 게 있다. "대법원장과 '코드'가 다르다는 이유로 배제됐던 특정 대법관은 왜 계속 침묵 했는가"라는 질문이다. 재벌 비리에 관한 판결은 사법부의 공정성을 보여주는 리트머스 시험지와 다름없다. 국민 직접 선거로 뽑힌 대통령도 어찌하지 못하는 절대 권력인 재벌이 저지른 죄에 대해 평범한 노동자가 저지른 죄와 마찬가지로 공정한 판결을 내릴 수 있을 때, 국민은 사법부의 판결을 믿을 수 있다. 그렇지 않으면, '무전유죄, 유전무죄(無錢有罪, 有錢無罪)'라는 속설은 대중에게 진실로 각인될 수밖에 없다.

이런 엄중한 상황에서 문제의 '특정 대법관'이 굳이 침묵할 이유가 없었다는 게 내 생각이다. 사법부의 공정성이 근본적으로 의심받는 상황에서 대법관 노릇을 한다는 게 무슨 의미가 있겠는가. 실제로 그 '특정 대법관'이 기자회견을 준비하려 했다는 말을 어느 기자로부터 듣기도 했다. 그러나 이런 시도는 결국 실천으로 옮겨지지 않았다. 안타까운 일이다.

신영철의 잇따른 거짓말

2008년 삼성특검 사건 1심 재판을 진행한 서울중앙지방법원 수뇌부가 "삼성에버랜드 사건은 무죄"라는 소신을 가진 민병훈 판사에게 사건을 배당했다는 이야기는 앞에서 했다. 당시 서울중앙지방법원의 최고 수장이 신영철 대법관이었다. 삼성사건 '코드' 배당에 대한 책임에서 자유로울 수 없는 그가 2009년 초 갑자기 언론의 주목을 받았다. 촛불집회 관련 사건 담당 판사에게 이메일과 전화 등으로 압력을 넣은 사실이 드러났기 때문이다. 파렴치한 일에 연거푸 연루된 셈이다.

문제가 커진 것은 그의 잇따른 거짓말 때문이다. 신영철은 심지어 국회에서조차 거짓말을 했다. 그리고 이런 거짓말이 언론에 낱낱이 공개됐다. 신영철은 2009년 2월 10일 국회 인사청문회에서 촛불재판 사건 배당 문제에 대한 질문을 받자, "컴퓨터 프로그램에 의해 기계적으로 배당됐겠거니 생각하고 있다"고 답변했다. 이런 답변과 달리, 사건이 임의 배당된 사실이 금세 드러났다.

그리고 신영철은 당시 청문회에서 "제가 누구에게 전화하고 영향력을 행사할 사람이 아니다"라고 말했지만 해당 판사들에게 전화를 걸어 위헌제청 신청을 자제해 달라고 말한 것으로 드러났다. 명백한 위증죄를 저지른 셈이다. 이런 모습을 본 국민이 사법부를 불신하는 게 당연하다.

언론 보도에 따르면, 서울중앙지법 이옥형 판사는 법원 내부 전산망인 코트넷에 올린 '희망, 윤리위, 절망'이라는 글에서 "대법원 진상조사단의 결과 발표와 각급 법원의 의견수렴, 전국 법관 워크숍에서의 논의 내용을 보며 작은 희망을 간직하기도 했지만 이제 '그러면 그렇지' 하는 냉소를 스스로에게 보내고 있다"고 적었다. 이어 그는 "특정 사건을 특정 재판부에 집중 배당하면서 보석에 신중하라고 말하거나 재판을 신속히 하라고 말하는 의미를 일반인은 대수롭지 않게 생각할 수 있지만 법관 사회는 무엇을 주문하는 말인지 듣는 순간 안다"고 지적했다.

광주지법 목포지원 유지원 판사도 비슷한 글을 올렸다. 그는 "결자해지 측면에서 신 대법관의 결단을 감히 부탁한다. 사법부가 더는 소모적 논쟁에 휘말리지 않기 위한 결단이 어떤 것인지 익히 알 것이라고 믿는다"며 신영철의 사퇴를 촉구했다.

그러나 대법원 공직자 윤리위원회는 신영철에게 노골적인 '봐주기' 결정을 내렸다. 대법원 윤리위는 2009년 5월 8일 신영철 대법관에게 주의를 촉구하거나 경고 조치하도록 이용훈 대법원장에게 권고하는 선에서 신영철의 촛불재판 개입 의혹을 매듭지었다. 대법원이 진상조사를 통해 내린 결론보다 훨씬 후퇴한 결정이었다. 이런 결정이 얼마나 어이없는 것인지는 법관들이 더 잘 알고 있다.

그 결과가 21일 뒤에 나온 대법원 전원합의체 판결이었다. 2009년 5월 29일, 대법관들의 의견은 6:5로 아슬아슬하게 엇갈렸다. 무죄 입장이 단 한 표 많았다. 그리고 신영철은 무죄 입장이었다. 당시 대법원이 신영철에게 퇴진을 요구했다면, 그래서 신영철이 대법원 전원합의체 판결에서 배제됐다면 에버랜드 사건은 무죄가 될 수 없었다.

후배 법관들에게 수모에 가까운 비판을 받으면서도 신영철이 대법관 자리에서 물러나지 않았던 이유에 대해 당시 해석이 분분했다. 자신의 명예를 생각한다면, 당장 물러나는 게 자연스럽기 때문이다. 일각에서는 신영철이 굳이 자리를 지킨 배경에는 정치권력의 보이지 않는 영향력이 있다는 해석도 나왔다. 신영철이 여론에 밀려 퇴진하면, 정권에도 부담이 될 것이기 때문이다. 이런 해석이 얼마나 타당한 것인지는 알 수 없다. 다만, 결과적으로 신영철이 망신을 감수하며 자리를 지킨 덕분에 이건희 등이 무죄 판결을 받은 것은 사실이다.

"이용훈, 신영철 구하려다 사법부 죽였다"

신영철 사태는 사법부의 존재 근거를 근본적으로 뒤흔드는 일이었다. 그러나 더 무서운 것은 국민들의 냉소다. 사법부가 공정성을 잃고 정권과 재벌의 시녀 노릇에 전념한다는 생각이 워낙 뿌리 깊은 까닭에, 신영철 사태에 대한 판사들의 집단 반발을 이해할 수 없다는 이들이 많았다. "법원은 원래 그렇다. 어차피 한통속인 판사들이 왜 뒤늦게 호들갑이냐"라는 반응이다. 그러나 이런 반응은 위험하다. 썩은 현실을 직시하는 것과 현실 앞에서 체념하고 냉소하는 것은 다른 차원이기 때문이다. 현실이 절망적이라는 게 희망을 포기할 이유는 될 수 없다. 체념과 냉소를 전염시키는 일 역시 부패의 공범이다. "다 그런 거지"라는 체념과 냉소 속에서 부패는 관행이 되고, 결국 거스를 수 없는 구조가 된다. 지금이 그런 상태다. "어차피 한통속이면서 왜 호들갑이냐"라는 냉소적인 반응을 지지할 수 없었던 이유다.

그러나 이용훈 대법원장의 행태를 보면서 절망과 냉소에 빠지지 않기란 쉽지 않다. 이 대법원장은 2009년 5월 13일 발표문에서 "신 대법관의 행동으로 인하여 법관들이 마음에 상처를 받고 재판에 대한 국민의 신뢰가 손상되는 결과가 초래된 점에 대하여 유감을 표시했다"며 "이번 일을 계기로 법관의 재판상 독립이 보장되도록 법관들과 함께 모든 노력을 다하겠다"고 밝혔다. 하지만, 그뿐이었다. 유감을 표명하며 '엄중 경고'하는 선에서 그쳤다. 판사들이 요구한 징계 절차에 대해서는 아무런 말이 없었다. 대법원장의 말장난 앞에서, 판사들은 깊이 절망했다. "이용훈 대법원장은 신영철 대법관을 늪에서 빼내는 대신 사법부 전체를 사지(死地)로 내

몰았다"는 이야기가 법조계 주변에서 나왔던 것도 그래서다.

물론, 신영철 퇴진을 요구했던 판사들 역시 이런 상황을 예상했을 게다. 신영철에 대한 진상조사결과가 나왔을 때, 대법원장은 공직자윤리위원회에 논의를 부칠 게 아니라 바로 징계위원회에 회부했어야 했다. 공직자윤리위원회는 기본적으로 공직자의 재산등록에 관한 사항을 처리하기 위해 대법원에 설치된 기구의 성격이 강하기 때문이다. 이용훈 대법원장이 징계위가 아니라 윤리위로 방향을 잡는 순간, 이미 결론이 정해진 셈이었다. 2009년 5월 13일 발표문은 신영철 사태에 대한 가장 큰 책임은 이용훈에게 있다는 점을 거듭 확인시켜준 사건에 불과했다.

이용훈 대법원장의 발표문이 법조계를 절망에 빠뜨린 이유는 또 있다. 법관징계법 제2조에 따르면 "법관이 그 품위를 손상하거나 법원의 위신을 실추시킨 경우"에는 법관을 징계할 수 있다. 그리고 이용훈은 신영철 대법관의 행위에 대해 "재판의 내용이나 진행에 관여한 것으로 인식될 수 있는 부적절한 행동"으로 규정했다. "법관이 그 품위를 손상하거나 법원의 위신을 실추시킨 경우"에 해당한다는 뜻이다. 이용훈의 발언을 법관징계법에 적용하면, 신영철은 징계를 피할 수 없다.

그런데 이 대법원장은 '징계'를 거부했다. 그리고 같은 날, 신영철 대법관은 기다렸다는 듯이 법원 내부 통신망에 글을 올렸다. 대법관 자리에서 물러나지 않겠다는 뜻을 분명히 못 박은 글이었다.

이렇게 되면, 아무도 사법부의 판단을 존중하지 않는다. 사법부의 최고 수장인 대법원장이 공개적으로 법을 무시하는 상황에서 판사들의 판결을 존중할 사람이 누가 있겠는가. 명백히 죄를 지은 자가 판사들의 격렬한 반발에도 자리를 지키고 있다면, 누가 대법원의 권위를 인정하겠는가.

법원의 최고수장이 오히려 법관들의 자부심을 허무는 상황. 명백히 모순된 상황이다. 이런 모순이 왜 생겼는지는 누구나 알고 있다. 법원 수뇌부가 권력 앞에서 당당하기는커녕 철저히 권력에 굴신하는 행태를 보이고 있기 때문이다.

'빨갱이' 낙인보다 무서운 '반(反)기업' 낙인

사법부에 대해 실망할 때마다 이용훈 대법원장이 2008년 9월 발표한 사과문을 떠올렸다. 인혁당 사법살인 등 사법부의 어두운 과거에 대한 사법부 수장의 공개 사과였다. 그는 "권위주의 체제가 장기화되면서 법관이 올곧은 자세를 온전히 지키지 못해 국민의 기본권과 법치질서의 수호라는 본연의 역할을 충실히 수행하지 못한 경우가 있었고, 그 결과 헌법의 기본적 가치나 절차적 정의에 맞지 않는 판결이 선고되기도 했다"고 말했다. 그리고 그는 "사법부가 국민의 신뢰를 되찾고 미래를 향해 새로 출발하려면 먼저 스스로 과거의 잘못을 있는 그대로 인정하고 반성하는 도덕적 용기와 자기쇄신의 노력이 필요하다"고 말했다.

그러나 대법원장의 반성은 그저 과거사에만 한정된 것이었다. 지금 이곳에서 살아 꿈틀대는 권력 앞에서는 옛날 버릇 그대로였다. 대법원장은 촛불집회 재판에 개입한 법관을 비호했고, 삼성사건 심리에서는 자신과 생각이 다른 대법관을 배제하려 했다. 그리고 이 모든 일은 사과문을 발표한 지 채 반 년도 지나지 않아서 이루어졌다.

여기서 어떤 이들은 고개를 갸웃거린다. 법관들이 인사권을 쥔 권력자 앞에서 약해지는 것은 이해하겠는데, 삼성 앞에서까지 비굴해질 필요가 뭐가 있느냐면서 말이다. 이는 현실을 잘 모르고 하는 소리다. 우리 사회에서 법관이 삼성에 불리한 판결을 한다는 것은, 상당한 불이익을 감수해야 한다는 뜻이다.

예를 들어 전원합의체 판결에 참가한 대법관이 삼성에 불리한 입장을 밝혔다고 하자. 이 대법관은 퇴임 후 대형 로펌 고문으로 취업할 수 있을까. 쉽지 않을 게다. '에이 설마' 할지도 모르겠다. 하지만, 그렇지 않다. 우리 사회에서 삼성은 특정 기업 이름이기만 한 게 아니다.

삼성에 대한 입장은 재벌 친화적인 우리 사회 주류의 가치관에 동의하는지 여부를 보여주는 리트머스 시험지로 통한다. 삼성에 불리한 판결을 내린 판사는 "나는 반(反)기업적인 법조인이요"라고 선언한 것과 같다. 그런데 대형 로펌에서 천문학적인 연봉을 받는 변호사들을 먹여 살리는 것은 재벌 계열 대기업들이다. 더구나 지금처럼 로펌들이 규모를 키우고 있는 상황에서는 대기업 사건을 얼마나 수임하느냐에 사활을 걸 수밖에 없다. 고만고만한 사건만 맡아서는 막대한 인건비를 지출하는 로펌이 수지를 맞출 수 없기 때문이다. 로펌들은 대기업의 낙점을 받기 위해 규모를 키우고, 큰 덩치를 유지하기 위해 대기업 사건에 목을 매게 되는 순환 구조가 생겨난 것이다.

이런 상황에서 '반(反)기업적'이라는 낙인이 찍힌 판사를 영입할 만큼 간 큰 로펌이 얼마나 될까. '반(反)기업적'인 판사를 영입했다는 이유만으로, 해당 로펌 역시 '반(反)기업적'이라는 이미지를 갖게 된다. 이렇게 되면, 로펌의 생존 자체가 위협을 받는다. 군사정권 시절에는 '빨갱이'라는 낙인이 찍힐까 두려워했다면, 이제는 '반(反)기업적'이라는 낙인을 모두들 겁낸다.

'반(反)기업적'인 법률가라는 소문이 나면, 우리 사회 주류 집단에서 소외되는 것도 순식간이다. 마치 과거에 '용공 분자, 빨갱이, 월북자 가족' 등의 낙인이 찍힌 사람이 공동체에서 따돌림 당한 것과 닮았다. 모두들 "도덕이나 원칙이 밥 먹여주느냐. 돈을 벌어오는 것은 결국 기업이다"라고 외치는 분위기 속에서 집권한 게 이명박 정부다. 이런 분위기에서 누가 삼성과 이건희의 비위를 거스를 수 있겠는가.

게다가 법조계, 언론계 등 사회적 영향력이 큰 집단일수록 밥벌이를 재벌에게 의지하는 경향이 짙다. 변호사들은 재벌 사건을 수임하려 혈안이 돼 있다. 분위기가 이러니까, 현직 판·검사들 역시 변호사 개업 이후를 대비해서 재벌에게 '반기업적'이라는 낙인이 찍히지 않도록 몸을 사린다. 언론 역시 재벌 광고를 유치하기 위해 분주하다.

다들 이런 상황인데, 혼자 삼성에 대해 원칙적인 입장을 이야기한다면 "너만 깨끗한 척한다"는 비난을 사기 십상이다. 그리고 사회 주류에 속한 사람일수록 이런 비난에 민감하다. 결국 알아서 조용히 삼성의 비위를 맞추는 선택을 하게 된다. 이건희와 평범한 시민에게 평등한 기준을 공정하게 적용하는 법조인, 언론인이 드문 것은 그래서다. 주류 집단 안에서 '왕따' 당할까봐 두려운 것이다.

밖에서 아무리 떠들어도 흔들리지 않는 주류 질서

내가 순진했던 걸까. 나는 우리 사회 주류의 이런 질서를 뒤늦게 깨달았다. 민병훈 부장판사(현 변호사)가 진행한 삼성 1심 재판이 끝난 뒤, 나는 〈프레시안〉과의 인터뷰에서 "우리 사회 주류의 질서가 정말 튼튼하구나" 하고 느꼈다고 말했다. 정치인, 법조인, 언론인들이 보이지 않는 그물망으로 단단하게 묶여 있다는 것이다. 물론 이 그물을 쥐고 있는 것은 재벌이다. 이게 현실이다. 그리고 이런 질서는 너무 안정적이어서, 바깥에서 아무리 이야기해도 바뀌지 않는다. 애초부터 검찰 수사와 사법부 판결에 기대를 건 게 잘못이었다. 보수적인 주류 질서가 사법 절차를 통해 바뀌는 일은 역사적으로도 유례가 드물다. 당시 인터뷰에서 한 이야기를 다시 옮겨본다.

> 하지만, 그래도 씁쓸한 기분이 드는 것은 사실이다. 법은 현실을 인정하는 게 아니다. '규범적인 정의'를 지향하는 것이다. '현실이 그러니까 어쩔 수 없다'라는 것은 법의 정신이 아니다. 법은 '이상적인 당위'를 선언해야 한다. '대부분 비리를 저지르는 게 현실이니까, 봐줘야 한다'라는 논리가 통하기 시작하면, 법이 제대로 설 수 없다."

아무리 흔들어도 꿈쩍하지 않는 견고한 주류 질서. 그것을 지탱하는 힘은 끈적끈적하고 촘촘하게 엉켜 있는 인맥이다. 검사 시절, 법조 비리를 수사한 적이 있는데 알고 보니 연루된 자들이 모두 특정 학교 동문이었다. 혈연, 지연, 학연으로 복잡하게 얽힌 인맥은 불법도 합법으로 만드는 힘이 있다.

재벌을 중심으로 똘똘 뭉쳐 있는 사회 주류 세력은 이런 힘을 잘 알고 있다. 동시에 그들은, 이런 인맥의 그물에서 내팽개쳐지는 순간 자신들의 힘이 눈 녹듯 사라진다는 점을 잘 알고 있다. 그래서 그들은 실력을 쌓기보다 인맥을 관리하는 데 더 공을 들인다. 그들에게 친인척, 고향 선배, 학교 선후배를 챙기는 일은, 법을 지키는 것 따위와는 비교조차 할 수 없을 만큼 중요한 일이다. 자기가 속한 인맥 집단의 이익을 위해 법을 어긴 짓이 '무용담'처럼 통하는 것도 그래서다. 이런 사회에서는 아무하고나 형님, 아우 하면서 잘 어울리는 자가 능력 있는 사람으로 통한다. 친분 있는 선후배를 돕기 위해 법과 원칙을 무시하는 경우에 대해 죄의식을 갖기는커녕 '남자다운 일', '의리 있는 행동', '통 큰 배짱' 등으로 여기는 일도 흔하다. 공식적인 법질서보다 사적인 관계가 우선하는 사회인 셈이다.

이렇게 말하면, 어떤 이들은 너무 팍팍하다거나 인간미가 없다고 말한다. 검사 시절, 실제로 이런 이야기를 종종 들었다.

만약 내가 '인간미'가 넘치는 검사여서 선배와 친척들이 저지른 잘못에 대해 눈감아줬다면, 그게 옳은 일일까. 그렇지 않다. 검사 후배를 두지 않은 사람, 검사 친척이 없는 사람들만 억울해진다. 물론, 많은 이들은 검찰에 '끈'이 있으면 죄를 지어도 벌을 받지 않는다고 믿는다. 이런 믿음은 꽤나 견고한 것이어서, 너도나도 검찰에 '끈'을 만들려고 한다. 이렇게 되면, 검사들의 콧대가 높아지는 게 당연하다. 그런데 이걸 두고 검찰에 '끈'을 만들려 발버둥치던 이들이 불평을 한다. 검사들이 너무 시건방지다고 말이다. 도대체 어쩌란 말인가 싶다.

검사들은 불필요하게 거만한 태도를 버려야 한다. 동시에 검찰 외부에 있는 시민들 역시 검찰에 '끈'을 대서 문제를 풀려는 태도를 버려야 한다. 한 명이 '끈'을 대서 혜택을 보면, 다른 사람도 같은 시도를 하게 된다. 결국 검찰에 더 많은 '끈'을 만들기 위한 경쟁만 남을 뿐이다. 이렇게 되면, 타락한 검사들과 무한한 돈을 뿌릴 수 있는 재벌만 관대한 혜택을 누리게 된다. 부패한 재벌 총수들이 원한 게 이런 질서였다. 법의 저울은 한쪽이 올라가면 한쪽은 기울게 돼 있다. 부패한 재벌 총수들에게 관대한 법은 대체로 서민에게는 가혹한 법이다. 단 한 명도 구속되지 않았던 삼성 비리 사건과 당사자 전원이 구속됐던 용산 참사 사건을 비교해 보면, 쉽게 확인할 수 있는 사실이다.

해결의 열쇠를 쥔 것은 결국 검찰 수뇌부다. 검찰 수뇌부가 어떤 청탁이나 외압에도 흔들리지 않는 자세를 보이고, 후배 검사들에 대해서도 엄정한 태도를 요구하며 그렇지 않은 검사들을 단호히 징계한다면 검찰에 '끈'을 대서 문제를 풀려는 사람들은 차츰 사라지게 될 것이다. 하지만 용산 참사, YTN 사태, PD수첩 사건, 미네르바 사태, 언소주(언론소비자주권 국민캠페인) 사건 등에서 보인 검찰 수뇌부의 태도는 이런 모습과 거리가 멀어 보인다.

"진흙 위에서 꽃은 피지만…"

검찰 시절, 나는 검사들이 "진흙 위에서 핀 연꽃"이라는 농담을 하는 것을 여러 번 들었다. 검사가 평소 흙탕물과 같은 자들과 어울리더라도, 수사만 연꽃처럼 깨끗하게 하면 된다는 뜻이다. 나중에 들으니 기자들 역시 이런 태도를 가진 경우가 많다고 한다. 기업인, 정치인들과 평소 지저분한 관계를 맺고 있더라도, 기사만 똑바로 쓰면 별 문제없다는 생각이라고 한다.

이런 생각이 과연 옳은 것일까. 나는 아니라고 본다. 아무리 냉철한 사람이라 해도, 팔은 안으로 굽게 돼 있다. 평소 친하게 지냈던 사람에 대해 엄정한 태도를 취하기란 거의 불가능에 가깝다. 결국 친한 사람은 봐주고, 그렇지 않은 사람에게만 엄격해질 수밖에 없다. 공정하지 않은 태도다. 이런 검찰, 언론이 신뢰 받을 리 없다.

친한 사람에게도 그렇지 않은 사람과 똑같은 기준을 냉정하게 들이댈 자신이 있다고 할지 모르겠다. 그렇다면 거꾸로 묻고 싶다. 흙탕물 같은 자들과 술자리 등에서 어울릴 때 비용을 누가 냈느냐고 말이다. 분명히 검사나 기자들이 내지 않았을 게다. 공짜로 얻어먹는 주제에 속으로는 "나중에 당신들 봐주지 않을 거야"라고 생각하고 있었다면, 그것도 웃기는 일이다. 지저분한 관계는 아예 맺지 않는 게 옳다.

어떤 이들은 이렇게 변명한다. 그렇게 어울려야 '정보'를 얻을 수 있다고 말이다. 과연 그럴까. 역시 아니라고 본다. 언론에 대해서는 잘 모르니, 검찰에 한정지어 이야기하겠다. 그렇게 모은 정보가 검찰 수사에 보탬이 되는 것이라면, 한국 검찰은 일본 검찰보다 비리 수사를 더 잘해야 마땅하다. 일본 검사들은 외부인과 잘 어울리지 않는 전통으로 유명하다. 식사도, 술도 검사들끼리만 먹고 마신다. 검사가 기업인들과 골프를 치거나 술을 마시는 일은 상상하기 힘들다. 이런 문화가 일본에서는 '검사의 도(道)'로 통한다. 그렇다면 일본 검사들은 정보가 부족해서 수사를 제대로 못하는가. 그렇지 않다. 일본 검찰은 살아 있는 권력에도 가차 없이 칼을 대는 것으로 유명하다. 일본 정계 최고 실력자였던 다나카 가쿠에이(田中角榮) 전 총리를 체포했던 1976년 록히드 사건이 대표적이다. 현직 수상을 체포했던 1948년 쇼와전공 사건도 유명하다. 거물 정치인이 대거 연루됐던 1909년 '대일본제당 의혹 사건'이나 '천황의 군대'에 압수수색을 했던 1914년 '지멘스 사건' 등도 훌륭한 사례다.

일본 검찰과 달리, 우리 검찰은 '살아 있는 권력'을 제대로 수사한 적이 없다. '죽은 권력'에 대해서만 제대로 수사할 따름이다. 안타까운 일이다.

요즘 들어서는 최고 권력자의 비위를 맞추기 위한 수사도 늘어났다. 군사정권 시절, 독재자를 비판하는 지식인과 양심세력을 잡아들였던 공안검찰의 행태가 이명박 정부 들어 되살아나고 있다는 이야기다.

포털 사이트 다음 아고라 게시판에 정부 정책을 비판하는 글을 몇 차례 올린 뒤 구속된 미네르바 사태, 노종면 YTN 노동조합 위원장의 구속, 광우병 위험 쇠고기 관련 방송을 제작한 〈PD수첩〉 제작진 구속 등이 이런 사례다.

〈PD수첩〉 제작진이 체포되던 날, 술을 마실 줄 모르는 내가 혼자 술을 마셨다. 제작진을 체포한 검찰도, 영장을 발부한 법원도 모두 미쳤다는 생각뿐이었다. 우리 검찰과 법원이 군사독재 시절로 돌아갔다는 생각에, 멀쩡한 정신으로는 견디기 힘들었다. '사법부가 국민의 신뢰를 받는 곳으로 거듭나도록 하기 위해 얼마나 많은 이들이 희생됐는데, 그게 다 부질없는 짓이 돼버렸다'는 생각이 계속 치밀어오는 것을 술기운으로 밀어내는 일은 결국 불가능했다. 미네르바, YTN 노조 위원장, 〈PD수첩〉 제작진을 체포한 검찰의 행태는, 과거 군사정부 시절 공안검사들이 한 짓과 조금도 다르지 않다. 역사의 뒤안길로 사라지는 듯했던 장면들, 낡은 필름에나 담겨 있을 법한 장면들이 오늘날 방송과 인터넷에서 생생하게 중계되는 셈이다.

어떤 면에서는 최근 검찰의 태도가 과거 공안검사들보다 한술 더 뜰 때도 있었다. 검찰은 2009년 3월 25일 저녁 MBC 〈PD수첩〉 제작진 6명 전원에 대해 체포영장 및 압수수색 영장을 발부받았다. 이날 밤 검찰은 〈PD수첩〉 제작진 가운데 한 명인 김보슬 PD를 찾는다는 명목으로 김 PD의 약혼자(현재는 남편)인 조준묵 MBC PD의 집을 수색했다. 당시 조 PD의 어머니만 있는 상황에서 수사관 6명이 집을 찾아와 "김보슬 PD가 여기에 숨어 있는 것 아니냐"며 옷장, 베란다까지 샅샅이 뒤졌다고 한다. 한밤중에 약혼자의 집까지 찾아가 방 안을 수색하는 일은 흉악범 수사에서도 흔치 않다.

노종면 YTN 노조 위원장을 구속한 일도 충격적이다. 그는 집에서 체포됐다. 이 사실만으로도, 노 위원장이 증거인멸 및 도주 위험이 없었다는 것을 확인할 수 있다. 굳이 구속수사해야 할 이유가 없다는 것이다. 검찰이 구속 영장을 신청한 것도, 법원이 영장을 발부한 것도 모두 코미디다. 그런데 노종면 위원장은 아내와 아이들이 있는 곳에서 잡혀 갔다고 한다. 이 소식을 듣고, 잠시 머리가 멍했다. 나는 검사 시절, 흉악범을 구속시킬 때도 아이들이 보는 앞에서는 잡아들이지 않으려고 했다. 피의자가 집 안에 있을 경우, 대문 밖에서 잠복하고 대기하다가 피의자가 문을 나선 뒤에야 잡아들이도록 했다. 죄를 지은 것은 범인이지, 아이들이 아니기 때문이다. 아버지가 수사관들에게 끌려가는 장면을 아이들에게까지 보여줘야 할 이유가 없다. 이런 장면을 본 아이들은 평생 잊지 못할 상처를 입게 된다. 이 아이들에게 무슨 죄가 있는가. 게다가 노 위원장의 아이는 몸이 아파서 노 위원장이 구속돼 있는 동안 수술까지 받아야 했다고 한다. 검찰이 너무 몹쓸 짓을 했다.

〈PD수첩〉 마녀사냥, "수사는 의지다"

〈PD수첩〉 수사는 미국산 쇠고기 관련 정책을 다뤘던 정운천 전 농림부 장관의 소송으로 시작됐다. 이 수사는 "이명박 정부의 정치적 보복"일 뿐, 그 외에는 어떤 이유도 찾을 수 없다. 정부 정책에 대한 비판은 명예 훼손이 될 수 없다는 것은 법조인이라면 누구나 알고 있는 상식이다. 제정신을 가진 검사라면, 정 전 장관이 제기한 소송에 대해 무혐의 처분을 하는 게 당연하다.

여론조사 결과를 봐도, YTN과 〈PD수첩〉 관련 수사에 대해서는 부정적인 의견이 더 많다. 굳이 법조인의 상식까지 들먹이지 않아도, 누구나 비슷한 생각을 하고 있다는 뜻이다. 사실, 당연한 일이다. 위험이 있을 때, 이를 알리는 것은 언론이 마땅히 해야 할 일이다. 그리고 〈PD수첩〉 등 미국산 쇠고기의 위험에 대해 보도한 매체들은 이런 역할을 했을 뿐이다.

실제로 〈PD수첩〉 등의 보도 이후, 국민들은 광우병 위험에 대해 경각심을 갖고 주의하게 됐다. 또, 쇠고기 수입 검역 과정에서의 문제점도 드러났고, 그래서 검역을 강화하기 위한 제도적 장치 마련 움직임도 생겨났다. 그리고 미국산 쇠고기 수입 협상 과정에서 한국 정부가 저지른 치명적인 실수도 발견됐다. 미국이 광우병 감염을 막겠다며 내놓은 동물성 사료

금지 강화 조치 영문본을 한국 정부가 잘못 해석한 일이 대표적인 실수 사례다. 송기호 변호사가 발견한 사실이다. 당시 한국 정부가 해석한 것과 달리, 이 조치 영문본의 실제 의미는 기준이 대폭 완화된 것이었다. 정권 인수위 시절부터 영어몰입 교육을 강조했던 이명박 정부로서는 굴욕적인 일이다.

2008년 당시 시민들이 촛불을 들고 일어났던 것은, 〈PD수첩〉 보도 때문만이 아니었다. 쇠고기 협상 과정에서 이명박 정부가 보여준 총체적 무능 때문이었다. 이명박 대통령이 쇠고기 협상과 관련해 두 번이나 대국민 사과를 한 것도 그래서였다. 정부가 잘못하지 않았다면, 대통령이 사과할 이유가 없었다.

그래놓고, 정부는 뒤늦게 〈PD수첩〉 탓을 하고 나섰다. 그렇다면, 당시 대통령이 한 사과는 무엇이었다는 건가. 진심에서 나온 사과가 아니라 국민의 들끓는 분노를 당장 회피하기 위한 거짓말에 불과했다고 시인한 것과 다름없다.

정부와 검찰은 〈PD수첩〉에 대해 무리하게 트집을 잡은 반면, 삼성 등 재벌이 저지른 비리에 대해서는 수사 자체를 포기하다시피 했다. "수사는 의지"라는 말이 있다. 검찰의 의지는 왜 이런 식으로만 작동했을까. 이유는 뻔하다. 최고 권력자의 의지를 따른 수사이기 때문이다. 박연차 수사와 마찬가지로 노골적으로 정치적인 수사였다는 뜻이다. 공정성을 신뢰 받지 못하는 검찰이 정상적인 수사를 할 리 없다. 또 수사 결과에 대해 피의자들이 승복할 리도 없다. "권력을 놓쳐서 당했다"라는 인식만 팽배해질 뿐이다.

노무현 검찰 vs 이명박 검찰

노무현 전 대통령을 비판하는 이들이 많다. 나 역시 노 전 대통령에게 비판 받을 점이 있다고 본다. 아들을 군대에 보내지 않았다는 이유로, 가장 유력한 대통령 후보를 선거에서 떨어뜨렸던 게 1997년 대선이다. 최소한 공인에 대해서는 엄격한 도덕과 원칙을 적용하려는 문화가 있었다는 뜻이다. 그런데 10년이 지난 2007년 대선 무렵에는 이런 문화가 씻은 듯 사라졌다. "도덕과 원칙 따위는 소용이 없다. 그저 돈만 많이 벌 수 있게 해 주면 좋다"는 분위기가 팽배했다. 노 전 대통령 임기 중에 일어난 변화다. 이렇게 해서 많은 가난한 이들이 부자가 됐을까. 그렇지 않다. 부자는 더 부자가 됐지만, 가난한 사람은 더 가난해졌다. 당연한 일이다. 법과 원칙이 조롱당하는 '무법천지'에서는 힘이 센 사람이 더 많은 것을 갖게 돼 있다. 노 전 대통령을 "개천에서 난 용"이라는 이유로 지지했던 이들이 느꼈을 배신감을 짐작하는 게 어렵지 않다.

이렇게 된 책임에서 노 전 대통령이 완전히 자유로울 수 없다고 보는 게 내 생각이다. 서민을 위한 정치를 하겠다며 집권했지만, 실제로는 재벌 편을 드는 경우가 많았다. 특히 삼성과 아주 가까웠다. "권력은 시장으로 넘어갔다"는 그의 발언은 사실상 삼성에 대한 굴복 선언이었다. 삼성 재벌이 법치와 민주주의를 벗어난 특권 지대에 있다는 것을 대통령이 공공연하게 선포한 셈이다. 그의 이런 태도가 정점에 다다른 것은 한미FTA 추진 과정에서였다.

그의 지지 세력조차 강력히 비판했지만, 그는 재벌과 기득권층에게 유리하고 서민에게는 불리한 한미FTA를 밀어붙였다. 이 과정에서 노 전 대통령에게 사사건건 시비를 걸었던 조·중·동 등 보수 언론도 찬사를 보냈다.

민주화 세력이 집권했지만 재벌에게 유리한 질서는 오히려 더 견고해지는 것을 지켜본 국민들이, 민주주의에 대해 냉소적인 태도를 취하게 된 것은 당연했다. 노무현 정부 시절 이루어진 재벌 관련 수사 역시 대부분 노골적인 봐주기로 끝났다. 정몽구 현대자동차 회장, 박용성 전 두산 회장 등이 연루된 비리 사건 등이 이런 경우였다. 검찰 스스로 국민들이 법과 원칙의 공정한 적용에 대한 기대를 포기하게끔 했던 사례다. 그리고 최고 권력자 역시 이런 책임에서 자유로울 수 없다. 2007년 삼성 비자금 등이 공론화됐을 때도, 노 전 대통령은 이 문제를 덮으려고만 들었던 사실에서도 확인할 수 있는 점이다.

사실, 김대중·노무현 민주정부 10년 동안 이런 사례는 흔했다. 법학 교수 43명이 삼성에버랜드 사건을 고발한 것은 김대중 정부 시절인 2000년 6월이었다. 김대중 정부는 재벌의 편법상속 통제를 재벌개혁 8대 과제의 하나로 내세웠지만, 삼성은 늘 예외였다. 김대중 정부의 법무부 장관과 검찰총장, 그리고 경제검찰 수장 가운데 이건희의 불법행위를 조사하거나 공론화한 사람은 아무도 없었다. 노무현 정부 역시 다를 게 없었다. 김대중 정부 시절 삼성에버랜드 사건 수사 자체를 기피했던 검찰은, 노무현 정부 출범 뒤에서야 수사를 시작했다. 그러나 '몸통'인 이건희 일가는 건드리지 않았다. 사건에 대해 아는 게 없었던 허태학·박노빈 등이 제물이 됐을 뿐이다. 이런 모습을 보며 "머슴(허태학·박노빈)이 주인(이건희) 몰래 주인 갈아치우는 것(경영권 승계) 봤느냐"는 우스갯소리가 떠돌기도 했다.

2003년 12월 공소시효를 하루 앞두고 허태학 등 이른바 깃털을 기소하며 검찰은 곧 이건희도 조사할 것 같은 분위기를 풍겼다. 2005년의 1심 유죄판결 직후, 그리고 2007년의 2심 유죄판결 직후에도 검찰은 이건희 소환조사계획을 밝혔다. 하지만, 모두 말뿐이었다. 이건희 소환조사를 요구하는 시민단체의 목소리 앞에서 노무현 정부의 법무부 장관과 검찰총장들은 모두 귀를 막았다.

SK 최태원 회장과 현대자동차 정몽구 회장이 저지른 경제범죄에 대해서는 미진하게나마 검찰이 소환조사를 했던 것과 비교하면, 더욱 의아한 대목이다.

삼성SDS 사건을 들여다보면, 더 답답하다. 이 사건에 대해 김대중·노무현 정부의 검찰은 무려 여섯 번이나 불기소처분을 내렸다. 하지만 2008년 특검수사와 2009년 대법원 판결은 명백한 배임유죄로 판정하며 이를 뒤집었다. 검찰로서는 치욕적인 일이다. 당연히 과거 수사를 담당했던 검찰 관계자들의 해명이 필요하다. 그러나 아무런 말이 없다. 지금이라도 김대중·노무현 정부의 검찰총장, 법무장관과 청와대 민정수석들은 국민 앞에서 해명해야 한다. 삼성에버랜드 CB 헐값 발행 사건, 삼성 SDS BW 헐값 발행 사건 등 경영권 불법 승계 사건에 대해 처음부터 본격수사를 회피한 이유와 이건희 소환조사를 사실상 포기한 이유에 대해서 말이다.

2009년 5월 29일 대법원이 내린 삼성에버랜드 무죄 판결에 대해서도 노무현 정부가 부분적인 책임이 있다. 이 사건 1심 변호인으로 활동하던 이용훈 변호사를 대법원장으로 임명한 게 노무현 전 대통령이었다.

그렇다면 노무현 전 대통령에게 잘못한 점만 있을까. 그건 아니다. 잘한 점도 많다. 그중 대표적인 게 검찰을 통치수단으로 이용하지 않았다는 점이다. 그런데 이렇게 쌓인 성과가 이명박 정부 들어 산산이 무너졌다. 이명박 대통령은 검찰을 통치수단으로 활용하는 데 망설임이 없었다. 검찰은 다시 과거 공안검찰 수준으로 돌아갔다. '죽은 권력'을 물어뜯기에 급급했지, '살아 있는 권력' 앞에서는 몸을 사렸다. 그리고 영속 불변하는 권력, '죽지 않을 권력'인 재벌에 대해서는 한없이 비굴해졌다.

내부 고발자는 파면, 비리 검사는 호의호식

노무현 전 대통령이 2009년 5월 23일 서거했다. 이날, 대검찰청 홈페이지는 누리꾼들의 항의로 멎어버렸다고 한다. 당시 사건을 통해 국민들은 이명박 정부 검찰의 본모습을 똑똑히 지켜봤다.

이 사건을 계기로 당시 검찰총장이던 임채진이 사표를 냈다. 청와대는 한동안 당황했으나, 결국 수리했다. 그리고 천성관 당시 서울중앙지방검찰청 검사장을 검찰총장 후보로 내정했다. 잘 알려져 있듯 천성관은 대표적인 공안검사다. 이명박 정부에서 그는 PD수첩, 용산참사 사건 수사를 지휘했었다. 이런 그를 발탁한 이 대통령의 뜻은 분명하다. 권력의 개로 전락했다는 비난을 받는 검찰을 더욱 세게 움켜쥐겠다는 것이다.

하지만, 천성관은 국회 인사청문회를 통과하지 못했다. 강남 고가 아파트, 가족의 해외 호화 쇼핑 등으로 논란이 일더니, 결국 스폰서 논란에서 거짓말을 한 사실이 드러나 낙마했다. 이것만으로도 검찰은 충분히 망신을 당했다.

그런데 그걸로 그치지 않았다. 언론보도에 따르면, 당시 검찰총장 청문회 논란과 관련해 관세청 직원이 천성관 후보자 가족 등의 면세물품 관련 정보를 유출했다는 혐의로 검찰 내사를 받았다. 그리고 관세청 내부 징계절차가 진행됐다. 이쯤 되면, 뻔뻔해도 너무 뻔뻔하다. 공인의 잘못이 드러났으면, 이를 반성하는 게 우선이다. 그런데 잘못을 지적한 이를 찾아내 징계한다? '검찰의 위신'이라는 말을 꺼내는 것조차 민망한 지경이 됐다. 하긴, 이명박 정부 들어 이런 일이 유독 잦았다. 공익 내부 고발자에 대한 부당한 징계 말이다. 한반도 대운하의 위험을 경고했던 한국건설기술연구원의 김이태 연구원이 징계를 받았다. 또 국세청 내부 통신망에 한상률 전 국세청장을 비판하는 글을 올렸던 김동일 과장이 파면 당했다. 이는 부패와 비리를 보더라도 무조건 눈감으라는 신호나 다름없다.

반면 온갖 비리 정황이 드러난 천성관에 대해서는 아무런 수사도 이루어지지 않았다. 모든 언론이 떠들썩하게 보도한 까닭에, 천성관의 비리 정황에 대해 모르는 사람은 거의 없다. 하지만 천성관은 검찰총장이 못 됐다는 것을 제외하면, 신상에 아무런 변화가 없다. 조사도, 징계도 전혀 이루어지지 않았다. 오히려 그의 앞길에는 변호사로 돈을 벌 수 있는 기회가 기다리고 있다.

누가 봐도 비리 정황이 분명하고, 국회에서 공개적으로 거짓말까지 한 천성관은 호의호식한다. 반면, 김이태 연구원처럼 양심에 따라 진실을 알린 사람들은 권력에 의해 심한 고초를 겪었다. 자라나는 아이들이 이런 모습을 보면, 무슨 생각을 할까. 내가 진짜 두려웠던 것은 이런 질문이었다.

"검사나 국회의원만도 못한 개?… 개에겐 모욕이다"

천성관 사태를 거치면서, 검찰은 더 이상 잃어버릴 명예조차 없게 돼 버렸다. '검찰을 신뢰한다'는 응답자가 2%에도 못 미친다는 설문조사 결과가 나오기도 했다. 당연한 일이다. 최고 권력자의 눈 밖에 난 이들의 잘못은 주머니 속 먼지까지 털어내면서, 정작 자신들이 저지른 잘못은 덮어버리는 검찰을 누가 신뢰하겠는가. 2009년 7월 20일자 〈한겨레〉에 "천성관, 법적 책임도 져야"라는 제목으로 글을 기고한 것도 이런 생각에서였다.

검찰이 국민으로부터 신뢰받지 못하는 현실이 안타깝다면, 검찰은 천성관의 비리와 거짓말에 대해 철저하게 수사해야 한다는 게 내 생각이다. 그렇지 않다면 검찰은 현 상황을 안타까워 할 자격이 없다. 하긴, 어떤 검사들은 국민들에게 당하는 조롱과 경멸이 부끄럽지 않을지도 모르겠다. 그들은 '어차피 최고 권력자에게만 총애를 받으면 그만이다'라고 생각할 수도 있다. 이런 이들에게 나는 당시 〈한겨레〉에 기고한 글을 보여주고 싶다. 이런 내용이다.

영혼이 없는 검사나 소속 정당의 정치적 병졸에 불과한 국회의원을 비난할 때 개를 빗대는 경우가 많다. 10여 년 전 어느 검사는 기자에게 '우리는 개다. 물라면 물고 놓으라면 놓는다'라고 말하여 '우리는 개다'가 일간지 칼럼의 제목이 되었고 그 검사는 좌천되었다. 그러나 개는 먹이를 주는 주인을 물어뜯거나 배신하는 일이 없고 오로지 충직할 뿐이다. 더욱이 개에게도 나름대로 덕목이 있다. 알고도 말하지 않으니 군신유의요, 큰놈에겐 덤비지 않으니 장유유서요, 털빛이 서로 닮아 부자유친이요, 새끼를 가지면 수컷을 멀리하니 부부유별이며, 하나가 짖으면 따라 짖으니 붕우유신이란다. 선조들의 해학이지만 어쨌든 '검사나 국회의원만도 못한 개'라는 비난은 개에겐 큰 모욕이다.

최근 천성관 검찰총장 후보자에 대한 인사청문회를 지켜보니 너무나도 어이없는 일뿐이다. 시중 일간지에서는 검사와 스폰서라는 표현을 쓴다. 검사는 공무원 중에선 귀족 중 귀족이며 그 급여는 생계비를 충분히 웃돌고 기관 유지 판공비, 수사활동비 등 여러 명목의 상당한 금액과 경비 카드까지 제공되어 품위 유지에 필요한 정도를 보장받고 있다. 다만 유흥비나 호사스러운 생활을 할 정도는 안 되니 아마도 스폰서란 사치비를 대주는 사람을 말하는 듯한데 이는 범죄일 수밖에 없다.

부모 형제도 장성한 후에 이유 없이 후원하기 어려운 게 세상 이치이다. 혈족이 아닌 후원자란 더러운 이해관계로 얽혀 뇌물 제공과 수수의 공범일 가능성이 높다. 정치인은 후원금에 대하여 영수증을 발행해야 하고 제공자가 법인인 경우에는 그 한도가 있으며 이를 어기면 처벌받는다. 검사에겐 영수증을 발행하여 후원금을 받는 제도도 없다. 권한 있는 공직자가 십억대가 넘는 거액과 고가의 사치품을 제공받았다면 수사 대상일 수밖에 없다. 유죄인 경우 10년 이상 무기징역에 해당하여 살인보다도 하한이 높은 중범이다. 검찰은 동료였고 총수가 될 뻔한 그를 즉시 수사하여 처벌하는 것만이 스스로 최소한의 염치를 찾는 길이다.

그는 국회의 인사청문회에서 스폰서와 해외 골프여행을 다녀온 일에 관해 명백하게 거짓을 말하였다. 국회는 즉각 주권수임자인 국회의원에게 거짓말한 일과 뇌물 의혹에 대해 그를 고발해야 한다. 그것만이 자신들에 대한 모멸과 무시를 벗어나는 길이고 국민에 대한 최소한의 예의이다. 그를 집 1채뿐인 청렴한 검사라거나, 처가에서 증여받은 재산을 감추려다 꼬인 것이라는 궤변을 농하며 비호하는 국회의원의 행태에 대하여 주권위임자인 국민은 부끄러울 뿐이다.

검사를 사직하였다 하여 이미 벌을 받은 양 더 책임을 묻지 않는다면 이는 정말 말이 안 된다. 사직함으로써 중책에서 벗어나 자유롭게 되고 경력 변호사로서 돈을 벌며 종신토록 차관급에 해당하는 연금을 받으니 축복받은 일일 뿐이다. 부패한 자의 안락한 삶을 평생 보장한다면 범죄자에 대하여 사회보장이 잘되어 있는 비정상적인 나라가 아닌가.

오보이기를 바라지만, 검찰이 관세청의 정보 유출 경위를 내사한다는데 그렇다면 이 또한 크게 잘못된 것이다. 안기부의 도청 파일 사건처럼 본질인 검사에 대한 고질적인 뇌물죄는 눈을 감고 이에 대하여 문제제기를 한 기자와 국회의원만 처벌하는 행태를 재연할 것인가. '도둑이야'라고 외치며 범인을 추적하는 의로운 사람에게 차도로 달린다며 교통방해죄로 체포하거나 소란을 피운다며 구류 처분하는 일과 무엇이 다른가.

내가 키우는 강아지 네 마리 '늘봄이, 여름이, 가을이, 달이'는 그러한 이상한 법치(?)를 모른다.

용산참사, 다시 떠오르는 인혁당 악몽

한번 기울어진 법의 저울은 계속 기울어지게 마련이다. 한쪽에 관대한 법의 저울은, 다른 쪽에는 지나치게 가혹해지곤 한다. 결국 피해를 입는 것은 권력층에 연줄이 없는 보통사람들이다.

저울의 균형이 깨진 것은 독재 정부 시절이었다. 감옥에 있어야 할 불의가 화려한 술상 앞에 자리 잡고 햇볕 아래 있어야 할 정의가 음습한 감옥에 갇히면서, 사법부의 권위는 조롱거리가 됐다. 이런 상황이 빚어낸 비극 가운데 하나가 인혁당 사법살인이다. 아무런 죄가 없는 사람들에게 법원이 사형을 선고했다. 이 사건에 대해 재심이 이루어지기까지는 30년이 걸렸다. 그 결과, 재판을 빙자한 살인행위였다는 점이 드러났지만, 당시 법관들 가운데 징계를 받은 사람은 아무도 없다.

이 글을 쓰는 동안 인혁당 사건을 떠올린 적은 많았다. 그중 한 번이 용산참사에 대한 1심 재판 결과가 나왔을 때였다. 서울중앙지법 형사합의27부(부장판사 한양석)는 2009년 10월 28일 용산참사 현장에 있던 철거민 7명에게 징역 5~6년을 선고했다. 함께 기소된 철거민 2명에 대해서도 각각 징역 3년에 집행유예 4년, 징역 2년에 집행유예 3년을 선고했다. 어이없는 판결이다. 철거민들을 기소한 검찰은 뚜렷한 이유도 없이 수사기록 3000여 쪽을 공개하지 않았다. 경찰 핵심 지휘관들의 진술조서 등이 포함된 내용이 감춰진 채 재판이 진행된 것이다.

헌법재판소와 대법원은 과거 판례에서 변호인이 원하는 수사기록을 검토할 수 있어야 공정한 재판이 가능하다고 밝혔다. 검사는 수사기록 가운데 피고인들에게 유리한 증거를 제출할 의무가 있다는 판례도 있다. 그래서 이 사건 변호인들은 검찰이 수사기록을 공개할 때까지 재판을 잠정 정지하도록 요구하기도 했다. 또 재판부가 형사소송법에 따라 압수수색이라도 해서 피고인들이 수사기록을 볼 수 있도록 해달라고 촉구하기도 했다. 그러나 1심 재판부는 "이미 입장을 밝혔으니 더 이상 논하지 말라"는 말만 반복할 뿐이다. 심지어 수사기록 없이는 더 이상 변론하기 어렵다는 변호인들에게 "변론할 수 없다면 퇴정하라"고 겁박하기까지 했다. 이런 재판 결과를 누가 신뢰하겠는가.

당시 실형을 선고받은 이들 중에는 2009년 1월 참사 현장에서 아버지가 사망한 경우가 있다. 억울하게 아버지를 잃은 사람이, 거꾸로 아버지를 죽였다고 기소된 셈이다. 통상적인 재판에서라면, 이런 경우 설령 혐의가 인정된다고 해도 실형이 선고되지 않는다. 아버지의 죽음을 감경 사유로 보는 것이다. 법원은 이런 상식을 무시했다. 그뿐 아니다. 재벌 비리 사건 재판에서는 온갖 명목으로 이루어졌던 작량감경이, 용산 참사 재판에선 전혀 적용되지 않았다.

이 사건 재판 결과를 듣고 나서, 머릿속으로 삼성특검 사건 재판 결과가 지나가는 것은 어쩔 수 없었다. 우리 사회에서 가장 부유하고 힘 있는 자들에 대한 재판에서는 한없이 관대했던 법원이, 가장 힘없고 연줄도 없는 이들에 대한 재판에서는 끝없이 가혹했다. 이런 사법부에 정의를 기대할 사람이 누가 있을까. 2006년 1월 1일자 〈한겨레〉에 기고했던 "인혁당 사법살인, 그리고 재심…"이라는 글을 다시 꺼내 읽는다. 이런 내용이다.

> 지난달 27일(2005년 12월 27일) 서울중앙지법 형사합의 23부(재판장 이기택)는 이른바 '인민혁명당 재건위원회'(인혁당) 사건에 대해 재심 개시 결정을 내렸다.
>
> 의문사진상규명위원회의 결정을 '수사기관의 범죄행위를 인정할 만한 증명된 사실'로 인정하고, 수사관의 고문범죄에 대한 공소시효 완성을 '확정 판결을 받을 수 없는 경우'로 해석하는 등 적극적이고 전향적인 결정이다.
>
> 1975년에 내려진 인혁당 사건 대법원 판결문은 최근에야 공개됐다. 왜 감췄을까? 성격은 다르지만, 널리 알려지지 않은 대법원 판결 가운데 특별히 기억나는

사건이 있다. 5·16 이후 치른 5대 대통령 선거 뒤 윤보선 후보는 박정희 당선자를 상대로 당선무효 소송을 냈다. 그 이유로 투·개표 부정을 들기도 했지만, 가장 중요한 것은 "박정희 후보가 대통령 후보로서의 자격이 없다"는 것이었다.

대통령 후보가 되기 위해서는 금고 이상의 형을 받은 사람은 그 형의 집행을 마치거나 면제된 뒤 5년이 지나야 한다. 박정희 당선자는 1948년 여순반란 사건에 연루돼 국방경비법 위반으로 무기징역을 선고받았다. 그런데 그 형을 집행한 사실도 면제받은 사실도 없으니 후보 자격이 없다는 것이다. 그 증거로는 당시 여순반란 사건 재판을 보도한 〈경향신문〉 사본이 제출됐다.

그런데 재판부는 이를 기각했다. "박정희 당선자가 대한민국에서 형을 선고받은 사실을 인정할 증거가 없다"는 '놀라운' 이유였다. 박정희에 대한 형사판결서 등 재판기록이 실제로 있는지, 또는 어떤 경위로 없어졌는지는 알지 못하지만, 이렇게 판결한 대법원의 고충을 이해하고 남음이 있다.

이 시대 이 사회의 최고 지성인 집단의 하나인 법조는 후손들에게 자랑스럽지 못하나마 적어도 비웃음거리는 남기지 말아야 한다. 사법부는 군이나 경찰처럼 15만~50만 명의 병력을 두고 있지도 않다. 국회처럼 법안을 만들 수 있지도, 행정부와 같은 집행기능을 가지고 있지도 않다. 다만 무엇이 법이고 정의인가를 선언할 뿐이다.

이제 다시 새해 새아침 동이 텄다. 이번 인혁당 재심청구 사건 재판장은 이미 사형 당한 8명과 관련해 "이 재판의 가장 중요한 당사자인 피고인들이 없다는 게 가장 가슴 아프다"며 "이러한 사정들은 이 재판의 역사적 위치와 함께, 재심을 통한 피고인들의 권리구제 한계를 말해 주는 것이어서 더욱 마음이 무겁다"고 말했다. 조금씩이라도 역사는 발전하는가 싶어, 아픈 마음을 위안해 본다.

2007년 양심고백을 준비하면서 가끔 괴로워질 때가 있었다. 국민들이 사법부에 대해 극단적으로 불신하게 될지 모른다는 불안감이 들 때였다. 법원이 권력의 눈치를 보고, 돈 많은 자들의 편을 들었던 역사가 워낙 오래됐기 때문에 우리 사회에는 사법부의 공정성을 의심하는 분위기가 만연해 있다.

그나마 인혁당 사건 등에 대해서는 뒤늦게나마 다시 판결이 내려졌다. 결국 2008년 9월 '대한민국 사법 60주년' 행사에서 이용훈 대법원장이 "불행한 과거가 사법부의 권위와 사법부에 대한 국민의 신뢰에 적지 않은 손상을 줬음을 잘 알고 있다"며 사과하기에 이르렀다. 수십 년 동안 수많은 사람들이 피와 눈물을 흘린 결과다.

그러나 여전히 마음이 불편한 것은 어쩔 수 없다. 잘못을 고치지 않으면서 내뱉는 사과의 말은 오히려 모욕에 가깝기 때문이다. 용산참사 재판에 대해 사법부가 사과하는 모습을 보려면 또 얼마나 기다려야 할까 하는 생각을 하면, 가슴이 답답해진다.

19 삼성과 한국이 함께 사는 길

마당발 천국, 서민에겐 지옥

실력도 신통치 않고, 인품이 썩 뛰어난 것 같지도 않은데 대단한 실력자 취급 받는 사람을 가끔 본다. 대개는 '마당발'인 경우다. 단지 '발이 넓다'는 이유만으로 이토록 대단한 대접을 받을 수 있는 사회도 흔치 않을 게다.

삼성에서 근무하던 시절에도 그랬다. 삼성 구조본 고위 임원들은 누구나 '마당발'이 되고 싶어 했다. 물론, 인간관계가 넓은 것은 개인을 위해서나 회사를 위해서나 나쁜 일이 아니다.

하지만 '발이 넓다'는 게 최고의 미덕으로 통하는 순간, 원칙이 사라진다. '인간적으로 얼마나 친한지'에 따라 모든 게 결정된다. 이런 분위기에서 불이익을 입은 사람은 자신이 권력자에게 밉보였기 때문에 당했다고 생각한다. 설령, 불이익을 입어 마땅한 경우에도 이런 생각을 하게 된다.

이런 상태에서 법과 제도에 따른 결정에 승복할 리는 없다. 이런 일을 겪고 나면, 학습효과가 생긴다. 무턱대고 권력자들에게 끈을 대고 억지 친분을 쌓으려 드는 것이다. 하지만, 마음에서 우러나지 않는데 억지로 친한 척하는 것은 영혼을 녹슬게 할 뿐이다.

삼성에서 이런 모습을 많이 봤다. 삼성의 성장에 실제로 기여한 사람들은 마당발을 과시하는 로비 전문가들보다 훨씬 못한 대우를 받았다. 생산, 연구, 영업 현장에서 묵묵히 땀 흘리며 실력을 쌓은 인재들도 권력층 인맥 관리와 로비를 제대로 못하면, 일회용 소모품 취급만 받았다. 반면, 로비를 잘 하는 사람들은 내세울 만한 실력이나 성과가 없어도 늘 가장 좋은 자리를 보장 받았다. 심지어 비리를 저질러도 어지간하면 잘리지 않았다.

세계적으로 인정받는 일류기업인 삼성이 어쩌다 이렇게 됐을까. 정상적인 방법으로는 문제를 풀 수 없을 만큼 비리를 많이 저지른 게 한 이유다. 이건희 일가의 지배구조가 워낙 불안정해서 권력층에 대한 로비를 통해 법과 제도를 무력화시켜야 했던 것도 다른 이유로 꼽을 수 있다.

그러나 한국 사회가 합리적인 결정을 로비로 뒤집을 수 있는 곳이 아니었다면 삼성 역시 맹목적으로 로비를 숭상하지는 않았을 게다. 결국 진짜 이유는 한국 사회 자체에 있었다.

평범한 이들까지 '마당발'을 동경하게 된 한 원인은 허술한 사회안전망이다. 개인의 삶에 위기가 닥쳤을 때, 친분이 있는 이들에게 도움을 청할 수밖에 없는 구조 때문이라는 이야기다. 갑작스럽게 직장을 잃었거나, 병이 생겼을 때 누구나 차별 없이 공공기관의 도움을 받을 수 있다면, 이런 문화가 생겨날 가능성은 적다. 실제로 사회복지가 잘 돼 있는 나라일수록,

인맥관리에 지나친 힘을 쏟는 사람을 찾기 어렵다고 한다. 반면, 사회복지가 취약한 나라일수록, 마당발을 동경하는 문화가 두드러진다고 한다.

공권력이 공정하게 집행되지 않는 것도 평범한 이들까지 인맥 관리에 집착하게 만든 한 원인이다. 힘없는 사람이 공권력의 자의적 남용에 의한 피해를 입지 않으려면, 권력기관에 있는 이들에게 평소 잘 보여둬야 한다는 이야기다. 이런 생각은 재벌부터 소규모 자영업자까지 광범위하게 퍼져 있다. 심지어 권력자와의 친분을 이용해 이익을 얻는 것을 부끄러워하기는커녕, 자랑스러워하는 자들도 많다. 실력 위주의 공정한 경쟁을 비웃는 태도와 마당발을 동경하는 태도는, 사실 종이 한 장 차이다.

그런데 중요한 결정이 인맥에 좌우되는 비율이 높을수록 결국 재벌을 비롯한 기득권층에게 유리해진다. 이들은 의사 결정에 영향을 미치는 인맥에 접근하기가 쉽다. 반면, 서민들은 아무리 친화력이 뛰어나도 이런 인맥에 다가가기가 어렵다. 인맥을 활용해 이익을 얻는 일은 인간적인 친화력의 문제가 아니라는 뜻이다. 돈이 많거나, 고위 공직을 지냈거나, 좋은 학교를 나온 사람일수록 인맥 중심 사회에서 유리하다.

극도로 내성적인 성격이라서 사람을 잘 사귀지 못하는 편인 이건희, 김인주 등이 광범위한 로비를 통해 한국 사회를 제멋대로 흔들었던 것에서도 확인할 수 있는 사실이다. 보통 사람이 아무리 친화력이 좋다한들, 돈으로 인맥을 산 자들을 당해낼 수는 없는 일이다.

검사 시절, 전두환을 수사하면서 그에게 이런 말을 들었다. "김우중이 나한테 백억 원을 줬는데, 그게 그냥 준 것이겠나. 백억 원 주고 천억 원 버니까 준 것이지." '로비' 목적으로 사람에게 접근하는 것은 사교 활동이 아니다. 겉으로는 아무런 대가를 기대하지 않는 듯해도, 결국은 이익을 노리고 있는 것이다.

"인간성 좋다"는 말의 함정, 나쁜 놈들에겐 욕 좀 먹으며 살자

하지만 우리 사회에서는 로비 잘 하는 사람, 다양한 인맥을 잘 관리하면서 권력을 요리하는 사람을 '인간성'이 좋다고 보는 경우가 흔하다. 글쎄, 그게 인간성이 좋은 걸까. 나는 그렇게 보지 않는다.

이런 사람들은 대체로 자신이 속한 집단 안에서 좋은 평판을 누린다. 그러나 자신이 속한 집단 구성원들에게 좋은 평가를 받는 게 꼭 옳은 일은 아니다. 조직의 이익과 사회 정의가 꼭 일치하는 것은 아니라는 뜻이다.

조금 극단적인 사례지만, 범죄 조직 안에서 동료들에게 인간성 좋다는 말을 듣는 자가 있다면 과연 그의 인간성을 좋다고 할 수 있을까. 그렇지 않다. 굳이 범죄조직이 아니더라도, 자신이 속한 집단의 이익이 꼭 정의에 부합하는 것은 아니다.

우리 사회에서는 소속 집단에서 인정받는 것만을 중시하는 분위기 탓에 옳지 않은 일을 하더라도 동료 및 선후배들에게 좋은 평가만 받으면 된다고 믿는 이들이 많다. 인맥을 통해 중요한 결정이 내려지는 경우가 많은 까닭에, 자신이 속한 인맥 그물에서 떨어져나갈까봐 두려워하는 것이다. 주위 사람들에게 한번 따돌림 당하면 회복하기 힘든 피해를 겪는 것도 한 이유다.

그래서 소속 집단에서 인정받기 위해 저지른 사회적 범죄가 멋진 무용담으로 통하는 경우가 많다. 상사나 동료가 이런 행동을 칭찬하고 격려하기도 한다. 조직을 위해 위험을 감수했다는 게다. 나는 삼성에서 이런 경우를 많이 봤다.

진실로 인간성이 좋은 사람은, 욕을 먹지 않는 사람이 아니다. 옳은 일을 하는 이들에게서는 칭찬을 듣고, 나쁜 짓을 하는 이들에게서는 욕을 먹는 사람이 대개는 옳은 길을 걷는 사람이다. 그리고 "인간성이 좋다"는 평가는 이런 이들에게 돌아가야 마땅하다.

하지만 우리 사회에서는 나쁜 짓을 하는 사람에게조차 칭찬 듣는 사람을 오히려 높이 치는 분위기가 짙다. 이런 사람들이 '의리'가 있다거나, '보스' 기질이 있다는 이야기를 듣는 경우가 흔하다. 이런 부류를 가리켜 '남자답다'거나 '통이 크다'고 하는 이들도 있다. '쩨쩨하지 않다'거나 '대범하다'고 평가하기도 한다.

그런데 이런 분위기 속에서 비리에 무감각한 문화가 생겨났다. 인간적으로 친하기만 하면, 무슨 짓이건 허용된다는 분위기가 생기는 것이다. 인간적인 친분이 깨지는 것을 두려워하지 않고, 잘못을 지적하는 게 진짜 용기다. 그리고 이런 용기를 지닌 이들을 격려하는 분위기가 확산돼야 비리도 줄어든다.

삼성 비자금 10조 원, 대학 등록금 10조 원

자신이 몸담았던 조직의 비리를 공개한 이들에게 쏟아지는 반응은 크게 두 가지다. 조직을 배신했으므로 부도덕한 일이라고 보는 경우, 아니면 양심을 배신하지 않았으므로 도덕적인 일이라고 보는 경우다. 어느 쪽이건, 비리 공개를 도덕이나 윤리의 문제로 여긴다는 점에서는 마찬가지다.

그런데 그게 꼭 그럴까. 그렇지 않다. 비리를 드러내고 바로잡는 일은, 도덕이나 윤리처럼 고상하고 추상적인 문제만은 아니다. 실제로 우리가 먹고사는 문제, 자식을 키우는 문제와 깊이 연결된 문제다. 재벌처럼 거대한 경제 권력이 저지른 비리라면, 더욱 그렇다. 다음 기사를 보자.

대학 등록금 때문에 사채를 썼다 갚지 못한 여대생이 사채업자로부터 윤락행위를 강요당하다 이를 안 부친의 손에 희생되고 부친도 스스로 목숨을 끊은 비극적 사건이 뒤늦게 알려졌다.

9일 서울경찰청 광역수사대에 따르면 여대생 이모(당시 21세)씨는 2007년 3월 등록금을 마련하지 못해 고민하다 서울 강남의 한 대부업체를 찾았다.

이씨와 함께 간 친구 강모(23), 장모(22)씨는 업자 김모(30·구속)씨에게 각각 300만 원씩 빌렸다. 선(先)이자 명목으로 35만 원을 떼고 90일간 매일 4만 원씩 360만 원을 갚는 조건. 이들은 급한 마음에 손을 벌렸지만, 연리 345%의 고리사채를 감당할 길이 없었다.

이씨가 제때 돈을 갚지 못하자 김씨는 악덕업자의 본색을 드러냈다. 500만 원을 다시 빌려주며 대부분을 미변제금과 선이자, 수수료로 뗀 뒤 100일 동안 6만 원씩 모두 600만 원(연리 430%)을 갚도록 재계약했다. 갚지 못한 원리금을 이율을 높여 재대출하는 '꺾기' 수법이었다. 김씨는 미등록 대부업자 3명과 짜고 채권을 불렸다. 이씨 등의 빚은 1년 새 1,500만 원씩으로 늘었다.

뒤늦게 사실을 안 장씨의 부친은 딸의 빚을 갚았지만, 이씨와 강씨는 강남의 룸살롱에서 강제로 성매매를 해야만 했다. 김씨는 대출 당시 확보해 둔 두 사람의 휴대폰 속 연락처를 무기 삼아 "돈을 갚지 않으면 사채 썼다가 몸 팔고 있다는 사실을 부모와 남자친구에게 알리겠다"며 협박하며 이들이 번 돈을 가로챘다.

강씨는 지난해 2월부터 최근까지 역삼동 S룸살롱과 신사동 V룸살롱을 전전하며 김씨에게 1,800만 원, S룸살롱 마담 최모(41·구속)씨에게 9,700만 원을 고스란히 빼앗겼다.

지난해 4월부터 대치동 B룸살롱에서 일하게 된 이씨는 결국 부친(당시 52세)에게 도움을 청했다. 부친은 그새 수 천만 원으로 불어난 빚을 갚을 방도가 없다는 막막함과 접대부가 된 자식에 대한 분노를 견디지 못했다. 결국 그는 지난해 11월 25일 딸을 찾아가 목 졸라 살해하고, 자신도 이틀 뒤 평택의 한 저수지 부근에서 목을 매 자살했다.

이 사실을 알게 된 김씨는 되레 이씨와 대출금 맞보증을 섰던 강씨에게 "이씨 몫까지 갚으라"며 강요했다. 견디다 못한 강씨는 이씨 사건을 수사하던 경찰에게 그간의 사정을 알렸다.

서울경찰청 광역수사대는 이날 김씨 등 대부업자 4명과 룸살롱 마담 최씨 등 5명을 구속하고, 대부업체 종업원 양모(33)씨 등 13명을 불구속 입건했다.

경찰에 따르면 구속된 대부업자들은 최고 연 680%의 살인적 이자를 받아 33억 원의 부당 이득을 챙겼고, 피해자를 동영상으로 찍어두거나 성추행하는 등 불법 추심 행위를 했다. 경찰은 이들에게 돈을 빌린 212명을 상대로 추가 피해 여부를 조사하고 있다. (2009년 4월 10일자 〈한국일보〉, "천벌 받을 악덕 사채")

인터넷 포털 사이트에서 이 기사를 읽으면서, 나는 눈을 의심했다. 기사가 아니라 소설처럼 읽혔기 때문이다. 그러나 분명히 사실을 다룬 기사였다. 대학 등록금 때문에 사채를 쓴 여대생이 룸살롱에 나가게 되고, 결국 가족이 파탄난 사례다. 기사를 보고 주위에 물어봤더니, 이처럼 극단적인 경우까지는 아니어도 이와 비슷한 사례는 많이 있을 것이라는 이야기를 들었다.

여기서, 다시 삼성 비자금을 떠올렸다. 언론 보도를 보니, 대학 등록금 총액이 10조 원쯤 된다고 한다. 삼성이 불법적으로 관리한 국내 비자금이 딱 이 정도 규모다. 특검이 수사를 제대로 해서 이 돈만 환수했어도, 등록금 문제에 돌파구가 열릴 수 있었다. 적어도 앞서 기사에서 다룬 것과 같은 비극은 막을 수 있다는 이야기다.

그런데 이명박 정부는 엉뚱한 해법을 꺼냈다. 등록금 문제 자체를 해결하는 방식이 아니라, 등록금을 나중에 갚도록 하겠다는 것이다. 당장은 그럴싸한 방법처럼 보일 수 있다. 하지만, 조금만 생각하면 허점이 보인다. 학생들이 등록금을 당장 내지 않아도 되므로, 그동안 등록금 인상률이 물가상승률에 비해 너무 높았다는 점이 가려지기 쉽다. 등록금 자체가 너무 높게 책정됐다는 문제를 그냥 덮어두는 정책이라는 뜻이다. 등록금 인상을 주도한 사립대학 운영 내역이 투명하게 드러나도록 해서, 학생들이 낸 등록금이 엉뚱한 곳으로 새나가지 않도록 하는 게 문제 해결의 첫걸음이다. 이를 위해서는 사회 전체의 투명성이 지금보다 대폭 강화돼야 한다.

학자금의 상환 징수를 국세청에서 담당하며, 이자 역시 시중 금리 수준과 차이가 없도록 돼 있는 점도 문제다. 지금처럼 대졸 취업률이 낮은 상태에서는 대출 회수율 역시 낮아질 수밖에 없다는 점 또한 걱정스런 대목이다. 그런데 정부는 본인이 상환을 하지 못하면 배우자에게 부담을 넘기겠다고 한다. 사채업자라면 모를까, 적어도 정부 당국이 할 이야기는 아닌

듯싶다.

그러나 조금만 살펴보면, 이처럼 어이없는 대책이 나올 수밖에 없는 이유가 드러난다. 세금을 제대로 거두지 않는 상황에선 필연적인 결과였다. 재정이 부족한 것을 뻔히 아는 관련 당국은 조삼모사(朝三暮四)식 눈속임에 의지할 수밖에 없었다.

서민대책의 핵심은, 그래서 재정 확보다. 이를 위해서는 조세 투명성 강화가 필수적이다. 그리고 삼성비리 수사는 이런 과제를 해결하는 계기가 될 수 있었다. 최고 재벌인 삼성의 비자금을 낱낱이 드러냈다면, 사회의 다른 영역에도 높은 투명성을 강제하는 계기가 될 수 있었다. 그리고 10조 원에 달하는 삼성 비자금을 환수하고, 이를 계기로 재벌과 부유층에게서 세금을 제대로 거둬들이는 기풍을 세웠다면, 정부 재정 역시 탄탄해질 수 있었다. 가장 부유한 자들에게 세금을 제대로 물렸으므로 공정성에 대한 불만도 생길 리 없다. "왜 센 놈은 못 건드리면서 약한 놈만 잡느냐"라는 불만이 나올 수 없다는 것이다.

룸살롱이 악의 축이라고 생각한 이유

검사 시절, 나는 "한국 사회의 악의 축은 룸살롱"이라고 생각한 적이 있다. 수사를 하다 보니, 온갖 나쁜 짓은 다 룸살롱과 연결돼 있었다. 그런데 앞서 인용한 기사를 읽으면서, 다시 이런 생각을 했다. 대략 이런 식이다.

조세 투명성이 낮으니, 지하경제만 번창한다. 대표적인 게 룸살롱이다. 그리고 공권력이 공정하게 집행되지 않으니, 다들 권력층에 줄을 대려고만 한다. 이들이 끈끈하게 어울리는 곳은, 역시 룸살롱 같은 유흥업소다. 마음에서 우러난 교제가 아닌, 억지 친분을 쌓으려면 술과 접대부가 필수적이기 때문이다. 돈과 권력을 가진 자들끼리 폭탄주를 주고받는 횟수가 잦아질수록 법과 질서는 기득권층에게만 유리해진다. 서민은 기득권층과 공정한 경쟁을 할 수 없게 되고, 결국 벼랑 끝으로 내몰린다. 그런데 정부는 서민 대책을 세울 방법이 없다. 투명성이 낮으므로, 세금을 제대로 거둘 수 없기 때문이다. 재정이 부족한 정부는 그저 눈속임 대책만 쏟아낼 따름이다. 질병, 실업 등에 대한 대비는 개인이 알아서 해야 한다. 사회복지가 부실한 사회에서 보통사람들이 기댈 곳은 결국 인맥밖에 없다. 직장에서 쫓겨난 사람이 일자리를 알아보려면, 다른 방법이 없으니 말이다. 그래서 인맥을 통한 청탁에 관대한 문화는 사라지지 않는다. 그런데 이런 문화 속에서 이익을 얻는 것은 주류 인맥을 장악한 기득권층이다. 이들은 로비를 통해 사법 질서와 언론을 제멋대로 조종한다. 서민은 이들과 경쟁할 수 없다. 앞서 인용한 기사에서처럼 삶이 망가져버린 이들이 속출한다. 이들 중 일부가 룸살롱 접대부가 된다. 공급과 수요가 모두 늘어난 까닭에 룸살롱 등 향락산업은 계속 번창한다.

이런 악순환이 반복되는 것이다. "한국 사회의 악의 축은 룸살롱"이라는 생각을 다시 떠올린 이유다.

이런 악순환을 끊는 방법은, 앞에서도 이야기했다. 우리 사회에서 가장 부유한 자들에게도 공정한 법질서를 적용하는 것이다. 재벌이 불법적으로 숨겨둔 비자금을 환수하고, 사회 전체의 투명성을 높여서 탈세를 막는 것이다. 이렇게 확보한 재정으로 튼튼한 사회안전망을 갖춰서 보통사람들이 미래에 대해 갖는 불안을 덜어주는 것이다. 교육, 의료, 주거, 실업 보장 등 생활에 필수적인 영역에서 공공성이 대폭 강화되면, 사회 투명성 역시 계속 높아질 수밖에 없다. 조직 안에서 탈세, 비자금 등 비리를 발견한 사람이 이를 공개해서 직장에서 쫓겨나고 따돌림을 당한다 해도 기본적인 생계는 보장되기 때문이다. 적어도 지금 한국에서보다는 용기를 내기 쉽다. 사회복지가 발달한 북유럽 사회에서 투명성 지수가 높은 까닭이기도 하다. 앞서 이야기한 것과 정반대의 선순환이 만들어지는 셈이다.

그런데 우리 사회에서 가장 부유한 자들이 빼돌린 돈을 환수했을 때의 효과는 단지 재정 확충에 그치지 않는다. 부유층에 대한 막연한 적대감을 누그러뜨리는 효과로 이어진다. 영국 왕세자가 군 복무를 한 이유와 같은 맥락이다. 자본주의 역사가 우리보다 오래된 서구 사회에서 '노블레스 오블리주'라는 개념이 생겨난 것과도 같은 맥락이다.

시장질서 왜곡하는 재벌 비판했는데, 왜 '좌빨'인가?

삼성 비리를 세상에 알린 뒤, 나는 '좌빨'이라는 비난을 자주 들었다. 내가 '좌익 빨갱이'란다. 이런 비난 앞에서는 그저 어이가 없을 뿐이다. 분명히 말하지만, 나는 좌익이 아니다. 북한을 끔찍히 혐오한다. 김일성, 김정일 부자는 역사에 씻을 수 없는 죄를 지었다고 본다.

정부의 계획이 시장을 대체하는 옛 소련식 사회주의 역시 전혀 매력을 느낄 수 없다. 당초부터 이런 모델이 지속 가능하다는 생각을 해 본 적이 없다. 그렇다면, 정부가 개인의 문제를 일일이 챙겨줘야 한다는 복지만능주의자인가. 역시 아니다. 나는 정부가 개인의 문제를 해결하는 데 한계가 있다고 본다. 또, 지나친 복지가 꼭 좋은 것만도 아니라고 본다. 사람마다 능력의 차이가 있으며, 보상 역시 차이를 둬야 한다는 상식을 억지로 부정하는 논리 역시 설득력이 없다고 생각한다.

그래도 어떤 이들은 여전히 나를 '좌빨'이라고 부른다. 이런 주장대로라면, 나는 북한, 사회주의, 복지만능주의를 모두 싫어하는 '좌빨'인 셈이다. 세상에 이런 좌익, 빨갱이가 있다는 이야기를 들어본 적이 없다.

나는 오히려 자본주의 시장경제 체제를 위협하는 게 삼성을 비롯한 재벌이라고 본다. 시장경제가 건강하게 유지되기 위한 필수조건은 활발한 '기업가 정신'이다. 위험을 감수하고 새로운 도전에 뛰어드는 기업가 정신은, 우리에게 낯설지 않다. 맨주먹으로 창업해서 회사를 키운 사례, 백지 상태에서 기술을 쌓아서 선진국과 경쟁하는 제품을 만든 사례 등은 한국 경제를 이만큼 키워낸 자산이다. 그런데 이런 자산이 최근 사라지고 있다고 한다.

중장년층뿐 아니라, 젊은이들에게서도 '기업가 정신'이 실종됐다는 목소리가 나온다. 창업이나 신기술 개발 등 모험에 뛰어드는 사람들은 점점 찾기 힘들어지고, 안정만 추구하는 이들이 늘어간다는 이야기다.

한국이 왜 이렇게 됐을까. 여러 이유가 있겠지만, 재벌이 무소불위의 힘을 휘두르게 된 점을 빠뜨릴 수 없다고 본다. 갓 창업한 중소기업이 재벌 소속 대기업과 공정한 거래를 하기 힘들다는 것이다. 기껏 신기술, 신제품을 개발해도 무리한 납품단가 인하 요구에 시달리다 보면, 기업을 키워가기 힘들어진다. 갓 창업한 중소기업은 불공정한 관행에 문제를 제기하기도 쉽지 않다. 재벌 기업과 소송을 벌여봤자 이길 가능성도 낮다. 이래서는 기업하는 일에 신명이 날 리가 없다. '기업가 정신'을 짓누르는 게 재벌이라는 이야기다.

실제로 삼성전자는 2008년 2월 공정거래위원회로부터 사상 최대 규모의 과징금을 부과 받았다. 당시 공정위 발표에 따르면, 삼성전자는 '시장 지배적 위치'를 남용해 협력업체들에게 부담을 떠넘겼다. 삼성전자가 얻은 막대한 이익 가운데 상당 부분은 협력업체에게 돌아갈 몫을 가로챈 것이었다는 뜻이다. 공정위 발표에 담긴 삼성전자의 불공정 거래 행위 사례는 다양했다. 부품을 납품하는 협력업체에 지급해야 할 대금을 제멋대로 깎는 일은 다반사였다. 또 납품업체가 갖고 있는 핵심 기술이 담긴 자료를 요구하거나, 납품업체의 경영에 간섭한 사례도 있었다. 그리고 이런 사례에 대해 공정위가 조사에 나서자 관련 자료를 모조리 수정, 삭제해 버렸다. 또, 공정위가 불공정거래 관련 자료를 확인하기 위한 내부 문서결재시스템의 열람을 요구했지만 삼성전자 측은 이를 거부했다.

"중소기업은 아무리 노력해도 결국 재벌 좋은 일만 시켜준다"는 인식이 팽배한 사회에서 시장경제가 활성화될 리 없다. 이렇게 보면, 시장경제 활성화를 가로막는 진짜 '좌빨'은 재벌인지도 모르겠다.

안보를 위협하는 진짜 '좌빨'은 재벌이다

물론, '좌익', '빨갱이' 등 표현이 시장경제를 위협하는 세력만 가리키는 것은 아니다. 국가 안보를 위협하는 세력을 가리키는 표현이기도 하다. 그렇다면 삼성 비리를 고발하면, 국가 안보가 흔들릴까. 나는 그 반대라고 본다.

이재용 등 재벌 집안 자제들은 몸이 건강해도 군대에 안 간다. 또, 죄를 지어도 벌을 받지 않는다. 최전방에서 나라를 지키는 국군 장병들이 이런 사실을 보며 어떤 생각을 할까. 어려운 집안 형편을 뒤로 하고 군대에 간 젊은이들, 작은 실수에도 호된 꾸지람이 떨어지는 칼날 같은 군기가 유지되는 병영에서 힘든 시간을 보내는 젊은이들을 생각한다면, 이건희 일가가 저지른 비리에 결코 관대해질 수 없다. 한겨울에 휴전선에서 보초를 서는 젊은이들은 누구나 법 앞에 평등한 민주주의 국가를 지키기 위해 군대에서 젊음을 보내는 것이다. 병역과 납세의 의무조차 외면하고, 법을 우롱하는 특권층 가문이 전횡을 저지르는 사회를 위해 아까운 젊음을 군문에 바친 게 아니다.

돈과 권력을 가진 이들이 병역을 회피하고, 세금을 탈루하는 나라가 튼튼한 안보를 유지했다는 이야기는 들어본 적이 없다. 인류 역사를 아무리 샅샅이 훑어도 이런 사례는 없을 게다. 이건희 집안사람들에게 병역 등 국민의 의무를 이행하고 세금 제대로 내고, 법을 지키라고 요구하는 것은, 그래서 국가의 안보를 튼튼히 하기 위한 일이기도 하다.

하긴, 재벌이 국가 안보를 더 노골적으로 위협하는 사례도 있는 마당에 삼성만 탓하는 것은 불공정한 일일 수도 있다. 이명박 정부는 잠실 제2 롯데월드 신축을 허용했다. 1994년부터 롯데그룹이 사활을 걸고 추진해온 프로젝트였지만, 역대 정권이 국가 안보를 이유로 허용하지 않았던 사안이었다. 제2롯데월드 신축을 막았던 정권 가운데는 이명박 정부 지지자들이 '좌파 정권'이라고 부르는 정권도 포함돼 있다. '좌파'라는 소리를 들었던 정권조차 국가 안보 때문에 불허했던 사안을, '좌파'를 비판하며 집권한 자들이 허용한 것이다. 국가 안보에 대한 개념이 없는 정권이 들어선 셈이다.

제2롯데월드가 들어서면, 유사시 성남비행장(서울공항)을 이착륙하는 항공기 조종사들의 생명이 위험해진다. 공군이 제2롯데월드 신축을 기를 쓰고 반대했던 것도 그래서였다.

그런데 대통령이 공군의 반발을 짓눌러버렸다. 군의 최고통수권자인 대통령이 공군 조종사들의 목숨을 가볍게 여기는 상황에서, 국가 안보를 논하는 것은 우스운 일이다. "비즈니스 프렌들리"를 외치며 재벌과의 끈끈한 관계를 과시했던 이명박 정부에게는 국가 안보조차도 재벌의 이익을 위해 양보할 수 있는 것으로 비쳤나 보다. 재벌 역시 목숨을 걸고 조국 하늘을 지키는 공군 조종사들의 목숨에는 별 관심이 없다. 이런 이들이 진짜 '좌빨' 아닌가.

이재용, 경영권 승계 전에 군대부터 다녀왔어야

이건희는 지난 2003년 스웨덴을 방문했다. 이재용과 이학수도 동행했다. 당시 이건희는 스웨덴 재벌 가문인 발렌베리(Wallenberg) 가문에 관심을 뒀다. 발렌베리 가문과 삼성 집안은 여러모로 닮았다. 발렌베리 가문은 스웨덴 국내총생산(GDP)의 30%, 주식시장 시가총액 40% 이상을 차지한다. 통신, 기계, 제약, 금융 등 진출한 산업의 범위도 넓다.

그런데 이건희가 관심을 둔 대목은 따로 있다. 발렌베리 가문은 150여 년에 걸쳐 5대째 경영권을 세습했다. 로스차일드 가문처럼 금융재벌 가문이 여러 대에 걸쳐 경영권이 승계된 사례는 제법 있다. 하지만 삼성 가문이나 발렌베리 가문처럼 제조업이 다수 포함된 재벌 가문 중에는 이런 사례가 드물다. 게다가 발렌베리 가문은 스웨덴 사회에서 평판도 좋은 편이다. 이건희가 부러워하는 게 당연하다.

하지만 발렌베리 가문과 이건희 집안 사이에는 결정적인 차이가 있다. 발렌베리 가문이 지배하는 기업들은 모두 '독립 경영'이 원칙이다. 발렌베리 가문은 '인베스터AB'라는 지주회사를 통해 이 기업들을 지배하는데, 인베스터를 지배하는 것은 공익재단이다. 인베스터가 자회사로부터 받은 배당 이익을 공익재단으로 보내면, 재단은 수익금의 대부분을 스웨덴의 과학·기술 발전을 위해 사용한다. 발렌베리 가문은 스웨덴에서 과학자, 공학자, 의학자의 든든한 후견인으로 통한다. 그 결과는 스웨덴 학문과 산업, 공공의료 전체에 혜택이 된다. 이 대목에서 삼성과 발렌베리가 결정적으로 다르다. 이런 차이에 대해 이건희가 어떤 생각을 했는지 궁금하다.

그러나 더 중요한 차이가 있다. 가문의 후계자를 고르는 방식과 기준이다. 발렌베리 가문의 지주회사인 인베스터를 경영하려면 조건이 있다. "부모 도움 없이 대학을 졸업하고 해외 유학을 마칠 것. 해군 장교로 복무할 것." 이게 최소 조건이다. 이런 조건을 갖춘 이들끼리 경쟁을 벌여 후계자를 정한다. 이 경쟁은 몹시 치열해서 자살하는 사람이 나오기도 했다. 삼성 가문이 후계자를 정하는 방식, 기준과는 사뭇 다르다.

이게 발렌베리 가문만의 특징일까. 그렇지 않다. 이건희가 흉내내려 하는, 유서 깊은 재벌 가문은 다 이런 식이다. 2009년 9월 12일자 〈조선일보〉에 소개된 독일 명품 가전업체 밀레의 경우를 보자. 경쟁 업체보다 60~70% 비싸게 팔리는 최고급 가전제품을 만드는 이 회사는 1899년 밀레와 진칸 가문이 창업했다. 지금까지 110년 동안 2명의 공동창업자 후손들이 각각 자기 가문에서 한 명을 회장으로 추천하고, 두 사람이 회사를 함께 운영하는 지배구조를 갖고 있다. 공동회장 가운데 한 명인 라인하르트 진칸(Reinhard Zinkann)은 후계자 선정 방식을 묻는 질문에 이렇게 대답했다.

"수십 명이 경합한다. 가문에서 내려오는 규칙이 있다. 회사를 승계하려면 규칙에 따라 자신의 능력을 입증해야 한다. 내부 경쟁을 거쳐 후보가 되면 4년 이상 다른 회사에서 일하며 경영능력을 검증 받아야 한다. 내 경우, BMW에서 1988년부터 4년간 일했다. 밀레 입사 전 2개 헤드헌터 업체로부터 업계 최고 인재라는 추천장을 받아야 회사에 입사할 수 있다. 또 본사에 입사해 바닥부터 일을 배워야 한다. 나는 1992년 회사에 입사해 차근차근 승진해 1999년 간부(Senior Management)로 경영수업을 시작했다. 2002년 6명의 심사위원회가 주최한 최종면접을 통과하고서야 최고경영자로 일하기 시작했다."

이 밖에도 몇 가지 기준이 더 있다. 외국어 능력과 군 복무다. 이 신문에 따르면, 진칸 회장은 "5개 국어를 구사하며 그중 3개 국어는 능숙하다"고 한다. 그리고 그는 기갑부대 장교 출신이다.

이재용에게 이런 기준을 적용해 보면 어떨까. 삼성과 무관한 직장에서 사회생활을 시작해서 그곳에서 능력을 인정받은 뒤, 경영권 승계 작업을 시작하라고 말이다. 그렇게 해도 이재용은 다른 기준을 충족하지 못한다. 바로 군 복무다. 그는 허리 디스크를 이유로 병역을 면제 받았다.

앞서 언급한 재벌 가문 후계자들이 반드시 군 복무를 거친 데는 이유가 있다. 사회에서 많은 혜택을 누리는 자로서 감당해야 할 최소한의 의무라고 봤기 때문이다. 이런 의무를 회피했을 때 돌아올 질시와 비난은 두고 두고 짐이 될 것이기도 하다. 물론, 군 복무를 통해 정신적, 육체적으로 단련되기를 기대한 측면도 있을 게다.

더구나 한국은 징병제가 실시되는 나라다. 가장 유력한 대권후보가 자식을 군대에 보내지 않았다는 이유로 낙선하는 사회다. 병역을 회피한 이들에 대한 반감이 다른 어느 나라보다 높다. 이런 나라에서 멀쩡한 몸을 가진 사람이 군대를 다녀오지 않고, 대기업을 제대로 운영할 수 있을까. 그렇지 않다. 보이지 않는 비난이 계속 쌓일 수밖에 없다. 이는 결국 이재용 본인에게도 큰 부담이 된다.

한국에서 복지사회가 불가능해진 이유

한국 경제에서 가장 큰 힘을 가진 이들은 이건희, 정몽구 등 재벌2세들이다. 이들이 죽고 나면, 이재용, 정의선 등 재벌3세들이 그 자리를 물려받을 게다. 마치 왕조처럼 경제 권력을 대물림하는 사회가 정상일까. 그렇지 않다. 우리보다 먼저 자본주의가 뿌리 내린 나라에서 대기업 경영권 승계가 3세까지 이어지는 경우는 찾기 어렵다. 당장 미국만 봐도 그렇다. 2세 경영은 간혹 찾을 수 있지만, 3세 이후에는 대주주로만 머무르는 게 일반적이다. 2세 경영자는 창업자와 동업자 관계로 볼 수 있는 면이 있다. 그래서 어느 정도는 정당성을 가질 수 있다. 3세 경영자는 그렇지 않다. 그냥 봉건 왕조에서처럼 왕위를 물려받았을 뿐이다.

이건희나 이재용처럼 태어나면서부터 황태자로 자란 사람들은, 자신들이 누리는 기득권을 당연하게 받아들인다. 그래서 자신들이 누리는 부와 권력이 사회로부터 온 것이라는 점을 알지 못한다. 봉건 사회에서의 왕족이나 귀족이 자신들의 특권에 대해 갖고 있는 생각과 비슷하다. 부모에게 물려받은 혈통처럼 기득권 역시 원래부터 주어진 것이라고 본다는 뜻이다. 그래서 이런 이들은 양보를 모른다. 기득권이 조금만 흔들리면 참지 못하는 것도 그래서다.

반면, 자신의 기술과 아이디어, 노력으로 부자가 된 사람들은 다르다. 꼭 그런 것은 아니지만, 적어도 자신이 누리는 부와 권력이 원래부터 주어진 것이 아니라는 점은 알고 있다. 사회로부터 도움을 받았다는 점을 부정할 수 없는 것이다. 복지가 잘 갖춰져 있어서 교육, 의료 등이 거의 무상으로 제공되는 북유럽 사회에서는 이런 특징이 더욱 두드러진다. 공공부문이 실패에 대한 안전판을 마련해주고, 교육기회를 충분히 제공했으므로 자신이 성공할 수 있었다고 보는 것이다.

이런 사회에서는 부자들에게 높은 세금을 물리기도 쉽다. 소득세율이 50%에 가까운 핀란드에서 가장 큰 부자는 괴란 순드홀름인데, 그는 발명만으로 핀란드 최고 부자가 됐다. (2007년 11월 기준) 수백 개의 특허를 가진 그는 핀란드의 에디슨으로 통한다. 2세 재벌 총수가 주를 이루는 한국과 달리, 핀란드에서는 상속을 통해 부자가 된 사람이 극소수다. 기술과 아이디어로 부자가 된 경우가 대부분이다. 재벌 가문에서 태어난 아이와 평범한 집안에서 태어난 아이 사이에는 영원히 건널 수 없는 골짜기가 패여 있는 한국과는 극명한 대조를 이룬다.

핀란드 부자들이 사회적 책임에 조금 더 민감한 것도 이런 맥락일 게다. 심지어 핀란드에서는 벌금도 누진제다. 벌금 액수가 소득에 비례한다는 뜻이다. IT벤처기업을 창업해 부자가 된 젊은이가 2000년 11월 교통법규를 어겼다는 이유로, 우리 돈 8500만 원 가량의 벌금을 문 사건은 널리 알려져 있다. 사회로부터 많은 혜택을 얻었으면, 잘못에 대한 책임도 더 강하게 져야 한다는 생각이 깔려 있는 것이다.

하지만, 우리 사회에서는 반대다. 기득권을 누리는 이들에게 더 많은 책임을 묻기는커녕, 당연히 이루어져야 할 처벌마저 면제해 주기 일쑤다. 한번 기득권을 잡으면, 법과 제도의 통제를 벗어날 수 있으므로 기득권에 대한 도전이 무서울 게 없다. 법망에서 벗어난 자들과 공정한 경쟁을 하기란 불가능하다. 이렇게 되면, 한번 기득권을 잡은 이들이 영속 불변하는 권력을 누리게 된다. 결국 이런 기득권 구조 바깥에 있는 젊은이들은 일찍부터 꿈을 포기하고 절망에 빠지게 된다. 한마디로 악순환이다.

이런 사회에서 건강한 기업가 정신이 싹트기란 거의 불가능하다. 평범한 사람도 열심히 노력하면 큰 부자가 될 수 있는 핀란드 사회가 부러운 이유이기도 하다.

핀란드에서는 매년 11월이면 전 국민의 소득과 세금이 공개된다. 누구나 마음만 먹으면, 옆자리 동료와 이웃의 소득과 세금을 알 수 있다. 이런 사회에서 탈세가 쉽지 않은 게 당연하다. 소득 가운데 절반을 세금으로 떼어가도 별 불만이 없는 것 역시 그래서다. "나보다 많이 버는 사람은 나보다 많은 세금을 낸다"는 믿음이 유지되고 있기 때문이다. 한국은 그렇지 않다. 이재용이 삼성에버랜드를 물려받는 과정에서 낸 세금이 내가 삼성에서 근무하는 동안 낸 세금보다 적었다. 이런 상황에서 누가 세금을 제대로 내고 싶겠는가.

세율이 높아도, 세금이 공정하게 매겨지고 투명하게 쓰인다면 국민이 불만을 가질 리 없다. 흔히 세율이 높으면 경제에 부담을 준다고 하는데, 세율이 높은 북유럽 국가에서 오히려 경제가 튼튼한 것을 보면 꼭 그렇지만도 않다는 것을 알 수 있다. 세율이 높아도 권력층이 부당한 영향력을 행사하지 않는다면, 시장은 활기를 띠기 마련이다.

요컨대 문제는 투명성이다. 수돗물이 오염돼서 모두들 생수를 사서 마시는 것보다, 그 돈을 모아 수도를 정화하는 게 훨씬 효율적이라는 말이 있다. 일종의 협동모델인 셈이다. 이런 모델은 사회 모든 영역에 적용된다. 복지가 발달한 북유럽 사회가 보통 이런 논리로 움직인다. 우리는 왜 이렇게 못할까. 여러 이유가 있지만, 투명성 부족을 빠뜨릴 수 없다. 앞서 든 예처럼 각자 마실 생수 값을 모아 수도를 정화하기로 했다고 하자. 만약 내가 낸 돈이 엉뚱한 곳으로 새나가거나 불공정하게 쓰인다는 의심이 든다면, 돈을 내는 게 불안할 수밖에 없다. 결국 더 비효율적이라는 것을 알면서도, 내가 마실 물은 내가 사서 마시는 방식을 택하게 된다. 하지만, 내가 낸 돈이 어떻게 쓰이는지가 유리알처럼 보인다면 사정은 달라진다. 생수 값을 모아 상수원과 수도관에 투자하는, 더 효율적인 결정을 내릴 수 있다. 이런 점을 고려하면, 낮은 투명성 때문에 생기는 기회비용이 흔히 생각하는 것보다 훨씬 크다는 사실을 알 수 있다. 이런 기회비용을 줄인 대가는, 국민 모두를 위한 복지로 돌아온다.

그러나 삼성 비리라는 분기점에서, 한국 사회가 택한 방향은 황당했다. 공무원과 삼성이 결탁한 정황이 드러났는데, 아무런 제재를 하지 않았다. 이에 대한 투명한 해명도 없었다. 그렇다면 국민이 낸 세금이 소수 재벌과 특권층에게 유리한 방향으로만 쓰이지 말라는 법이 없다. 공공 부문이 불공정하고 불투명하게 운영된다는 이야기다. 이래서는 세금을 제대로 내는 사람만 바보 취급당하기 십상이다. 가장 부유한 자가 저지른 탈세와 비자금에 대해 면죄부를 줬으니, 그보다 덜 부유한 자들이 저지른 탈세에 대해 엄격해지기도 힘들다. 정부 재정은 계속 줄어들고, 가난한 이들의 절망감은 더욱 깊어질 수밖에 없다. 이래서는 튼튼한 사회안전망도, 창의와 혁신을 좇는 기업가 정신도 모두 불가능해진다. 삼성 비리를 덮어버린 특검이 역사에 죄를 지었다고 생각한 것은 그래서였다.

"삼성이 성장해야 한국 경제도 성장한다"는 오해

특검이 수사 결과를 발표하던 날, 어느 경제지는 "삼성특검, 고민 끝 '경제' 선택"이라는 제목을 달았다. 재벌의 잘못을 덮어주는 게 국민 경제에 도움이 된다는 생각에 따른 제목이다. 잘못된 생각이다. 반칙과 특권, 비리를 공권력이 용인하면, 시장질서가 무너진다. 결국 경제가 망가진다.

당시 경제지들은 재벌의 성장이 국민 경제 전체의 동반 성장으로 이어진다고 주장했다. 역시 설득력이 없다. 예컨대 삼성의 금융 계열사는 철저하게 국내용이다. 불공정한 보험 약관 등을 이용해 이익을 취하는 구조일 뿐, 외화를 벌어들이거나 국가의 부(富) 혹은 경쟁력을 증대시키는 데는 기여하는 바가 없다.

삼성전자 등 제조업 계열사는 다를까. 그렇지도 않다. 공장이 대부분 해외로 이전돼 있기 때문이다. 국민 경제 활성화의 핵심인 일자리 증가에 별 도움이 안 된다는 뜻이다. 최근 10여 년 동안 삼성 등 재벌은 비약적으로 성장했지만, 재벌 계열사 일자리 수는 제자리걸음이라는 통계도 있다.

게다가 현재의 재벌은 중소기업의 희생을 바탕으로 성장했다. 재벌이 시장 지배력을 남용해 중소기업에 부담을 떠넘기는 구조였다는 뜻이다. 대기업은 중소기업이 독자적인 기술을 개발할 여력이 생기지 않는 선에서 납품단가를 정해 왔다. 중소기업을 값싼 노동력을 제공하는 곳 정도로만 활용하는 셈이다. 이런 현실이 바뀌지 않는 한, 재벌의 성장이 곧 국민 경제의 성장이라는 주장은 허구다.

굳이 재벌이 진출하지 않아도 되는 영역에까지 발을 뻗치는 문어발 식 경영 역시 삼성의 성장과 한국 경제의 성장을 등치시키기 어려운 이유다. 정부 역시 재벌에 대한 규제를 풀어서 이런 방향으로 유도했다. 이런 상태가 오래 지속되면, 일자리의 99%를 제공하는 중소기업들이 버티기 힘들다. 근근이 버틴다 해도 직원들에게 임금을 제대로 줄 수 없다. 99%의 일자리가 부실해지는 것이다.

중소기업들이 모두 망하면, 중소기업에 비용을 떠넘기며 몸집을 불린 재벌이 위기를 맞는다. '문어발 경영' 탓에 위험에 대한 내성(耐性)을 기를 수 없었던 재벌은 위기에 취약하다. 한국 경제 전체가 파국을 맞게 되는 셈이다.

안철수연구소 창립자인 안철수 KAIST 교수도 비슷한 지적을 여러 번 했다. 그는 2009년 3월 희망제작소에서 진행한 강연에서 대기업에만 쏠려 있는 한국 경제가 위험에 취약하다고 지적했다. 누구나 투자를 할 때면 '포트폴리오'를 고려한다. 국가 경제 역시 마찬가지라는 게 안 교수의 설명이다. 특정 재벌에 지나치게 의존하는 경제 구조는, 환경이 바뀌면 한순간에 몰락할 수 있다는 뜻이다. 그는 1997년 IMF 외환위기를 예로 들면서, 위험 분산을 위해서라도 대기업 쏠림 현상은 막아야 한다고 지적했다.

한국 경제의 현실은 이와 반대다. 재벌의 위험 분산을 위해 수익성이 낮은 계열사도 거느리는 '문어발 경영'을 한다. 또한, 국가 경제 운용은 위험 분산에 대한 고려 없이, 재벌 위주로 이루어진다. 국가가 짊어지는 위험은 커지고, 재벌 총수들이 감당하는 위험은 작아지는 구조다. 그리고 신규 투자나 기술 혁신이 이루어지기 힘든 구조이기도 하다. 기득권에 안주하는 '문어발 경영'을 하는 재벌이 굳이 위험을 감수하는 투자에 나설 리가 없기 때문이다.

당시 강연에서 안 교수는 "대기업이 혁신적인 아이디어와 기술을 계속 공급받기 위해서도 중소기업과의 상생이 필요하다"며 세계 정보 산업을 이끄는 기업인 '구글'을 예로 들었다. 그는 "한국 상식에서라면, 미국에서 인터넷 벤처기업을 세우는 것은 어리석은 짓"이라고 했다. 구글이 시장을 장악하고 있으므로, 신규 창업기업이 끼어들 여지가 없다고 볼 것이기 때문이다. 그런데 미국에서는 새로운 인터넷 기업들이 계속 생겨난다.

이유는 간단하다. 대부분의 한국 대기업이 협력업체에게 간신히 생존할 수 있을 정도의 이익만을 보장하는 것과 달리, 구글은 독창적인 기술과 아이디어를 지니고 시장에 새로 진입한 기업에게 지속적인 연구개발이 가능한 수준의 이익을 보장하는 정책을 취하고 있기 때문이다. 구글 경영진이 유난히 착해서 그런 게 아니다. 안 교수는 "새로 창업한 기업과 대기업이 상생하는 게 길게 보면 이익이기 때문"이라고 설명했다. "기존 방식으로 이미 성공을 거둔 대기업에서는 좋은 아이디어가 나오기 힘들다. 신규 창업자가 시장에 진입할 공간을 열어두고, 서로 협력해야 대기업이 혁신적인 아이디어를 꾸준히 공급받을 수 있다. 이런 구조가 없으면, 산업 자체가 망한다. 결국 대기업도 함께 망한다." 안 교수의 말이다.

구글은 1998년 미국 대학원생 두 명이 세운 회사다. 창업한 지 10년이 못 돼 세계적인 대기업으로 성장한 셈이다. 반면, 한국에는 이런 젊은 기업이 없다. 경제개혁연대가 2008년 3월 내놓은 〈경제개혁리포트〉에 따르면, 한국의 모든 기업군에서 1960년대에 설립된 기업이 가장 많았다. 그리고 1981년 이후 최근 25년 동안 설립된 '젊은 기업'이 50대 기업군에서는 7개사에 불과했다. 이들 7개사 가운데 제조업체는 LG필립스엘시디 단 한 곳뿐이다. 창업한 지 25년 안쪽의 '젊은 기업'은 50대 기업군의 문턱을 넘기 어렵다는 뜻이다. 그나마 문턱을 넘은 기업은 재벌 계열사인 경우다. 이런 현상을 결코 가볍게 넘겨서는 안 된다. 한국이 경제 영역에서 기득권이 점점 견고해지고, 활기를 잃어가고 있다는 뜻이기 때문이다. 한마디로 경제가 늙어간다는 이야기다.

이렇게 된 배경에는 늙은 대기업이 젊은 중소기업을 수탈하는 구조가 있다. 하지만, 그게 전부는 아니다. 다른 이유도 있다.

〈경제개혁리포트〉에 따르면, 200대 기업 가운데 설립 이후 지배권 변동을 경험한 회사가 총 71개사다. 그런데 이 가운데 절반 이상인 39개사가 공기업 민영화 또는 구조조정기업의 매각 과정에서 재벌 계열사로 편입된 경우다. 그리고 재벌의 급격한 확장은 이런 과정에 힘입은 결과였다.

그런데 공기업 민영화나 구조조정기업의 매각 등을 주도한 것은 정부였다. 결국 역대 정부가 재벌 중심 경제 체제를 만드는 데 결정적인 영향을 미쳤다는 뜻이다. 삼성 등 재벌 계열사가 시장에서 진입장벽을 쌓고 기득권을 누려온 게 이들 재벌의 실력 때문만은 아니라는 이야기다. 역대 정부의 직간접적인 도움이 없었다면, 삼성 등 재벌은 지금과 같은 위상을 누릴 수 없었다. 그리고 정부의 도움은 결국 국민 세금을 기반으로 한 것이다. 이들 재벌이 국민에게 빚을 졌다는 뜻이다. 하지만 삼성 등 재벌은 국민에게 진 빚을 갚기는커녕, 오히려 세금 납부라는 기본적인 의무마저 피하려 든다. 그리고 오히려 큰소리를 친다. 재벌 때문에 국민이 먹고사는 것처럼 말이다.

'글로벌 삼성' 가로막는 장애물이 삼성특검

특혜 속에서 자란 한국 재벌은 "너 하나만 잘 자라면 된다"며 키운 응석받이 아들처럼 돼 버렸다. 이런 자식은 대개 집안에서만 큰소리를 칠뿐, 부모 도움 없이 성공하기는 어렵다.

삼성이 이런 꼴이다. 자칭 '글로벌 기업'을 내세우지만, 철저히 국내 기득권에 안주했다. 내가 삼성 비리를 공개했을 때, 어떤 사람들은 "이건희가 삼성 본사를 해외로 옮기면 어떡하느냐"며 불안해 했다. 비리가 들통난 게 화가 난 이건희가 삼성 본사를 외국으로 옮기면, 한국 경제에도 해로우리라는 생각인데, 터무니없는 불안감이다. 삼성은 본사를 해외로 옮길 수 없다. 철저히 내수 위주인 금융 및 소비재 사업, 중소기업에 비용을 떠넘기는 거래 관행, 정부의 다양한 지원 등 국내에서 누리는 이점이 워낙 크기 때문이다.

삼성이 '글로벌 기업'과 거리가 멀다는 것은 다른 재벌과 비교해서 외국인 임원이 적다는 점에서도 드러나는 사실이다. LG, SK 등 다른 재벌에 비해서도 삼성은 국제화 지수가 낮다는 설명을 접한 적이 있다.

이건희가 한때 "한 명의 천재가 만 명을 먹여 살린다"며 해외 유명 대학에서 수학한 인재들을 영입하도록 다그친 적이 있다. 이렇게 영입된 인재들을 모아 미래 전략을 수립하기 위한 팀을 만들었지만, 별 성과를 내지 못했다. 영입 인재들의 실력이 부족했던 것은 아니다. 폐쇄적이고, 권위적인 삼성 문화가 이들이 능력을 발휘하는 것을 막는 걸림돌이었다. 외국 선진 기업이나 연구소에서 스카우트한 인재들이 삼성에 잘 적응하지 못하는 경우가 많았던 것도 이런 이유 때문이다.

이런 사실은 새로운 게 아니다. MIT에서 공학 박사를 받고 미국 스탠포드 대학 연구소에서 일했던 황창규 전(前) 삼성전자 사장은 삼성이 영입한 해외 인재의 대표 사례인데, 그 역시 입사 초기에 삼성 문화에 적응하느라 크게 애를 먹었다고 한다. 권위적이고 폐쇄적인 삼성 문화가 개방적인 미국 연구소 분위기와 워낙 달랐기 때문이다. 진대제, 황창규 등이 그나마 삼성에 적응할 수 있었던 것은, 이들이 학부 과정을 국내 대학에서 마쳤으며 한국식 기업문화에 대한 기본적인 이해가 돼 있었기 때문일 게다. 만약 학부 과정부터 해외에서 마친 인재가 있다면, 혹은 외국인 인재라면 삼성 문화에 잘 적응할 수 있을까. 나는 이런 질문에 회의적이다.

물론, 이건희 역시 해외 인재들을 두루 포용하지 못하면 삼성은 진정한 '글로벌 기업'이 될 수 없다는 것을 잘 알고 있다. 그가 메기론 등을 외치며 외부 인재 영입을 강조했던 것도 그래서라고 본다. 그러나 이런 기대는 당분간 실현되기 힘들다. 삼성이 외부 인재가 적응하기 힘든 폐쇄적이고 권위적인 문화를 갖게 된 책임이 이건희 일가에게 있기 때문이다. 총수 일가를 위해 저지른 비리를 감추려면, 자연스레 폐쇄적인 분위기가 될 수밖에 없다.

또 총수 일가가 절대 권력을 행사하는 기업이 민주적이고 수평적인 문화를 갖는 것은 불가능하다. 권력층에 연줄을 대서 로비를 잘 하는 사람이 우대받는 구조에서, 외국인 혹은 외국 생활을 오래 한 인재가 소외감을 갖는 것 역시 당연하다. 전 세계에서 인재들이 몰려드는 '글로벌 기업'은 그저 희망사항일 수밖에 없다. 이건희 일가의 비리가 드러나도, 삼성이 본사를 해외로 옮기지 못하리라고 본 것은 그래서였다.

만약 삼성이 비리를 모두 털어낸다면, 그래서 국내 권력층에게 불법 로비를 할 필요도 없고 기업 실상을 투명하게 공개해도 문제가 없는 상황이 된다면, 그때가 바로 삼성이 '글로벌 기업'으로 거듭나는 계기가 될 것이라고 본다. 이렇게 보면, 삼성이 '글로벌 기업'으로 거듭나는 것을 막는 걸림돌은 삼성특검이었던 셈이다. 특검이 삼성 비리를 밝혀내지 않고 오히려 덮어줬으니 말이다.

젊은이들이 안정적인 직업만 찾는 이유, 진짜 모르나?

2009년 3월 30일자 〈조선일보〉 인터넷 판에서 윤종용 전(前) 삼성전자 부회장의 인터뷰 기사를 봤다. 크게 새로운 내용은 없었다. 과학기술 분야로 뛰어난 학생들이 많이 진출해야 한다는 평소 지론을 밝힌 내용이다. 하지만, 이 기사는 좀 웃겼다.

1997년 외환위기 이후, 청소년들이 이공계열을 기피하게 됐다. 대신,

고시를 치거나 의과대학에 지원하는 학생들이 크게 늘었다. 이런 현상이 생긴 지, 벌써 십 년이 넘었다. 예전에는 과학자나 엔지니어가 됐을 학생들이 의사나 한의사가 되는 경우가 늘어나면, 전자공학을 전공한 윤종용으로서는 안타까운 마음이 드는 게 당연하다. 굳이 삼성전자와 관련 짓지 않더라도 이런 현상이 바람직하지 않다는 점은 분명하다.

하지만 외환위기 이후 청소년들이 과학기술 연구직을 기피하고 무조건 안정적인 진로만 선망하게 된 책임 가운데 일부는 삼성에 있다는 게 내 생각이다. 따라서 삼성전자 부회장을 오래 지냈던 윤종용 역시 이런 책임에서 완전히 자유롭지 않다. 그런데 언론 인터뷰에서는 마치 자신은 아무런 책임이 없는 양 개탄하는 이야기만 하고 있으니 어이가 없을 수밖에.

삼성에서 기술자와 연구원은 비리 공범들보다 늘 낮은 대우를 받았다. 삼성의 성장에 결정적인 기여를 한 '반도체 기술자', '휴대폰 기술자'보다 이건희 일가를 위해 비리를 저지른 '비자금 기술자', 공무원을 타락시키는 '로비 기술자'들이 더 높은 대우를 받았다는 이야기다. 멀리서 예를 찾을 것도 없다. 〈조선일보〉와 인터뷰했던 윤종용 자신이 바로 이런 경우다. 그는 이학수보다 선배다. 단지 나이나 경력에서만 선배였던 게 아니다. 삼성을 대표하는 기업인 삼성전자의 성장에 그는 큰 공을 세웠다. 그러나 그는 이학수에게 늘 무시당했다. 이유는 간단하다. 이학수가 삼성 비자금을 다뤘기 때문이다.

비자금 조성과 불법 로비에 가담해야 좋은 대우를 받는 현실, 총수 일가와 거리가 가까울수록 권력이 세지는 현실에서 생산 현장과 연구실을 지키는 기술자와 연구원들이 신명나게 일할 수 있을 리는 없다. 예전에는 이런 현실이 잘 알려지지 않았다. 하지만 이제는 꽤 알려져 있다. 그러니 청소년과 대학생들이 과학기술 연구를 기피할 밖에.

윤종용의 인터뷰를 보면서 코웃음 쳤던 이유는 또 있다. 젊은이들이 과학기술 연구나 창업 대신 안정적인 직업으로 쏠리는 결정적인 이유를 외면했기 때문이다. 과학기술 연구나 창업에는 위험이 따른다. 개인이 아무리 노력해도 그 위험을 줄이는 데는 한계가 있다. 과학기술 연구의 경우, 어떤 사람이 한 가지 연구에 평생을 걸었지만, 죽을 때까지 결실을 못 거두는 경우도 있다. 관련 학문 분야의 패러다임이 바뀌면서 이제까지 해온 연구가 물거품이 될 수도 있다. 이렇게 되면, 해당 연구자는 위기에 처한다. 한 가지 분야 연구에 전념했던 탓에 다른 분야나 직업에 새로 적응하기도 쉽지 않다. 휴대폰 판매를 하던 사람은 휴대폰 산업이 망해도 텔레비전 판매에 쉽게 적응하지만, 휴대폰 연구를 하던 사람은 휴대폰 산업이 망하면 갈 곳을 찾기 힘든 것과 같은 이치다. 창업 역시 마찬가지다. 개인의 노력으로 구조적 한계를 뛰어넘기란 거의 불가능하다. 한국처럼 중소기업이 대기업에 종속된 정도가 심한 나라에서는 더욱 그렇다.

이런 상황에서 연구나 창업을 독려하려면, 이런 일이 성공했을 때 돌아가는 보상을 크게 하는 것도 한 방법이다. 그러나 여기에는 한계가 있다. 더 근본적인 대책은 실패했을 때를 대비한 안전망을 만들어주는 것이다.

한국 사회에는 이런 안전망이 없다. 기업 연구소에 십년 넘게 틀어박혀 있던 사람은 바깥세상으로 나오면 적응하기 어렵다. 이런 사람들이 회사에서 쫓겨나면 아무런 안전망 없는 세상에 내동댕이쳐진다. 창업에 실패한 사람은 금융사범이라는 꼬리표를 평생 달고 다닌다. 한국 사회는 재벌의 경제범죄에는 한없이 관대하지만, 젊은 창업자에게는 지독히 가혹한 곳이다.

미래가 너무 불안하면, 누구나 안정 지향적인 선택을 하기 마련이다. 결국 사회안전망을 강화해서 실패에 대한 부담을 줄여주는 길밖에 없다. 그런데 이를 위한 필수 조건인 조세 투명성에는 등을 돌린 채, 요즘 젊은 이들이 안정적인 직업만 선호한다며 개탄하는 언론을 보면 기가 막힌다.

황우석과 삼성 비리

내가 삼성 비리를 알린 게 2007년 가을이었다. 당시 주요 언론은 내가 전한 이야기를 외면하려고만 했다. "법을 다 지키면 기업 경영 못 한다"거나 "기업 경영에 지나치게 윤리적인 잣대를 들이대면 안 된다"는 게 주된 핑계였다. "삼성은 사실상 한국을 먹여 살리는 기업이므로, 총수가 저지른 사소한 허물은 눈감아주는 게 옳다"고 우기는 경우도 있었다. "한국을 대표하는 기업에 대해 윤리적인 문제를 제기하는 것은 결국 외국 경쟁기업들을 이롭게 하는 일"이라며, 나를 비난하기도 했다. 삼성 비리를 공개한 일이 마치 매국 행위쯤 된다는 식이다.

이런 주장을 들으면서, 나는 2005년 황우석 사태를 떠올렸다. 황우석 박사가 논문 사기를 쳤다는 사실이 들통 나기 전부터 그가 진행하는 연구에 윤리적인 문제가 많다는 지적이 자주 나왔었다. 당시 주요 언론은 "과학 연구에 지나치게 윤리적인 잣대를 들이대면 안 된다"며 이런 지적을 묵살했다. 또 "황 박사가 진행하는 줄기세포 연구는 미래에 한국을 먹여 살릴 수 있는 경제적 가치가 있으므로, 황 박사의 사소한 잘못은 눈감아주는 게 옳다"고 주장하는 경우도 있었다. "윤리적인 이유로 황 박사의 연구의 발목을 잡는 것은 결국 경쟁 관계에 있는 외국 과학자들을 이롭게 하는 일이다"라면서 황 박사의 연구를 비판하는 이들을 매국노 취급하는 자들도 있었다. 심지어 황 박사의 논문 자체가 사기였다는 사실이 드러난 뒤에도, 이런 목소리는 수그러들지 않았다.

2년 터울을 두고 일어난 황우석 사태와 삼성 사태가 어쩌면 이렇게 닮았는지 모르겠다. 이들 사태에서 드러난 주요 언론의 입장을 요약하면, "지금 돈을 잘 버는 자, 혹은 훗날 돈을 잘 벌어들일 가능성이 있는 자에게 윤리를 요구하는 것은 매국 행위"라는 것이다. 이런 입장은 과연 옳은가. 당연히 그렇지 않다.

윤리적인 원칙이 통하지 않는 사회는 결국 거짓과 폭력이 지배하는 곳이다. 거짓을 지적하면 욕을 먹는 사회에서 진리를 탐구하는 학문이 발달할 리 없다. 황 박사의 과학 사기극을 지적한 일은, 과학 발전을 위해서도 유익한 일이었다는 뜻이다.

그리고 거짓이 난무하는 불투명한 사회에 자본을 투자할 사람은 없다. 힘의 논리가 지배하고 있어서 공정한 경쟁이 불가능한 사회에서 기업을 세우고 새로운 제품이나 기술을 개발할 사람 역시 없다. 윤리적인 원칙이 사라지면, 경제 역시 망가진다는 뜻이다. 돈 앞에서 윤리를 따질 필요 없다는 주장이 성립할 수 없는 이유다.

하지만 황우석 사태와 삼성 사태에서 드러난 주요 언론과 대중의 생각이 안타까웠던 진짜 이유는 따로 있다. "윤리가 바로 서야 경제도 건강해진다"는 명제 역시 사실이지만, 이보다 중요한 명제가 있다는 이야기다.

누구나 알고 있는 소박한 명제다. "윤리적 원칙이 경제적 이윤보다 우선이다"라는 명제다. 이런 이야기를 하면 돌아오는 반응은 뻔하다. '세상 물정 모르는 순진한 사람'이라거나, '아직 철이 없다'는 반응이다.

물론, "의식이 족해야 범절을 안다"거나 "사흘 굶고 도둑질 안 하는 사람 없다"는 속담도 진실이다. 극단적인 빈곤 상황에서 윤리적 원칙을 고집하기란 쉽지 않다. 그러나 이런 특수한 상황이 아닌데도 윤리적 원칙에 대해 냉소하는 것은 명백히 잘못이다. 게다가 "돈을 조금 덜 벌더라도, 법을 지켜야 한다"고 했을 때 비웃는 자들은 대개 굶주림과는 한참 거리가 멀었다. 오히려 넘치는 돈을 주체하지 못하는 자들이 법과 원칙을 비웃는 것을 많이 봤다. 이런 사회는 이미 정상이 아니다. 돈과 권력을 많이 누리는 자일수록 윤리적 원칙에 충실한 사회가 정상이다.

우리 사회는 이와 정반대가 돼버렸다. 돈과 권력을 가진 자 앞에서 윤리를 고집하면, '좀 모자란 사람' 취급당하기 일쑤다. 약자에게 피해를 떠넘기고, 권력자에게 줄을 대면서 법을 피해가는 요령이 뛰어날수록 주위 사람들에게 갈채를 받곤 한다.

반부패 시민혁명이 필요하다

어떤 이들은 묻는다. "우리 사회가 다 썩었는데, 왜 삼성만 문제 삼느냐"라고. 만약 내가 삼성이 아닌 다른 곳에 근무했고, 거기서 부패 정황을 발견했다면 그걸 공개하는 게 옳았으리라고 본다. 나는 우연히 삼성에서 일하게 됐고, 거기서 부패 정황을 봤기 때문에 그것을 국민 앞에 신고했다. 다른 곳에서 썩은 장면을 본 사람이 있다면, 그걸 공개해서 바로잡는 게 옳다고 본다. "어차피 다 썩었다"라면서 부패를 용인하는 태도는 결코 옳지 않다.

삼성 재벌 핵심부와 검찰의 비리를 고발하면서, 내 마음이 편했을 리는 없다. 둘 다 내 오랜 일터였다. 이 두 곳에서 알게 된 이들이 내 인간관계의 대부분이다. 이들에게 '배신자' 취급을 당하는 것은 사회적 사망 선고와 다름없다.

하지만 나는 2007년의 양심고백을 후회하지 않는다. 그리고 사회의 다른 영역에서도 비리를 공개하는 사람들이 머지않아 나오리라고 믿는다. 부패와 비리는 곰팡이와 같아서 햇볕 아래 드러나는 순간 사라진다는 이야기를 들었다. 설령 권력이 양심고백한 내용을 덮어버린다고 해도, 비리를 세상에 알리는 일은 의미가 있다. 그리고 이런 이들이 늘어나면, 권력이 비리를 덮어버리는 데도 한계가 있다.

비록 재벌과 검찰의 비리를 주로 공개했지만, 내가 목격한 비리는 꼭 이들만 저지르는 게 아니었다. 어떤 면에서, 검사들이 저지른 비리는 오히려 사소했다. 국세청 등 다른 공직에 있는 이들이 저지른 비리는 규모가 더 크다고 알고 있다. 다만, 나는 이들 공직자들의 비리에 대해서는 구체적인 내역을 몰랐기에, 내가 확실히 아는 부분에 대해서만 공개했다. 내 양심고백으로 인해, 검찰이 다른 권력기관보다 유난히 더 썩었다는 오해는 받지 않았으면 좋겠다.

언론의 타락은 검찰보다 한참 심각했다. 재벌 비리를 고발하는 기사와 광고를 바꿔치기하는 언론이 있다는 것을 알았을 때, 나는 깊이 절망했다. 언론이 비리 앞에 침묵하면, 비리는 갈수록 커질 것이기 때문이다. 대기업 홍보팀 임원이 건넨 몇 푼 안 되는 촌지와 선물 앞에서 중심을 잃고 흐느적대는 기자들을 보면, 한심하기까지 했다. '언론인의 양심이라는 게 참 싸구려구나' 싶었다.

내가 검찰 고위직의 비리를 공개했다고 해서, 하급 공무원들이 꼭 깨끗하다고 본다면 그것도 오해다. 삼성에 있던 시절, 하급 공무원들의 비리도 광범위하게 접했다. 이들이 별 죄의식 없이 저지르는 비리가 고위층의 비리보다 더 큰 해악을 끼치는 경우도 많았다. 고위직의 비리를 공개한 일이 하급 공무원에게 면죄부를 주는 결과로 이어지지는 않았으면 하는 바람이다. 실무를 담당한 하급 공무원들이 깨어 있으면, 진짜 큰 비리도 막을 수 있다. 하급 공무원들의 자정 노력도 절실하다.

삼성의 비리를 공개하고 중소기업과 대기업이 상생하는 거래 관행을 주장했다고 해서, 삼성이 아닌 다른 재벌은 깨끗하다거나 중소기업 경영진이 대기업 경영진보다 더 도덕적이라는 주장으로 받아들여지지는 않기를 바란다. 다른 재벌이 삼성보다 더 깨끗한지 아닌지에 대해 나는 잘 모른다. 나는 단지 삼성 비리를 목격했으므로, 이를 고발했을 뿐이다. 다른 재벌의 비리에 대해서도 양심고백이 이어지기를 기대한다. 중소기업이 대기업의 횡포에 시달린다는 사실이, 중소기업은 깨끗하다는 주장을 뒷받침할 수는 없다고 본다. 약자라는 점과 도덕적이라는 점은 늘 별개이기 때문이다.

탈세 등의 비리가 꼭 기업에서만 일어나는 것도 아니다. 변호사인 나는 변호사 업계에서 일어나는 탈세가 만만치 않다는 점을 잘 알고 있다. 재벌이 법을 잘 지키지 않는다는 사실이 변호사, 의사 등 전문직, 기타 자영업 부문은 법을 잘 지킨다는 주장으로 이어질 수는 없다. 한국 사회의 부패는 뿌리가 깊고 넓다. 그래서 어느 한 사람이 전체를 파악하는 것은 불가능하다. 시민 각자가 자신이 선 자리에서 부패를 감시하고 고발해야 한다. 이런 고발을 접수하여 수사하고 처벌하는 것은 물론 사법기관의 몫이다. 사법기관이 다른 영역보다 유난히 더 썩은 게 아님에도, 내가 사법기관의 부패를 유독 강하게 비판한 것은 이런 이유에서였다. 수사와 사법처리를 담당하는 곳이 썩어버리면, 다른 영역에서 일어난 자정 노력이 허사가 될 수 있다.

한 곳이 썩기 시작하면, 전체가 썩는 것은 순식간이다. 부패를 막는 일이 한두 사람의 노력으로는 불가능한 이유이기도 하다. 사회 전체가 깨어 있지 않으면, 깨끗했던 사회도 금세 썩어버린다. 우리가 깨끗하다고 부러워하는 선진 사회 역시 끊임없는 자정 노력이 없다면, 결국 썩게 돼 있다.

권력층이 부패한 사회는 힘센 자가 아무런 견제 없이 횡포를 부리는 무법천지일 뿐, 우파의 이상도 좌파의 이상도 될 수 없다. 부패를 막는 문제는 좌-우 이념과 상관없는 일이라는 이야기다. 그것은 동시에 좌파도, 우파도 끊임없는 감시와 성찰이 없다면 부패로부터 자유로울 수 없다는 뜻이기도 하다. 그래서 나는 모든 시민이 부패에 맞서는 장면을 꿈꾼다. 반(反)부패시민혁명에 관한 염원이다.

"그래서 이 책을 썼다"

새로 연 변호사 사무실 아래에는 중년 부부가 운영하는 작은 음식점이 있었다. 이 글을 쓰는 동안, 그 집이 문을 닫았다. 적어도 내가 느끼기로는 이 음식점은 재료를 속이지 않았다. 좋은 재료를 써서 맛을 내고, 정직한 가격을 받았다.

이렇게 장사해서 음식점 주인은 얼마쯤 벌었을까. 어림잡아 계산해 보니 건물 임대료를 빼고 나면, 주인 부부 인건비 정도가 남을 듯했다. 정직하게 장사하면, 아침부터 밤까지 쉬지 않고 일해야 간신히 생활비를 벌 수 있다는 뜻이다.

경제가 어렵다는 기사를 접할 때마다, 이 집 주인 부부가 떠오른다. 경영난에 내몰린 기업은 당장 손쉬운 해법에 유혹을 느낀다. 사람을 자르는 것 말이다. 그러나 회사에서 쫓겨난 직원은 갈 곳이 없다. 사회안전망이 극도로 취약한 우리 사회에서 실업은 그 자체로 거대한 공포다. 마땅한 새 일자리를 구하지 못한 사람들은 결국 자영업으로 몰린다. 하지만 자영업은 이미 포화상태. 앞서의 음식점 주인처럼 정직하게 장사하는 사람은 살아남기 힘든 구조다. 묵묵히 일하다 직장을 잃은 사람이 남을 속이지 않고는 살아남기 힘든 사회, 정직하게 장사하고 세금 제대로 내면 늘 손해 보는 느낌으로 살아야 하는 사회, 이런 곳에서 내가 변호사 간판을 걸고 있다는 생각이 들 때마다 마음이 무거웠다.

아이들에게 "정직하게 살라"고 권해도 불안하지 않은 사회가 되면 좋겠다. "정직하게 살면 손해 본다"는 생각이 현명한 것으로 통하고 "손해 보더라도 정직해야 한다"는 생각은 순진한 어리석음으로 여겨지는 사회에서, "정직하게 살아야 한다"고 배운 아이들이 커가는 일을 차마 지켜볼 자신이 없다.

이건희 일가가 저지른 비리를 세상에 알린 뒤, 늘 했던 생각도 이런 것이었다. 많은 사람들이 재벌의 비리를 공개해 봤자 소용없다고 이야기했다. 삼성 비리 관련 재판 결과가 나오자, 이런 목소리에 "역시나" 하고 힘이 실렸다. 이들은 말한다. "정의가 이기는 게 아니라, 이기는 게 정의"라고. "질 게 뻔한 싸움에 뛰어드는 것은 어리석은 짓"이라고. 내 생각은 다르다. 정의가 패배했다고 해서 정의가 불의가 되는 것은 아니다. 거짓이 이겼다고 해서 거짓이 진실이 되는 것도 아니다. "정의가 이긴다"는 말이 늘 성립하는 게 아니라고 해서, 정의가 패배하도록 방치하는 게 옳은 일이 될 수는 없다.

나는 삼성 재판을 본 아이들이 "정의가 이기는 게 아니라, 이기는 게 정의"라는 생각을 하게 될까봐 두렵다. 그래서 이 책을 썼다.

부록
천주교정의구현전국사제단 기자회견문

1차 기자회견문(2007년 10월 29일)
(김용철 변호사의 양심고백 내용이 이날 처음으로 세상에 알려졌다)

삼성은 불법 비자금 조성과 사용 내역을 공개하고
검찰은 즉각 수사에 착수하라

한국을 대표하는 삼성은 세계적인 그룹으로 국민 경제에서 차지하는 비중이 크고 막중하다. 그만큼 경제정의와 도덕성에서도 일류 기업으로서 정도를 걸어야 할 책임이 있다.

그럼에도 삼성은 계열사 사장단과 재무담당 임원, 전략기획실 임직원 명의의 차명계좌를 이용해 거액의 비자금을 조성하여 정치, 사법, 행정부는 물론 언론과 시민사회단체 등 사회 지도층들을 대상으로 불법적인 로비 행각을 지속해 왔다. 삼성그룹이 운용하고 있는 비자금 규모는 최대 수조 원대에 이를 것으로 추정된다.

3년 전에 퇴직한 김용철 전 구조조정본부 법무팀장 계좌에는 본인도 모르는 50억 원대의 현금과 주식이 들어 있었다(첨부자료 참고). 이것은 분명히 불법으로 조성된 비자금이다. 그룹 임원의 재산 증식용 자금이라고 삼성이 꼼수를 부린다면 이는 손으로 하늘을 가리는 격이다. 본인 동의 없이 개설돼 비자금 조성에 이용되고 있는 임직원 명의의 차명계좌는 천여 개에 이른다고 김 변호사는 증언하고 있다. 검찰은 이 계좌에 들어 있는 자금을 포함한 삼성그룹 비자금 전모에 대한 수사에 즉각 착수해야 한다.

비자금은 각 계열사에서 갹출하고 있으며, 심지어 적자를 내고 있는 기업들에게도 일정 금액을 할당해 비자금을 조성하고 있다. 이로 인해 각 계열사는 정상적인 경영과 회계 처리가 어려울 정도다.

이렇게 조성된 비자금은 대통령 선거, 국회의원 총선 등 각종 선거의 불법자금으로 제공됨으로써 우리 정치를 후진국 수준으로 떨어뜨리고 있다. 삼성의 불법자금은 대선 때마다 커다란 사회 문제를 야기한 바 있다. 또한 '떡값'이라는 이름 아래 정치인,

판검사, 정부 고위 관리, 언론인 등 우리 사회 지도층 전반에 뿌려지고 있다. 적게는 수십만 원에서 많게는 수억 원까지 천차만별이며 그 형태도 현금, 골프 접대, 상품권, 호텔할인권, 고급포도주 같은 고가 상품 등 다양하다. 삼성이 떡값을 주면서 '관리'하고 있는 인사는 모두 우리 사회 지도층이다. 그들이 삼성에 의해 부패하게 되면 우리 사회 전체가 부패된다. 그런데 삼성은 삼성으로부터 돈을 받은 것이 성공을 보증하는 증표라는 속설마저 만들었다. 하루빨리 우리 사회에서 이러한 부패 고리를 끊어야 한다.

이건희 삼성 회장은 장남인 이재용 씨에게 세금 내지 않고 부를 세습시키기 위해 온갖 편법과 불법을 동원했다. 당시 이 작업은 구조조정본부의 이학수 본부장과 김인주 팀장 등 핵심 인사들이 주도했다. 명백한 불법 행위지만 이 사건의 수사와 재판은 10년 가까이 지났음에도 불구하고 아직 끝나지 않고 있다. 부의 세습 과정이 불법이라는 명백한 증거가 있고, 재판 과정에 제출된 진술들은 대부분 조작되었다. 이러한 명확한 사실을 두고서도 검찰과 재판부는 관계자들을 처벌하지 않고 있다.

검찰과 법원이 법과 원칙에 따라 엄정히 처리할 것을 다시 한번 촉구한다.

이 밖에 계열사 회계 분식, 명의신탁을 이용한 계열 분리, 이 회장 가족들의 회사 자금 유용 등 삼성이 저지른 불법행위는 헤아릴 수 없이 많다. 회장 비서실, 구조조정본부, 전략기획실 등으로 이어져온 삼성 수뇌부에 의해 주도되고 있는 이런 범법행위들은 지금도 계속되고 있다.

삼성은 이에 대해 스스로 반성하고 자정하는 노력을 보여야 한다.

경제 정의 실현과 부패 척결을 위하여 이런 잘못된 관행은 근절되어야 한다.

삼성의 반성과 사법부의 엄정한 수사를 다시 한번 촉구한다.

2007년 10월 29일
천주교정의구현전국사제단

(아래는 1차 기자회견 당시 회견문에 첨부했던 내용)

차명 계좌를 이용한 비자금 조성 실태

삼성은 김용철 변호사의 동의 없이 은행, 증권사 등에 계좌를 개설한 뒤, 이를 이용해 비자금을 관리하거나 자금 세탁용으로 이용하고 있다. 김 변호사는 계좌를 만드는 데 동의하지 않았다. 입사 때 제출한 주민등록증 복사본과 자기들이 임의로 만든 도장을 이용해 수시로 신규 통장을 개설하고, 해지한 것이다.

김 변호사의 차명 계좌는 김 변호사 자신도 조회할 수 없었다. 김 변호사는 지난 7월 주민등록증을 분실한 뒤 8월 초 재발급 받았다. 이후 신규 개설한 계좌는 과거의 주민등록증 복사본을 이용한 것으로 보인다. 은행의 공모 없이는 계좌 개설과 유지가 불가능한 부분이다.

현재 확인된 김용철 변호사 명의의 차명 계좌와 이용 실태는 다음과 같다.

비자금 계좌 1
 -개설 지점: 우리은행 삼성센터지점(삼성 본관 2층 소재)
 -계좌 번호: 미상
 -예치 금액: 약 50억 원대
 -계좌 활동 시기: 불명
 -비자금 규모: 김 변호사의 금융소득 종합과세 납부 실적을 보면, 2006년도에 상기 계좌에서 1억 8천여 만 원의 이자 소득이 발생했다. 이를 정기예금으로 간주하고 연이율을 4.5%로 계산하면 예금액은 50억 원대로 추정된다.
 -특기사항: 지난 10월 19일 우리은행 △△지점에 확인한 결과, 이 계좌가 있는 것으로 확인이 됐으나 보안계좌로 분류돼 계좌 번호는 조회가 불가능했다. 10월 24일 우리은행 ○○지점에 다시 계좌 조회를 했을 때는 이 계좌 존재 여부조차 확인되지 않았다. 이는 10월 19일 이 계좌 조회를 한 것이 삼성 쪽에 알려짐으로써 아예 계좌 존

재 여부조차 확인할 수 없도록 조치한 것으로 보인다.

비자금 계좌 2
-개설 지점: 우리은행 삼성센터지점
-계좌 번호: 1002-301-722068
-예치 금액: 조회 불가
-계좌 활동 시기: 2004년 8월 26일~2004년 12월 7일
-특기 사항: 지난 10월 19일 우리은행 △△지점에 확인한 결과, 계좌의 존재를 확인해 주었으나 거래 내역은 조회가 불가능했다. 하지만 10월 24일 우리은행 OO지점에 계좌 확인을 요청한 결과, 이 계좌가 존재하는지조차 확인할 수 없었다.

비자금 계좌 3
-개설 지점: 우리은행 삼성센터지점
-계좌 번호: 1002-635-117357
-예치 금액: 17억 원
-계좌 활동 시기: 2007년 8월 27일~현재
-특기 사항: 8월 27일 신규로 통장을 개설해 17억 원을 입금한 뒤, 다음 날인 28일 삼성국공채신 매수 자금으로 인출했다.

비자금 계좌 4
-개설 지점: 신한굿모닝증권 도곡지점
-계좌 번호: 012-01-112XXX
-예치 금액: 삼성전자 주식 6071주(당시 시가 2,668,204,500원)
-계좌 활동 시기: 2004년 10월 28일 잔고 확인
-특기 사항: 삼성전자 주식이 보관돼 있다가 인출된 것으로 보인다. 계좌 거래 내역

은 확인 불가.

1차 회견 당시 사제단이 발표한 성명

삼성그룹과 검찰은 새로 태어나야 합니다

"아무도 두 주인을 섬길 수 없다. 한쪽은 미워하고 다른 쪽은 사랑하며, 한쪽은 떠받들고 다른 쪽은 업신여기게 된다. 너희는 하느님과 재물을 함께 섬길 수 없다."(마태오 6, 24)

"너는 어찌하여 형제(자매)의 눈 속에 있는 티는 보면서, 네 눈 속에 있는 들보는 깨닫지 못하느냐? 네 눈 속에는 들보가 있는데 어떻게 형제(자매)에게 '가만, 네 눈 속에서 티를 빼내주겠다' 하고 말할 수 있느냐? 위선자야, 먼저 네 눈 속에서 들보를 빼내어라. 그래야 네가 뚜렷이 보고 형제(자매)의 눈에서 티를 빼낼 수 있을 것이다." (마태오 7, 3-5)

이 두 성서 구절은 러시아의 인도주의 작가 톨스토이가 감동을 받고 스스로 반성하며 늘 되새겼던 마태오의 산상수훈 말씀입니다. 우리 사제들 또한 그리스도인으로서 예수 그리스도의 길을 보다 철저하게 따르려고 노력하면서 늘 이 말씀을 묵상하며 우리 자신을 성찰하고 있습니다.

사실 영육으로 이루어진 인간은 필연적으로 재물을 갖고 살아야 합니다. 그러나 성숙한 도덕적 인간은 모름지기 재물보다 더 큰 가치가 있음도 깨닫습니다. 이 가치가 그리스도인들에게는 바로 절대자 하느님입니다. 그러나 우리는 때로 재물 앞에 머리를 숙이고 하느님을 잊기도 합니다. 때문에 신학자들은 재물을 현대판 우상이라고 지적하고 있습니다.

사실 우리는 엄혹했던 시절, 인간의 권리와 자유를 짓밟았던 군사독재정권에 맞서 온 힘을 다해 싸워 자유를 획득했습니다. 사실 오늘날 우리가 누리고 있는 민주주의와 자유는 바로 뜻있는 청년학생시민 등 우리 모두의 노력의 결실입니다. 기업이 누리고 있는 자유와 검찰의 독립도 바로 우리 민주시민들의 노력 덕분임을 깨달아야 합니다.

그러함에도 불구하고 옛날 군부독재정권의 그 독선과 오만을 오늘날에는 자본과 기업이 어이없게도 자행하고 있으며, 새로 태어나지 못한 검찰 또한 권력을 남용하고 있습니다. 매우 가슴 아프며 안타까운 일입니다.

이에 우리는 윤리 도덕적으로 성숙한 인간상을 지향하며 기업에 대해 특히 삼성에 대해 우선 몇 가지 문제점을 지적하며 이에 대해 검찰과 국세청은 민주시민의 공복으로서 겸허하게 그리고 철저하게 조사할 것을 요구합니다.

사실 오늘날 삼성은, 젊은이들에게 매력을 주는 기업 그리고 국민에게 긍지를 주는 기업이라는 위상을 지니고 있습니다. 세계적으로도 한국을 대표하는 기업으로 자리매김했습니다.

그러나 과연 삼성이 그 명성에 걸맞는 역할을 하고 있는지, 삼성경영인과 삼성전략기획실은 깊이 반성해야 합니다.

삼성이라는 기업과 삼성그룹의 운영권을 쥐고 있는 소수의 지배자들을 우리는 구분해서 이야기하고자 합니다. 삼성의 소수 지배자들은 기업의 이익을 사유화하고 기업의 운영을 장악하기 위하여 불법·편법·탈법적 방법을 동원하고 있습니다. 바로 기업을 부실하게 만드는 원인을 그들이 제공하고 있습니다.

무노조, 비노조 경영, 이건희 회장 일가의 봉건적 지배 구조, 경영권 편법 세습, X파일 사건 등에서 확인하듯 삼성의 부정직한 비상식적 행태에 대해 많은 국민들이 큰 우려와 함께 때로는 의노(義怒)도 갖고 있습니다. 〈시사저널〉 사태에서 보듯 언론마저 무력케 하는 삼성의 힘은 커 보이지만 사실은 치졸함을 느끼게 합니다.

삼성그룹에서 일했던 김용철 전 삼성 구조조정본부 법무팀장이 그동안 삼성에 있는 동안 알게 모르게 저질렀던 잘못에 대해 공범자로서의 죄책감을 느끼며 우리 사제들을 찾아왔습니다. 그는 사법연수원 시절의 교훈, 곧 하늘이 무너져도 정의를 지키라는 가르침을 되새기며 검찰 재직 시 법과 정의를 세우기 위해 전심전력했음에도 불구하고 검찰에서 개인의 한계를 절감하고 사직한 후 안정된 기업을 찾던 중 삼성에 입사하게 되었습니다. 그러나 그는 검찰에서의 한계보다 재물과 돈의 노예가 되어야 한다는 더 크고 무서운 사실 앞에서 사법연수원생 시절의 그 순수함을 떠올리며 자신의 개인적 과오와 함께 삼성의 조직적 죄과가 정화되기를 바라며 결단했습니다. 개인적으로 당할 수 있는 상상할 수 없는 모함과 위험을 예견하면서도 감수할 각오를 했습니다. 그는 또한 손바닥으로 하늘을 가릴 수 없다는 확신과 신념에서 이 길을 선택했습니다. 삼성그룹 내부의 이야기는 참으로 상상을 넘어서는 것이었습니다.

삼성 이건희 회장은 재산을 증여하면서 세금을 내지 않기 위해 온갖 편법을 동원했습니다. 편법 세습을 위하여 막대한 비자금을 조성하며 불법 로비자금을 통해 국가기관마저 능멸하고 있습니다. 더구나 대통령 후보자 중 한 사람도 삼성을 위한 법을 제정하고자 합니다.

재벌이 온 사회를 장악하고 흔드는 이 현실은 경제정의 질서와 민주주의의 근본을 위태롭게 하는 불의이며 새로운 폭력입니다.

삼성은 그룹 내부의 양심선언이 있을 때마다 돈과 힘으로 이를 제지했고 건강한 지성인을 정신 이상자라고 모함하기도 합니다. 그렇다면 삼성그룹이 정신 이상자에게 그룹의 재무와 법무를 맡길 정도로 그렇게 허술하고 조직관리에 무능하다는 것입니까? 절대로 그렇지 않습니다. 이러한 유치한 모략과 음해는 바로 삼성그룹이 스스로 또 다른 함정에 빠지는 큰 우와 모순을 범하는 일입니다.

삼성의 로비를 통해 부끄럽게도 하수인이 된 권력기관의 잘못을 우리는 쓰라린 마음으로 기억합니다. 특히 삼성의 불법을 애써 외면하고 때로는 은폐하고 있는 검찰의 책임이 더 크다는 것을 우리는 이 기회에 지적합니다. 따라서 삼성과 검찰이 스스로 허물을 바로 잡을 수 있는 이 기회를 꼭 포착하기 바랍니다.

1987년 6월 민주항쟁 20주년을 맞는 이 감격스러운 해에 민주화를 위해 산화해 간 민주영령들의 고귀한 뜻을 되새기며 우리는 오늘 그때의 열정을 다시 살려 제2의 민주주의 운동 곧 경제정의민주주의 운동을 펼치고자 합니다. 그리하여 모든 기업이 더욱 책임 있고 투명한 기업이 되도록 성원하며 나아가 삼성재벌과 검찰이 새롭게 태어나도록 재촉할 것입니다. 이를 위해 우리는 종교계, 학계, 문화예술계, 언론, 노동자, 농민 등 모든 뜻있는 시민사회단체들과 함께 연대하여 범국민대책위원회를 구성하도록 제안할 것입니다.

"황금을 좋아하는 자는 의롭게 되지 못하고 돈을 밝히는 자는 돈 때문에 그릇된 길로 들어서리라. 많은 이들이 황금 때문에 파멸하였고 멸망이 그들 앞에 닥쳤다. 황금의 유혹을 받고도 온전한 이는 누구인가? 이 일이 그에게 자랑거리가 되리라. 죄를 지을 수 있는데도 짓지 않고 나쁜 짓을 저지를 수 있는데도 저지르지 않는 그는 누구인가? 이 때문에 그의 재산은 확고해지고 회중이 그의 자선을 낱낱이 이야기하리라."
(집회 31,5-6; 10-11)

2007년 10월 29일
천주교정의구현전국사제단

2차 기자회견문(2007년 11월 5일)
(1차 회견 당시에 회견장에 모습을 드러내지 않았던 김용철 변호사가 이날 처음으로 공개석상에 모습을 드러냈다. 소수의 기자들만 관심을 가졌던 1차 회견과 달리 이날 회견장에는 기자들이 빽빽이 들어찼다.)

일주일 전 사제단이 여러분 앞에 섰습니다. 다시 말씀드리지만 다음과 같은 이유 때문이었습니다. 한국 최대의 기업이 돈 혹은 이건희 회장이 '포도주'라고 상징하는 천문학적 규모의 검은 재물을 마구 탕진하여 언론, 정계, 검찰, 국세청, 금감원과 같은 대한민국의 주요 국가시스템을 어떻게 교란시키고 있는지, 그리고 국가의 주요 인적 자원들을 어떻게 통제하고 망가뜨리고 있는지, 국민들과 함께 고민하면서, 진정한 개선의 길이 무엇이냐고 묻기 위해서였습니다.

지난주에 발표한 김용철 변호사 명의의 비자금 계좌와 이건희 회장의 지시사항은 삼성의 불법, 탈법, 편법의 실상을 가늠하게 해 주는 단서였습니다. 만일 이런 계좌가 대통령의 것이었다면 검찰은 어떻게 했을까요? 검찰 독립의 호기라고 외치면서 대번에 두 팔을 걷어붙였을 것입니다. 그런데 검찰은 오불관언입니다. 게다가 힘 좋은 삼성은 오리발만 내밀고 있습니다. 삼성의 핑계는 "탁 치니까 억하고 죽더라!"는 이십 년 전의 그 슬픈 말을 떠올리게 해 주었습니다.

지금 팔짱을 끼고 있는 검찰의 태도는 명백한 직무유기입니다. 증거가 부족하다고 합니다. 증거는 원래 수사기관이 찾는 겁니다. 백번을 양보해서 혐의가 없다고 하더라도 이 정도의 국민적 의혹이라면 사실규명을 위한 내사라도 들어갔어야 마땅합니다. 하찮은 스캔들 하나도 놓치지 않으려는 검찰이 대한민국 최대의 의혹과 국민의 우려를 애써 무시하는 이유가 무엇입니까? 고발하면 착수하겠다는 구실을 댑니다만 사제는 그 누구도 고발할 수 있는 존재가 아닙니다. 다만 이런 병폐를 갖고는 대한민국에 내일이 없다고 고통스럽게 호소할 뿐입니다.

왜 이 문제가 중요한지, 쉽고 명확하게 풀어서 설명해 줘야 할 언론이 자꾸 2차 폭로, 3차 폭로 하니까 사제들의 마음은 괴롭고 답답합니다. 공론을 통해서 더불어 고민하자는 것인데 언론은 삼성비자금 보도를 철저하게 외면하고 떡값명단이나 찾습니다. 이런 국가 대사를 마치 연예인 추문을 대하듯 합니다. 이런 태도가 어찌나 한심했는지 누가 이렇게 말했습니다. "알 권리 충족과 권력 감시를 위해 정부의 취재 지원 개선안을 받아들일 수 없다던 대한민국 언론의 사명감이 고작 이 수준인가?" 이 말은 바로 여러분의 한국기자협회의 말이었습니다.

그리고 삼성 비자금 사태의 진실 규명보다는 "김 변호사와 삼성 간 공방 수준으로 보도하면서 본질을 호도했다. 정치권력을 향해서는 막말까지 쏟아내며 비장한 비판자 행세를 해온 언론들이 재벌 삼성을 향해서는 입을 쏙 닫아버린 처사를 국민은 이해하지 못한다"는 비판에 대해서 어떻게 생각하십니까? 이 말은 여러분의 언론노조의 탄식이었습니다.

1. 우리 사제들은 김 변호사가 털어놓은 고백의 진실을 확신합니다! 그러므로 진실이 드러날 때까지, 삼성이 인정하고 고백하고 용서를 구할 때까지, 검찰이 수사를 통해 명명백백하게 실체를 밝힐 때까지, 그래서 경제정의가 실현되고 경제민주주의의 토대가 마련될 때까지 사제의 소명을 걸고 오늘의 의로운 싸움을 거두지 않겠습니다.

2. 언론에선 자꾸 떡값명단을 재촉하고 있습니다. 우선 용어부터 바로 잡아야겠습니다. '떡값'이 아닙니다. 뇌물입니다! 사리사욕을 얻기 위하여 남에게 몰래 주는 부정한 돈이나 물건이 바로 뇌물입니다. 떡값이라고 부르면서 죄의식을 갖지 못하는 게 우리의 현실입니다.

3. 뇌물수수 명단에 대한 사제단의 입장은 이렇습니다. 모든 일에는 순서가 있습니다. 핵심부터 다스려야 수술이 잘 됩니다. 리스트는 삼성이 저지른 부정과 비리의 부스러기에 지나지 않습니다. 공개는 마지막에 가서 하겠습니다. 그러므로 언론도 당분간 언급하지 않기를 바랍니다. 그런데 진실규명이 지지부진하고 삼성이나 검찰 등의

국가기관이 제 본분을 다하지 않을 경우 그때 가서 국민 앞에 내놓겠습니다.

4. 검찰에 대해서도 걱정이 많습니다. 사실 현 검찰은 이 문제를 수사할 능력도, 의지도 없어 보입니다. 게다가 뇌물을 받아먹은 당사자들이므로 자신의 허물을 스스로 수사한다는 것도 말이 안 됩니다. 과거 공적자금 수사의 경우처럼 독립적인, 의지와 신념을 갖춘 진정한 수사팀이 꾸려져서 내·외부의 통제에서 벗어난 독립적인 수사를 하게 된다면 천만다행이겠습니다.

5. 각계의 분발을 기대합니다. 대한민국은 지금 위기가 아니라 기회를 맞이하고 있습니다. 삼성의 문제는 대한민국의 경제민주주의와 미래가 걸린 문제이니 국민께서도 이 문제에 관심을 갖고 걱정해 주시기 바랍니다. 이씨 일가와 문제의 가신들이 그간의 비리와 부정을 깨끗이 고백하고 국민이 이해할 만큼의 자정을 실천한다면 삼성의 세계적 기술과 경영은 더욱 빛날 것입니다.

2007년 11월 5일
천주교정의구현전국사제단

2차 기자회견 당시 사제단이 발표한 호소문

삼성, 언론, 검찰, 국세청, 금감원 등의 철저한 반성을 위한 우리의 기도와 호소

"주님, 당신께서는 탈선하는 자들을 조금씩 꾸짖으시고 그들이 무엇으로 죄를 지었는지 상기시키며 훈계하시어 그들이 악에서 벗어나 당신을 믿게 하십니다."(지혜 12, 2)

저희는 지난 10월 29일 우리나라 최대의 재벌그룹 삼성이 저지르고 있는 만성적 불의(不義)를 세상에 알렸습니다. 저희 사제들은 김용철 변호사의 양심고백을 들으면서 아직도 이런 일이 대명천지 이 땅에서 저질러지고 있다는 데 크게 놀랐습니다. 그리고 이 엄청난 불의 앞에서 저희가 과연 무엇을 어떻게 해야 할 것인가를 깊이 고민하며 지혜를 구하고 있습니다.

저희는 자신도 모르는 사이에 중독되어 있는 사회적 불의에 대한 불감증에 대하여 온 국민과 함께 고뇌하고, 함께 반성하기 위해 삼성의 불의와 비리를 만천하에 드러냈던 것입니다.

"감추인 것은 드러나게 마련이고 비밀은 알려지게 마련이다."(마태오 10, 26)라는 성서말씀을 묵상하며 저희는 시대의 징표와 소명을 새롭게 깨닫고 철저한 반성과 참회를 통해 보다 정직하고 의로운 공동체 실현을 위해 온 힘을 쏟겠습니다.
우리는 삼성이 진술한 참회와 반성을 통하여, 국민의 사랑과 신뢰를 받는 투명한 기업으로 새로 태어나기를 간절히 바라며 계속 직언하고 있습니다.

정의와 공동선 실현에 솔선해야 할 언론과 검찰, 국세청과 금감원 같은 국가기관이 이러한 사회적 불의를 묵인, 방조하고 더 나아가 거대한 먹이사슬로 연결되어 있는 이 엄연한 불법적 현실 속에서 참담함을 느낍니다. 거대한 불의를 애써 외면하고 계속 직무유기와 은폐를 기도하는 이 어이없는 현실을 지켜보면서 우리 모두 껍질을 깨는 아픔을 통해서만 다시 태어날 수 있다는 십자가의 원리를 새삼 깨닫습니다.

거룩하시고 정의로우신 하느님,
저희가 처한 현실은 목숨을 걸고 국가적 대수술을 받아야 할 위기의 상황입니다. 오늘 우리 사회는 삼성의 불의와 관련되지 않은 공기관과 인사들이 거의 없을 정도로 기가 막힌 현실입니다. 하오니 이 대수술의 칼을 과연 누가 잡을 수 있겠습니까? 너무나 안타깝고 암담합니다. 하느님! 친히 개입하시어 정의의 칼로 우리 시대의 모든 불의를 깨끗이 도려내 주시고 치유해 주소서.

정의가 없다면 국가도 거대한 강도 집단에 지나지 않는다는 성 아우구스티노의 말씀을 되새기며 간절히 청하오니, 불의를 저지른 모든 이들이 진심으로 죄를 고백하고 뉘우쳐, 주님의 은총 속에 사함을 받고 새로운 삶을 살게 해 주소서.

의로우신 하느님,
어려운 결단 끝에 자신의 죄와 이 사회의 구조적 악을 고백한 김용철 변호사에게 끝까지 불의에 맞설 수 있는 힘과 지혜를 주십시오. 소의를 넘어 대의를 택한 그는 엄청난 고통과 압박을 받고 있는 가족, 선후배 동료들을 생각하며 매우 가슴 아파하고 고민하고 있습니다. 하오니 하느님, 김용철 형제와 그가 사랑하는 모든 이에게 내적 기쁨과 평화 그리고 안전함을 보장해 주소서.

또한 저희가 하느님과 이웃, 사회와 공동체를 위해 보다 더 희생하고 봉사하도록 사제의 초심을 늘 일깨워주시고 주님의 가르침에 따라 세상의 빛과 소금이 되게 하소서. 그리하여 마침내 하느님의 나라, 정의와 평화, 사랑공동체를 이 땅에 실현시켜주소서, 이 모든 것을 성령 안에서 우리 주 예수 그리스도를 통하여 비나이다. 아멘.

순교자들과 선열들이여, 저희를 위하여 빌으소서.

"주인의 뜻을 알고도 아무런 준비를 하지 않았거나 주인의 뜻대로 하지 않은 그 종은 매를 많이 맞을 것이다. 그러나 주인의 뜻을 모르고서 매맞을 짓을 한 종은 적게 맞을 것이다. 많이 주신 사람에게는 많이 요구하시고, 많이 맡기신 사람에게는 그만큼 더 청구하신다."(루카 12, 47-48)

2007년 11월 5일
천주교정의구현전국사제단

3차 기자회견문(2007년 11월 12일)
(이날 사제단은 당시 검찰총장 후보자였던 임채진(2009년 6월 사직), 당시 국가청렴위원장이었던 이종백(현 부산고등검찰청장), 당시 대검찰청 중앙수사부장이었던 이귀남(현 법무부 장관) 등이 삼성으로부터 금품을 받았다고 밝혔다. 임채진 검찰총장의 인사청문회를 하루 앞둔 날이었다. 그러나 사제단의 발표는 이들이 요직에 기용되는 것을 막지 못했다.)

삼성과 검찰, 언론, 국세청, 재경부, 금감원의 회개를 거듭 호소하며 기도합니다

"하느님의 말씀은 살아 있고 힘이 있으며 어떤 쌍날칼보다도 더 날카롭습니다. 그래서 사람의 마음을 꿰뚫어 영혼과 정신을 갈라놓고, 관절과 골수를 쪼개어 그 마음속에 품은 생각과 속셈을 드러냅니다."(히브 4, 12)

덴마크의 실존철학자 키르케고르가 들려준 '어릿광대와 불타는 마을'의 비유를 들어보셨습니까? 천주교정의구현전국사제단이 삼성 비자금 의혹과 관련하여 국민 여러분 앞에 나선 지 벌써 보름이 넘었습니다. 저희는 삼성그룹이 천문학적 규모의 비밀자금을 만들고 검찰, 언론, 국세청, 재경부, 금융감독원 등의 국가 주요 시스템에서 종사하고 있는 인사들을 포섭하여 자신의 탈법, 불법, 편법을 관철시키고 있는 망국적인 현실을 개탄하며 진상을 밝히고 하루빨리 개선을 모색하도록 격려하고 촉구하였습니다. 이는 화마로부터 마을과 인명을 구하기 위해서 "불이야!" 하고 외치는 다급한 목소리였습니다. 하지만 참회와 함께 제 본분을 다해야 할 문제의 당사자들은 오히려 저희를 우스꽝스런 거짓말쟁이로 몰아가며, 도무지 귀를 기울이지 않고 있습니다. 마치 어릿광대의 절규를 또 하나의 웃음거리로 여김으로써 온 동네가 잿더미가 되었다는 비유 속의 이야기처럼 안타깝기 그지없는 상황입니다.

사제들은 고뇌어린 성찰 끝에 김용철 변호사의 말이 진정한 증언이라는 점을 확신하게 되었습니다. 오늘날 과거 군부독재의 전횡과 오만을 되풀이하고 있는 삼성그룹 경영 수뇌부의 부도덕한 처사가 괴롭습니다. 재물에 길들여진 나머지, 본분을 망각한 여러 권력기관의 종사자들이 안타깝습니다. 영혼이 병든 이들에게 피땀 흘려 만든 대한민국의 오늘과 미래를 맡겨야만 하는 현실이 참으로 개탄스럽습니다.

지난 11월 5일 사제단은 다시 한번 공개적으로 삼성과 검찰 그리고 관계기관들의 철저한 반성을 위해 기도하고 호소했습니다. 삼성그룹이 자신도 모르게 저지른 잘못을 참회하기만 하면, 검찰을 비롯한 여러 공기관이 그간 관행의 이름으로 반복하던 폐습을 단호하게 끊고 본분 회복에 나서기만 하면, 기업도 한층 건강해지고 대한민국 전체가 부패의 위기를 새로 태어나는 기회로 만들 수 있다고 생각했던 것입니다. 그러나 불법의 공모자들은 갖은 이유와 핑계를 둘러대면서 사제들의 거듭된 호소가 경제를 위태롭게 하는 일이라고 거짓말을 꾸며내고 있습니다. 이런 참담한 상황을 무슨 말로 어떻게 표현해야 할지 모르겠습니다.

저희는 사제들이므로, 차마 고발이라는 법적 형식을 취할 수도 없었습니다. 이에 민주사회를 위한 변호사모임과 참여연대가 나서서 11월 5일 검찰의 수사 개시를 촉구한 바 있습니다. 한편 사제단은 삼성문제의 핵심이 이건희 회장 일가의 끝없는 욕망을 위하여 불법·편법·탈법 비자금을 만들어 이 사회를 오염시켰다는 점을 강조하면서, 뇌물검사 명단은 그저 곁가지에 지나지 않는다는 점을 분명히 밝혔습니다. 그런데도 검찰은 사제단에 뇌물검사 명단만을 재촉할 뿐 이렇다 할 수사 의지마저 보이지 않고 있습니다. 저희는 검찰의 이런 교착(膠着)상태의 근본 원인을 잘 알고 있습니다. 그것은 부패의 본바탕을 드러내면 자신의 허물까지 들키게 되어 있는 뿌리 깊은 유착관계 때문입니다. 이런 실상을 국민 여러분께 이해시켜 드리고자 사제단은 김용철 변호사가 밝힌 뇌물명단의 일부를 공개합니다.

이는 검찰의 요구와 무관한 것으로 삼성 비자금 문제를 검찰의 뇌물 수수 사건으로 몰고 가려는 작금의 옳지 못한 방향에 대한 꾸짖음이며, 명단의 일부만 밝히는 것은 검찰 스스로 진실규명의 본분을 되찾도록 기회를 주기 위함입니다. 권력과 재물에 기생하는 일부를 제외하면 우리의 검찰은 여전히 청렴하고 강직한 검사들의 조직체라는 점을 조금도 의심하지 않습니다.

오늘 저희가 밝히는 분들의 이름이 함부로 더럽혀지지 않기를 바랍니다. 대한민국의 부패상은 모든 국민이 다 같이 책임질 문제입니다. 부디 이분들의 이름을 특정 개인으로 보지 마시고, 재물에 길들여진 국가기관의 상징정도로만 여기시기 바랍니다. 우선 검은 돈을 흉하게 탕진하고 있는 삼성그룹의 최고경영진의 악행을 나무라시기 바랍니다. 아울러 사태의 핵심이 삼성에서 검찰로 옮겨지는 오류를 염려하면서, 삼성 이재용 전무의 불법적인 재산 조성 경위를 보여주는 자료 하나를 공개합니다. 모쪼록 자기고백이야말로 가장 아름다운 정화의 기회임을 상기시키며, 더 늦기 전에 대한민국의 내일을 위하여 저마다 참회와 반성에 나서시기를 간곡히 기도합니다.

2007년 11월 12일
천주교정의구현전국사제단

4차 기자회견문(2007년 12월 17일)

천주교정의구현전국사제단은
3인의 특검 후보를 받아들일 수 없습니다

삼성 비자금 사건에서 드러났듯이, 우리 사회가 오늘과 같이 부패의 난맥상에 이르게 된 것은 국세청, 금감원, 공정위와 같은 국가 감독기관들이 제 본분을 저버렸기 때문이었습니다. 또 이들을 감시해야 할 검찰마저 같은 허물로부터 자유롭지 않아 진실과 공정의 사명이 특검에게 맡겨지게 된 것 또한 매우 안타까운 일이었습니다.

이런 맥락에서 대한변협의 특검후보 추천은 우리 사회의 병폐를 치유하고 정의를 회복시키는 결정적 기회였습니다. 그런데 처음부터 김용철 변호사가 밝힌 진실은 물론이고 양심고백의 행위 자체에 대하여 부정적인 태도를 취했던 변협은 특검의 취지 자체를 부정하는 개탄스런 일을 저지르고 말았습니다.

특검은 검찰에 대한 불신에서 비롯된 바, 특검 후보를 다시 검찰 출신으로 내세운 것은 특검을 아예 무효화하자는 것과 똑같습니다. 더욱이 변협이 추천 요건으로 공언한 수사 능력을 감안하더라도 공안검사 이력을 갖춘 후보자들은 더더욱 자격미달입니다. 법과 양심보다는 권력을, 진실보다는 최고 권력자의 의중을 먼저 살폈던 검찰의 과거행적을 생각해 보면 과연 특검 후보들 스스로 수사 의지를 갖추고 있는지, 또 공정한 수사를 어지럽히는 갖가지 외풍으로부터 수사의지를 보호해 줄 수 있을지도 의심스럽습니다.

오늘 대한민국이 거짓이 진실을 마구 폭행해서 정의가 사라지는 지경에 이르게 된 것에는 법조인들의 책임이 가장 컸다는 괴로운 사실을 다시 확인하며 비탄을 금할 수 없습니다. 천주교정의구현전국사제단은 3인의 특검 후보를 받아들일 수 없습니다.

2007년 12월 17일
천주교정의구현전국사제단

5차 기자회견문(2008년 3월 5일)
(이명박 정부 출범 직후인 이날, 사제단은 이종찬, 김성호, 황영기 등이 삼성의 관리 대상이라는 사실을 공개했다.)

"악령이 돌아가서 그 집이 비어 있을 뿐만 아니라 말끔히 치워지고 잘 정돈되어 있는 것을 보고 자기보다 더 흉악한 악령 일곱을 데리고 들어가 자리 잡고 산다. 그러면 그 사람의 형편은 처음보다 더 비참하게 된다. 이 악한 세대도 그렇게 될 것이다."(마태 12, 43)

새 봄을 맞으신 국민 여러분에게 하느님의 풍성한 은총을 빌어드립니다. 아울러 국민들의 기대 속에 갓 출범한 이명박 정부의 성공을 진심으로 기원합니다.

작년 말 천주교정의구현전국사제단이 삼성그룹의 비리와 구조적 부패상을 공개한 것은 우리 사회에 만연한, 특히 경제부문의 불의와 부정을 청산하지 않는 한 오늘의 사회적 난맥을 도저히 타개할 길이 없으리라는 확신 때문이었습니다.

최근 검찰과 특검이 일부 밝혀냈듯이 이건희 회장 일가의 욕심이 빚어낸 갖가지 타락상이야말로 오늘날 대한민국의 성장 동력을 약화시키는 주된 원인이라는 점이 명백해졌습니다. 그들은 부당하게 축적한 부와 권력을 세습하려고 상상하기도 힘든 불법과 편법을 마구 일삼았으며, 또 자신들의 범죄를 일상화하기 위하여 국가의 주요 관리들을 돈으로 매수하여 조직적으로 관리하였습니다. 금력으로 공권력을 장악해 버린 삼성그룹은 대한민국의 정상적인 국가 기능을 심각하게 망가뜨리고 있었던 것입니다.

기업이 아니라 한 기업가의, 삼성이 아니라 이건희 일가의 범죄를 낱낱이 밝혀서 경제의 정의와 민주화를 이루지 못한다면 겨우 절차의 민주화 수준에서 정체된 우리 사회의 민주주의는 그야말로 기형적인 모습을 면할 수 없을 것입니다.

다행히 국민들께서 사제단의 이런 취지를 깊이 이해하여주셨습니다만 검찰이 미루고 미루다가 특검이 겨우 삼성본관 압수수색에 나선 것은 비자금 의혹이 제기된 지 장장 백여 일이 지난 다음의 일이었습니다. 일체의 증거를 폐기하기에 너무나 충분한 시간이었습니다. 이와 같이 진실규명에 나서야 할 수사기관이 도리어 이를 은폐하는 오늘의 기현상은 금력과 공권력이 맺고 있는 유착의 당연한 결과였습니다.

이런 국면을 타개하기 위한 방편으로 사제단은 부득이 현 검찰총장, 대검 중수부장, 국가청렴위원장 등 삼성이 관리하는 뇌물 수수 검찰명단의 일부를 공개한 바 있습니다. 그런데 오늘 다시 괴로운 이야기를 반복하지 않을 수 없게 되었습니다. 남의 허물에 대해 이야기하는 일이 사제들로서는 더없이 불편하고 괴롭습니다만 삼성이 상징하는 불법과 부패의 고리를 끊어야 할 당면 과제를 위하여 어쩔 수 없이 말씀드리려고 합니다.

이미 수차례 말씀드렸듯이 뇌물 로비 명단의 공개는 모든 수사의 마지막 단계에 이루어질 일이거나 아니면 해당자들의 회개와 자정노력을 통하여 불필요한 절차가 되도록 만들 사안입니다. 그런데도 추가로 명단을 밝히는 이런 지경에 이른 것은 삼성과 심각한 유착관계에 있고, 정기적 뇌물공여대상이던 사람이 새 정부 사정의 핵심 직책을 맡거나 국가정보기관의 수장이 되고, 과거 금융비리의 책임자가 국가 금융감독 및 법령제정의 책임을 맡는 사태가 닥쳤기 때문입니다. 삼성 비리가 채 밝혀지기도 전에 삼성 쪽 인사가 더 큰 책임을 맡게 되는 이 상황은 마치 집이 깨끗해진 것을 보고 악령이 자기보다 더 흉측한 악령 일곱을 불러 함께 자리 잡더라는 성경 말씀과 똑같은 이야기입니다.

명단 공개의 해당자가 되신 분들에게 지극히 미안한 마음을 전하며 부디 이런 일들이 이명박 정부의 힘찬 출발에 도움이 되기를 바랍니다. 아울러 오늘의 부패상은 지도층뿐 아니라 모든 국민이 책임져야 할 문제라는 점을 성찰하시면서 상대방에게 미움이나 원망을 돌리는 일이 없이 저마다 영혼의 내면을 살피는 계기가 되기를 바랍니다. 사랑과 공정을 바라는 사제들의 충정을 정파간 다툼의 평계로 삼는 일 또한 생겨나지 않기를 바랍니다.

△ 이종찬은 삼성의 관리 대상으로 평소에 정기적으로 금품을 수수하였습니다. 뿐만 아니라, 현직 신분으로 삼성본관 이학수 사무실을 방문하여 여름 휴가비를 직접

받아간 적도 있는데, 이 일로 삼성 구조본 직원들이 수근대며 비아냥거리기도 하였습니다.

  △ 김성호 역시 삼성의 관리 대상으로 평소에 정기적으로 금품을 수수하였고, 김용철 변호사가 김성호에게 직접 금품을 전달한 사실도 있습니다.

  △ 황영기의 경우 우리은행장, 삼성증권 사장을 거친 자로서, 재직 시 금융기관의 본질인 공신력을 정면으로 부정하고, 삼성 비자금 차명계좌 개설 및 관리를 주도한 자입니다. 이렇게 불법행위를 저지른 금융기관의 수장이 금융기관을 감독하는 국가기관의 수장이 되는 일은 없어야 할 것입니다. 더욱이 우리은행과 삼성증권은 금융감독원의 특별검사가 진행 중인 마당에 만일 황영기가 금융위원회 위원장이 된다면 자신이 자신을 단죄해야 하는 바 금감원 본래의 기능이 원천적으로 불가능하게 됩니다.

  이상 거명된 분들은 저희 사제단의 고뇌와 충정을 이해하시고 스스로 공직을 거절하거나 사퇴하시길 간곡히 바랍니다. 그것만이 국민 여러분께 용서를 구하고 새로 출범한 정부를 돕는 겸덕의 길입니다. 그리고 곧 있을 검찰 간부인사에서도 중수부장, 서울중앙지검장 등 핵심 보직에 삼성으로부터 자유로운 훌륭한 분들을 임명하여 다시 이와 같은 걱정이 반복되는 일이 없기를 바랍니다.

2008. 3. 5
천주교정의구현전국사제단

6차 기자회견문(2008년 4월 23일)
(삼성그룹이 경영쇄신안을 발표한 다음날 회견)

삼성특검과 삼성그룹의 경영쇄신안에 대한 사제단의 입장

"우리는 모든 피조물이 다 함께 신음하며 진통을 겪고 있다는 것을 알고 있습니다. 피조물만이 아니라 우리 자신도 하느님의 자녀가 되는 날과 우리의 몸이 해방될 날을 고대하면서 속으로 신음하고 있습니다."(로마 8, 22-23)

지난 4월 17일 삼성특검이 발표한 수사결과와 어제 삼성그룹이 내놓은 경영쇄신안에 대한 사제단의 생각을 말씀드리겠습니다. 특검의 수사결과에 대한 법리적 평가는 경제개혁연대와 참여연대, 그리고 민주사회를 위한 변호사모임 등에서 이미 자세하게 밝힌 바 있으므로 짧게 지적하겠습니다.

1. 삼성특검에 대하여

삼성특검은 의혹의 핵심이 되는 비자금 조성과 로비에 대해서는 범법 당사자들의 일방적인 주장과 진술을 근거로 모조리 무혐의 처리하였습니다. 또 경영권 승계과정의 위법사항에 대해서도 경영권 방어 차원이라는 다른 동기를 인정하여 책임자 모두를 불구속 기소하였습니다. 이로써 삼성은 응분의 책임을 져야 할 갖가지 범죄사실로부터 완전한 자유를 누리게 되었으며, 수많은 불법행위의 근본 이유였던 경영권의 부자세습마저 법적 정당성을 얻는 혜택을 누리게 되었습니다.

우리는 무엇을 위한 특검이었으며 누구를 위한 특검이었는지 묻지 않을 수 없습니다. 김용철 변호사는 이미 자신이 가담했던 범죄 사실을 고백하고 시인하였습니다. 그러나 삼성특검은 그의 고백을 철저히 묵살하면서 범법자들을 편들어 결론을 꾸며 발표하였습니다. 이런 태도야 말로 자기도 모르게 자본권력으로 기울어버리는 우리 사회의 강자 편향성을 고스란히 드러내는 몹시 슬픈 일이었습니다. 아울러 특검 결과야 말로 자본에 의한 국가공권력의 매수와 타락상이 얼마나 심각한 수준인지 가늠하게 해 주는 또 하나의 사례가 아닐까 싶어 슬픈 마음을 감출 수 없습니다. 우리는 삼성특검의 수사결과를 양심과 진실의 이름으로 믿을 수도 없고 받아들일 수도 없습니다. 삼성그룹과 우리 사회의 새로운 출발을 위하여 너무나 소중했던 기회를 날려버린 조준웅 특검의 죄과를 엄중히 꾸짖고자 합니다.

2\. 삼성그룹의 경영쇄신안에 대하여

삼성그룹이 어제 경영쇄신안을 발표했습니다만 먼저 특검이 내린 수사결론과 상충 혹은 모순되는 바를 지적해야겠습니다. 특검이 주장하듯 비자금 조성 및 불법 로비 등 삼성을 향한 갖가지 의혹도 사실무근이며, 몇 가지 허물이 드러나긴 했어도 그것이 개인적 탐욕에서 비롯되는 배임이나 조세포탈과 달리 기업의 경영 및 지배구조를 유지하고 관리하는 과정에서 불가피하게 범한 행위 정도라면, 삼성은 공연히 쇄신안을 마련할 게 아니라 기왕의 체제를 유지하고 강화하는 편이 옳을 것입니다. 이 점에 대하여 특검의 해명이 필요합니다.

어제 삼성그룹은 이건희 회장의 퇴진을 비롯한 인적 쇄신, 그리고 전략기획실의 해체 등을 골자로 삼성그룹의 혁신안을 발표한 바 있습니다. 그러나 무혐의를 확신하는 삼성특검은 차치하고, 삼성 최고경영진은 자신들의 과오가 어떤 것이었는지에 대해서는 단 한 마디도 하지 않고 막연히 용서를 청하였습니다. 이것이 과연 얼마나 진지한 참회였는지 모르겠습니다. 먼저 자신이 범한 죄로 세상을 얼마나 고통스럽게 만들고 오염시켰는지 깊이 성찰하고 이를 낱낱이 진솔하게 고백하며 용서를 청하지 않는 한 인간의 연약함과 탐욕이 빚어내는 과오는 절대로 끊어지지 않는다는 게 신앙이 밝혀주는 인간실존의 특성입니다.

삼성그룹이 진정으로 새로운 출발을 원한다면 특검이 입증하지 못하였다 하더라도 자신의 불법, 편법, 탈법한 실상을 낱낱이 고백하고 용서를 청해야 합니다. 이렇게 하지 않는다면 그 어떤 쇄신안도 진정성을 의심받을 수밖에 없습니다. 다시 말씀드리지만 비자금 조성과 국가 권력 매수를 위한 조직적인 불법 로비는 굉장히 무서운 범죄였습니다. 그런데도 우리 사회가 무서운 일을 무섭지 않게 여기고, 부끄러운 일을 부끄럽게 여길 줄도 모르게 된 것이야말로 더 없이 무섭고 부끄러운 일입니다.

회장과 가신그룹의 퇴진, 전략기획실의 해체 등의 조치가 있으나 순환출자구조의 개선안을 밝히지 않은데다 모든 죄의 근원이었던 불법승계를 포기하지 않는 한 어떤 쇄신안도 오랜 세월 동안 삼성이 관행의 이름으로 반복해 온 여러 가지 병폐를 단절하는 개혁안이 되지 못한다는 점을 지적하고자 합니다. 자세한 평가와 분석은 이미 경제개혁연대 등의 전문 기관에서 내린 바 있으므로 여기서는 생략하도록 하겠습니다.

3. 다시 출발점에서

1) 김용철 변호사의 증언의 의미를 다시 새겨봅니다.

군부통치 아래서 혹독한 시련을 겪었던 사제들은 자본이 오늘의 독재 권력이 되어 검찰을 비롯한 여러 국가기관을 매수하고, 그리하여 본시 공동선을 위해 복무하도록 마련된 각종 공권력이 어떻게 마비되고 오염되는지를 이번 일을 통하여 깊이 실감하고 있습니다. 노동자를 비롯한 사회적 약자들은 물론이고 돈의 힘에 굴복해 버린 각계의 유력자들과 돈으로 영혼을 매수하는 자들까지 결국 모두가 돈의 노예가 되어버리는 현실이 너무도 가슴 아팠습니다.

이런 와중에 터져 나온 김용철 변호사의 고백은 더 이상 낡은 질서를 견디지 못하겠다는 신음이며 새로운 질서를 목말라하는 외침이었습니다. 김 변호사 외에도 여러 사람들이 찾아와 삼성그룹의 깜짝 놀랄 만한 비정상의 행태들에 대하여 들려주었습니다. 현금이 가득 든 돈다발을 삼성본관까지 실어 나르는 일이 일상 업무였다는 계열사 직원도 있었고, 노무관리에 종사하면서 노조설립을 저지하기 위하여 노동자들을 박해하고 지역의 법원과 검찰, 경찰청과 기자 등을 일상적으로 관리했다는 전직 사원도 있었고, 말로만 정도경영이었지 실제로는 무노조 경영을 위하여 관계기관과 짜고 노조설립을 방해하고 노동자들을 마구 괴롭히는 등 양심과 도덕에 어긋나는 일에 종사했던 자신의 과오를 털어놓으며 괴로워 우는 전직 임원도 있었습니다. 차마 이름을 드러내지 못하는 이런 분들의 고백은 우리 사회가 과감하게 낡은 질서를 폐기하고 새로운 시간을 맞이할 때가 된 것을 알려주는 표징이었습니다.

한편 일부 언론의 왜곡과 많은 지식인들의 침묵과 냉소는 용기 있는 증언자들을 절망하게 만들었습니다. 오늘날 지연되고 있는 경제민주주의의 배후에는 언론과 지식인들의 책임도 결코 작지 않습니다. 또한 경제라는 이름의 물신을 위해 모든 가치를 뒤로 미루는 오늘의 국민정서 또한 재벌의 범죄를 방관하거나 관대하게 대함으로써 결과적으로 공범이기도 했다는 점을 인정해야 합니다.

2) 호소와 다짐

가. 1987년이 절차 민주주의의 원년이었다면 삼성 비자금 사태가 발발한 작년 2007년을 경제민주화를 위해 싸우는 원년으로 삼고자 합니다.

나. 많은 시민사회단체와 각계의 역량이 국가권력과 재벌 그리고 언론의 관계가 건강해지도록 파수꾼이 되어주시기를 바랍니다. 우리 사제단은 그동안의 증언들을 토대로 권력과 자본의 결탁사례를 세상에 알리고 호소하는 일을 계속 해 나가겠습니다.

다. 저희 사제들은 물신풍조에 적극 대항하지 못하고 경제적 약자들의 희생을 돌보지 못한 게으름을 참회하는 뜻으로 4월 24일부터 26일까지 단식기도를 할 것입니다. 뜻있는 시민들의 동참을 간절한 마음으로 호소합니다.

라. 기업인들에게 호소합니다. 오늘날 대한민국의 번영은 기업인 여러분과 노동자 농민 등 모든 국민들이 함께 일군 소중한 열매입니다. 서로 나누고 섬길 때 모두가 평화롭게 살 수 있습니다. 그러므로 우리 사회의 약자들이 안심하고 일할 수 있는 여건을 만들어 주시기 바랍니다.

마. 우리들은 경제 민주주의라는 소중한 가치를 위하여 중단 없이 싸워나갈 것입니다. 그동안의 성원에 감사드리며 저마다의 자리에서 저희와 함께해 주실 것을 호소합니다.

2008년 4월 23일
천주교정의구현전국사제단